编委会名单

北京市
法治建设年度报告
（2019）

北京市法学会　主编

中国政法大学出版社

2020·北京

图书在版编目（ＣＩＰ）数据

北京市法治建设年度报告.2019/北京市法学会主编.—北京:中国政法大学出版社,2020.11
ISBN 978-7-5620-9796-9

Ⅰ.①北…　Ⅱ.①北…　Ⅲ.①社会主义法治－建设－研究报告－北京－2019
Ⅳ.①D927.100.4

中国版本图书馆CIP数据核字(2020)第261444号

出 版 者　　中国政法大学出版社

地　　址　　北京市海淀区西土城路 25 号

邮寄地址　　北京 100088 信箱 8034 分箱　邮编 100088

网　　址　　http://www.cuplpress.com (网络实名：中国政法大学出版社)

电　　话　　010-58908289(编辑部) 58908334(邮购部)

承　　印　　北京九州迅驰传媒文化有限公司

开　　本　　720mm×960mm　1/16

印　　张　　20

字　　数　　385 千字

版　　次　　2020 年 11 月第 1 版

印　　次　　2020 年 11 月第 1 次印刷

定　　价　　89.00 元

前　言

　　2019 年，在以习近平同志为核心的党中央坚强领导下，中共北京市委坚持以习近平新时代中国特色社会主义思想为指导，深入贯彻党的十九大和十九届二中、三中、四中全会精神，大力加强"四个中心"功能建设，提高"四个服务"水平，抓好"三件大事"，打好三大攻坚战，有力促进了首都经济社会持续健康发展。

　　中共北京市委顺应人民群众对美好生活的期待和需求，牢固树立和贯彻落实新发展理念，团结和带领北京市广大人民群众，圆满完成新中国成立 70 周年庆祝活动、成功举办 2019 年中国北京世界园艺博览会、统筹做好了第二届"一带一路"国际合作高峰论坛、亚洲文明对话大会、2019 年国际篮联篮球世界杯等重大活动服务保障任务。深入实施新版城市总体规划，推动制定《北京市城乡规划条例》，城市精细化管理水平不断提高。推动京津冀协同发展取得重大标志性进展，"疏解整治促提升"专项行动深入推进。副中心城市框架有序拉开。研究制定《关于建立北京市优化营商环境法治保障联席会议制度的意见》，扎实营造国际一流的营商环境。全面加速全国科技创新中心建设，推动制定《北京市促进科技成果转化条例》，科技成果权属改革实现制度性突破。加强科学立法、严格执法、公正司法、全民守法等方面的领导，统筹推进依法治市各项工作，高标准研究编制《北京市依法治市工作规划（2020—2025 年）》，全面落实中央全面深化改革委员会《关于政法领域全面深化改革的实施意见》，加快推进政法领域全面深化改革。以首善标准做好新时代人大工作，严格实施立法计划，探索"小切口"立法，推动立法和改革决策相衔接，立法工作进一步提升。坚决落实党中央、国务院关于法治政府建设的重大决策部署，以建设法治中国首善之区为目标，扎实推进依法行政，深入推进严格规范公正文明执法，法治政府建设取得积极成效。紧紧围绕人民群众对公平正义的期待，全面深化司法体制改革，完善落实司法责任制，着力破解监督制约难题，全面增强执法司法公信，全面提升执法司法效能。坚持首善标准普法，以让文本上的法律"活起来""落下去"为目标，积极推进普法宣传，为全市经济社会发展营造了浓厚的法治氛围。2019年，北京市紧紧围绕法治中国首善之区建设，自觉落实中央要求，为建设国际一流和谐宜居之都提供了坚强有力的法治保障。

《北京市法治建设年度报告（2019）》系统回顾和总结了北京市一年来法治建设的主要成绩和经验，汇集了法治建设各个方面的基本数据，为了解北京市法治建设提供真实全面的参考。2019年报告在2018年报告基础上调整了结构，更能体现北京市法治建设的状况。

《北京市法治建设年度报告（2019）》分为总报告、各区法治建设报告、满意度调查报告和特色专题报告四部分。总报告包括七章，分别是全面依法治市、人大立法和监督工作、法治政府建设、监察法治建设、政法领域全面深化改革、法治社会建设、法学教育与法学研究，系统概括总结了北京市2019年法治建设各个领域的主要情况。各区法治建设报告包括16个，分别是东城区法治建设报告、西城区法治建设报告、朝阳区法治建设报告、海淀区法治建设报告、丰台区法治建设报告、石景山区法治建设报告、门头沟区法治建设报告、房山区法治建设报告、通州区法治建设报告、顺义区法治建设报告、大兴区法治建设报告、昌平区法治建设报告、平谷区法治建设报告、怀柔区法治建设报告、密云区法治建设报告、延庆区法治建设报告，介绍了北京市16区立法、执法、司法等法治建设情况和特色亮点，为了解基层法治实际工作提供一手资料。2019年的满意度调查报告，运用问卷调查方法对北京市2019年法治建设的市民感受进行了调研和分析，为了解北京市当前总体法治建设情况提供有益参考。《北京市法治建设年度报告（2019）》还包括特色专题报告4个，分别为北京市人民检察院的《北京市人民检察院关于公益诉讼检察工作情况报告》、北京市高级人民法院民二庭课题组的《对标国际先进优化营商环境执行合同指标的调研报告（节选）》、北京市司法局的《北京市司法局加强法治体系建设 为打造国际化营商环境新高地保驾护航》、北京市律师协会的《2019年北京市律师行业十大亮点工作》。

本报告的编写工作得到了市委政法委、市人大法制办、市司法局和市各有关单位，各区委政法委、区法学会和区各有关单位及众多专家学者的大力支持，在此特别致谢！

Contents

调查报告

专题报告

总 报 告

一、全面依法治市*

在以习近平同志为核心的党中央坚强领导下，中共北京市委全面依法治市委员会深入学习贯彻习近平总书记全面依法治国新理念新思想新战略，增强"四个意识"，坚定"四个自信"，做到"两个维护"，充分发挥党委总揽全局、协调各方的领导核心作用，强化市委在科学立法、严格执法、公正司法、全民守法等方面的领导，统筹推进依法治市各项工作，确保中央和市委决策部署得到全面贯彻落实，为建设国际一流和谐宜居之都提供坚强有力的法治保障。

（一）统筹谋划、整体推进，依法治市工作有序开展

研究制定《关于落实〈中央依法治国办关于深入学习宣传贯彻习近平总书记全面依法治国新理念新思想新战略和重要讲话精神的通知〉的实施方案》，明确四大方面43项具体举措；将北京市推进依法行政工作领导小组调整为中共北京市委全面依法治市委员会下设的工作小组，形成五个小组、一个办公室的依法治市工作总体格局；高标准研究编制《北京市依法治市工作规划（2020—2025年）》，制定起草工作方案，明确任务分工和时间节点，组织召开立法、执法、司法、守法普法以及首都改革与法治建设五个专题座谈会。推进优化营商环境法治保障工作。组织召开相关职能部门五个不同领域系列座谈会，共征集优化营商环境法治保障意见建议60余条。制作《市委依法治市委2019年工作要点任务分工进展汇总表》，按单督促年度任务落实。

（二）突出重点、深化实践，各领域法治建设稳步推进

立法协调小组重点工作。建立、落实工作制度。制定立法协调小组工作要点

* 中共北京市委全面依法治市委员会2019年工作总结，北京市推进依法行政工作领导小组2019年工作总结和2020年工作安排、市委全面依法治市委员会立法协调小组2019年工作推进情况和2020年初步安排，市委全面依法治市委员会执法协调小组2019年总结——简版，市委全面依法治市委员会司法协调小组2019年工作总结及2020年工作思路，市委全面依法治市委员会守法普法协调小组2019年工作总结及2020年工作安排，中共北京市委全面依法治市委员会办公室提供。

及分工方案。落实工作督查制度，推动制定开门立法、广泛征求社会公众意见的制度、机制；推动立法规划计划的编制、落实。推动市人大常委会五年立法规划有效落实。推动编制市人大常委会立法工作计划；推动编制市政府立法工作计划，共安排立法项目43项；加强重点领域立法。推动修订《北京市城乡规划条例》《北京市实施〈中华人民共和国残疾人保障法〉办法》，推动制定《北京市促进科技成果转化条例》《北京市街道办事处条例》等。

执法协调小组重点工作。制定行政执法协调监督制度体系实施计划（2020—2022年）；构建执法协同协作工作机制和责任体系；全面完成行政执法"三项制度"在本市的规范落实和验收；推动北京市行政执法信息服务平台三期建设；进一步深化行政检查单制度，实现市、区、街乡三级执法检查的事项、内容、标准、方法的标准化、规范化；全面推进实施行政裁决制度；强化行政执法协调职能，着力解决制约一线和基层执法的法律适用、协同协作等问题。

司法协调小组重点工作。协调推进司法体制综合配套改革督察评估，完成102项任务254项成果形式。研究制定贯彻落实政法领域全面深化改革任务分工方案，初步提出306项成果形式；统筹推进公安机关、司法行政机关改革。推动出台市委加强新时代公安工作的若干措施。推动出台关于加强人民调解员队伍建设的实施办法。开展司法鉴定改革专项督察，建立联席会议机制，抓好整改落实；加强首都高层次政法人才队伍建设，研究制定《首都政法高层次人才培养行动计划（2019—2021年）》；加强司法服务保障。积极服务保障"疏解整治促提升"专项行动，服务保障筹办北京冬奥会冬残奥会；大力优化营商环境，开展法治化营商环境督察工作。

守法普法协调小组重点工作。审议通过《2019年北京市普法依法治理工作要点》，先后制定印发《中共北京守法普法协调小组工作规则（试行）》等14个工作文件；联合下发《关于组织开展"唱响国歌 守护国旗 致敬国徽"主题法治宣传教育活动的通知》，从掀起《国歌法》《国旗法》《国徽法》学习热潮、开展主题宣讲、举办知识竞答、开展主题动漫微视频展映活动、开展"开学第一课"教育活动、开展网上主题宣传教育活动、利用固定阵地加强宣传等七个方面部署全市宣传工作；制定下发《关于在全市开展2019年全民国家安全教育日普法宣传活动的通知》，首次将国家安全普法重心下沉基层社区（村）；制作宪法公益宣传片《维护宪法权威 捍卫宪法尊严》；开展以"法治新时代"为主题的法治动漫微视频作品征集活动，共征集到各类作品451部。

推进依法行政工作领导小组重点工作。调整优化领导小组设置，将北京市推进依法行政工作领导小组调整为中共北京市委全面依法治市委员会下设的工作小组，对全市推进法治政府建设工作进行系统部署。组织开展对16个区政府和55

家市级行政机关的 2019 年度依法行政考评工作；统筹推进综合行政执法改革，积极开展街道乡镇机构改革，持续改善和优化营商环境，出台 114 个政策文件；着力推进重点领域立法；全面完成机构改革和综合执法改革的法治保障，全面推行行政执法"三项制度"，组织开展机构改革期间市、区两级机关行政执法工作衔接专项督导活动，开展执法职权、案件交接等工作协调 190 余件次。

二、人大立法和监督工作

（一）立法工作

坚持党对立法工作的领导，贯彻落实《中共北京市委关于新时代加强和改进人大工作的意见》。严格实施立法计划，全年完成重点领域立法任务 22 项；严格执行重大事项请示报告制度，扩大备案审查范围，探索提前参与、专班推进、"双组长制"的立法工作机制。创新"开门立法"方式方法，广泛征求社会公众意见，在《北京市生活垃圾管理条例》修订过程中，市、区、乡镇三级 1.2 万余名人大代表深入"家""站"，听取 24 万余名群众和 4000 余家单位的意见建议。突出对法律法规实施情况的监督，以主任专题会议形式听取市监察委员会工作情况。完善"双联系"制度，代表履职的主动性创造性进一步提升。各区自觉落实市委要求，16 区全部召开区委人大工作会议并印发文件，区人大常委会、乡镇人大积极践行主动、担当、精准、有效的工作理念，围绕中心、服务大局的责任意识进一步增强。

增强《北京城市总体规划（2016 年—2035 年）》实施的制度刚性。把修订城乡规划条例摆在立法计划优先位置，专门加开市人大常委会会议加快立法步伐，修订后的条例全面体现新版城市总体规划的新理念新要求。同时，提前布局配套法规，对制定户外广告牌匾标识和标语宣传品管理条例、修订历史文化名城保护条例进行了立项论证，推进中轴线文化遗产保护立法。

推动立法和改革决策相衔接。紧跟中央重大改革决策、落实市委重要改革部署，及时将实践中证明行之有效的改革成果固化为制度机制。《北京市街道办事处条例》明确将党的领导写入具体条文，理顺条块分工，明确定位职权和保障机制，推动治理重心下移、人员力量下沉，为基层赋能赋权、减负增效。《北京市促进科技成果转化条例》创制性规定了高校院所可将职务科技成果知识产权全部或部分给予完成人。坚持立改废并举，修改《北京市实施〈中华人民共和国残疾人保障法〉办法》，在开展涉农领域立法后评估基础上进一步修改法规 11 件，在法规清理基础上进一步修改涉机构改革法规 8 件，废止法规 2 件，对制定《北京市地方金融监督管理条例》进行了立项论证。

提高精治共治法治水平。针对城市治理难点堵点和共建共享突出问题，打出立法"组合拳"。修改《北京市生活垃圾管理条例》，审议制定《北京市物业管理条例（草案）》《北京市文明行为促进条例（草案）》。修改后的《北京市生活垃圾管理条例》全面推行总量控制、强制分类制度，限制一次性用品使用，对个人违规投放和企业混装混运加大处罚力度，充分调动社会各方面力量参与，从制度层面保障全区域全链条全流程治理。《北京市物业管理条例（草案）》《北京市文明行为促进条例（草案）》针对物业管理服务中的痛点、不文明行为中的顽症痼疾精准施策。对制定《北京市司法鉴定管理条例》《北京市中医药条例》《北京市野生动物保护条例》、修订《北京市志愿服务促进条例》《北京市宗教事务条例》进行了立项论证。

（二）监督工作

市人大常委会恪守人大监督的政治定位、法律定位，组织持续监督、联动监督、协同监督，寓支持于监督之中，切实将监督压力转化为改进工作的动力。

保障首都经济社会高质量发展。把经济持续健康发展作为财经领域监督重点，听取和审议计划预算报告、国有资产管理情况综合报告和行政事业性国有资产专项报告，调整市级预算，批准地方政府债务限额，决定耕地占用税适用税额。建立经济形势季度分析制度，调研减税降费和政府固定资产投资项目进展情况。制定国有资产管理情况报告五年规划，建立专题分析机制。审议城市体检情况报告、开展中轴线文化遗产保护监督、督办美丽乡村建设议案。围绕国际交往中心建设和冬奥会冬残奥会筹办，监督公共服务领域外语标识使用管理。

助力打赢污染防治攻坚战。审议 2018 年环境状况和环境保护目标完成情况报告，跟踪审议意见落实情况，推动提升绿色生产生活水平。组织对水污染防治法律法规实施情况的检查，引入第三方独立评估污染防治效果。突出重点领域，审议农村人居环境改善工作报告，推动落实"四好"农村路建设、污水治理、"厕所革命"主体责任，形成长效管护机制。审议蓝天保卫战相关工作报告，针对移动源治理、扬尘管控等问题提出具体建议。

推动解决群众关心的难点问题。聚焦城市交通疏堵治乱，对 2018 年通过的《北京市机动车停车条例》《北京市非机动车管理条例》《北京市人民代表大会常务委员会关于修改〈北京市实施中华人民共和国道路交通安全法办法〉的决定》（以下简称"两条例一决定"）进行组合式执法检查，委托第三方开展调查。紧扣院前医疗急救的公共服务定位，加大议案督办力度，推动市政府制定工作方案、提升服务水平。聚焦保障人民合法权益，对刑事审判工作、公益诉讼检察工作开展监督，首次专题询问检察工作，在刑事诉讼制度改革、扫黑除恶专项斗争、涉众新型案件侦办衔接配合、公益诉讼配套制度建设等方面提出具体建议。

加强备案审查制度。建立市人大常委会听取备案审查工作情况报告制度，首次听取备案审查工作情况的报告，修改工作规程，将以市政府办公厅名义发布的有关规范性文件、地方性法规配套文件以及区人大及其市人大常委会制定的制度性规程、办法和规定纳入备案范围。明确审查要求，召开专门会议、组织专题培训推动落实。

三、法治政府建设*

（一）持续深化政府职能转变

推进行政体制改革，完成市、区两级党政机构改革，推进综合执法体制改革，开展乡镇机构改革试点，优化"三城一区"管理体制，加强重点地区管理制度设计。深化"放管服"改革，调整市、区两级政府部门权力清单，落实市场准入负面清单制度，取消行政许可事项 9 项，下放 17 项，承接 2 项；清理 45 项"零办件"事项，全部取消市、区两级政府设定的证明事项和办事所需"其他"兜底条款。持续优化营商环境，制定"9+N"政策 2.0 版、3.0 版，推行"只进一门""一网通办""一窗通办""最多跑一次"改革，在世界银行发布的《2020 年营商环境报告》中，北京市排名继续保持国内第一，位居全球第 28 位。加强社会信用体系建设，在旅游等 43 个领域开展信用分级分类监管。提升基层依法治理水平，创建国家级民主法治示范村（社区）60 个、市级民主法治示范村（社区）691 个。

（二）持续推进科学民主依法决策

制定北京市全面推行行政规范性文件合法性审核机制的实施意见，完成 287 件市政府重大行政决策事项、行政规范性文件和相关协议的合法性审查。持续开展区政府重大行政决策案例评审交流活动，不断提升各级政府科学民主依法决策水平。

（三）不断完善依法行政制度体系

制定《北京市实施〈规章制定程序条例〉若干规定》。制定市政府 2019 年立法工作计划，完成立法项目 32 项，制定、修改、废止政府规章 16 项，并对涉及机构改革、"放管服"改革等方面与现行政策不符的政府规章进行了集中清理。

（四）深入推进严格规范公正文明执法

制定《北京市全面推行行政执法公示制度执法全过程记录制度重大执法决定

* 2019 年北京市法治政府建设情况报告，北京市司法局提供。

法制审核制度实施方案》和 3 个配套办法，有力提升北京市行政执法规范化水平。严格规范行政执法行为，开展排查纠治执法不公随意性执法选择性执法专项活动，发现并整改制度漏洞 28 个。

（五）持续强化对行政权力的监督

主动接受人大依法监督和政协民主监督，向市人大常委会报告专项工作 23 项，接受专题询问 1 项、法律法规实施情况检查 3 项；向市政协通报工作 12 项，开展各类协商活动 30 次。主动接受司法监督，各级行政机关负责人出庭应诉 1100 余人次，并将出庭应诉、履行法院判决等情况纳入依法行政考核。加强审计监督，对 57 名党政机关和国有企事业单位主要负责人进行经济责任审计。大力推进政府信息公开，主动公开信息 70 余万条；市政府常务会议研究涉及民生重要议题时邀请市民代表列席参加。

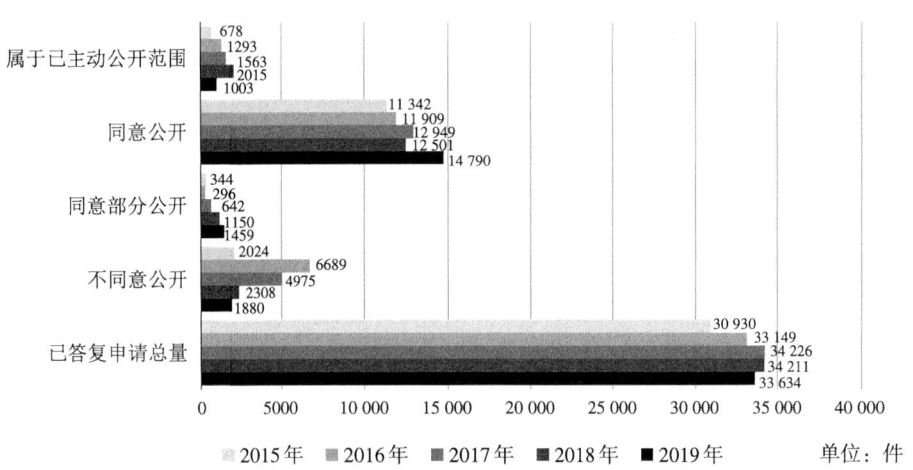

图 1　2015—2019 年答复申请类型数量

数据来源：2019 年北京市政府信息公开工作年度报告，载 http://www.beijing.gov.cn/gongkai/zfxxgk/gknb/202004/t20200430_1889230.html.

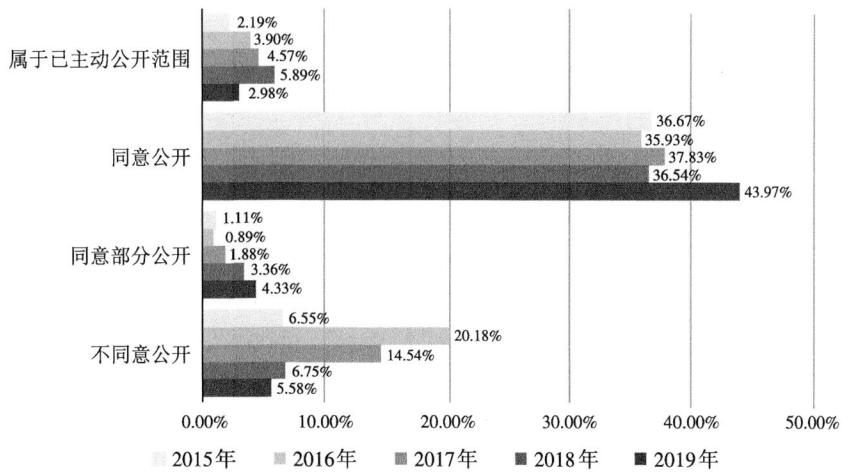

图2 2015—2019年答复申请类型占比情况

数据来源：2019年北京市政府信息公开工作年度报告，载 http://www.beijing.gov.cn/gongkai/zfxxgk/gknb/202004/t20200430_1889230.htm.

（六）加强依法行政能力建设

坚持会前学法制度，各区政府、市政府有关部门组织会前学法329次。针对局级领导干部、法治机构负责人等多种主体举办依法行政培训班，共培训407人次；各区政府、市政府有关部门共举办培训班95期、法治讲座112次。加大普法力度，明确61家国家行政机关普法责任。

四、监察法治建设*

　　紧盯重要领域和关键环节，加大案件查处力度，持续强化不敢腐的震慑。2019年，北京市各级纪检监察机关共立案4407件，处分3669人。北京市各级纪检监察机关坚持无禁区、全覆盖、零容忍，加大了对规划与自然资源领域、涉黑涉恶、社会救助、民生领域等方面腐败问题的查处力度，定制度、立规矩，规范业务流程，确保纪委监委的执纪执法权力得到正确行使，巩固发展反腐败斗争压倒性胜利成果。

　　探索信访举报工作"北京经验"，把好监督执纪"第一关"。2019年，北京市圆满完成中央纪委国家监委部署的覆盖纪检监察系统检举举报平台试点工作任务；全市各级纪检监察机关共接受群众信访举报55 038件次；创新来访接待工作模式，推进联合接访"北京模式"。

　　纠治"四风"不手软。2019年共查处违反中央八项规定精神典型问题476人，给予党纪政务处分438人。市纪委监委坚持问题导向，针对违规收送礼品礼金、配备公务用车、发放津补贴或福利、公款吃喝以及公款国内旅游五类问题占全部问题比重近80%的情况，持续加强日常监督检查，精准执纪问责。

　　坚持开门搞整治，全方位接受群众监督。开展专项整治漠视侵害群众利益工作。北京市纪委监委机关作为专项整治工作的牵头和监督部门，通过中央及市属主要媒体公开14个专项的群众监督举报和反映问题的方式，督促指导各相关部门拓宽畅通问题反映渠道，构建形成"来信、来访、来电、PC端、移动端"五位一体的监督举报与反映问题体系，"多角度、全方位、立体化"地运用多种形式，接受群众评判，及时回应群众关切。

　　* "盘点2019" ①~⑨，载http://www.bjsupervision.gov.cn/zt/sjwsejwcqh/mtbd/，"盘点2019"为北京市纪委监委"清风北京"传播矩阵开设，报道北京市正风反腐新亮点、新成绩；《新时代纪检监察工作高质量发展谱新篇》，"清风北京"微信公众号2020年1月17日文章。

以监督"吹哨报到""接诉即办"工作为抓手，护航构建现代化超大城市治理体系。截至 2019 年 10 月，全市各级纪检监察机关发现"接诉即办"问题 302 个，约谈 595 人次，谈话提醒 1107 人次，办理线索 181 件，处分 23 人，问责 65 人，发出纪律检查或监察建议 46 份，曝光 37 人。

深化政治巡视，剑指问题、上下联动。2019 年，市委巡视机构完成两轮常规巡视和一轮对规划自然资源领域专项巡视，覆盖 13 个区和 14 个单位，同时对市人防办党组开展了机动式巡视，共发现问题 1443 个，向市委市政府有关部门发出巡视建议书 14 份；向市纪委监委移交了 283 名领导干部的问题线索，在 2019 年市纪委监委给予党纪政务处分和组织处理的市管干部中，巡视线索贡献率达 69%。

五、政法领域全面深化改革

2019 年，习近平总书记指出加快推进政法领域全面深化改革。为深入贯彻习总书记重要指示精神，全面落实中央全面深化改革委员会《关于政法领域全面深化改革的实施意见》，立足在更高起点上推动改革取得新的突破性进展，市委全面深化改革委员会法治建设领域改革专项小组组织研究制定《北京市政法领域全面深化改革任务分工方案（2020—2023 年）》，从完善党对政法工作领导、机构职能、权力运行、纠纷化解、维护安全稳定工作机制、管理服务、队伍建设管理、科技支撑、法治保障 9 个体系推进落实，着力破解权责平衡难题，全面强化执法司法责任；着力破解监督制约难题，全面增强执法司法公信；着力破解案多人少难题，全面提升执法司法效能。[1]

（一）审判工作及改革[2]

1. 审判工作

全市法院新收案件 983 654 件，比上年增长 9.9%，结案 973 048 件，增长 8.9%。一审案件服判息诉率达到 88.5%，在世界银行营商环境评估中，反映审判质效的"执行合同"指标，北京得分排名全球第五，其中"司法程序质量"连续两年获全球最高分。

深入推进扫黑除恶专项斗争。依法从严从快审结一审涉黑涉恶案件 106 件 457 人。加大"打伞破网"力度，审理涉保护伞案件 11 件 11 人。加大"深挖彻查"力度，逐条核查中央督导组交办线索，对近五年已审结刑事、民商事和执行案件进行两轮排查，共移转线索 750 条，立案 84 条。加大"打财断血"力度，依法追缴罚没财产 3 亿余元。积极推进综合治理，做到司法建议"一案一发"。

〔1〕 "谱写政法领域全面深化改革新篇章"，载 http://www.xinhuanet.com/legal/2019-07/20/c_1124776479.htm.

〔2〕 法院材料：法治白皮书（年鉴版），北京市高级人民法院提供。

依法严惩严重刑事犯罪。把维护政治安全放在首位，对煽动颠覆国家政权、间谍、暴恐等犯罪依法重拳出击。保持对严重刑事犯罪高压态势，依法严惩杀人、抢劫、绑架等严重暴力犯罪，对 1166 人判处 5 年有期徒刑以上刑罚。依法严惩非法集资、利用网络电信实施诈骗等涉众型经济犯罪，审结此类案件 870 件。深入做好追赃减损工作，努力防控社会风险、金融风险。依法严惩危害食品药品安全犯罪，审结此类案件 213 件。坚决落实中央反腐败斗争决策部署，依法严惩职务犯罪，完善刑事诉讼与监察程序衔接机制，审结职务犯罪案件 459 件。

切实加强人权司法保障。严格落实罪刑法定、疑罪从无、证据裁判、非法证据排除等原则和制度，对 3 名公诉案件被告人依法宣告无罪。深入推进以审判为中心的刑事诉讼制度改革，发挥庭审实质作用，落实认罪认罚从宽制度，实现刑事案件律师辩护全覆盖。

依法服务保障"三件大事"。审结涉"疏解整治促提升"专项行动案件 3529 件，加大矛盾化解力度，监督支持行政机关依法履职，保护行政相对人合法权益。服务保障冬奥会冬残奥会筹办，依法妥善解决相关矛盾纠纷 125 件。

依法服务保障三大攻坚战。围绕脱贫攻坚，审结涉农村土地承包、乡村环境整治、乡村旅游等案件 2946 件。围绕污染防治，健全环境公益诉讼机制，审结环境污染责任纠纷 58 件。围绕防范化解金融风险，审结金融借款、民间借贷、信用卡、证券、保险等案件 113 584 件，市高级人民法院与中国人民银行营业管理部建立金融纠纷诉调对接、排查预警机制。

依法服务保障创新发展。审结专利案件 2024 件，加强对高新技术和前沿领域技术成果的保护。审结商标案件 24 971 件，依法制裁假冒商标、攀附知名企业商誉等行为。审结著作权案件 51 195 件，促进文化创意产业有序发展。北京互联网法院打造具有世界影响力的互联网司法平台，运用区块链技术建成"天平链"，解决电子证据存证认证难题，深度运用智能合约技术实现执行"一键立案"，成为司法领域智能合约技术全球首个落地应用，全流程在线审结案件 40 083 件。

依法保障民生福祉。审结家庭邻里纠纷 54 394 件，依法保护妇女、儿童、老年人、残疾人、军人军属的合法权益。审结物业、供暖等纠纷 72 026 件，促进营造良好居住环境。建立涉民生案件绿色通道，审结人身伤害、医患纠纷、劳动争议等案件 42 200 件。加强司法救助工作，对生活陷入困境的 652 名当事人发放司法救助金 4017 万元。

推进"切实解决执行难"。全年执结案件 263 744 件，比上年增长 21.3%，执行到位金额 1217.3 亿元，增长 37.3%。完善执行联动机制，加大联合信用惩戒力度，依法公布失信被执行人信息 6.7 万例，采取限制高消费、限制购买高铁票飞机票等措施 117.7 万人次。网拍财产 13 311 件，网拍成交额 278.8 亿元，比上年分别增长 123.4% 和 86.4%。

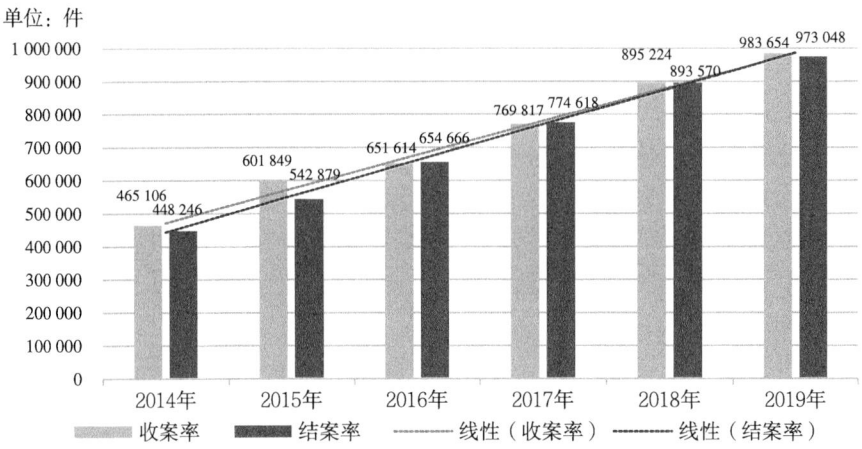

图3　北京市近六年全市法院收案结案情况

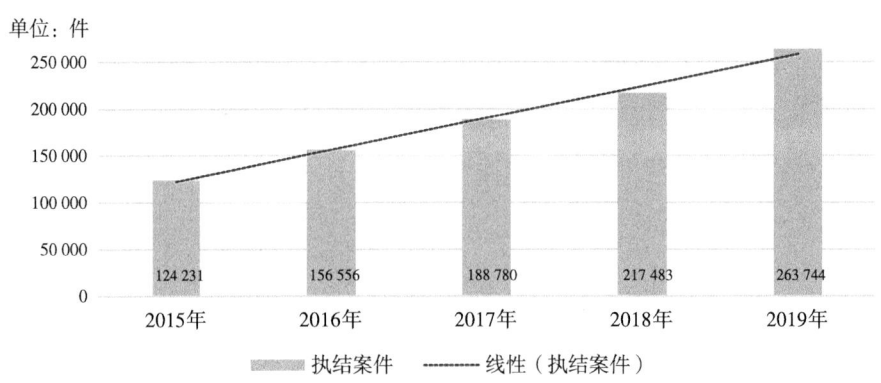

图4　2015—2019 年法院案件执结情况

2. 改革

全市法院大力推进司法改革微创新，在最高人民法院发布的司法改革典型案例中，北京法院入选案例居全国首位。

大力推进诉源治理。在全市法院一体推行"多元调解+速裁"工作，基层人民法院用 21.6% 的民商事法官在诉讼前端解决了 65.4% 的民商事纠纷。主动融入党建引领"街乡吹哨、部门报到"工作，大力开展订单式、定制化精准普法，从源头上减少矛盾纠纷，全市法院新收案件增幅从上年的 16.3% 下降到 9.9%。

完善落实司法责任制。修订院庭长审判监督管理职责规定、审判委员会工作规则，制定关于审判团队建设工作意见、关于统一法律适用工作办法，加强案件质量评查，进一步做到"放权不放任、用权受监督"。继续推进司法公开，完成 4301 名人民陪审员选任工作，出台人民陪审员参审工作办法。全面完成基层人民法院内设机构改革。推动审判资源向审判一线倾斜、向案多人少矛盾突出的法院倾斜。

深化司法人员分类管理。组织开展第四批次法官遴选，开展法官等级按期晋升、择优选升，完成在编法官助理、书记员等级确定工作，落实司法行政人员职级职务并行改革。

着力改进诉讼服务。研发运行"立体化线上立案系统"，实现网上预约立案 24 小时不"打烊"，全年网上立案 159 409 件，京津冀法院在全国率先实现跨域立案全覆盖。在全国率先成立集约送达中心，建立电子送达数据库，全年发送电子送达 50.1 万件，民商事案件平均送达周期缩短 43%。升级完善 12368 全天候热线服务，全年接听群众来电 51.7 万次。上线"北京移动微法院"，完善"微律师"服务平台，推出"接诉即答""接单即办"联系法官便民服务机制，诉求回复率达到 98.4%。

（二）检察工作及改革[1]

1. 检察工作

2019 年，全市检察机关共受理各类案件 95 543 件，办结 95 531 件，与上年相比分别增长 18.5% 和 23.4%。

图 5　2015—2019 年北京市检察机关批准逮捕及提起公诉的情况

---

〔1〕 北京市人民检察院工作报告，市人民检察院提供。

依法履行普通刑事犯罪检察职能。依法办理孙文斌故意杀害民航总医院医生案等一系列社会关注案件；依法维护妇女儿童权益，起诉强奸、强制猥亵、拐卖妇女儿童等犯罪660件683人；加强对失足未成年人教育、感化、挽救，决定附条件不起诉84人，开展观护帮教。

依法履行国家安全和公共安全犯罪检察职能。起诉煽动滋事、网络政治谣言、冒用党和国家机关名义实施诈骗等犯罪77件116人。依法严惩各类危害公共安全犯罪，起诉爆炸、涉枪、重大安全事故等犯罪88件126人，完善社会治安防控体系。依法办理各类涉军犯罪23件26人。

依法履行职务犯罪检察职能。发挥检察机关在反腐败工作大局中的作用，共受理监察委员会移送职务犯罪案件326件357人。

依法履行经济犯罪检察职能。起诉非法集资、走私、危害税收征管秩序等犯罪990件2099人。依法办理涉案金额过亿元的重大非法集资犯罪案件142件。严惩网络电信诈骗犯罪，起诉22件121人，依法办理一批跨境涉台、数额巨大的网络电信诈骗案。加大追赃挽损力度，追赃挽损10.7亿元。

依法履行公益诉讼检察职能。构建以"三诉两支"为基本框架的公益诉讼检察工作格局。共发现公益诉讼案件线索384件，立案281件，立案后发出诉前检察建议197件，行政机关回复和启动整改率为100%，完成整改91.8%，绝大多数问题在诉前得到解决。

法律监督工作。加强立案监督，监督立案357人、监督撤案514人，同比分别上升40%、44.4%。加强侦查活动监督，提出书面纠正违法意见89件。加强行刑衔接，建议行政执法机关移送涉嫌犯罪573人。加强刑事审判活动监督，开展裁判文书同步审查，提出抗诉95件，同比上升26.7%。加强刑事申诉案件实质审查，审结450件。加强人权司法保障，深化羁押必要性审查，对1102人依法提出释放或变更强制措施建议，采纳997人。加强民事诉讼精准监督，共审结案件2989件，同比上升56.5%，提出抗诉67件，发出再审检察建议52件。加大行政诉讼监督力度，共办结案件1112件，同比增长96.1%。

2. 改革

强化检察机关与监察机关沟通协调，完善互相配合、互相制约工作衔接机制，形成反腐败合力。延伸检察职能，制发社会治理类检察建议333件，提升社会治理水平。推动派驻公安机关执法办案管理中心检察机制在16个区全覆盖，实现对公安执法办案集中专门监督，经验做法被中央政法委、最高人民检察院在全国推广。

深化综合配套改革。立足优化人员编制、职能配置、机构设置，全市三级检察机关同步完成内设机构改革，以全新面貌在新的起点上履行检察职责。根据案件类型，打造"四位一体"刑事检察格局，设立专门的检察监督机构和公益诉讼检察机构，构建轻罪案件检察工作体系，实现职能适当分离、机构合理分设、工作科学分工。按照专业分类，设置办案组织，将全市 1278 名检察官全部编入其中，配齐配强办案力量，保障全面充分履职。深化跨行政区划检察院改革，市检四分院经过五年探索，形成跨行政区划检察、集中管辖公益诉讼、复合型专门监督三项核心职能，成为具有鲜明特色的专门检察院。推动团河、清河地区检察院整合刑事执行检察工作，提高工作质效。

深化认罪认罚从宽制度落实。坚持客观公正立场，增强依法履职主动性，在刑事案件中依法适用认罪认罚从宽制度，推进繁简分流，减少社会对抗。提高认罪认罚从宽制度适用率，共适用 19 988 人，适用率 67.7%。完善认罪认罚从宽配套机制，提升量刑建议精准化水平，对认罪认罚从宽案件提出量刑建议 14 736 人，促进公正与效率相统一。各检察院普遍设立值班律师工作站，方便律师提供法律帮助。

（三）公安工作及改革[1]

1. 公安工作

维护首都安全工作。圆满完成国庆 70 周年庆祝活动、全国"两会"、第二届"一带一路"国际合作高峰论坛、2019 年中国北京世界园艺博览会、亚洲文明对话大会重大安保任务；推动市、区两级反恐办规范化运行，严格落实"六住"措施；深入推进区域警务合作发展，形成区域资源一体化、协同联动一体化、源头管控一体化的新局面。

打击犯罪工作。全年破获刑事案件和抓获嫌疑人数量同比分别上升 11.5% 和 9.1%，命案破案率连续五年保持 100%，八类危害严重案件破案率达历史新高，禁毒打防能力明显提升；组织开展打击涉众型经济犯罪、虚开骗税百城会战、猎狐 2019 等专项行动，在涉税、反洗钱、证券、打击信用卡和假币犯罪等多个领域取得新突破；开通 96110 反诈专线，服务全国，成立反电信网络诈骗犯罪联合实验室，上线运营"全民反诈"APP，推动电信网络诈骗案件在全国率先实现"两降两升"目标。

社会治安防控工作。创新"并肩治乱"模式，对涉黄涉赌、黑车黑摩的、无照游商、医托号贩等群众反映强烈的治安乱象实施常态化打防整治；严密政治中心区、使馆区等重点地区、敏感部位安全防范，持续深化区域警务合作机制，全年刑事、治安警情同比均下降；全面强化对大型活动的风险评估；持续做强以"朝阳群众"为代表的群防群治队伍品牌，有效提升群众力量参与邻里守望、巡

---

[1] 2019 年首都公安法治建设情况（年鉴版），北京市公安局提供。

逻防控、秩序维护工作的能力。

服务民生工作。扎实推进城市副中心行政办公区警务建设和冬奥会"北京周期"安保筹备各项工作；破获环食药旅领域案件数量和刑事拘留人数同比大幅上升，有力地维护了首都碧水、蓝天、净土；严格公共安全监管，深入推进重点地区交通秩序整治，城市交通秩序环境得到有效净化；落实"吹哨报到""接诉即办"要求，加大诉求解决力度，全年12345派单响应率保持100%，解决率、满意率同比分别上升28%和41%；围绕户政、交管、出入境等领域，深入推进"放管服"改革，深化简政放权、优化营商环境；加快"网上公安局"建设，推进"一网通、一次办"，精简网上办事材料，压简办理时限和群众办事平均跑动次数，打通为群众服务"最后一公里"。

2. 改革

深化公安执法规范化建设。坚持以国庆70周年系列安保为中心，健全执法制度，紧密围绕重大安保、扫黑除恶等中心工作、新型高发犯罪打击，以及基层执法难点，积极推进地方性立法调研论证，出台一系列法律适用意见和办案指引。深化执法办案管理中心工作机制，建成19家执法办案管理中心，实现全市各区全覆盖，规范430个基层所队案管组标准化运行，推进基层所队智能办案区建设。持续深化受案立案制度改革，大力推进侦审一体化，实现全局受案立案执法初始环节投诉同比下降34.6%，全局刑拘、逮捕、起诉同比分别上升11.3%、20.7%和21.3%。全面深化市、区两级涉案财物管理场所规范建设运行，积极探索涉案财物智慧管理新模式。全面推动落实"1+3+6+N"执法信息化建设总体布局，强力推进政法办案智能管理系统建设应用，强化信息化深度应用。组织开展法制教育大讲堂、三级案例讲评、抽考抽测、庭审旁听等活动，受训民警达6万余人次，积极推动警务实战与规范执法的融合式培训，推行课程、人员、需求精准对标的滴灌式培训新模式，举办"量体裁衣"式专项培训、实战演练及比武竞赛，提升民警核心战斗力。

（四）司法行政工作及改革[1]

1. 司法行政工作

公共法律服务体系建设工作。完成市公共法律服务中心选址，社区（村）公共法律服务依托村居法律顾问和人民调解委员会实现全覆盖。正式上线公共法律服务网络协同调度平台。一年来，公共法律服务实体平台提供现场法律咨询6.63万人次。全市各法律援助机构共办理法律援助案件37 625件。

---

[1] 北京市司法局2019年工作总结，市司法局提供。

律师管理工作。[1] 深入推进律师行业"不忘初心、牢记使命"主题教育，形成主题教育"北京方案"。深化党建工作督查机制，为全市 1051 家无党员律师事务所指派党建指导员 732 名。完成新一届律协 20 个专门工作委员会、3 个联谊会和 70 个专业委员会（研究会）组建工作，700 余名行业骨干律师被吸收到新一届专门工作委员会。完善律师执业权利保障机制，深化与法院、检察院、公安局的沟通协调机制。着力规范律师执业行为。2019 年，北京市执业律师 34 907人，律所 2735 家[2]。

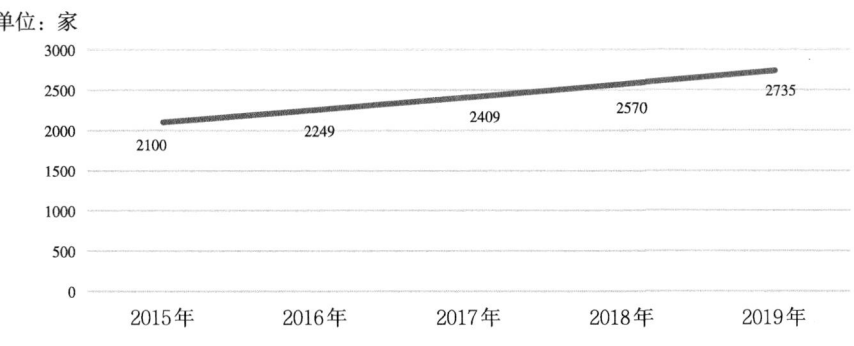

单位：家

图 6　2015—2019 年北京律师事务所变化情况

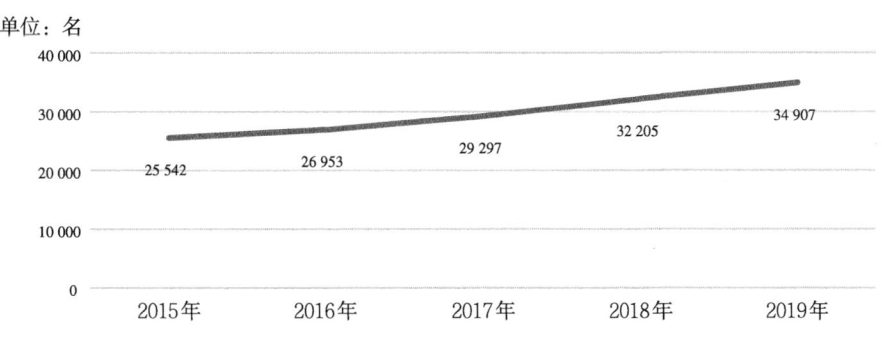

单位：名

图 7　2015—2019 年北京执业律师人数变化情况

司法鉴定管理工作。研究制定《北京市司法鉴定行业发展规划（2019—2023年）》，牵头建立司法鉴定管理与使用衔接机制，定期召开联席会议，解决实践中突出问题。持续推进司法所规范化管理，全市 3A 级司法所达到 82.58%。2019

〔1〕 北京市律师协会 2019 年工作总结，市律师协会提供。
〔2〕 执业律师和律所的数据由北京市司法局提供。

年，各司法鉴定机构共办理司法鉴定业务 92 334 件。

法律援助工作。研究制定北京市司法局《服务保障"回天地区"发展若干措施》。在全市开展农民工、妇女、残疾人、未成年人等群体专项维权服务活动，其中，在根治农民工欠薪工作中，为农民工群体提供法律援助 16 152 件。2019 年，全市各法律援助机构共办理法律援助案件 37 625 件。

法律职业资格管理工作。2019 年是国家统一法律职业资格考试计算机化改革的推进年，客观题考试首次分两批进行，主观题考试首次由纸笔考试改为计算机化考试，同时为部分考试生保留纸笔考形式，北京市司法局坚持"从严治考、规范管理、热情服务"的总原则，圆满完成北京考区的考试组织工作，客观题和主观题考试报名人数共计 56 500 余人，受理审核首届法律职业资格考试成绩合格人员申请材料 8429 人，发放首届法律职业资格证书 8177 份。

社区矫正工作。持续做好社区矫正对象监督管理和教育帮扶工作，全年列管管制、缓刑、假释和暂予监外执行社区矫正对象 6656 人，年内共接收 3269 人，解除 3110 人；依法提请特赦 99 人。

监狱工作。[1] 年内收押罪犯 7677 人，办理减刑案件 1037 件、假释案件 107 件、监外执行案件 9 件，刑满释放罪犯 5133 人，依法完成 2 名罪犯特赦工作。推进扫黑除恶专项斗争纵深发展，初步形成长效工作机制，新收押恶势力罪犯认罪服法率 100%。常态化开展狱内隐患排查整治，严格罪犯管理和狱内物品清理整顿，深化罪犯"321"危险性评估模式，强化高危人员管控，实现连续 23 年监所安全稳定。全力推进五大改造生动实践，抓住新中国成立 70 周年、特赦、扫黑除恶专项斗争的有利契机，强化罪犯政治教育、仪式教育，深入开展习近平新时代中国特色社会主义思想、时事政治、监规纪律等学习宣讲，率先出版首都特色五大改造丛书，构建"4+N"改造项目格局，罪犯改造质量稳步提升。推动安全生产标准化建设，11 所监狱通过北京市安全生产标准化二级单位达标验收。

戒毒工作。[2] 深化全国统一戒毒模式，实现戒毒医疗、教育矫正、心理矫治、康复训练、诊断评估五大中心实体化运行。深化科技应用和项目戒治，研发构建基于内隐测试技术的戒毒人员高冲动性与戒毒动机筛查评估系统，探索复吸高危情境脱敏训练、临出所人员职业生涯规划、内视观想、经史合参等训练实践，构建全程配套戒治项目训练体系。成立物质成瘾干预与矫治试验室，"吸毒人员抑郁障碍的生理心理量化诊断和治疗"项目被评为司法部 2019 年教育戒治

---

〔1〕 北京市监狱管理局（北京市戒毒管理局）2019 年工作总结，市监狱管理局（市戒毒管理局）提供。

〔2〕 北京市监狱管理局（北京市戒毒管理局）2019 年工作总结，市监狱管理局（市戒毒管理局）提供。

优势项目，6 个课程获选司法部首批教育戒治精品课程，正念防复发项目在"6·26"国际戒毒论坛上做专题交流。深入推进戒毒工作一体化建设，深化强制隔离戒毒与自愿戒毒、社区戒毒、社区康复衔接，实现京籍解除人员跟踪督导全覆盖；加强戒毒所与药物维持治疗机构合作，提供一站式戒毒服务；发挥社区戒毒社区康复培训指导中心作用，持续深化"四进三服务"，广泛开展禁毒社工培训和戒毒法治宣传。收治强戒人员 705 人、戒毒康复人员 128 人、期满解除强戒人员 799 人，均实现零差错。

2. 改革

以优化协同高效为目标，顺利完成机构改革任务。深入调研，积极配合市委编办科学制定市监狱管理局（市戒毒管理局）"三定"规定，形成了与"一个统筹、四大职能"工作布局相匹配的职能体系和组织架构。积极推进刑事案件律师辩护全覆盖试点工作，积极扩大法律援助通知辩护范围，在全市各级人民法院设立 22 个法律援助工作站，组建 1000 人规模的专业值班律师团队。组织研究起草《关于加强和改进监狱工作的实施意见》，深入推进统一戒毒模式和戒毒工作一体化建设。启动北京市司法行政"慧治"信息中枢平台建设，推动跨部门、跨业务网上应用，市司法局、区司法局共办理协同案件 582 人次，监狱系统共办理协同案件 145 人次。持续推进"智慧监狱""智慧戒毒"建设，7 所监狱、1 所戒毒所通过司法部审核验收并挂牌运行。

# 六、法治社会建设

（一）法治宣传

制定印发《北京市国家机关"谁执法谁普法"普法责任制实施办法》和《北京市普法责任制清单（第一批）（第二批）》，进一步推动普法责任制落实落细。统筹开展"宪法进万家""进交通枢纽""进宾馆"活动，精心组织主题为"弘扬宪法精神，推进国家治理体系和治理能力现代化"的2019年"12·4"国家宪法日暨宪法宣传周系列活动，创新举办宪法宣传周宪法主题展览，提升了宪法宣传的影响力和覆盖面。组织开展庆祝新中国成立70周年普法活动、"唱响国歌 守护国旗 致敬国徽"主题法治宣传教育活动，联合开展"服务世园 迎接冬奥 法治宣传在行动"主题宣传活动，组织开展"4·15全民国家安全教育日"法治宣传系列活动。成立北京普法联盟，整合全市69支队伍、2.5万人的普法资源，打造全社会共同参与、成果共享的普法新模式。全面深化基层依法治理，全市"全国民主法治示范村（社区）"已达60个，"全市民主法治示范村（社区）"已达691个。[1]

（二）非诉讼纠纷解决机制

人民调解、行业调解及行政调解。人民调解方面，[2] 全市各级人民调解组织共调解纠纷235 703件，调解成功205 362件，调解成功率87.13%，履行率达86.34%，排查纠纷350 528次，预防纠纷23 053件，排查纠纷、预防纠纷数量同比分别增长225.7%和14.8%。推行"法官+司法助理员+人民调解员三联动"人民调解新模式。行业调解方面，[3] 大力推动在行业协会、商会建立调解组织，在医药健康、新能源、金融等新领域建立人民调解组织，实现知识产权纠纷调解

---

〔1〕 北京市司法局2019年工作总结，市司法局提供。

〔2〕 北京市司法局2019年工作总结，市司法局提供。

〔3〕 北京市司法局2019年工作总结，市司法局提供。

组织在十大高精尖领域的全覆盖。2019 年，知识产权纠纷人民调解组织接收案件 5655 件，是去年同期的 2.71 倍。以司法行政部门指导、知识产权部门牵头推动、社会组织为主体、司法部门确认保障的知识产权纠纷多元调解机制基本形成。[1] 联合市卫生健康委等五部门修订《关于加强医疗纠纷人民调解工作的意见》，不断健全完善医疗纠纷人民调解工作联动机制，全年医疗纠纷人民调解量同比增加 20%。行政调解方面，[2] 各级行政机关共受理行政调解案件 64.71 万件，调解成功 28.59 万件。

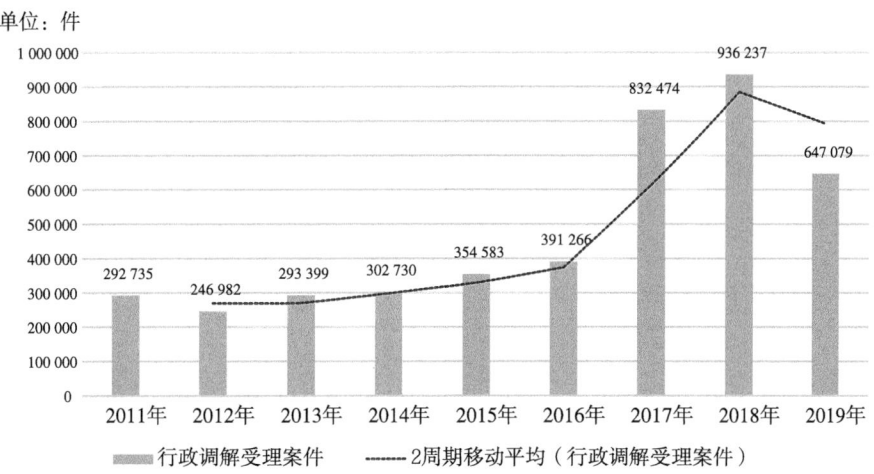

图 8　2011—2019 年行政调解受理案件数量

数据来源：北京市司法局提供。

商事争议仲裁。[3] 2019 年北京仲裁委员会共受理案件 6732 件，案涉标的总额为 948.04 亿元。全年受理亿元以上案件 151 件，平均标的额将近 3.9 亿元。在受理的国内案件中，当事人一方或双方来自京外省市的案件共有 4452 件，占国内案件数的 66.13%，同比增长 1510 件，增长率达 51.33%；当事人双方均来自京外省市的案件共有 1606 件，占国内案件数的 23.86%，同比增长 796 件，增长率达 98.27%。受案数量排名前三的案件类型分别为投资金融合同类案件、买卖合同类案件、建设工程合同类案件，增长比例排名前三的案件类型分别为投资

---

〔1〕　北京市司法局加强法治体系建设 为打造国际化营商环境新高地保驾护航，市司法局提供。

〔2〕　关于印发《北京市人民政府关于 2019 年法治政府建设情况的报告》的通知，载 http://www.bjrd.gov.cn/zyfb/zt/d15jcwh20chy/cwh20hywj/202101/t20210111_2215517.html.

〔3〕　北京仲裁委员会 2019 年度工作报告（数据版），北京仲裁委员会提供。

金融合同类案件、委托合同类案件、知识产权合同类案件。此外，北京仲裁委员会 2019 年受理涉外案件的数量和标的总额均显著增长，分别达到 163 件和 69.52 亿元，平均标的额为 4265.03 万元（其中亿元以上案件 12 件，平均标的额达 4.56 亿元），涉外案件当事人来自美国、德国、吉尔吉斯斯坦、中国香港、中国台湾等 23 个国家和地区。北京仲裁委员会 2019 年共结案 5868 件，同比增长 1743 件，增长率为 42.25%。其中，在仲裁规则规定的初始审限内结案 4454 件，占比 75.9%。从立案到结案的平均耗时为 147.82 天，从组庭到结案的平均耗时为 81.38 天。全年以裁决、调解、撤回结案的案件比例分别为 58.83%、18.27%、22.9%。2019 年，北京仲裁委员会没有裁决被法院撤销，有 4 份裁决被外地法院不予执行，有 2 份裁决被法院裁定重新仲裁。

表 1 2015—2019 年仲裁案件类型对比表

年　份	种　类												
	买卖合同	委托合同	建设工程合同	投资金融合同	租赁合同	借贷合同	特许经营、旅游类新型合同	承揽合同	信息网络争议合同	技术合同	担保合同	知识产权合同	其他案件
2015 年	773	331	315	816	153	302	64	28	33	50	16	26	37
2016 年	782	336	358	692	207	382	65	29	31	42	8	47	33
2017 年	842	118	376	858	183	455	—	32			28	275	24
2018 年	1107	161	618	1219	299	487	—	46			46	320	78
2019 年	1175	243	723	2973	331	—	—	56			—	437	139

注：因统计口径调整，故有缺漏。

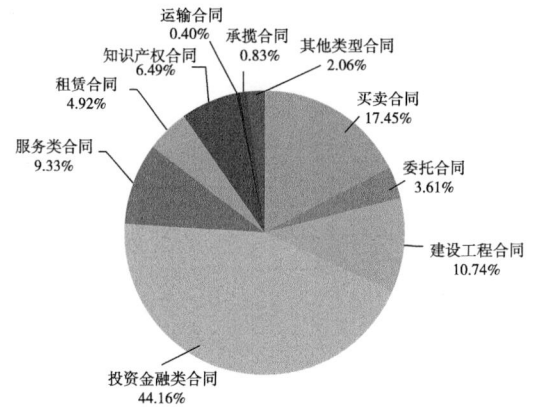

图 9　2019 年北京仲裁委员会受理商事案件类型比例

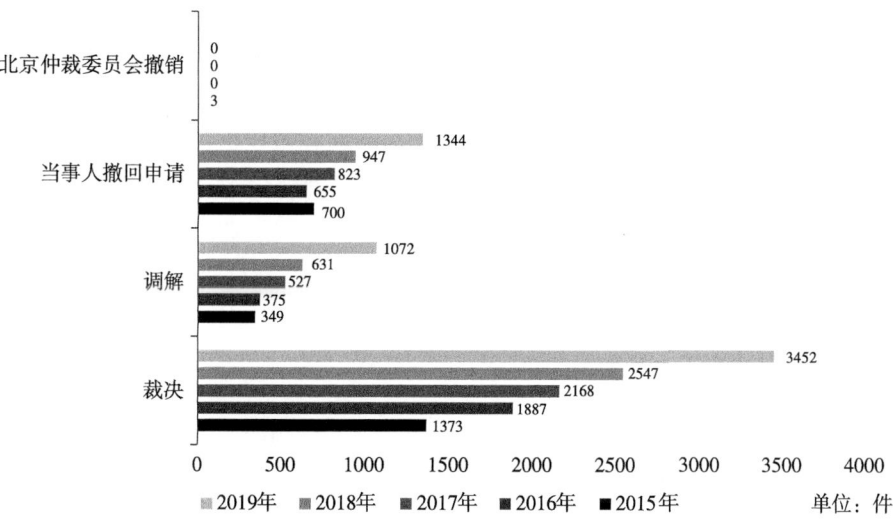

图 10　2015—2019 年北京仲裁委员会结案量

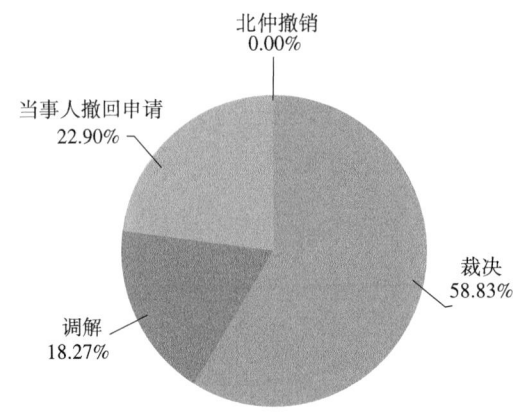

北仲撤销
0.00%

当事人撤回申请
22.90%

裁决
58.83%

调解
18.27%

图 11　2019 年北京仲裁委员会结案量及方式百分比

公证。[1]市司法局牵头制定《关于进一步深化公证体制改革机制创新工作的实施意见》，明确北京市事业体制公证机构纳入公益二类管理，优化事业体制公证机构体制机制。全市各公证机构共办理公证业务 743 334 件。"最多跑一次"公证事项已增至 112 项。进一步完善公证服务收费政策，下调 4 项公证服务收费标准，取消译文代办收费，放开证据保全类、公证监督类等 18 项收费，经测算公证收费改革可让利于民近 1.31 亿元。

行政复议。[2]2019 年各级行政复议机关审结行政复议案件 7304 件，直接纠错率 13.8%。其中，市政府接收行政复议申请 1040 件，审结复议案件 658 件，综合纠错率 11.2%，复议后息诉率 73%。[3]

（三）法治国企建设[4]

推动完善国资监管体制。以管资本为主推进监管职能转变，制订的《北京市人民政府办公厅关于印发〈市国资委以管资本为主推进职能转变方案〉的通知》（以下简称《转职能方案》）于 2019 年 3 月 15 日由市政府印发实施，精简监管事项 26 项，其中包括取消审批事项 11 项、下放权限事项 8 项、授权企业事项 7 项；为贯彻落实《转职能方案》的各项工作要求，加快推动市国资委从管企业为主向管资本为主的转变，聚焦重点，明确任务，责任到人，起草了《贯彻落实

---

〔1〕　北京市司法局 2019 年工作报告，市司法局提供。

〔2〕　关于印发《北京市人民政府关于 2019 年法治政府建设情况的报告》的通知，载 http：//www. bjrd. gov. cn/zyfb/zt/d15jcwh20chy/cwh20hywj/202101/t20210111_2215517. html.

〔3〕　中共北京市委全面依法治市委员会 2019 年工作总结，中共北京市委全面依法治市委员会办公室提供。

〔4〕　北京市国资委 2019 年度报告素材，市国资委提供。

〈市国资委以管资本为主推进职能转变方案〉重点任务分工方案》，已印发实施。方案分解出 44 项具体工作任务，除已完成的精简职权事项外，覆盖了市国资委《转职能方案》的各项工作，并根据工作实际，合理规划了完成时限；贯彻落实《转职能方案》要求，对《北京市国资委出资人监管权力和责任清单》进行修订，形成《北京市国资委出资人监管权力和责任清单（2019 年版）》［以下简称《权责清单（2019 年版）》］，包含九大类 31 项监管权力事项。在此基础上，按照市国资委主要领导提出的"转职能、搭平台、做服务、强监管"的工作要求，对监管权力事项逐项梳理工作流程，制定了《北京市国资委出资人监管权力事项办事指南》作为《权责清单（2019 年版）》的附件一并印发；联合市财政局、市文资办、市科委、中关村管委会、北京经济技术开发区管委会等部门共同建立《北京市国有资产基础管理联席会议制度》。

推进依法治企工作情况。强化意识，层层落实法治建设第一责任人职责，召开市管企业 2018 年度法律纠纷案件视频通报会，开展市管企业法治建设考核评价；开展法治建设专项检查。联合驻委纪检监察组、监督处以市国资委党委名义对首开集团等 6 家市管企业开展了企业法治建设专项检查。检查内容主要包括企业贯彻落实法治工作大会精神情况、企业主要负责人履行法治工作责任情况、法治工作制度建设及管控情况以及法律风险防控措施制定及落实情况等四个方面。针对检查结果将建立检查企业整改台账，并以市国资委党委名义向检查企业下发整改通知，督促企业及时整改。

完善机制，坚决遏制企业重大案件高发态势。加强法律风险防范机制建设，坚持对市管企业法律纠纷案件总量、涉案金额等排名前 10 的企业进行通报，汇总市管企业法律纠纷案件的总体情况、突出特点，对案件反映的突出问题进行风险提示，并对企业经营管理中存在的普遍性问题提出系统性的应对措施，指导企业堵塞经营管理漏洞，有效防范重大法律风险的发生，依法维护企业合法权益；建立市管企业重大案件协调会商工作机制，为进一步加大对市管企业重大案件的协调、服务和管理力度，联合委内监督力量，建立市管企业重大案件协调会商工作机制，就企业案件诉讼应对工作及企业经营管理、责任追究等问题对下一步工作提出意见、建议；搭建市管企业法律纠纷案件管理系统。为强化案件管理，提升法务信息化水平，新建市管企业法律纠纷案件管理系统，并召开市管企业法律纠纷案件管理系统培训会，下发系统操作手册及案件填录要求清单，要求企业自案发之日起 30 日内填录报送重大案件相关信息，并按季度报送重大案件进展，其余案件自案件发生之日起 90 日内完成填录。

立足预防，深入开展市管企业合规管理体系建设，继续推进企业合规管理试点工作，坚持从实际出发、审慎起步、稳妥推进的原则，着力推进合规管理体系建设试点工作。对北汽集团、建工集团、首旅集团、北控集团、京东方集团等五家第一批试点单位的合规管理方案进行审核批复，指导督促试点企业有效开展合规管理，定期总结开展工作过程中的良好经验和发现的问题，结合运行情况，拟对合规管理实施方案进行修订完善；通过京企云帆法务平台加强专项合规培训。举办以"打造有效合规管理体系，增强国企风险管控能力"为主题的京企云帆法治高峰论坛，邀请中兴通讯、微软、戴姆勒、西门子等国际知名企业的首席合规官分享企业境外合规经验，市管企业主要负责人、总法律顾问、法律事务部部长以及部分重要子企业总法律顾问、市国资委机关处室负责人250余人在现场参加会议，同时通过视频会议系统和国资云通直播平台将论坛信号实时传送到全系统各企业分会场和广大企业员工。同时通过京企云帆法治讲堂，全年共围绕"强化合规管理""新竞争形势下企业法律风险的化解"等主题举办法治讲座，邀请业内专家、知名律师等走进企业，与企业法务人员面对面现场交流；组织起草《关于加强市管企业法治工作与内控体系建设的若干意见》。为全面提升市管企业法律治理能力和水平，推动企业实现高质量发展，着手起草关于规范企业法治建设若干意见的指导文件，进一步强化企业法治建设第一责任人职责，明确企业法治机构建设、人员队伍建设以及总法律顾问制度建设相关要求，督促企业全面提升依法治企能力和水平。

强化企业法务人才队伍建设，进一步完善企业总法律顾问制度，开展市管企业总法律顾问述职评议工作，依据《市属国有企业总法律顾问述职评议办法（试行）》，启动市管企业总法律顾问年度述职评议工作，采取书面述职与现场述职相结合的方式，组织召开了首次市管企业总法律顾问现场述职评议工作会，邀请国务院国资委领导、外部董事等专家组织评议工作组，听取工作报告并现场质询，6家市管企业总法律顾问进行了现场述职，其余33家市管企业总法律顾问参加了现场述职评议，并进行交流提问；强化企业法务人才队伍建设。对市管企业总法律顾问岗位设置、任职资格情况进行全面摸底，在此基础上，下发《关于对市管企业总法律顾问岗位设置和任职情况进行清理规范的通知》，明确总法律顾问任职资格条件和管理规范，要求所有市管企业要在2020年底前配齐具备任职执业资格的总法律顾问。会同企业人才处研究建立总法律顾问人才库的工作方案；举办2019年市管企业高级法律管理人员履职能力培训班，培训围绕法治国企建设重点任务和总法律顾问的职责定位，设置了企业法律风险防控、合规管理以及法律纠纷案件处理、企业法律尽调、模拟仲裁庭等课程，并特意安排了总法律顾问座谈交流会；开展企业法律顾问等级资格评审。修订企业法律顾问评审细则，并开展了2018年度国有企业法律顾问等级资格评审，完成了9名企业二级法律顾问、268名企业三级法律顾问、333名企业法律顾问助理资格的评审工作。

多措并举，以京企云帆法务平台为载体营造法治文化氛围。深入宣传习近平新时代中国特色社会主义思想和党的十九大精神，持续深入开展宪法宣传。制定下发通知文件，要求各市管企业以"12.4"国家宪法日和宪法宣传周为重要节点，通过张贴宣传海报、播放宣传片等多种形式在厂区、班组、办公楼宇等公共场所设立宪法普法宣传阵地，实现了宪法宣传基层全覆盖；持续强化京企云帆法治讲堂影响力。截止到11月30日，先后举办7期京企云帆法治讲堂，邀请合规管理专家、市管企业总法律顾问、知名律师等业界专家，以案说法，开展法务业务培训，各市管企业及其子企业法务人员及区县国资委法务人员通过视频会议系统在60多个分会场听取讲座，每期参加人数达3000余人；指导市管企业开展普法宣传活动。指导各市管企业深入开展"法律进企业"活动，协调城建集团、保障房中心、首开集团等多家企业邀请法院、检察院进企业开展法治宣传教育。同时加大市国资委微信公众号"国资京京""国企法治快报"法治信息编发、宣传工作力度；深入开展扫黑除恶专项斗争法治宣传工作。及时转发市委有关文件及宣传挂图，要求各市管企业要严格落实普法责任制，将扫黑除恶法治宣传列入中长期普法工作计划，全程参与。各市管企业高度重视，认真落实，开展了形式多样的"扫黑除恶"专项斗争法治宣传活动。

（四）民营企业营商法治环境

全市法院积极优化营商法治环境。[1] 落实《北京市进一步优化营商环境行动计划》要求，制定具体实施办法，出台依法平等保护民营企业权益的若干意见，加强产权司法保护，两起案件入选最高人民法院善意文明执行典型案例。将全市破产案件集中到北京破产法庭管辖，在全国法院首推破产财产网络拍卖，注重发挥破产重整制度盘活资产、挽救企业的作用，审结破产清算案件639件。在世界银行营商环境评估中，市高级人民法院牵头落实"执行合同""办理破产"两项指标任务，在市委市政府的领导和支持下，建立府院联动机制，推动设立破产审判专项经费、成立破产管理人协会，对律师、破产管理人等开展四轮大规模宣传培训，与世界银行专家多次磋商交流。反映审判质效的"执行合同"指标，北京得分在评估中排名全球第五，其中"司法程序质量"连续两年获全球最高分。

全市检察院积极优化营商法治环境。[2] 坚持依法平等保护各类企业，营造公平竞争的法治环境。加大产权保护力度，市人民检察院与市工商联出台7条产

〔1〕 北京市高级人民法院工作报告，载 http://www.bjrd.gov.cn/zyfb/bg/202012/t20201222_2180043.html.

〔2〕 北京市人民检察院2019年工作报告，市人民检察院提供。

权保护务实举措。依法严厉打击侵犯知识产权犯罪，起诉 142 件 279 人，3 起案件入选最高人民检察院保护知识产权典型案例。朝阳区人民检察院与区金融办签订合作协议，丰台区人民检察院制定服务保障发展 17 条意见，门头沟区人民检察院对接驻区企业法律需求，助力区域经济发展。开展涉民营企业案件羁押必要性审查，依法提出释放或变更强制措施建议 36 人，采纳 32 人，采纳率 88.9%，避免办了一个案子、垮掉一个企业、下岗一批职工。

全市公安系统积极优化营商法治环境。[1] 围绕户政、交管、出入境等领域，深入推进"放管服"改革，深化简政放权、优化营商环境，简化行政审批事项 7 项，取消证明事项 20 项，动态调整完善执法权力清单和行政处罚裁量基准。加快"网上公安局"建设，推进"一网通、一次办"，出入境业务 100% 线上办，网上办事提供材料精简 60% 以上，压简办理时限 59%，进一步压缩群众办事平均跑动次数，打通为群众服务"最后一公里"。

全市司法行政机关积极优化营商法治环境。[2] 北京市司法局把制度化建设作为优化营商环境的源头活水和根本保障，从顶层设计、重点领域、协同共治三个关键环节入手推进营商规则法治化。围绕简政放权、"放管服"改革、优化服务、营商环境评价等专题，指导各相关委办局研究推动国家层面和市级层面相关法律、法规和规章修改完善；围绕开办企业、办理建筑许可、获得电力、登记财产、纳税、跨境贸易等重点领域，针对企业和群众反映强烈的问题，建立推动营商环境法律法规落地的相关工作机制；充分发挥市委全面依法治市委员会的统筹协调作用，研究制定《关于建立北京市优化营商环境法治保障联席会议制度的意见》，探索建立优化营商环境法治保障联席会议制度，构建了部门协同、市区联动、市场支撑、专门机构配合、社会组织广泛参与的优化营商环境法治保障体系。

---

〔1〕　2019 年首都公安法治建设情况（正式版），北京市公安局提供。

〔2〕　北京市司法局加强法治体系建设 为打造国际化营商环境新高地保驾护航，市司法局提供。

 # 七、法学教育与法学研究

（一）法学教育[1]

高等法学教育机构与专业。2019 年，北京地区高校开设的法学类专业包括法学和知识产权 2 个专业。41 所高校开设法学专业，4 所高校开设知识产权专业。

表 2　2019 年北京高校开设法学专业情况

专业名称	开设的中央高校	开设的市属高校
法　学	外交学院、北京航空航天大学、北京理工大学、中央民族大学、国际关系学院、北京大学、中国人民大学、清华大学、北京交通大学、北京科技大学、北京化工大学、北京邮电大学、中国农业大学、北京林业大学、北京中医药大学、北京师范大学、北京外国语大学、中国传媒大学、中央财经大学、对外经济贸易大学、中国政法大学、华北电力大学、中国矿业大学、中国石油大学、中国地质大学、中国劳动关系学院、中国社会科学院大学、中华女子学院（共 28 所）	北京工业大学、北方工业大学、北京建筑大学、北京农学院、首都医科大学、首都师范大学、北京第二外国语学院、北京工商大学、北京物资学院、北京联合大学、北京城市学院、首都经济贸易大学、北京警察学院（共 13 所）
知识产权	北京大学（仅有二学位）、中国人民大学（仅有二学位）	北方工业大学、北京吉利学院

---

[1]《北京市法治建设年度报告（2019）》总报告部分所需数据，北京市教委提供。

表3　全市高等教育机构分学科（法学）专任教师情况　　单位：人

	合　计	正高级	副高级	中　级	初　级	未定职级
总　　计	5179	1228	1773	1729	199	250
普通高校	5034	1203	1722	1675	191	243
成人高校	145	25	51	54	8	7

表4　全市普通本科法学专业学生情况　　单位：人

	毕业生数	招生数	在校生数	预计毕业生数
合　　计	8779	9839	36 026	8852
普通高校	8779	9839	36 026	8852
成人高校	0	0	0	0

表5　全市普通高职公安与司法大类学生情况（专科法律大类）　　单位：人

	毕业生数	招生数	在校生数	预计毕业生数
合　　计	993	1067	3001	1168
普通高校	993	1067	3001	1168
成人高校	0	0	0	0

表6　全市成人本科法学专业情况　　单位：人

	毕业生数	招生数	在校生数	预计毕业生数
合　　计	3235	2792	6956	3098
普通高校	3235	2767	6931	3098
成人高校	0	25	25	0

表7　全市成人专科公安与司法大类学生情况（法律大类）　　单位：人

	毕业生数	招生数	在校生数	预计毕业生数
合　　计	1518	317	2936	1172
普通高校	1518	0	2271	885
成人高校	0	317	665	287

表 8　　全市法学专业硕士研究生情况　　　　　单位：人

	毕业生数	招生数	在校生数	预计毕业生数
合　　计	6881	8687	22 336	8582
普通高校	6799	8625	22 039	8471
科研机构	82	62	297	111

表 9　　全市法学专业博士研究生情况　　　　　单位：人

	毕业生数	招生数	在校生数	预计毕业生数
合　　计	880	1528	6403	2787
普通高校	786	1444	6007	2573
科研机构	94	84	396	214

法治宣传教育。2019 年，不断强化青少年宪法教育责任意识。组织全市学生"国家宪法日"现场教育活动，宪法宣传周期间，全市师生接受多种形式参加市级主题活动 20 余场次，各类学校利用国旗下讲话、主题班队会等时机，采用多种形式开展学校宪法教育 230 余场次。组织全市学生"学宪法讲宪法"活动，共有 129 名学生在宪法演讲、法律知识竞赛中获奖。不断创新校园法治教育方式。依托北京教育法治研究基地首都师范大学和北京教育学院，遴选 12 名实践导师和 55 名工作室成员，启动全市中小学法治教育名师首批工作室建设。丰富法治教育资源供给。摸排各区推动青少年法治教育实践基地建设进展情况。全年刊发《法治与校园》6 期，派送 20 万余册。

（二）法学研究

全年北京市法学会优化课题研究方向，围绕政法领域全面深化改革，组织了《司法人员职业保障研究》《智能办案系统机制研究》等系列课题，服务法治实践。围绕"街道办事处条例""物业管理条例"等 10 项立法工作，组织专家学者咨询论证、建言献策。通过举办第十四届环渤海区域法治论坛、第八届京津沪渝法治论坛、第五届京津冀法学交流研讨会等平台，全年征集论文近 2000 篇，形成众多研究成果，为法治建设提供法学理论支持。截止到 2019 年底，市法学会管理的会员有 44 555 人，研究会 66 个，全年委托开展学术活动 100 余项。高级法学法律人才库入库人员近 2000 名，百名青年法学英才 281 名。《法学杂志》

入选中国法学核心科研评价（CLSCI）来源期刊，进入全部 4 个法学核心期刊目录，全年出刊 12 期，刊发 171 篇文章，涉及 22 个专题。

区报告

东城区法治建设报告

2019 年是中华人民共和国成立 70 周年，是全面建成小康社会关键之年。东城区各部门坚持以习近平新时代中国特色社会主义思想为指导，深入学习贯彻党的十九大和十九届二中、三中、四中全会精神，全面贯彻落实习近平总书记关于坚持和完善人民代表大会制度的重要思想，坚持党的领导、人民当家作主、依法治国有机统一，较好地完成了全年的工作，为东城区改革发展稳定提供了强有力的民主法治保障。

一、人大法治保障和监督工作

全年共召开 9 次区人大常委会会议，涉及议题 40 项，其中听取审议"一府两院"专项工作报告 12 个，计划、预算、决算和审计报告 7 个，依法作出决议、决定 8 个；召开 15 次主任会议，研究讨论议题 62 项；开展法律法规实施情况的检查 2 项；对 9 件规范性文件进行备案审查；依法补选 16 名区人大代表；任免国家机关工作人员 105 人次；组织 23 人进行任前法律知识考试、31 人进行宪法宣誓；组织 2 次旁听法院公开审理案件，61 人次代表参加。

（一）依法履行职责，发挥人大制度优势

紧扣党中央和市委、区委决策部署履行职责。行政事业性国有资产首亮家底。贯彻落实中央关于政府向同级人大报告国有资产管理情况的要求，加强国有资产监督职能。提出强化管理职责、优化监督平台、督促整改落实、提升管理效能等审议意见；预算审查监督工作持续推进。严格落实中央关于人大预算审查监督重点向支出预算和政策拓展的指导意见，规范预算行为，促进依法行政；加强对重点支出与重大投资项目的监督，建立"双重"项目库，全年两次听取项目执行情况的报告，形成从预算编制、执行到决算的全过程监督。加快推进全口径、全过程、全方位预算联网监督系统建设；机构改革工作要求得到及时落实。根据党的十九届三中全会关于深化党和国家机构改革的工作部署，按照市委要求，东城区各项机构改革任务要在 2019 年 3 月底前基本完成。区人大常委会加开会议，任免机构改革涉及的区政府工作部门领导人员 17 人，为改革任务按时完成提供组织保障。

紧扣全区中心工作履行职责，聚焦高质量发展。围绕优化营商环境，听取区政府工作报告、督办代表建议、组织人大常委会主任主题接待日和代表主题活动、召开百强企业人大专场座谈会，在产业发展、项目落地等方面出实招，贡献人大智慧和力量；围绕提升楼宇经济发展质量，组织代表视察调研，详细了解企业盘活存量资产以及业态疏解等情况，促进区政府努力实现产业高精尖、产出高强度、物业高回报、企业高效益的楼宇经济提升目标；围绕推进实施"十三五"规划开展跟踪监督，促进综合性强和民生需求面广的重要问题得到落实。聚焦街区更新；围绕疏解整治促提升，采取监督审议意见落实、听取区政府工作报告等方式，持续促进"百街千巷"环境整治提升三年行动计划的实施；聚焦打好污染防治攻坚战。组织代表视察工地扬尘治理、机动车尾气监测，依法听取区政府环境状况和环境保护目标完成情况专项报告，督促区政府加大环境监管力度，全面提升大气污染防治精细化水平；聚焦非物质文化遗产保护传承。在组织代表视察非遗保护传承基地和非遗主题文创园、赴外省市学习借鉴经验的基础上，听取区政府工作报告，针对专业人员不足、机构管理薄弱、社会力量参与的政策保障不完善等问题，提出加强工作体系建设、创新与产业和市场的结合方式、推进非遗保护传承与创新发展、实施文化共享等建议。

紧扣人民群众重大关切履行职责。讨论决定为民办实事项目。为促进区政府解决人民群众最关心最直接最现实的利益问题，听取和审议区政府关于 2018 年重要实事完成及 2019 年重要实事编制情况的报告，并作出决议。在工作中，突出针对性，围绕"七有"要求和"五性"需求，以征集到的群众意见及代表建议为依据，反复斟酌项目内容，使之更加贴近群众，增强群众"获得感"；突出整体性，与区"十三五"规划对标，通盘考虑，确保工作有序推进；突出可行性，由区发改、规自、财政部门分别核实项目立项及资金投入情况，确保资金、立项等各方面保障到位。

增强大会议案办理实效。"加强静态交通治理，提高城市精细化管理水平"议案，由 5 个代表团 46 位代表在 2019 年初的大会上提出。在办理过程中，人大常委会加强调查研究，组织 4 次实地视察和 5 次座谈会，针对存在的停车供需矛盾突出、街巷胡同和老旧小区停车治理尚需加强、错时共享停车尚待进一步推进等问题，提出深入挖潜、强化执法、统筹谋划等意见。一年来，区政府从加强法规宣传引导、强化顶层设计完善制度、开展多元共治协同推进等方面多措并举，东城区交通运行状况好于往年、高于预期、成绩显著。

加大代表建议督办力度。区人大常委会不断完善代表联络机构统筹协调督办、各专委会专业对口督办、人大各街工委一线保障督办的工作格局，坚持代表建议办理工作网上全程公开，区人大常委会年初听取和审议建议督办工作意见、年底听取和审议办理和督办情况报告，区人大常委会主任、副主任领衔督办建议等工作制度。首次在区人大常委会会议上听取部分重点承办单位办理情况的报告；强化以问题解决率为重点的办理工作导向，与区政府联合开展建议办理情况"回头看"；聚焦办理难度大的建议重点协调，切实解决了一批涉及群众切身利益、代表反复提出、制约东城区发展的问题。区十六届人大五次会议提出的 137 件建议，问题在办理期限内解决的 119 件，解决率 86.9%，比上年提升 11.1%；代表表示满意的 128 件，满意率 93.4%，比上年提升 0.4%。

关注人民群众生命健康权益。围绕《北京市院前医疗急救服务条例》的贯彻实施，深入了解东城区院前医疗急救机构人员队伍建设、车辆设备配备、院前急救转运与院内衔接等情况，提出完善医疗急救体系、合理规范机构布局、促进服务规范化法制化、提高社会急救能力等建议，促进区政府提供让人民群众满意的院前医疗急救服务。

紧扣全面推进依法治区履行职责，开展执法检查。采取暗访、实地视察、听取汇报等方式，对东城区贯彻实施交通"两条例一决定"情况进行检查，全面了解居民停车自治、停车设施建设、停车资源共享、非机动车管理等情况，提出执法检查意见。同时，针对处理僵尸车、治理旅游大巴车等问题向市人大提出完善法规的建议。

强化司法监督。针对去年北京承办国际国内重大活动多的特点，听取区政府关于加强反恐处突和社会面防控工作情况的报告，确保核心区持续和谐稳定。听取区政府关于公共法律服务工作情况的报告，促进司法行政机关保障公民合法权益，实现社会公平正义，更好地提供法律服务。听取区人民法院关于"和立方"工作机制暨"多元调解+速裁"工作情况的报告，促进区人民法院健全完善多元化矛盾纠纷解决机制。听取区人民检察院关于公益诉讼检察工作情况的报告，促进区人民检察院进一步发挥检察机关的公益诉讼职能，维护人民群众切身利益和社会公共利益。

授予地方荣誉称号。区人大常委会依法行使重大事项决定权，以弘扬公检法队伍先进典型为抓手，积极开展授予"东城区优秀法官""东城区优秀检察官""东城区优秀人民警察"荣誉称号工作。坚持群众公认、注重实绩、公正公开透明等原则，严格工作程序，依法作出授予 40 名同志荣誉称号的决定并召开大会，努力营造政法战线争先创优的良好氛围，不断推进全面依法治国方略在东城区的落实。

开展规范性文件备案审查和法律法规征求意见工作。明确备案范围，规范审查程序，对 7 件产业和经济发展方面、2 件教育方面的文件进行备案审查。配合全国人大、市人大做好立法调研，组织区人大代表参与市人大立法、修法相关工作。

（二）夯实工作基础，发挥人大代表主体作用

加强履职服务保障和管理监督。区人大常委会不断提高代表培训质量，采取"大班"集中授课与"小班"专题讲座相结合、专家辅导与座谈交流相结合的形式，突出课程多元化、人员全覆盖；组织人大代表大讲堂，搭建常态化、制度化履职学习交流平台，激发人大代表参与热情和学习动力。认真组织人大代表参加视察检查活动和半年工作情况通报会、列席区人大常委会会议和区政府常务会议，为人大代表深入了解区情创造条件。采取集中视察与座谈交流相结合的方式，精心组织 250 余名人大代表开展大会会前活动，实地视察文创园、公共法律服务站、社区卫生服务中心、街区更新示范点等 10 余个项目，为更好审议大会报告、提出高质量议案建议奠定基础。首次对新任职人大街工委主任进行集体谈话，首次组织市人大代表向区人大常委会述职并接受评议，组织 71 名区人大代表向选民述职，坚持每半年通报人大代表履职情况，推进人大代表履职管理监督。人大各街工委按照法律规定，积极组织人大代表开展活动，为人大代表履职提供服务保障。

密切与人大代表的联系。坚持人大常委会主任、副主任接待人大代表制度，一年来，围绕优化营商环境、加强道路交通安全、维护地区安全稳定、加强社区卫生服务体系建设等工作，开展 7 次接待活动，共接待人大代表百余人次。将人大代表建议以会议纪要的形式反馈给区政府，推动解决问题。坚持人大常委会主任、副主任走访人大代表制度，深入 45 名市、区人大代表单位，介绍区情和重点工作进展情况，听取意见建议，了解人大代表工作情况，支持和保障人大代表依法履职。

拓展人大代表联系人民群众渠道。加强街道代表之家和社区代表联络站建设。目前，全区共设立代表之家 6 个、代表联络站 121 个。一年来，646 人次人大代表在"家站"开展活动 386 次，接待选民 18 000 余名，征集意见 1400 余条。

依法补选人大代表。为充分发挥人大代表整体作用，依法补选 16 名区人大代表。区人大常委会精心组织、周密部署，所涉及的区人大街工委和选区高度重视、细致工作，将坚持党的领导、严肃选举纪律、充分发扬民主、严格依法办事贯穿补选工作全过程；注重把握核实选民、确定候选人、投票选举等关键环节，补选工作取得圆满成功。

（三）加强自身建设，不断提高履职能力

扎实开展"不忘初心、牢记使命"主题教育。按照中央部署和市委、区委

要求，牢牢把握学习贯彻习近平新时代中国特色社会主义思想这条主线，认真贯彻"守初心、担使命、找差距、抓落实"的总要求，真正做到抓思想认识到位、抓检视问题到位、抓整改落实到位和抓组织领导到位，主题教育取得切实成效。

深入开展调查研究。区人大常委会始终把调查研究作为依法行使职权的重要手段、途径和方法。一年来，以问题为导向，围绕增强人大监督刚性、市民热线"接诉即办"、加强人大专门委员会自身建设和人大代表履职管理监督等重点工作，围绕优化营商环境、公共法律服务、非物质文化遗产保护传承等监督议题，深入基层、深入实际，掌握实情、找准问题、提出措施，使各项工作的开展更聚民意、更有实效。

加强机关干部队伍建设。开展"学思想、强素质、树形象"大学习、大讨论活动，努力打造"心中有激情、干事有本领、工作有担当、作风树形象"的"三有一树"机关干部队伍。制定加强和改进机关干部队伍建设的实施意见，坚持选好用好干部，开展干部轮岗交流，加大引进优秀年轻干部力度，抓好管理监督，激励干事创业，切实提高参谋服务保障能力。

加大宣传工作力度。通过东城人大微信公众号、网站、杂志、信息等多种渠道，宣传人民代表大会制度，及时全面反映区人大常委会和人大代表履职情况，讲好人大故事、代表故事。加强与市、区新闻媒体的联系，北京电视台、北京日报、北京晚报多次报道东城区人大工作，对外宣传力度不断加大。

二、法治政府建设

（一）全力保障重大活动，开创"四个服务"新局面

国庆服务保障任务圆满完成。强化主战场意识，建立健全三级指挥体系，统筹开展全区 21 个方面 60 项安保任务，实施 9 大类 26 项环境整治提升工程，做好 23 处集结疏散路段保障，所有安全生产高风险点位得到有效管控，交通运行和停车管理顺畅有序，水电气热等城市生命线运行平稳，圆满完成三次演练和庆祝活动当日服务保障任务。全区近 47 万人次直接参与国庆各项工作，以主人翁姿态全力以赴、昼夜奋战、岗位建功。出色完成群众游行、联欢活动、观礼和游园活动等各项任务。

"四个服务"再谱新篇。全面履行核心区使命担当，高质量完成全国"两会"、第二届"一带一路"国际合作高峰论坛、2019 年中国北京世界园艺博览会、亚洲文明对话大会等重大活动服务保障任务。认真贯彻落实东城区全面提升"四个服务"工作指导意见，完善"区级统筹、部门对口、属地负责"的三级联动工作体系，坚持区级领导定期走访，主动对接需求，精准开展服务。建立与驻区中央党政军机关常态化沟通交流机制，在"疏解整治促提升"、文物腾退等方面协同配合、深度合作，50 余家中央、市属单位参与"周末卫生大扫除"活动，

与民政部等 6 家中央单位共同开展对口扶贫协作，推动央地共建共治共享。

（二）大力优化营商环境，区域经济实现新发展

产业促进成效显著。出台东城区构建"高精尖"经济结构实施意见等 18 项政策，"1+5+N"产业政策体系基本形成。成立金融发展联盟，农银理财等 19 家金融机构入驻东城区，金融业增加值占比达到 23.8%，位居全市第二。建立健全以商招商机制，借助世邦魏理仕等五大中介机构力量招商引企。回迁异地纳税企业 130 余家。区属国企深度参与区域发展，分别成立王府井、中关村科技园区东城园平台公司并开始运营。建立政府引导基金，出台促进中小企业发展若干措施，成功举办中小企业创新创业大赛，7 个项目入围北京市百强，民营经济活力不断提升。东城区创建"国家文化与金融合作示范区"正式获国家三部委批复同意。成功举办中国文化金融峰会。推出"故宫以东"文商旅融合发展品牌，举办艺术品交易文化旅游季。加快服务业扩大开放，新设外商投资企业 95 家，实际利用外资 6.25 亿美元，进出口增速位居城六区第一。

政务服务水平提升。制定进一步优化营商环境实施意见，召开"优化营商环境、推动高质量发展"大会，推出"紫金服务"品牌，开展"四全"服务。出台构建亲清政商关系十项举措，全面落实"1+4"联系服务重点企业制度，为 830 家重点企业配备服务管家，走访服务企业 1291 户次，利用早餐会、下午茶等形式，开展百余场政企交流互动活动，解决需求和问题 326 项，解决率 75%，为 62 家重点企业量身定制"服务包"。依托"1+4+3+17"企业服务工作网，打造政企交流 APP，搭建政企沟通信息化平台和"紫金服务"督办平台，精准高效开展管家式服务。全面落实国家各项减税降费政策，全年累计减负 145.5 亿元。完成清理拖欠民营企业、中小企业账款年度任务。开展"减证便民"行动，精简办事材料 60% 以上，600 个高频事项实现"最多跑一次"或"一次不用跑"。设立企业服务"专窗专线专区"，企业变更登记基本实现"一次办结、即时取照"。完成街道政务服务中心综合窗口改革，149 项民生事项实现"全区通办"。营商环境评价排名位居全市前列。

楼宇经济提质增效。开展"楼宇摸排"行动，建立楼宇经济监测系统，科学实施效能评价。出台促进楼宇经济高质量发展若干措施。为 257 座楼宇配备"楼宇管家"，与 37 座楼宇签订合作协议，成立区域楼宇发展平台公司，动态监测 1200 余家重点企业。20 个楼宇改造提升项目完成年度任务，涉及硬件设施改造的 10 个项目已全部完成，东直门交通枢纽项目停滞 11 年后重新复工，大磨坊文创园、咏园精彩亮相。隆福大厦正式运营，成为独具魅力的文创商务综合体，木木艺术社区成为网红"打卡"地。全区区级税收超亿元的楼宇达 22 座。

功能街区稳步发展。王府井步行街实现北延开街。引进品牌旗舰店、首店

29 家，设置外摆休闲区，整治清退好润王府井小吃市场，完成 277 号院公共空间提升一期工程，儿童艺术剧院前广场、校尉胡同口袋公园精彩亮相。前门故宫文创馆启动实施。簋街、崇外、永外等区域形成夜间消费新热点。成功举办中关村论坛平行论坛、第十届创意点亮北京等活动，东城园高新技术企业突破千家，园区地均产出排名保持全市第一。

（三）落实落细总规要求，城市更新改造取得新进展

街区更新有序推进。建立街区更新工作体系，在全市率先出台街区更新实施意见和规划编制技术导则，全部街道完成控规编制对接。明确在途项目分类处理意见，推动"双控四降"工作。探索老城整体保护实施路径，建立老物件收集利用标准，在全市率先出台老材料、老构件收集及使用管理办法。南锣鼓巷出台全市首个文保街区停车规划，雨儿胡同完成"共生院"改造，实现胡同不停车。完成皇史宬文物腾退和庐陵会馆等 4 项修缮工程。南中轴御道实现全线贯通。在街区更新理念的指导下，雍和宫大街完成环境整治提升，实现"多杆合一""箱体三化"，成为全市的样板街巷。

居住环境改善明显。举全区之力开展三大民生项目攻坚，天坛周边简易楼腾退项目签约率达到 100%，已拆除 43 栋；望坛棚改项目整体签约率达到 99.1%，非住宅房屋全部完成拆除，2400 余套外迁房源完成入住，4000 套回迁房实现开工；宝华里危改项目已签约 1115 户，签约率达到 97.5%，700 多户居民实现当年搬迁、当年入住安置房，回迁房地块实现开工。西河沿项目西区安置房启动回迁，东区实现开工建设。完成 5 栋简易楼腾退，修缮改造直管公房 698 间。营房西街等 4 个老旧小区完成年度整治任务。老旧楼房加装电梯开工 13 部，投入使用 10 部。豆各庄项目 1547 套保障房竣工。完成 229 户家庭共有产权住房选房配售工作。实现棚户区改造 1366 户，提前超额完成市级棚改任务。

（四）坚持精治共治法治，城市治理迈上新台阶

"疏整促"工作成果丰硕。完成天泽祥菜市场改造，加快推进百荣世贸商城转型升级，建设、提升便民商业网点 40 个。天坛医院实现整体搬迁。拆除违法建设 14 万平方米，封堵违规开墙打洞 606 处，实现无证无照、占道经营、新增违建、地下空间违规住人等动态清零。完成 340 座公厕品质改造提升，全区公厕等级达标率达到 100%。基本完成"百街千巷"三年行动计划，累计完成 1175 条街巷整治提升，902 条支路胡同通信架空线梳理入地，清理线缆 2 万公里，拔杆 1.1 万根，整饰外立面 135 万平方米，整修道路 75 万平方米。背街小巷市级"十无"验收通过率达到 95%，雨儿胡同、草厂四条等 5 条胡同被评为北京"最美街巷"，73 条胡同被评为"首都文明街巷"，数量居全市之首。全面完成 14 项市级"疏整促"专项行动任务，常住人口规模达到市级要求。

生态环境持续改善。加强大气污染防治，保持高压执法态势，查处扬尘问题890 起，处罚重型柴油车超标车近 1.2 万辆，完成 2586 家单位油烟深度治理改造。在全市率先实现垃圾分类全覆盖，全部垃圾由专车分类转运。垃圾分类深度知晓率达到 90%、参与率达到 60% 以上，厨余垃圾分出率 15.1%，生活垃圾近年来首次出现减量拐点，总量同比减少 16.7%。完成安德城市森林公园、燕墩公园建设，建成 17 处口袋公园，启动龙潭中湖公园建设。"河长制"工作稳步推进，东便门、筒子河、龙潭湖断面水质均实现市级考核达标。荣获首批"全国节水型社会建设达标区"称号。

交通治理效果明显。续建次支路 16 条，完工通车 3 条。实施灯市口、东单等 26 处堵点交通治理，整治 17 所学校、10 家医院周边交通秩序。精简、拆除护栏 140 公里，完成 25 公里自行车道慢行系统整治。建成 8 处停车设施，新增停车位 1500 余个、共享停车位 1000 余个。实现全区 85 条道路 6000 余个停车位电子收费全覆盖。全区无停车胡同累计达到 39 条。王府井周边 7 条胡同在全市率先建成交通安宁步行友好街区。完成北京站地区监控指挥信息化平台建设，实现站内、公安、交通监控资源多方共享。全区高峰时段交通拥堵指数下降 8.6%，降幅居城六区首位。

公共安全有效巩固。全面完成城市安全隐患治理三年行动任务，1633 项挂账隐患全部销账。安全生产责任保险参保单位达到 3184 家。安装火灾探测报警器 2 万个，完成 60 栋木质屋顶住宅防火装置加装工作，新建电动自行车集中充电设施 212 处。加强金融监管和处置协调，有效防范化解金融风险。完成 1.5 万平方米早期人防工程回填整治。首创下凹式立交桥截源引流法，有效解决汛期桥区积水问题。累计完成 3824 家单位"阳光餐饮"工程。

（五）持续增进民生福祉，社会治理取得新成绩

教育事业创新发展。召开东城区教育大会，制定教育现代化 2035 战略规划，出台全面深化新时代教师队伍建设改革、加强学校管理实施意见等系列文件。启动教育部"智慧教育示范区"建设项目。推进第三期学前教育行动计划，增加学位 2100 余个，有效缓解"入园难"。深化学区制改革，义务教育优质资源覆盖率达到 98%。10 万名学生参与"我和我的祖国"等爱国主义教育活动。推进冰雪运动进校园，实现四季体验常态化。开展爱眼护眼宣传，开设"小壮壮"训练营，加强青少年近视预防及肥胖防控。青少年科技馆项目顺利开工，汇文中学教学楼竣工并投入使用。

健康服务提升水平。全面实施医耗联动综合改革，调整 6621 项医疗服务价格。基层诊疗量增长 8% 以上。落实医疗救助相关政策，严厉打击欺诈骗保行为。新建北京中医医院与北京市鼓楼中医医院医联体、区妇科专科医联体，获评全国

"城市医联体建设试点城市"。安定门、交道口社区卫生服务中心竣工，普仁医院中西医结合康复诊疗中心投入使用，建成 4 个院前医疗急救点，获评国家级"安宁疗护试点区"和"老年健康评估试点区"。完成应急救护培训 7200 人，在全市首创红十字"15 分钟救助圈"。食品抽检合格率达 99.75%，药品抽检合格率达 100%。国家基本公共卫生服务考核和社区卫生绩效考核均居全市第一。17 个街道全部建成市级"全民健身示范街道"。

文化惠民多措并举。公共文化服务持续优化，"全国话剧展演季"等五大戏剧节轮番举办，惠及群众 20 万人，推出东城故事原创剧目 7 部。百年戏楼天乐园重装开业，打造国粹京剧体验馆。新增区级非遗项目 28 个。举办永定门灯光秀、中秋诗会等文化活动 850 余场。5400 平方米的景山文体中心竣工。言儿又书店等一批社会化阅读空间向公众开放。成功举办地坛、龙潭春节文化庙会和元宵节灯会，前门历史文化节、孔庙国子监国学文化节影响力持续提升。

社会保障稳步提高。初步建成退役军人三级服务保障体系，完成军转干部和退役士兵安置。应届高校毕业生就业率达到 97.7%。在全市率先开展劳动关系纠纷诉前调解。建立 12 个残疾人帮扶性就业基地，开展残疾人康复服务 1.2 万人次。建成区级养老服务指导中心，已运营社区养老驿站达到 51 家，为 2027 位独居老人提供巡视探访服务。17 个街道全部设立困难群众救助服务所，精准帮扶困难家庭 243 户。设立"东城阳光精准扶贫慈善信托"计划，创新利用金融工具精准扶贫。对口帮扶地区全部实现"脱贫摘帽"。

治理机制不断优化。坚持"民有所呼、我有所应"，建立快速响应、跟踪督办等机制。全年受理 12345 热线诉求 9 万余件，解决率不断提升，年度综合成绩位居全市前列，荣获全国"12345 热线治理实践奖"。处置城市管理、便民服务事项 57 万件，结案率达 91%。完成第十届社区居委会换届选举，开展社区全响应服务。建成 17 个市级"社区之家"示范点，"小巷管家""小院议事厅""五民"群众工作法在全市推广。深入开展"美丽东城·美好家园"挑战赛。23 项区级重要民生实事项目全部完成。

（六）深化政府机构改革，自身建设取得新成效

全面从严治党扎实推进。落实全面从严治党主体责任，扎实开展"不忘初心、牢记使命"主题教育，认真落实市委巡视整改意见。强化对工程建设、扶贫协作、"扫黑除恶"等重大决策部署的监督检查。发挥政府党组作用，落实意识形态责任制。完善审计整改工作体系，建立整改清单制度。严格公务用车和行政事业单位办公用房管理，重点整治公园绿地认养和用房问题，严查"小官贪腐"和"微腐败"。大力开展规划和自然资源领域、人防系统专项整治。深化运用监督执纪"四种形态"，持续整治"四风"，加大典型案例通报曝光力度，营造风

清气正的政治生态。

依法行政效能不断提升。完成政府系统机构改革，设置区政府工作部门 32 个，机构职能进一步优化。事业单位改革按计划推进。完善城市管理综合执法体制，各街道、地区全部成立综合执法中心。严格落实行政执法公示和重大执法决定法制审核制度，依法办理行政复议案件 228 件、行政诉讼案件 584 件。公共法律服务体系不断健全完善。区政府首次向区人大专项报告行政事业性国有资产管理情况。办理各级人大代表议案、建议和政协委员提案 415 件，实现见面率和办结率 100%，解决率达到 87.6%。

三、审判工作

（一）贯彻总体国家安全观，维护首都核心区安全稳定

精准打击犯罪行为，充分发挥刑事审判职能。新收刑事案件 1191 件，同比增长 71.9%，审结 1119 件，判处罪犯 1019 人。一是受理非法吸收公众存款案 121 件，同比增长 317%；审结 91 件，同比增长 225%。加大审理力度，在审判阶段继续开展追赃挽损工作，其中一案的 4900 余万元基本全部追回，维护了广大投资人的利益。二是与区纪委监委协调配合，严厉打击职务犯罪行为，共判处罪犯 10 人。三是注重对常见高发犯罪案件的审理，依法审结危险驾驶、盗窃、故意伤害、诈骗等案件 615 件，提升了群众安全感。四是推进平安校园建设，首次对东城区某教师猥亵学生案以猥亵儿童罪判刑并作出相关就业禁止判决。走进校园，以校园霸凌、性侵典型案例开展教育防治工作，促进校园环境更加安全。

全力防范化解风险，确保首都重大活动安全举办。一是全面排查案件中隐含的风险。全员开展 6 次排查工作，对案件中存在的影响首都安全稳定的因素，逐一制定应对预案，确保风险防控工作万无一失。二是按照市高级人民法院部署，严格落实"三同步"工作责任。针对涉众、涉舆论炒作、群体类等重大涉法敏感案件，同步做好依法办理、舆论引导和社会面管控工作，确保案件平稳顺利办结，全年未发生影响首都安全稳定事件。三是加强服判息诉工作，出台当庭宣判和判后释法工作考核办法，针对当事人争议较大的案件，加强法官释法析理工作，同时倒逼法官提高案件审理质量和裁判文书制作水平。四是选派 38 名干警参加国庆 70 年周年联欢和安保工作，为国庆盛典圆满举办贡献了力量。

（二）发挥审判职能作用，保障经济社会健康发展

着力提升审判效益，优化法治化营商环境。法院认真落实"执行合同"和"办理破产"两项由市高级人民法院牵头的指标任务，以及区委部署的指标任务，重点是提升商事纠纷案件解决效益。一是在立案阶段，围绕市高级人民法院考核的网上直接立案、微信预约立案、随机分案等指标，加强工作通报、督导和考核，确保全面达标。二是在审判阶段，对审判流程各环节加强时限管控，开展延长、扣除审限专项整治，围绕程序运转效率专项评查案件1383件。新收商事案件9766件，同比下降5.6%，审结9647件，案件平均审理天数相比去年缩短19天，超额完成任务。三是在执行阶段，成立速执团队，优化执行流程，保障申请执行企业利益尽快兑现。四是加大破产清算案件审理力度。高效审结案件47件，充分发挥破产重整制度对民营企业的及时保护、能动保护和实质保护作用。

加强知识产权保护，服务文创产业健康发展。由于部分案件转至北京互联网法院管辖，新收知识产权案件1598件，同比下降55.4%，审结1668件。继续依法加大对恶意侵犯知识产权、不正当竞争行为的惩罚力度。依法维护"老字号"合法权益，妥善审结了侵犯老字号权益案件71件。法官走入金宝和园区、南锣鼓巷等文创产业聚集区，开展座谈、授课、普法宣传等活动，加强对文创产业健康发展的指引。

妥善审理好各类民事案件，切实维护社会安定和谐。新收民事案件14 560件，同比增长26.5%；审结14 371件。一是妥善审结家庭纠纷案件1990件。重点推动反家庭暴力工作，与区妇联等部门协作，联合建立家事调查制度、家庭暴力干预机制，打造妇女儿童维权绿色通道；发送人身安全保护令8件，让法治阳光驱散家庭暴力的阴霾。主审家事案件的民二庭被评为"全国维护妇女儿童权益先进集体"。二是维护食品药品安全。严格适用《中华人民共和国食品安全法》中的惩罚性赔偿规定，对责任主体依法从重判处民事赔偿责任，警示震慑不法行为。三是妥善化解医患纠纷案件120件。在全市法院首创医疗鉴定远程视频听证机制，医患双方、鉴定机构和法官通过视频连线对鉴定结论进行听证，促进医患双方对责任认定更加认同，并有效推动案件审理周期大幅缩减。四是保障群众安居乐业。妥善审结房屋买卖、租赁、物业和相邻关系纠纷案件2229件，审结劳动争议案件1608件。

严格监督行政机关依法行政，促进行政执法水平提升。新收行政诉讼案件1344件，同比增长22%；审结1344件。其中，审结涉区属行政机关案件901件，东城区行政机关败诉率为10.2%，相比去年基本持平。加大对行政机关依法行政的监督力度，继续向全区行政机关发布行政案件司法审判年度报告，指出行政机关败诉的问题，为提高依法行政水平提出建议。针对公积金征缴、违法建设拆除等执法中存在的问题，向行政机关发送司法建议。针对街道管理体制改革背景下的行政执法与行政诉讼衔接、黑摩的非法运营影响城市精细化管理等问题及时开展调研，提出对策建议。走进市公安局公交分局、区民政局等行政机关授课，助力行政机关执法更加严格规范。

平等保护各类市场主体，加强对民营经济的支持。结合代表建议和企业实际需求，走进多家企业开展法律讲座18场，帮助企业提升依法治企和法律风险防控能力。率先在全市基层法院执行局建立企业产权保护调解室，创新"能动履行、联动执行"调解工作机制，既保护债权人利益，又给予企业重振旗鼓的空间。针对东城区民营企业众多的特点，开拓民营企业依法维权通道，作为全市首家基层法院与市工商联签署《北京民营企业产权保护战略合作协议》，共同设立了"民营企业产权保护调解室"，成立了东城区人民法院驻北京投融资商会"民营企业产权保护调解工作站"，在调解室和工作站成功化解一批纠纷，让民营企业维权更加便利。

积极开展普法宣传，引导群众学法守法用法。落实市高级人民法院"京法巡回讲堂"工作要求，开展普法活动180余场，受众达数万人。一是针对投资理财风险多发的乱象，根据群众投资受骗典型案例创作"捂住你的钱袋子"情景剧，在街道社区巡回演出8场，受到现场观看的群众和市、区人大常委会领导高度好评。二是28名干警被任命为东城区法治副校长和法治副园长，到31所中小学、幼儿园开展普法活动89场，播撒法治种子，让法治精神滋润孩子们的心田。三是针对案件审理中反映的社会热点和治理难点问题，录制新浪微博网络公开课10场，召开新闻发布会10场，及时向社会公众提示风险和依法维权方法。

（三）践行司法为民理念，努力增强群众司法获得感

为顺利推进民生项目建设提供有力司法保障。一是在宝华里危改项目推进中，充分运用司法智慧解决案件中的历史遗留问题，为项目后续工作的顺利开展扫清了障碍。二是在望坛棚改、天坛周边简易楼腾退项目推进中，对与之相关的行政案件，加强诉中协调，促进"官民"矛盾实质性化解。三是在南锣鼓巷四条胡同修缮整治、南中轴线申遗文物腾退项目推进中，深入项目一线解决矛盾纷争，促使滞留居民及时腾退搬迁。四是对涉及上述项目的生效裁判转入执行阶段后，执行法官入户耐心做被执行人工作，促使其自动履行。对拒不执行人，积极协调上级法院快速审批，努力缩短执行工作周期，加大强制执行力度，全年顺利执结涉及重点项目案件84件，相比去年数量翻番，再创历史新高。其中，相关执行案件被评为"北京法院为'疏整促'专项行动提供司法保障十佳案例"。

为兑现判决权益继续努力解决执行难。新收执行案件13 551件，同比增长19.3%，执结13 555件，执行到位金额45.54亿元。一是巩固基本解决执行难工作机制并不断创新。建立集约制送文书、集约发起限制消费措施、集约查控财产、集约处置财产、集约管理案款、集约终本接待的"六集约"工作模式，全力提升执行效率，结案平均用时较去年缩短16.5天。实行"全流程"标准化管理新模式，加强对执行工作各节点的监控，促进执行过程更加规范。上述工作经

验被法制日报社《法治参考》刊载,《人民法院报》整版报道。二是充分发挥执行措施高压威慑作用。1 名被执行人被判处拒不执行判决裁定罪,拘留被执行人 124 人次,同比提升 55%。2214 名被执行人迫于被列入失信名单、限制高消费等信用惩戒履行了全部义务,同比提升 84%。三是不断创新方法解决执行难题。针对不诚信被执行人滥用执行异议制度拖延执行的问题,与保险公司建立继续执行保险机制。针对异地财产执行难的问题,充分利用网络查控、异地法院协同执行及相关公司的联动执行提高效率。自行开展"百城执行行动",43 名干警历时两个月奔赴 26 个省、84 个地级市,推进处置异地房产 147 套。针对大量被执行扣押物品变现慢的问题,加大司法网络拍卖力度,拍卖 706 次,成交金额 11.4 亿元,同比增长 124%,网拍率位居全市法院前列。针对特殊物品难变现的问题,在全市法院率先尝试对无法确定评估价格的财产和小额财产实行无底价拍卖。

为人民群众提供更加优质的诉讼服务。一是落实最高人民法院"一站式"诉讼服务中心建设要求,完成诉服大厅的改造升级,为当事人提供"一站通办"的诉讼服务。全新的诉服大厅不设玻璃窗口,诉服工作人员通过接待柜台与当事人面对面交流,拉近了与群众之间的距离。将自助查询终端、诉讼文书智能终端、风险评估智能终端等现代化设备引入诉服大厅,让诉讼服务更加智能化。二是进一步提升立案工作水平。五类案件实行网上直接立案,无需再提交纸质起诉材料。设立了网上立案室,供当事人申请批量案件网上立案使用。在立案窗口安装服务评价器,方便当事人在办理完成立案手续后,即时对立案人员的工作进行评价,评价满意率达 98%以上。东城区人民法院再次获评"北京法院诉讼服务工作先进单位"。

(四)深化司法体制综合配套改革,改革成效持续显现

顺利完成内设机构改革,增添发展内生动力。年初,精心组织、平稳有序完成内设机构改革,将原有的 32 个部门整合为 13 个。严格遵循《党政领导干部选拔任用工作条例》,优中选优配强各部门"一把手"。针对市高级人民法院更高标准考核要求,健全本院考核制度,着力强化对新部门"一把手"的考核责任,督促其全面履职尽职。同时,结合人岗不相适应出现的问题,精心调整全院人力资源,努力做到人岗相适。同步调整院领导班子成员分工,班子的凝聚力和执行力进一步增强。干警高度认可内设机构改革成果,全院人心更齐、士气更高,工作更加和谐顺畅。

创建"和立方"品牌"多元调解+速裁"工作机制,形成审判工作新格局。法院凭借内设机构改革,给立案部门增配了人员,壮大了速裁团队。速裁团队在法官的带领下,奋力拼搏,共结案 16 312 件,以 22%的民商事速裁法官审结了全院 64%的民商事案件,超额完成目标任务,形成了审判工作新格局。一是前端

法官人均结案 960 件，每案平均用时仅为 30 天；后端法官人均结案 202 件，每案平均用时 114 天；实现了案件繁简分流、轻重分离、快慢分道，提高了审判效率。二是在速裁团队法官的指导协调下，人民调解员驻院调解、特邀律师调解、外设 11 个诉调对接工作站调解，诉前成功调解 5442 件，同比上升 232%，调解成功率 21.5%，成功创建了和解和睦谓之"和"、多方参与调解成"立方"的"和立方"工作品牌。法官凭借"和立方"走出法院，社会调解机构依托"和立方"与法院紧密相连，富有东城特色的诉源共治模式初步形成，为辖区百姓和区重点项目提供了便捷有效的司法服务。

全面加强审判监督，保障法官依法独立公正行使审判权。一是充分发挥院庭长的监督作用。院庭长在权力清单范围内严格、规范行使审判监督权，过问案件严格按照市纪委驻市高级人民法院纪检组的要求，做到全程、严谨、规范留痕。二是充分发挥部门联动监督作用。由审判管理部门、案件评查部门和纪检监察部门三方联动对突出问题实施精准、有力、有效监督。三是充分发挥审判组织的监督作用。通过专业法官会议和审判委员会平台深入研讨疑难复杂案件，规范审判行为，严把审判质量关。四是充分发挥案件评查的监督作用。加大案件评查力度，评查案件 8269 件，是去年的 4 倍，同步落实问题责任、加强审判指导。五是充分发挥人民陪审员的监督作用。切实保障陪审员深度参审权利，通过深度参审监督法官依法公正行使审判权，445 名陪审员陪审案件 4878 件。会同区司法局，首次评选出 45 名优秀陪审员予以隆重表彰，进一步激励陪审员认真履行陪审监督职责。

（五）贯彻全面从严治党要求，打造素质过硬队伍

以党的政治建设为统领，进一步加强党建工作。一是深入贯彻《中国共产党政法工作条例》，认真落实各项工作制度，确保党对法院工作的绝对领导。二是深入贯彻《中国共产党支部工作条例（试行）》，着力解决党建工作与业务工作结合不紧的问题，把全面从严治党要求落到实处，努力提升党建工作质量。三是以专家讲座、院庭长讲党课、读书交流会等形式开展全员政治轮训，举办党建知识竞赛，考试检测党员掌握政治思想理论情况，开展富有感染力的"法官助理与优秀法官面对面"宣教活动，引导干警坚定理想信念，不断提升干警的政治思想水平。

扎实开展"不忘初心、牢记使命"主题教育，取得良好效果。领导班子成员率先垂范抓实主题教育各环节，参加各支部学习和组织生活，指导并要求党员强化政治担当、高站位做好本职工作。围绕工作落实不力和群众反映的突出问题，提出改进要求，限期整改。其中，针对当事人反映联系法官困难的问题，研究建立畅通联系法官工作机制，有效解决了这个难题。区指导组全程指导东城区

人民法院开展主题教育活动，对法院高标准务实解决工作实际问题的做法给予肯定。

加强反腐倡廉和纪律作风建设，营造风清气正执法环境。按照内设机构改革要求，借纪检监察工作并入政治部的机会，充分发挥机构合并的融合优势，强化纪检监察工作。按照市高级人民法院"突出问题集中整治、规范内部管理"的工作部署，整改 8 个方面 22 个问题。认真开展"以案为鉴、以案促改"警示教育活动，广泛收集典型违法违纪案例，多种形式开展警示教育，让懂规矩、守纪律的意识深入人心。严肃纠风肃纪，开展各种形式的审务督察 95 次，发出 13 份督察建议书，通报处理 8 人次，对 1 名违反办案纪律的法官予以纪律处分。通过执纪问责，干警的规矩意识和纪律意识不断增强，院内风纪和风气持续向好。

（六）自觉接受监督，努力提升司法公信力

认真接受各界监督，不断改进工作。向区人大常委会作"多元调解+速裁"工作专项报告，按区人大常委会建议改进工作。10 名法官被东城区人大常委会授予"东城区优秀法官"荣誉称号，激励了队伍士气。举办代表联络活动 12 场，市、区人大代表 80 余人次参加。依法妥善办结全国、市、区人大代表和政协委员关注案件 7 件。东城区人民法院获得"北京市法院联络工作先进法院"称号。对区人民检察院发送的 16 份检察建议和《审判执行活动监督工作情况通报》指出的问题逐一核查，加强沟通，及时纠正不规范司法行为。对群众通过审判信息网、大法官留言、12368 语音诉讼服务平台反映的问题，及时回复率保持 100%。

深化司法公开，为接受监督创造更好条件。10 728 件案件在中国庭审公开网上进行同步直播，实现庭审直播常态化。裁判文书上网公开率继续保持 100%。中央和市级媒体报道东城区人民法院工作近 600 件次。充分利用法院官方网站、微信公众号，以及微博、今日头条等自媒体平台，加强信息公开力度，发布信息 2000 余条，累计阅读 270 万余次，让群众能够第一时间了解法院工作。法院微信公众号多次登上北京政法系统微信影响力上升榜前列。

四、检察工作

（一）发挥检察职能，为大局服务、为人民司法

确保绝对安全，坚决维护国家安全和社会稳定。严厉打击各类刑事犯罪，共受理审查逮捕案件 1186 件 1531 人，审查起诉案件 1219 件 1584 人。扎实做好新中国成立 70 周年庆祝活动服务保障工作，依法妥善办理政治敏感类案件 68 件 72 人，为国庆 70 周年系列活动创造安全的社会环境和良好的法治环境。深化平安东城建设，依法办理严重暴力犯罪 89 件 106 人，多发性侵财犯罪 404 件 562 人，切实增强人民群众获得感、幸福感、安全感。贯彻宽严相济的刑事政策，探索完善刑事和解、检调对接等纠纷解决机制，实现案件全程教育转化，最大限度减少

社会对抗，促进社会关系的恢复。

加大对社会乱象的打击力度，办理了系列"治乱"案件，在全市首次以涉嫌破坏计算机信息系统罪依法起诉10人。加强法治宣传，通过群众看得懂、记得住的方式，广泛开展法治宣传活动，取得良好社会反响。

服务高质量发展，保障全区重点工作。严惩非法集资和洗钱等破坏金融秩序犯罪，办理涉众型经济犯罪案件164件230人。深挖案中案，办理了全市数额最大的洗钱案。力促追赃挽损，自行追回4700余万元，与公安机关协作配合追回1.4亿余元，尽最大努力挽回老百姓的财产损失，甚至是养老钱、看病钱、保命钱。强化与区工商联的常态化沟通联系，为企业提供精准化法律服务，协力保障非公经济健康发展。高效办理团伙盗掘清朝古墓葬案、古文化遗址案等，有力打击震慑文物犯罪行为；充分履行公益诉讼检察职能，及时立案调查国子监街牌楼及大门影壁被撞受损线索，主动对接区文化和旅游局、孔庙和国子监博物馆等相关部门，并向区委报送调查处置专项工作报告，助力守护古都历史文化遗产"金名片"。主动走访、深入调研了解街道、社区的法律需求，从检察机关依法履职的角度，就文物腾退治理、整治环境等建言献策，提供法治保障。

践行"枫桥经验"，积极参与社会治理创新。妥善处置各类群众来访，努力把矛盾风险化解在萌芽状态。将办案职能向社会治理领域延伸，针对案件反映的倾向性、趋势性问题，以及案发地区、部门、单位管理上的漏洞等，深入调研分析并提出检察建议41份，努力做到"办理一案、治理一片"。积极满足群众的法治需求，深入推进检察机关"十进百家、千人普法"法治宣传教育活动，开展"宪法在我心中""生命无价·酒后禁驾"等法治活动36次；充分用好"两微一端"等新媒体，共发布官方微博840余条、官方微信260余条、今日头条266期。其中，微视频《"戏精上身"检察官小哥花式教你防诈骗》被评为"全国检察新媒体月度优秀作品奖"。

用心呵护成长，做好未成年人检察工作。严厉打击侵害未成年人合法权益犯罪，共批准逮捕16件18人、提起公诉17件55人。积极推动社会化帮教救助体系建设，联合政府部门和社会公益组织，创新开展综合法益、身体、心理、经济等"全方位救助"；其中救助受侵犯残疾女童案入选"最高检社会支持体系建设工作十大典型案例"，检察官受邀参加北京电视台《我是演说家》、北京主播在线《法治荣光》节目，向全国观众推介未成年人保护的经验做法。净化校园及周边环境，在首席大检察官张军检察长的示范引领下，把"法治教育从娃娃抓起"理念落到实处，组建了36名检察官法治副校长队伍，在"中小幼"讲授法治课，受众达6000余人；和区教工委、区教委、区专门学校协作配合，共同探索建立科学有效的未成年人罪错行为预防矫治机制；针对部分中小学校周边100

米范围内销售烟草及商户未张贴禁止向未成年人售烟标识的问题，向相关行政管理部门制发检察建议，督促其依法履职，保护未成年人权益。

（二）全面强化法律监督，维护社会公平正义

坚持实体与程序并重，深化刑事诉讼监督。加强刑事立案和侦查监督，紧盯有案不立、有罪未究和不当立案、越权管辖等问题。办理的特大虚开增值税专用发票案获评北京市检察机关"行刑衔接"五大精品案件之一；派驻公安机关执法办案管理中心检察室"三查"工作机制在全市推广。加强刑事审判监督，建立"专业办案组+轮值办案组"模式，依托一审判决同步审查机制，提出口头纠正 24 次，使用检察公函纠正 1 件，法院均已采纳；建立健全检察长列席审委会常态化监督机制，定期就监督情况进行通报，共同促进司法工作良性发展。办理羁押必要性审查案件 175 件，提出变更建议 38 件，被采纳 31 件；开展监外巡视检察 186 次，针对缓刑考验期计算错误等问题向外省法院制发书面纠正意见，相关问题得到及时纠正。

坚持多元化精准化，加强民事、行政诉讼监督。分别受理民事、行政诉讼监督案件 65 件和 5 件，在严格审查的同时，深入开展释法说理和息诉罢访工作，依法维护审判权威和社会稳定。力求民事抗诉精准化，聚焦典型案件，通过抗诉发挥对类案的指导作用，提请上级院抗诉 3 件，制发检察建议 8 件。积极推进虚假诉讼领域深层次违法行为监督专项活动，建立健全刑民信息共享、线索移送、审查评估等工作机制，转变"坐堂问案"模式，积极发挥民事检察监督能动性，依法开展调查取证工作 100 余次，以证据还原真相，突破 2 件虚假诉讼案件线索。监督、支持法院依法执行，加强对执行当事人权益保护不完善等问题的监督，依法制发检察建议 9 份；加大对法院执行工作的支持力度，助力解决"执行难"问题。

坚持双赢多赢共赢，依法开拓公益诉讼。积极争取党委领导、人大监督和政府支持，充分理解基层行政管理和执法工作的艰巨性和复杂性，积极沟通、稳步推进，形成保护公益合力。共发现线索 20 件，立案 19 件，依法制发诉前检察建议 13 件，取得良好效果。持续开展食药领域公益诉讼监督，针对公共场所部分食品自动售货机未公示食品经营许可信息、未向主管部门备案安装地点等违法经营问题，督促行政管理部门开展专项执法检查活动，并对 530 台自动售货机进行信息公示，保障消费者合法权益。该案为北京市首例相关领域公益诉讼案件。积极围绕保卫首都"绿水蓝天"开展工作，督促行政管理部门就部分汽修、洗车店无照经营、污染环境、浪费水资源等问题进行整改，降低侵害环境风险。

（三）坚持狠抓落实，切实巩固改革实践成果

瘦身强体，稳步推进内设机构改革。整合内设机构，设立承办轻罪案件专业

部门，通过分类设计办案流程、简化法律文书等方式缩短办案时间，真正实现"繁案精办、简案快办"。完善专业化办案组织建设，成立危险驾驶、扫黑除恶等专案组，形成了18个门类的专业化检察官办案组织，并建立动态化、机动化管理机制，集中力量打击多发性、重点领域犯罪，提升专业化办案水平。

多措并举，统筹推进综合配套改革。充分发挥捕诉一体办案优势，建立审查引导侦查常态化工作机制，在办理重大疑难复杂案件以及社会关注热点敏感案件中，将书面引导与动态引导相结合，定期面对面询问侦查进展情况，与公安机关召开联席会，将庭审证据标准向前传导，进一步提高办案质量。通过健全"抓两大，放两小"工作机制，开展存疑不起诉案件专项整治，完善案件办理全程留痕机制等，实现办案全程监控无盲区、无死角，以周报、月报和季报方式通报检察官办案情况，进一步强化检察官责任意识，规范履职行为。

提质增效，深入推进诉讼制度改革。认真落实认罪认罚从宽制度，共适用认罪认罚从宽制度办理案件693件784人，节约司法资源，提高司法效率。在区司法局、律协的支持下，切实发挥值班律师作用，及时为犯罪嫌疑人提供法律帮助。强化监察机关和检察机关的沟通协调，完善并落实工作衔接机制，共受理区纪委监委移送职务犯罪案件17件18人，促进形成反腐败工作合力。充分运用技术辅助同步审查，确保证据符合庭审标准。全力做好首都政法办案智能管理系统建设试点工作，推动跨部门大数据办案平台互联互通，将科技辅助办案落到实处。

（四）不断加强自身建设，切实提升履职能力

以政治建设为统领，强化责任担当。坚持党对检察工作的绝对领导，深入贯彻落实《中国共产党政法工作条例》，严格执行请示报告制度，就检察工作重要事项、重大问题，向区委专题汇报。扎实开展"不忘初心、牢记使命"主题教育，全面学习领会习近平新时代中国特色社会主义思想，坚持抓思想认识到位、检视问题到位、整改落实到位、组织领导到位，积极开展"歌唱祖国70载、砥砺奋进新时代""90后讲党史"等系列活动，确保教育入脑入心。突出抓好机关党建工作，以机关党委换届为契机，调整、充实、优化机关党委委员，全力推进支部规范化建设。在国庆70周年庆典群众联欢队伍中成立临时党支部，切实发挥党组织的战斗堡垒作用和党员的先锋模范作用。积极争创机关党建工作示范点，组织开展"强党性、促改革、勇担当"主题党日活动，不断激发党组织工作的内生动力。严格落实意识形态工作责任制，将意识形态工作与检察业务工作同部署、同落实、同考核。

以专业化建设为牵引，提升执法水平。积极打造机动化调查核实办案组，充分发挥"先头兵""试验田"作用，全面提升干警把握大局、补充侦查、社会沟

通等能力，切实增强法律监督"刚性"。充分发挥检察人才先进典型示范带动作用，8 名检察官被区人大常委会授予"东城区优秀检察官"荣誉称号，1 名检察官获评北京市检察机关 2018 年度"优秀检察官"。狠抓业务培训，组织参加业务培训 110 余场次，探索专案实训人才培养模式，搭建检察官联席会等实训平台。

（五）接受人民监督，打造公开公信的阳光检务

自觉接受人大监督和民主监督。认真落实代表意见建议，并纳入院折子工程，加强督办，得到各位代表的充分肯定。主动向区人大常委会专题报告公益诉讼检察工作，认真落实审议意见。邀请区人大代表来院调研公益诉讼工作，认真听取人大代表的意见建议，并作为加强和改进工作的重要参考和依据。邀请代表委员更多地进检察门、听检察事、看检察人、议检察题，为代表委员了解和监督检察工作创造条件。

自觉接受社会监督。及时、准确、全面公开案件信息，共公开案件程序性信息 3197 条、法律文书 1147 份，受理电话咨询 1890 次，最大限度保障人民群众知情权。尽可能为律师执业提供便利，接待律师 1230 次，阅卷 772 次，保障律师合法权益。全面推开接诉即办及查询反馈工作，全力解决好群众诉求，坚决做到群众来信即收即复、不超七日，接诉即办、及时处理，过程公开、随时查询，办结告知、三月为限。

五、司法行政工作

（一）做到"一个统筹"，积极推进全面依法治区各项工作

一是组织召开区委全面依法治区委员会第一次会议，审议通过东城区委全面依法治区委员会相关工作规则制度；二是组织召开区委全面依法治区委员会守法普法协调小组第一次全体会议，传达市委会议精神，审议通过相关文件；三是组织召开区委全面依法治区委员会法治政府建设协调小组第一次（扩大）会议和守法普法协调小组第一次会议，实现了本区全面依法治区工作的实体化运行；四是顺利完成全国法治政府建设示范创建活动申报工作，既针对 103 项考核指标集中专门力量筹备基础材料，申报了综合示范创建地区项目，也就本区"深化'街道吹哨、部门报到'改革，促进基层治理体系创新"情况申报了单项创建项目；五是组织区政府绩效考核依法行政相关制度机制落实情况考评工作，并组织市级绩效区政府依法行政考核指标任务相关报送、自查工作。

（二）强化"四大职能"，全力做好司法行政各项工作

1. 扎实做好行政文件合法性审查工作。做好区政府常务会材料、规范性文件备案审核、立法草案征求意见等各项行政文件合法性审查工作。全年共审核区政府文件 321 件，其中区政府上会材料合法性审查 82 件、区政府信息公开告知审核 55 件，公文制发材料审核 95 件，办理各类征求意见 89 件，通过提前介入、

电话交流、座谈磋商等形式提出法制审核意见 49 件，均被采纳，为区政府决策提供有力的法制保障。

2. 努力加大行政执法监督力度。集中推进机构改革执法衔接，密切监测"双随机一公开"落实情况和行政执法工作数据，积极保障"疏整促"、优化营商环境等中心工作。持续推进行政执法规范化建设并组织开展中期评估。组织了全区行政执法"三项制度"集中培训，开展了 2019 年行政处罚案卷评查评验和排查纠治行政执法"三个方面七类问题"等重点工作。完成了《东城区行政执法专项考评工作通报（2018 年度）》，修改了《区政府绩效考核行政执法专项考评评分标准》，编印了《北京市东城区 2019 年度行政执法计划汇编》，并对落实情况进行检查。制定了《东城区全面落实行政执法公示制度执法全过程记录制度重大执法决定法制审核制度实施方案》等文件，并编写完成了《推行行政执法"三项制度"的原理探究与实证分析》调研报告。

3. 坚持依法做好复议、诉讼案件办理工作。发挥内部监督职能，强化监督纠错职能作用，依法办理行政复议、诉讼案件。优化行政复议、应诉案件办理审批流程，提高办案效率，从严把握案件审理尺度，确保每一起行政复议、诉讼案件都经得起司法审查。全年共接待来人来电各类咨询近 750 余人次，办理行政复议申请 230 件，办理市政府受理的本区行政复议案件 41 件。

4. 创新开展普法依法治理工作。围绕服务保障国庆 70 周年各项活动，采取多种形式广泛开展"法律十进"活动，整合全区普法资源，组织开展"疏解整治促提升""寻找最美法治社区""青春微普法"、法治格言书法巡展等专项法治宣传活动，围绕重温宪法宣誓、法治文艺节目展演暨最美法治社区颁奖典礼、宪法晨读、宪法进机关进景区进公交进万家等，精心组织"12·4"国家宪法日宪法宣传周系列宣传活动。组建东城区普法宣传服务队，实现法治宣传全覆盖，提升普法依法治理工作实效。压实"谁执法谁普法"普法工作责任，紧抓国家工作人员和青少年等重点普法人群，全面推进全民守法。

5. 持续推进公共法律服务工作。深入研究破解京津冀一体化建设及"疏整促"、旧城更新改造的系列法律难题，积极参与南锣鼓巷、天坛、望坛、宝华里、西忠实里等项目审核论证、疑难问题法治研讨，为领导决策和项目的顺利推进发挥了不可或缺的参谋、助手和法律顾问作用。完善公共法律服务体系，继续发挥律师、公证、调解等法律资源作用，持续为全区重点工程提供优质法律服务。坚持公证为民，办理各类公证事项 4.9 万余件。落实市、区为民办实事和折子工程重要任务，为困难群体提供优质高效的法律援助服务，办理法律援助案件 490 件，接待法律咨询来电来访 4203 人次。进一步加强公共法律服务管理力度，积极受理投诉及信访案件。

6. 着力提升社区矫正工作质量。坚持依法开展社区矫正执法规范化建设，从严从实从细落实好"两类人员"各项管控措施，加强社会力量参与矫正帮教工作，巩固社区矫正教育成果，有效落实矫正工作责任制，持续加强社区矫正信息化建设，全力做好做优矫正管理。圆满完成国庆安保、"两会"等一系列维稳安保任务。

7. 稳步开展安置帮教工作。紧紧围绕新中国成立70周年、两会等重大活动和春节、元旦等重要节日，增强责任意识，深入开展安置帮教对象的排查，建立台账，做到底数清、情况明。做好刑满释放重点人员无缝衔接和妥善安置工作，积极协调民政、人力社保、住建等相关部门做好生活困难帮教人员的帮扶救助工作，累计帮扶困难人员20余人次。

8. 及时有效化解矛盾纠纷。以案卷评查、走访检查和重点时期"日报告"制度为抓手，进一步拓展矛盾排查的广度和深度，通过街道、社区、楼门院长三级联动，积极拓展社情民意收集渠道，提高纠纷化解的及时性和有效性。推进社区议事协商常态化，加强"诉调对接"深度融合，探索"法官+司法助理员+人民调解员三联动"社区人民调解新模式。7月31日，《法制日报》对我局"诉调对接"工作进行报道，并被长安网、司法部官网、京司观澜、中国新闻网、大众网等转载。

（三）其他重点工作完成情况

紧密结合区域实际，充分发挥司法行政系统政治机关职能作用，以"精精益求精、万万无一失"的标准，以"抓铁有痕、踏石留印"的精神，团结奋斗，扎实工作，圆满完成国庆70周年维稳安保工作任务。

一是强化政治站位压责任。制定国庆维稳安保工作方案，成立领导小组，落实责任分工，多次研究布置并扎实开展相关工作；二是坚持问题导向谋对策。结合"不忘初心、牢记使命"主体教育，局领导率先垂范，积极深入一线，认真查找工作不足和问题隐患，仔细研究解决问题办法措施；三是立足首善标准求实效。主要是强化特殊人群"两类人员"管理控制，强化矛盾纠纷排查化解，强化律师队伍约束管理，强化公共法律服务供给，强化舆论宣传引导保障。

六、法治建设特色和亮点工作

（一）坚持高站位谋篇布局，全面依法治区工作平稳起步

1. 抓政治引领，习近平总书记全面依法治国新理念新思想新战略持续在东城区落地生根。一是紧盯关键少数。通过区委理论中心组学习会、区委党校主体教育班、处级干部进修班、各单位党委（党组）会、办公会等形式，学习传达习近平总书记全面依法治国新理念新思想新战略和在中央全面依法治国委员会上的讲话精神，以及市委全面依法治市委员会会议精神，邀请有关专家学者、法官

开展区级层面学法活动 9 次。区政府各部门、各街道组织局长（主任）办公会会前学法 250 余次。二是开展集中培训。开展为期三天的依法治区工作专题培训班，邀请北京大学法学院、中国政法大学法治政府研究院等知名高校的教授对习近平总书记全面依法治国新理念新思想新战略、对新时代法治政府建设等重大问题进行解读，不断深化思想认识、强化学习宣传效果。三是深入学习党的十九届四中全会精神。严格落实区委学习贯彻十九届四中全会《决定》的要求，通过认真学习、深刻领会，把四中全会精神融入全面依法治区工作全过程。

2. 抓开局起步，全面依法治区工作实现实体化运转。根据市委全面依法治市委员会办公室工作要求和全区机构改革工作的总体安排，北京市东城区委全面依法治区委员会召开第一次会议，成立法治政府建设、司法、守法普法三个协调小组，并将委员会办公室设立区司法局，法治政府建设、守法普法协调小组分别召开第一次会议，实现了依法治区工作实现实体化运转。区委依法治区委员会发挥牵头抓总作用，整合各方面资源和力量，研究全区法治工作的重大事项、解决重大问题。三个协调小组发挥统筹协调作用，深入推动了相关领域法治建设的开展。区委全面依法治区委员会办公室积极做好具体的协调、督促、检查等工作，加强跟踪问效，强化责任落实，督促各有关部门履职尽责、加强协作，确保了区委关于全面依法治区各项决策部署落到实处。

3. 抓机制建设，全面依法治区工作体制机制不断建立健全。区委全面依法治区委员会高度重视制度建设，深入学习中央全面依法治国委员会第一次、第二次会议和市委全面依法治市委员会第一次会议精神，通过区委全面依法治区委员会工作规则、协调小组工作规则、办公室工作规则等三项规则，建立区委全面依法治区委员会请示报告制度、专家决策咨询工作机制和联络员工作联系机制等三项制度，体制机制建设的总体框架初步搭建并不断完善。

（二）坚持高水平统筹推进，法治政府建设稳步开展

1. 坚决贯彻中央决策部署，切实增强推进法治政府建设的责任感和紧迫感。一是区委区政府主要负责同志认真落实《党政主要负责人履行推进法治建设第一责任人职责规定》，将建设法治政府摆在工作全局的重要位置，主持召开区委常委会会议、区政府常务会议审议年度法治政府建设、年度行政执法专项考评、年度复议诉讼分析情况报告，研究部署法治政府建设年度重点问题，及时解决制约法治政府建设的体制机制问题。法治政府建设协调小组会及时审议年度法治政府建设工作要点和依法行政考核报告等文件，将法治政府建设纳入全区绩效考核评价体系，压实政府各部门、各街道建设法治政府的主体责任。二是认真落实《北京市行政规范性文件备案规定》，实行全区行政规范性文件制发统一登记、统一编号、统一印发的"三统一"制度。强化行政规范性文件审核和备案监督工作，

报备率、报及时率、规范率均达100%。审核拟以区政府或区政府办名义制发的其他文件制度220余件。三是加强重大行政决策机制建设，强化合法性审查，共完成全年139件区政府重大行政决策、行政规范性文件和协议的合法性审查程序。健全政府法律顾问制度，实施法律顾问合同备案机制，有效发挥法律顾问作用。

2. 切实为民营企业营造良好法治化营商环境，服务型政府建设提速推进。一是深化"放管服"改革，制定进一步优化营商环境的实施意见，召开"优化营商环境、推动高质量发展"大会，创新打造"紫金服务"品牌，全年区级领导班子和各部门、各街道共走访服务企业1291户次，问题解决率75%。依托"1+4+3+17"企业服务工作网，打造政企交流APP，搭建政企沟通信息化平台和"紫金服务"督办平台，精准高效开展管家式服务。二是开展"减证便民"行动，精简办事材料60%以上，600个高频事项实现"最多跑一次"或"一次不用跑"。完成街道政务服务中心综合窗口改革，149项民生事项实现"全区通办"。三是针对与扩大对外开放、减少准入限制、优化营商环境、提升投资自由化便利化水平、加强投资促进和保护等5项具体要求开展清理工作，共清理41件，其中废止6件。接受市委全面依法治市委员会办公室到本区进行法治化营商环境专项法治督察。2019年，本区在公布的全市营商环境排名中名列前茅。

3. 深入推进行政执法规范化建设，不断提升行政执法公信力。积极推动落实行政执法体制改革，全面梳理确认改革后执法主体以及执法事项，进一步明确执法权限。继续在全市率先开展行政执法规范化建设的实施与评估工作。全面推进行政执法"三项制度"，严格落实《东城区行政执法专项考评办法（试行）》和《东城区行政执法专项考评评分标准》，有力推动了严格、规范、公正、文明执法。推进行政执法"协同办"，各行政执法主体强化协作配合，对各类违法现象实施协同治理，提高了行政执法效率，取得了良好的执法效果。平台显示，全区共开展联合执法活动1480次，出动执法人员20 122人次，对城市建设管理、经济和市场监管、民生和社会管理等领域中13 307个各类违法行为实施规范和查处。

4. 坚持强化对行政权力的制约，监督体系和机制基本形成。主动接受人大依法监督和政协民主监督，2019年共办理全国政协提案2件，北京市人大代表建议25件，市政协提案25件，东城区人大代表议案、建议148件，区政协提案215件，共计415件。主动接受纪检监察机关监督，制定落实市委、区委重大决策部署实施方案时，主动征求纪检监察机关意见。自觉接受司法监督，将行政机关负责人出庭应诉等情况纳入依法行政考核，全区行政机关负责人出庭应诉率显著提升。全年区人民检察院共向本区行政机关发出检察建议书35件，27份已收到书面回复并整改，8 份未到回复期。加强审计监督，实现全区一级预算单位财务运行集中在线监管，预算执行审计 100% 全覆盖。强化行政复议监督纠错功能，进一步做好复议诉讼工作，全年共收到行政复议申请 230 件，审结 210 件，综合纠错案件 40 件，办理区政府被复议案件 41 件。

（三）坚持高效率优化整合，司法体制改革全面深化

1. 全面深化政法工作改革。区人民法院落实内设机构改革，坚持扁平化管理和专业化建设相结合，建立起职能划分明确、运行高效的内设机构体系；强化院庭长的监督管理职责，构建新型审判监督管理机制。积极推进检察院第三轮内设机构改革和内设机构优化整合升级，深化市人民检察院确定的各项重大试点工作；规范审查逮捕案件备案审查工作，充分发挥反向审视公诉案件质量职能作用，提升检察公信力水平。监督和支持政法单位依法履行职责、行使职权，督促依法及时办理对全区乃至全市有重大影响、群众反映强烈的案件。

2. 全面推进政法办案智能管理系统试运行。区委政法委依托科技创新，加快促进融合共享，着力抓重点、攻难点、造亮点，加快推进智能管理系统应用。立足"三个明确"（即"明确工作目标、明确工作思路、明确工作路径"），突出"五个强化"（即"强化建章立制、强化调查研究、强化会商研判、强化统筹协调、强化督导检查"），着眼"四个及时"（即"及时发现问题、及时研究部署、及时提出建议、及时协调解决"），统筹协调政法维稳工作智能化统建设，突出互联互通、兼容共享。

3. 全面保护特殊人群合法权益。一是规范人身安全保护令制度的实施与执行。研究制定《中共北京市东城区委政法委关于建立人身安全保护令相关协调机制的意见》，完善相关部门在实施人身安全保护令制度方面的职能，进一步增强人身安全保护令的可操作性，及时有效地预防和制止家庭暴力，维护平等、和睦、文明的家庭关系。二是严厉打击侵害未成年人合法权益犯罪。全年共批准逮捕 7 件 7 人、提起公诉 10 件 11 人。三是构建社会化帮教救助体系。联合政府部门和社会公益组织，创新开展综合法益、经济、身体、心理等"全方位救助"，检察官受邀参加《我是演说家》节目，向全国观众推介东城未成年人保护经验做法。四是净化校园及周边环境护航成长。落实"法治教育从娃娃抓起"，讲授法治课 15 次，受众 6000 余人，助力提升校园软环境。

（四）坚持高标准整体提升，法治社会建设深入推进

1. 以普法责任制为抓手，全面推进全区普法与依法治理工作。一是严格落实"谁执法谁普法"责任制。守法普法协调小组会上制发守法普法协调小组工作规则及普法责任制清单，明确成员单位职责任务，建立普法工作量化考核机制，开展普法责任制检查和全区绩效、综治普法工作考核，督促全区各单位全面

提升普法与依法治理工作水平。二是不断提升普法依法治理成效。围绕宪法开展普法依法治理，围绕"法律十进"，统筹区属优势资源，组织开展东城区 2019 年"12·4"国家宪法日宪法宣传周活动，推进宪法宣传基层全覆盖，全区开展各类宪法宣传学习活动 300 余场，累计发放宪法海报、读本、宣传品 10 万余份。三是积极拓展法治宣传覆盖面。围绕庆祝新中国成立 70 周年、"疏解整治促提升"专项行动、扫黑除恶等中心工作，整合全区普法资源，扩展法治文化内容，强化法治宣传阵地建设，发挥全区各部门、各单位、各街道职能作用，吸纳公益律师、法治文艺骨干、青春船长、社区志愿者等法律宣传志愿者，通过法治讲座、现场答疑、参与调解、公众号普法、网络互动等形式，回应居民群众法律需求，全年开展普法依法治理活动 1000 余场，参与群众 20 万余人次。

2. 以服务和改善民生为重点，持续完善公共法律服务体系。一是为全区重点工程提供法律服务。政府法制机构、法律顾问团队深入研究破解京津冀一体化建设及"疏整促"、旧城更新改造的系列法律难题，积极参与南锣鼓巷、天坛、望坛、宝华里、西忠实里等项目审核论证、疑难问题法治研讨，为领导决策和项目的顺利推进发挥了不可或缺的参谋、助手和法律顾问作用。二是完善公共法律服务体系。进一步规范区级平台运行机制，完成实体、热线、网络和项目四大平台建设，完善公共法律服务三级网络建设，继续发挥律师、公证、调解等法律资源作用，持续为全区中心工作提供优质法律服务。三是提升为民服务质量。落实市、区为民办实事和折子工程重要任务，为困难群体提供优质高效的法律援助服务，办理法律援助案件 490 件，接待法律咨询来电来访 4203 人次，为刑事案件认罪认罚的犯罪嫌疑人和被告人提供法律帮助 1138 件。区属公证机构全年办理各类公证服务 61 812 件，努力为全区经济建设和群众提供优质、高效、便捷的公证服务。

 # 西城区法治建设报告

2019年，西城区坚持以习近平新时代中国特色社会主义思想为指导，立足首都城市战略定位，全面落实《中共北京市西城区委关于全面推进西城区法治建设的实施意见》，以首善标准持续推动西城区法治建设各项任务落实落地。

一、人大法治保障和监督工作

2019年，西城区召开区人民代表大会会议2次，审议和批准各项报告，依法选举区人民政府区长、区人大常委会副主任1名和区人民法院院长。全年召开区人大常委会会议11次、主任会议21次，区人大常委会听取和审议议题55项，作出决议决定6项，形成审议意见书9份。围绕深化地方机构改革和司法体制改革，全年共任免国家机关工作人员176人次、人民陪审员256人次，接受6名区级国家机关领导人员辞去职务。

（一）围绕纵深推进城市治理、精细管理、提升民生服务"七有""五性"水平，助力城市品质持续提升

着力推动历史文化名城保护决议和街区整理决议落实，组织代表视察福州新馆、林白水故居，广阳谷城市森林三期工程和菜西恢复性院落修建项目，现场调研本市首例平房直管公房自愿申请式退租更新试点项目实施情况，听取和审议区政府落实关于加强历史文化名城保护、提升城市发展品质决议情况的报告和区政府落实关于扎实推进街区整理、不断提升核心区品质决议情况的报告，提出审议意见。坚持将督办议案与推动决议落实相结合，组织代表视察沈家本故居、杨椒山祠，听取和审议区政府关于加大文物腾退项目工作力度、促进文物腾退项目尽早收官议案办理情况的报告，提出审议意见。关注智慧城市建设，组织代表视察西城区全响应服务中心及金融街街道分中心，听取和审议区政府关于大数据工作情况的报告。推动协同发展，区人大常委会听取和审议西城区与六城市（区）缔结友好关系的报告。围绕助力打好污染防治攻坚战、教育均衡优质发展、市民便利生活、居民多样化需求，主任会议听取区政府2019年蓝天保卫战实施情况

的报告，关于统筹教育资源、增扩义务教育学位工作情况的报告，关于完善生活性服务业布局提升品质情况的报告，关于旅游与文化、商业及相关产业融合发展三年行动计划（2017—2019 年）落实情况的报告。

（二）持续深化财政经济工作监督，有力促进经济社会平稳健康发展

加强对政府投资计划及执行情况的监督，首次在全市率先安排区政府在计划草案和执行情况的报告中进行集中说明。为促进民营经济持续健康发展，听取和审议了区政府关于支持民营企业发展情况的报告，推动营商环境进一步优化。落实预算联网监督工作要求，区人大预算联网监督系统正式上线运行，增强了预算监督的时效性。首次确定北京市第一六一中学南校区改扩建工程等 7 个项目为2019 年重点支出和重大投资项目，并将其纳入计划和预算执行情况报告，拓展了计划执行和预算支出监督的深度。履行人大国有资产监督职能，在组织代表深入调研区属国有企业的基础上，区人大常委会首次听取和审议了区政府 2018 年度国有资产管理情况的综合报告和 2018 年度企业国有资产管理情况的专项报告，促进国有资产更加公开透明。坚持专门委员会参与部门预算初审机制，4 个专门委员会对区发展改革委、区国资委、区文化和旅游局、区全响应服务中心、区妇联等 5 个单位 2020 年部门预算和政府投资计划、国有资本经营预算进行了初步审查，提高了计划预算初步审查的针对性，推动计划预算草案编制更加科学高效。

（三）履行全面依法治区职责，努力营造良好法治环境

围绕保证法律法规的正确实施，聚焦交通秩序、社会公共利益、家事审判等热点问题，区人大常委会认真履行监督职能，积极参与立法机关的立法工作，有效维护了宪法法律权威和国家法制统一。区人大常委会对《北京市机动车停车条例》《北京市非机动车管理条例》《北京市实施〈中华人民共和国道路交通安全法〉办法》3 部法规的实施情况开展了执法检查，听取和审议了执法检查报告，推动了相关法规在本行政区域内正确实施。主任会议听取了区政府关于《中华人民共和国中医药法》贯彻执行情况的报告，推动了本区中医药事业更好更快发展。坚持有件必备、有备必审、有错必纠，认真执行规范性文件备案审查有关规定，依法对《北京市西城区关于促进文物建筑合理利用和开放管理的若干意见（试行）》等规范性文件进行备案审查，切实维护了国家法制统一。加强对监察和司法工作的监督。围绕落实深化国家监察体制改革的要求，主任会议听取了区监察委员会上半年工作情况的报告。关注社会公共利益维护，组织代表视察牛街富民牛羊肉市场食品安全、北京动物园水资源保护等公益诉讼开展情况，区人大常委会听取和审议了区人民检察院开展公益诉讼工作情况的报告，从加强公益诉讼宣传、完善制度机制、更好发挥公益司法保障职能等方面提出了审议意见。关

注家事审判方式和工作机制改革，主任会议听取了区人民法院关于家事审判工作情况的报告，推动家事审判改革更好守护家庭温馨港湾。加强对司法工作人员的监督，组织 20 名区人民法院审判员、14 名区人民检察院检察员向常委会进行了书面述职。加强对立法机关立法工作的参与。区人大常委会、各专门委员会和市、区人大代表积极参与了《北京市生活垃圾管理条例》《中华人民共和国未成年人保护法（修订草案）》《北京市街道办事处条例（草案）》《北京市文明行为促进条例（草案）》《北京市物业管理条例（草案）》等近 20 部法律法规征求意见工作，并提出了建设性意见建议。

（四）加强和改进人大代表工作，更好保障人大代表依法履职

始终注重在实践中深化和拓展人大代表工作，充分发挥人大代表主体作用，依靠人大代表推进人大各项工作。人大代表密切同人民群众的联系，认真执行人大代表职务。一年来，参加闭会期间各类会议、活动的人大代表共 4120 人次。人大代表和其所在单位积极参与接诉即办有关工作，推动解决了一批群众高度关注的民生事项。深入推进人大代表联系选民月活动。第三年开展区人大代表联系选民月活动，372 名人大代表参加，组织接待选民活动 235 场次，共接待选民和群众 4429 人次，征集意见建议 665 件。加强选民意见处理工作，坚持向区委进行专题报告，完善解释说明、街道协调处理、部门办理、市人大代表平类建议的分级分类处理机制。拓宽人大代表履职阵地，启动并推进街道人大代表之家和社区人大代表联络站建设，为人大代表联系选民搭建更加综合规范的载体和平台。坚持人大代表自主选择列席常委会会议、参加执法检查和视察调研工作机制，全年共有人大代表 112 人次列席常委会会议，共有代表 580 人次参加执法检查和视察调研。认真做好人大代表建议督办工作。坚持区人大常委会主任、副主任牵头重点督办，专门委员会分类督办，人大代表联络部门协调督办的全体系督办机制，推动解决了一批群众关注的教育、医疗、养老、交通和文化生活等民生领域的热点问题。坚持向社会公开建议内容和办理情况，主动接受人大代表和群众的监督。持续推动人大代表大会期间人大代表审议意见的处理，主任会议听取了区政府关于区十六届人大五次会议人大代表审议意见和建议研究处理情况的报告，督促人大代表审议意见办理取得更好实效。

二、法治政府建设

（一）持续深化政府职能转变，加强政务服务体系建设

落实深化"放管服"改革各项要求。制定《2019 年行政审批制度改革工作要点》，明确 2019 年"放管服"改革重点。制定政策流转工作办法，成立 6 个小组第一时间响应对接。落实企业开办专班相关工作，定期研究解决各项问题。建立多部门联动机制，打通政策"最先一公里"和落实的"最后一公里"。建立区

级政务服务大厅前台窗口与后台审批人员联动机制，确保新政落地落实。圆满完成市优化营商环境"千人千题"考试，公众满意度调查结果持续提升。

推动西城区政务服务综合管理平台升级改造。推进全区政务服务大厅"一窗受理"，为政务服务改革提供有力的系统支撑，组织全区各街道、社区服务站开展政务服务"一窗"综合管理平台操作系统培训，上线西城区"一网通办"平台，目前可通过"西城 e 办事"微信公众号为公众提供网上办事，实现材料重复填报率大幅下降，办事时间有效缩短。

积极推进政务服务体系建设。加强对"1+8+15+259"的区、街、居三级联动的政务服务体系成员单位的统筹指导。统筹区内所有大厅，为企业和群众做好"最后一公里"服务工作，确保全区政务服务体系顺畅运转。根据北京市漠视侵害群众利益问题专项整治工作部署会精神，统筹全区各级各类政务服务中心开展专项整治活动；组织第三方分组从多个维度监测西城区政务服务体系质量，每日即时梳理提交问题清单，实时收集大厅反馈情况，并适时利用"回头看"对整改情况开展监测，并形成报告。

信用体系建设进一步推进。探索建设灵溪指数，丰富企业信用"晴雨表"，完善联合奖惩机制，制定发布了《2019 年西城区社会信用体系建设工作方案》，制定 5 项信用工作机制，全市信用排名前列。财政采购使用信用信息，在德胜地区开展守信激励创新试点工作，探索"西城模式"。推进西城区守信激励试点工作开展，通过线上"西城区居民信用状况调查问卷"，多渠道进行诚信宣传推广。成立守信激励创新试点工作推进小组。发布"双公示""红黑名单"1 万 5 千余条信息，组织信用修复等培训 7 次，完成 53 家失信企业信用修复。营造社会守信意识，扩大信用监管影响，在全区范围内实现"一处失信，处处受限"联合惩戒大格局。

完成权力清单动态调整工作。为巩固深化机构改革成果，做好权利清单与"三定"规定的衔接，根据市委编办工作部署，按照《西城区政府部门权力清单管理制度》有关程序和要求，梳理形成《北京市西城区政府部门权力清单（2019 版）》，并正式对外公开。此次清单动态调整坚持事项调整与履职尽责相协调，严格按照机构改革后的部门"三定"规定，相应调整权力事项，确保平稳衔接、高效履职。

（二）多措并举，提升行政决策公开力度和法治化水平

加强决策程序制度建设，进一步完善决策机制。注重事前合法性审查，全年共审核各类文件、草案 95 件次；依法审核有关疏解非首都功能及推进京津冀协同发展的相关文件、协议及重大决策事项。对《北京市西城区新增产业的禁止和限制目录（2018 年版）》《西城区治理类街乡镇督导工作方案》《2018 年度西城

区城市体检报告》《2019 年西城区交通综合治理行动计划》《北京市西城区2018—2020 年餐饮业大气污染防治专项实施方案》《西城区关于支持民营企业发展情况的报告》共 6 件涉及推进西城区京津冀协同发展及疏解非首都功能工作的区政府文件和重大决策进行合法性审核。为做好《北京市禁止违法建设若干规定》修订工作，参与市规划和自然资源委西城分局组织召开的西城区有关街乡违法建设查处情况调研会。备案部门政府部门行政规范性文件 12 件，向市政府和区人大备案行政规范性文件 2 件。区委区政府法律顾问团专家共参与区委区政府重大决策、合同协议审核、执法问题研究等事项 47 件次。持续加强政府公文公开属性源头管理，实现区政府行政规范性文件"三统一"。

吸纳各方参与，进一步提升决策公开力度。坚持区政府常务会微直播制度和特邀人员列席会议制度，2019 年全年共组织 15 次区政府常务会议微直播，直播议题 46 项；共邀请 56 名人大代表、政协委员、社区居民和专家学者列席 14 次区政府常务会议，参与 45 项议题的讨论。通过让代表在常务会议中发表意见和建议，广泛吸纳各方意见，让百姓了解和参与政府决策过程，进一步增强政府决策透明度。

（三）加强监督，为政府依法行政工作保驾护航

强化行政执法监督。制定《机构改革期间行政执法相关工作衔接规则》。组织行政执法工作专班，专题调度。针对行政机构改革以来，区政府职能部门执法力度偏弱、职权履行率不高等问题，成立了主管法治副区长总牵头、区司法局统筹协调、主要执法部门主管领导参加的工作专班，确保年终完成市行政执法绩效考核任务。2019 年全年人均检查量 426.89 件、人均处罚量 35.11 件、职权履行率 11.73%、岗位人员关联率 95%、A 岗人员参与执法率 91%、执法资格考试总体通过率 82%，行政执法交接及时完成，严格落实行政执法"三项制度"，切实保证行政执法公开公平公正，现已全部完成了北京市执法监督绩效考核指标。

自觉接受人大、政协监督。2019 年全年共承办各级建议、提案总计 371 件，已全部办复。其中承办全国人大建议 2 件，全国政协提案 2 件，市级建议 24 件，市级提案 25 件，区人大代表议案 1 件，区级建议 87 件，区级提案 210 件，区级平类建议、提案 20 件。另外，办理了代表委员在区"两会"期间审议政府工作报告时提出的 353 条意见建议。

强化财政、审计监督。加强财政资金的统筹管理，严明财经纪律，严防风险，监督指导机构改革中财务管理工作。积极开展政府采购等重点领域监督检查工作，全面落实规范政府举债融资行为，大力推进区级部门预算、决算信息公开。在对大财政审计时坚持"全口径"预算审计、部门预算审计，坚持运用大数据分析技术，实现了全区一级预算单位审计全覆盖；同时拓展深度，逐步推进

重点行业所属基层预算单位审计全覆盖。进一步加强党政主要领导干部经济责任和自然资源离任审计，把审计监督与纪检监察、组织人事、巡视巡查等监督贯通起来，形成监督合力。全年完成审计单位（项目）78个，有效发挥审计对区域经济社会发展的促进作用。

推进政府信息和政务公开。加大统筹力度，加强政策解读、回应关切，提升政府网上服务能力，做到了"应公开、尽公开"。持续深化会议开放，印发《2019年区政府重要会议议题政策解读、预公开和政民互动直播间计划表》，坚持重要文件、重大决策、重点工作信息公开与政策解读"三同步"。举办2019年西城区人民政府向公众报告工作活动，区长孙硕率5位副区长向259个社区居民及驻区部队、中央企业、专家学者等各界代表500余人报告西城半年工作。继续开展政务开放日系列活动，近千名社区居民、企业各界代表走进35个行政机关了解内部流程。

三、审判工作

（一）充分发挥审判职能，维护社会公平正义

全年案件总量83 329件，同比上升3.5%；审（执）结76 069件，同比上升3.9%；法官人均结案439.5件。审判综合质效考核指标位列全市基层法院第一，全市第三。

一是依法审理刑事案件，惩罚犯罪，维护稳定。审结各类刑事案件1137件，判处罪犯1213人。审结故意伤害、危险驾驶、盗窃、诈骗等普通刑事案件671件，稳妥审理非法吸收公众存款案等13起涉众型经济犯罪案件，涉案标的额10.1亿余元。审结贪污贿赂、渎职侵权等职务犯罪案件5件，组织16家国有企业、事业单位236人旁听案件庭审，彰显依法惩治腐败的坚定决心。严格落实罪刑法定、疑罪从无、非法证据排除等原则，对175名被告人依法判处缓刑、管制或免予刑事处罚。推进以审判为中心的刑事诉讼制度改革，促进庭审实质化，认罪认罚程序适用率71%，证人、鉴定人出庭作证44人次，刑事案件律师出庭辩护率96.6%，较去年增长13.4%。

二是依法审理民商事案件，化解矛盾，促进发展。审结各类民商事案件50 715件，占结案总数的66.7%。高度关注教育、医疗、消费者权益等人民群众切身利益问题，妥善审结涉及食品药品、教育培训、医疗纠纷、物业服务等案件2235件。注重保护老年人、妇女儿童、残疾人的合法权益，审结婚姻、继承、抚养等家事案件3778件，适用人身安全保护令34次，坚决向暴力侵害行为说不。审结金融借款、民间借贷、信用卡、证券、保险等商事案件22 603件，有效维护金融市场秩序。审结买卖、租赁等合同类案件2478件，鼓励诚实守信，保障交易安全，增强市场主体投资信心。审理破产、强制清算案件25件，服务保障供给侧结构性改革，促进市场主体的救治或退出。

三是加强知识产权司法保护，惩治侵权，推动创新。审结知识产权案件3021件。加强对企业知名品牌的保护，依法审理涉侵害商标权及不正当竞争纠纷案件643件。审结全国首例涉杂技作品著作权纠纷案，保护文化创新。与区娱乐文化产业协会联合调研，推动企业知识产权案件规范办理。与区商务局联合调研，实地走访瑞蚨祥、内联升、张一元等5家"老字号"企业，为传统企业发展提供司法指引。

四是依法审理行政案件，监督促进行政机关依法行政。审结各类行政案件1104件，其中国家部委作为复议"双被告"的案件271件。依法保护行政相对人权益，原告胜诉或协调处理行政案件191件，占比17.3%。支持行政机关依法履行市场监管、公共服务等职能，妥善审结相关案件，维护市场秩序。针对群众反映凭法院生效文书不能直接办理不动产变更登记的问题，向市规划和自然资源委员会发送司法建议，建议被及时采纳，直接减少了大量撤销原不动产登记的行政诉讼案件，让群众的胜诉权益得到尽快实现。与区委党校合作设立"依法行政现场教学基地"，与"一行两会"、司法部等行政机关举行调研座谈20余场，对区市场监管局、区卫生健康委等单位执法人员进行法律培训16次，助力行政执法水平提升。

五是加强执行工作，巩固基本解决执行难成果。全年执结案件21 984件，结案率93.9%，涉案标的总额238.5亿元。建立联合信用惩戒机制，用足用好强制措施，向社会发布失信被执行人名单4754人，限制高消费17 200人次，限制出境57人次，适用拘留、罚款等强制措施126人次，对拒不履行生效法律文书义务的"老赖"持续保持严惩高压态势。拓宽执行联动渠道，与区公积金管理中心协同建立公积金查扣绿色通道，实现快速有效控制财产；引入公益法律援助律师协助案件调查、执行调解等工作，加快兑现申请人权益。健全网络拍卖机制，全年网拍财产717件，网拍成交额16.3亿元。加强案款管理，引入"案款管家"，实行银行电子账户发款，减少案款积压，执行案款发还周期由15天缩短至一周。

（二）围绕中心服务大局，保障经济社会发展

一是保障新中国成立70周年庆祝活动。以服务保障新中国成立70周年庆祝活动为工作主线，全面开展矛盾纠纷排查化解，确保安全隐患排查横向到边、纵向到底、不留死角。组织338名干警参加国庆维稳安保工作及群众游行活动，圆满完成保障任务。

二是优化营商环境建设。成立优化营商环境专项工作领导小组，通过案件繁简分流、优化诉讼流程、强化类案专业化审理，提升商事案件审判质效，商事案

件平均实际审理天数 109.7 天，比去年缩短 8.9%。与区司法局联合举办依法服务营商环境建设工作培训会，向律师群体详细解读北京法院服务营商环境的政策举措，促进形成优化营商环境的工作合力。代表北京法院第三次承办世界银行营商环境考察活动，民三庭庭长赵莹法官作为基层法官代表与世界银行专家进行深入交流，展现了首都法官的专业形象，赢得世界银行专家高度赞誉。

三是服务保障核心区建设发展。围绕服务疏解非首都功能，审结相关案件 599 件。坚持以法治方式破解治理难题，妥善审理了一批难点案件；高效执结一批市政工程相关案件；打好文保腾退项目攻坚战，顺利完成太原会馆、云南新馆、涉中轴线申遗项目等强制腾退工作；办结学校教学用房腾退案件，为本区增补学位创造有利条件。巩固金融街法庭"审判实务、司法研究、风险信息发布"三大平台建设，通过新闻通报会等方式发布金融风险预警信息 22 次；与中国社会科学院法学研究所、国际法研究所签署合作协议，共同举办第二届北京金融法治环境建设研讨会；承担多项国家、市区金融审判类重大调研课题，不断扩大金融审判影响力，为防范风险、保障安全、推动金融业高质量发展提供有力司法保障。

四是积极参与基层治理创新。全面推行"诉源治理直通车"工作机制，通过"线网站巡"对接社区、直连群众，实现民意直通、服务直达。直通"12368 诉讼服务热线"，畅通群众诉求收集渠道，日均接听来电 137 通，较去年增长 7.6 倍；依托"西城家园"平台为群众和社区工作者提供多元司法服务；建成诉源治理实体工作站，统筹工作运行，91.2% 的需求通过线上解决。开展"群众需要、法官来到"工作，党组成员定期联系走访街道，由全体法官、法官助理、人民调解员组成的巡回法官队伍深入社区开展定制式精准普法，推动自治、法治、德治相融合的基层治理体系建设。该工作机制得到市高级人民法院和区委高度肯定，在全市法院和全区政法单位推广。

（三）坚持司法为民，落实以人民为中心的发展思想

一是打造一流诉讼服务，让群众诉讼更便利。建成全国法院首家多元解纷诉调对接中心，全面开启现代化诉讼服务体系建设。设立登记服务、智慧指引、自助便民服务等 8 个功能区，全年为 318 339 名群众提供 6 类 52 项诉讼服务。在全国率先尝试将快速执行引入诉讼服务中心，实现立审执服务一体集成。在服务大厅设立诉讼风险评估系统，为来院群众免费提供诉讼风险评估，引导理性选择解纷方式。落实最高人民法院关于开展网上立案、跨域立案的要求，实现网上立案"24 小时不打烊"，办理跨域立案 62 件，覆盖全国 17 个省（区）市，15 分钟内回复完成跨域立案请求，让群众切实感受到司法服务的便捷高效。

二是推行"多元调解+速裁"机制，让纠纷化解更及时。坚持把非诉讼纠纷

解决机制挺在前面，诉前调解成功 4484 件、司法确认 2531 件，速裁案件 32 340 件，全院 13.7%的法官审结了 64.5%的民商事案件，实现用少量法官在前端快速审理大量简单民商事案件的工作目标。与 41 家调解组织形成对接，将包括仲裁员、优秀律师在内的 54 名特邀调解员纳入诉前调解队伍，完善多元调解体系。进一步完善快慢分道办理机制，前端建立 22 个由员额法官、法官助理、书记员及特邀调解员组成的标准化速裁团队，后端推动疑难复杂重大案件精细化、专业化审理，实现"简案快审、繁案精审"，前端案件平均审理时间比后端缩短 144 天，前后端法官人均结案比达到 6.2∶1。

三是加强民生司法，让权益保障更有力。发布《家事审判改革工作白皮书》，总结五年家事审判试点改革经验，固化家事调查员机制、家庭财产申报制度等 8 项成果，积极倡导家庭文明建设新风尚。健全医疗案件"诉前鉴定"机制，让当事人更精准预测诉讼风险、更合理主张权利诉求。审结劳动争议案件 1622 件，畅通拖欠农民工工资争议解决"绿色通道"，使案件审理周期平均缩短 60 天，高效保护劳动者合法权益。切实做好司法救助工作，向 27 名生活困难当事人发放司法救济金 199.7 万元，为群众排忧解难。

四是加大司法公开力度，努力实现全流程公开透明。严格落实司法公开四大平台建设要求，全年上网公开裁判文书 46 981 份，公开率达到 100%。依法、及时公开立案、审理、结案、执行等案件流程信息，有效公开率 94.3%。深入推进庭审公开，完成庭审网络直播 18 407 次，直播次数位列全市法院第一。成立"普法讲师团"，开展送法进社区、进企业、进机关、进学校等"法律十进"活动 32 场，参与群众超过 2000 人次。及时总结类型化案件审判成果，先后以"涉宠物犬侵权纠纷典型案例""涉家装合同纠纷典型案例"等主题召开新闻发布会 13 场，正面有力地宣传、弘扬社会主义核心价值观，发挥司法审判引领规范社会行为的作用。综合运用新媒体提升普法宣传影响力，借助微博、微信、抖音、快手等平台，普及法律知识，讲好法治故事。

（四）自觉接受各界监督

主动接受区人大及其常委会的监督，专题向区人大报告推动家事审判改革、促进家庭社会和谐的工作，积极配合人大开展专题调研和集中视察。开展"邀请代表委员进法院"主题联络活动 14 次，各级代表委员 130 人次走进法院参加案件旁听、视察座谈、见证执行等活动，对代表委员提出的 38 条意见建议逐条梳理、逐件督办、及时反馈，确保件件有答复、事事有回音。依法接受检察院法律监督，邀请检察长列席审委会，根据检察建议改进工作。对《中华人民共和国人民陪审员法》实施后新选任的 249 名人民陪审员开展培训，完善参审机制、提高履职能力，全年陪审员参审案件 18 417 件。

四、检察工作

2019 年，全年共受理各类案件 3977 件，办结 3739 件，同比增长 22.3%、23.5%。

（一）充分发挥检察职能，服务发展保障民生

一是全力投身平安建设。坚持"稳"字当头，紧紧围绕为新中国成立 70 周年大庆营造良好环境，依法履行批捕、起诉职责。全年共批准逮捕各类犯罪嫌疑人 971 人，提起公诉 1335 人，同比增长 32.5%、22.1%。注重打防并举，保持对严重暴力犯罪的高压态势；加大对危险驾驶、故意伤害、寻衅滋事等高发易发犯罪的惩治力度，共起诉 491 人，保障社会安定有序、人民安居乐业。严格落实"三同步"要求，妥善办理敏感案件。对社会高度关注的"北京大学第一医院暴力伤医案"，秉承客观公正，依法提起公诉。认真贯彻"宽严相济"刑事政策，落实非羁押诉讼、认罪认罚从宽等制度，对情节轻微的 332 名初犯、偶犯、过失犯依法决定不批捕不起诉，减少社会对抗，增进社会和谐。

二是主动护航区域发展。更加自觉把工作放到区域发展大局中谋划和推进。继续在反腐败工作中发挥检察作用，共办理监委移送案件 16 件 20 人。积极在"六稳"中找准定位。通过坚持"三个慎重"、区分"五个界限"，依法强化对辖区国企民企、内资外资、大中小微企业的平等保护，最大限度减少司法办案对企业正常生产经营的影响，切实为区域发展注入"检察动力"。持续净化营商环境，加强对公平竞争、新技术新业态的司法保护，惩治侵犯知识产权、扰乱市场秩序等犯罪 81 人。聚焦金融街品质提升和金科新区建设，严惩金融领域犯罪，共办理非法吸收公众存款等涉众型经济犯罪 22 件 38 人，已批捕 21 人，同时力促追赃挽损。深度参与金融风险专项整治，依托区人民检察院预防金融犯罪教育基地，联合区金融办，为辖区 20 余家金融企业开展检察讲堂，进一步织密金融安全司法"防护网"。

三是深入开展民生检察。始终牢记"民生是最大的政治"，以求极致态度推动解决人民群众的烦心事、操心事、揪心事。围绕保障群众"舌尖上的安全"，联合公安、食药部门，持续开展专项监督，食药领域犯罪逐年减少，重拳惩治效果有效彰显。立足守好群众的"钱袋子"，加大对盗抢骗等犯罪的打击力度；突出惩治"套路贷"等严重损害民生民利的社会乱象，共办理该类案件 20 件 45 人。走进金融街、北展等地，深入开展普法宣传，帮助群众识别"套路"、远离"非吸"。着眼满足群众对美好生活的向往，强化生态环境司法保护，共起诉破坏环境资源犯罪 89 人。

（二）持续深耕监督主业，捍卫宪法法律权威

一是用心做优刑事诉讼监督。立足防范冤假错案，严把案件的事实关、证据关和法律适用关，确保无罪不受刑事追究、有罪受到公正处罚。严格立案和侦查监督，紧盯有案不立、有罪不究、越权管辖等问题，监督侦查机关立案 61 件、撤案 23 件；对发现的适用强制措施不当、违法取证等问题，提出纠正意见 3 份；对不足以证明构成犯罪、需要补充侦查的 463 件案件，引导、督促完善证据、查清事实。严格审判监督，落实检察长列席审委会制度，面对面阐述意见、共同把关、确保质效。强化在刑事诉讼中的主导责任，对 1054 人建议适用认罪认罚从宽程序审理，并提出量刑建议 950 份，在促进繁简分流的同时，切实让正义的实现提档加速。严格对刑罚执行和监管活动的监督，坚决避免超期羁押、久押不决等问题，对不需要继续羁押的 73 人建议释放或者变更强制措施；配合区司法局对 4 名罪犯依法特赦。

二是用力做强民事行政诉讼监督。着力补短板、强弱项，推动解决民事行政检察发展不平衡的问题，共受理审查民事行政监督案件 62 件，同比上升 29.2%。坚持依法监督、居中监督原则，对认为确有错误的民事行政生效裁判、调解书，提请抗诉或发出再审检察建议 6 件；对认为裁判正确的 40 余件申诉案件，耐心做好息诉服判工作，促进"案结事了"，避免程序空转。抓住群众反映强烈的虚假诉讼、恶意诉讼问题，依法监督纠正 2 件，切实维护正常诉讼秩序。助推法院"基本解决执行难"工作，深入开展民事行政非诉执行专项监督，依法起诉拒不执行法院判决、裁定的犯罪行为。

三是用情做好未成年人检察工作。共办理涉未成年人犯罪案件 41 件。坚持宽容而不纵容，加强对未成年人的司法保护，对涉嫌轻微犯罪并有悔罪表现的 22 名失足未成年人，依法不批捕不起诉；对应当从严惩戒的，决不一放了之。严格适用未成年人案件特别程序，落实合适成年人到场、犯罪记录封存等制度，依法对 6 人附条件不起诉，并联合多方力量进行帮教，全力助其迷途知返、重归社会。抓住"西检杯"举办 20 周年的重要契机，检察长带头，19 名干警参与，兼任中小学法治副校长，积极开展送法进校园、进家庭活动，覆盖学生及家长3000 人次。坚决惩治侵害未成年人合法权益的行为。联合市场监管局、烟草专卖局等单位，深入开展"校园周边商户向未成年人出售烟草"专项监督，切实用法治的力量护航未成年人健康成长。

（三）深入开展公益诉讼，推进区域科学治理

一是坚持"双赢多赢共赢"理念，合力保护公益。主动融入辖区中心工作，深入推进"检察+"工作模式。聚焦环境资源保护、食品药品安全、国有财产保护等领域群众反映强烈的问题，开展了近 10 个专项，完善同环保、水务、食药等单位的协同推进机制，就线索移送、调查协作、卷宗调阅强化"双向衔接"，共同奏起区域综合治理"大合唱"。通过分领域集中排查、深层次进行挖掘，全年共受理公益诉讼线索 20 件。

二是坚持把诉前实现维护公益目的作为最佳状态。把与行政机关磋商作为必经环节，把提出检察建议作为前置程序，推动更多"老大难"问题在诉前得以解决。2019 年共依法办理诉前程序案件 10 件，发出检察建议 8 件、工作建议函 2 份，行政机关按期回复率、启动整改率均为 100%。针对辖区个别美容店、民营医院违规经营、虚假宣传的问题，及时制发检察建议，监管部门高度重视，对相关行业深入摸排，依法查处涉案店面、涉案医院 5 家。针对辖区名人故居多处塌落、久未修缮的问题发出检察建议，有关部门积极组织落实、协商修复方案，双方携手保护西城"金名片"。

三是落实"持续跟进监督"要求，确保工作质效。对所发检察建议、工作建议，全部制作台账，明确专人，适时跟进，敦促落实。如不能有效落实，就以诉讼、庭审方式推动问题解决，确保所提检察建议做成刚性、做到刚性。针对辖区多个小区内生活垃圾随意丢弃、不及时清理，个别地铁站外建筑垃圾杂乱堆放、未进行遮掩，严重破坏城市环境，影响群众生活质量的问题，依法督促相关部门及时开展治理整顿，确保问题解决。针对 2018 年就不合格网络餐饮店、不达标现场制售水机问题发出的 2 份检察建议，深入开展"回头看"，未发现虚假整改、事后反弹回潮等问题。

（四）自觉接受人民监督，努力答好人民考卷

自觉接受人大、政协监督，2019 年再次就社会高度关注的公益诉讼检察工作专题报告。全力支持代表委员依法履职，主动了解代表委员的司法需求，精心提供"菜单式+专题式"的定制化监督内容，累计听取意见建议 110 余人次。高度重视代表委员来信来访，用心办理好、反馈好，切实将人大、政协监督转化为改进工作的强大动力。自觉接受社会各界的监督。依法保障律师执业权利，共接待律师阅卷等 980 余人次。深入推进案件信息公开，运用多媒体发布办案信息 5878 条、法律文书 1228 份，保障人民群众知情权。全面深化检务公开，常态化举办"检察开放日"，270 余名各界人士走进检察院、走近检察官，了解和监督检察工作。精心打造的《西检说》普法微课堂，亮相新华社、中国长安网等中央媒体，获得广大群众普遍点赞。

五、司法行政工作

2019 年，西城区司法局在北京市司法行政系统国庆 70 周年维稳安保工作先进集体和先进个人评选表彰工作中，荣获集体三等功。所属单位 1 个荣立集体二等功，7 个被评为先进集体，全局 24 名干部受表彰，其中 3 名同志荣立三等功。

（一）聚焦区域发展重点难点问题，主动提供优质高效法律服务

一是积极参与急难险重任务，突出发挥法律服务行业专业优势。积极参与重大敏感矛盾化解工作，就动批撤市等重大疑难信息公开进行深入研究，并向区委

区政府提出法律建议。组建金融法律服务团，参与出险网贷平台风险处置工作。全面对接核心区开墙打洞工作，在治理现场组建人民调解、法律服务和公证工作站，对 15 件拆除违建案件进行合法性审核，为区域重点工作提供了法律支撑。

二是紧紧围绕全面深化改革，发挥法治保障作用。制定《机构改革期间行政执法工作衔接规则》，对改革期间工作交接和执法衔接作出明确规定，确保机构改革后行政执法运行顺畅。深入推进法治建设领域改革及微改革相关工作，研究制定法治领域改革工作要点。

三是广泛开展普法宣传，积极营造浓郁法治氛围。坚持"区域重点工作开展到哪里，法治宣传教育就出现在哪里"的理念，围绕疏解整治等重点工作，广泛开展各类法治宣传活动 1000 余场，发放材料 10 万余份，积极打造"京剧新唱法""法律进宗教场所"等法治文化品牌，为区域发展营造了良好的法治环境。

（二）深入践行"司法为民"的理念，积极回应群众法律需求

一是加快推进公共法律服务提档升级。研究制定《关于公共法律服务实体平台建设实施方案》，着力构建覆盖全区的区、街、社区三级公共法律服务实体平台，打造"实体+网络+热线"的多维法律服务平台。大力推进区公共法律服务中心建设，通过集中受理、资源共享，为群众提供"综合性、一站式、标准化"服务，让群众只进"一扇门"，就能办理公共法律服务的"所有事"。

二是着力提供精准、普惠、便捷的法律服务。大力发展"互联网+"法律服务，积极推广"12348"法律咨询热线、视频调解、网络咨询等便民举措。全面推行公证"最多跑一次"改革，实现"马上办、网上办，就近办、一次办"。全年共接待办证咨询 271 252 人次，办结公证事项 137 456 件。指导中信公证处率先迁入万通办公，开出全国第一份"区块链公证书"。推进社区法律顾问工作，259 个社区全部签约法律顾问。

三是坚持"绝不允许困难群众打不起官司"的理念，不断提高法律援助水平。1—10 月受理法援案件 2302 件。以"法律援助助力服务民生"为主题，广泛开展农民工、妇女、残疾人、未成年人等专项维权活动，切实保障了群众合法权益。

（三）牢固树立核心区政治敏感意识，切实维护社会和谐稳定

一是深入排查化解矛盾。坚决把矛盾化解在萌芽状态，出台《深入践行红墙意识开展矛盾纠纷排查化解专项行动实施方案》，敏感时期每天进行一次拉网式排查，围绕"70 周年大庆""一带一路""亚洲文明对话"等重要时点，共调解案件 256 件。共调解矛盾纠纷 2962 件，调解成功 2812 件，成功率 95%。积极探索大调解工作格局，明确未来三年工作思路。

二是加强"两类"人员教育管控。强化社区服刑人员管理，与监所签订

《群防群治共建协议》，全年共开展专项排查 15 次，排查社区服刑人员 344 人次，开展专项教育组织各项专项活动 47 场次，两所会商衔接 65 次。做好安置帮教工作，顺利衔接刑满释放人员 227 人，开展入监帮教 26 次，为 52 名特困人员提供专项救助。

三是强化重点行业监管。强化公证行业管控，对重点人逐人逐案制定稳控方案和案件处置方案，对活跃投诉人全部进行主动约谈，并做到实时监控，切实保证了行业的和谐稳定。

（四）充分发挥职能，加强对律师公证工作的指导监管

健全公检法多部门联动的律师执业权益保障机制，与区人民法院、人民检察院、律师协会召开了"控辩审三方论坛"，共同研讨破解律师权益保障不到位的难题；加强律师行业诚信体系建设，及时将律师事务所、律师的行政处罚在网站上进行公示；加强律师队伍政治引领，确保律师行业正确的政治方向；加强律师行业党的建设，大力推进党的组织和工作全覆盖，开展党组织规范化建设，持续加强党组织班子建设，利用换届契机配齐配强领导班子，提倡律所党员主任担任党支部书记，班子成员与律所管委会委员交叉任职，使党组织政治核心作用得到进一步发挥；开展多方位、多层次培训，全方位打造高素质律师人才队伍。

进一步完善公证服务，为"疏解整治促提升"提供法律支持。组织、协调区属三家公证积极配合本区"疏解整治促提升"的重点工作，为疏解整治工作提供专业公证法律服务。各公证处建立绿色通道，简化办理手续，围绕疏解整治地区涉及的热点、难点问题，通过为当事人办理委托、继承、保全证据、现场监督等公证事项 2149 件，帮助人民群众解决难题，为"疏解整治促提升"专项行动保驾护航。对接辖区街道办事处，开展公证进疏解整治地区活动，提供优质便捷的公证法律服务。如中信公证处参与由北京保护健康协会联合公证处、律师事务所、北京多家中高端养老机构举办的新华社离退局第二届"养老自选超市"活动。

六、公安工作

（一）立足规范实用，持续深化执法服务保障体系

立足西城区定位和安全需求，积极贯彻落实相关法律法规配套机制、执法标准和指引，围绕"五大安保"活动，以及一线执法热点难点问题、社会关注的执法事项、易发生问题的现场处置行为等，及时出台法律适用指导意见，健全完善执法标准和实战指引。先后制定下发了《2019 年全国两会"扰序类"案件证据指引》《西城分局关于适用〈反恐怖主义法〉实施行政处罚的指导意见》《关于新消防法实施过程中行政拘留处罚执行的意见》《西城分局行政拘留处罚案卷移交工作规范》《西城分局关于在妥善处置涉及老幼病残孕等身体特殊人群案事

件的工作规范》等指导规范、意见 7 份，《西城分局处理医患纠纷类案事件工作规范》被公安部评为优秀执法制度，为执法实战提供准确高效的法律指导。

（二）立足智能高效，持续深化执法办案体系建设

积极推动执法办案管理中心全覆盖和深化"执法办案管理中心+案管组"建设、持续推进侦审一体化改革、全面推行刑事案件认罪认罚从宽制度、加快推进智慧办案建设，进一步强化执法权力全程管控，着力提高办案质量和效率，已搭建起"执法办案管理中心+案管组"两级"双闭环"立体监管同步运行机制，29个派出所和刑侦、经侦支队已全部设立案管组，实现案管工作全覆盖，将执法监督、管理工作延伸至执法办案最前端，并在此基础上统一设计了警情核查、涉案物品管理、案卷接收借阅、问题整改等标准化工作台账，采取事前预警，事中监控，事后审查手段实现对各类执法要素和全部执法流程的规范管理、实时监督、及时整改。提示 5002 件次，采取执法监督措施 2987 件，并全部纳入执法质量考评。

（三）立足科技效率，强力推进执法信息化建设

积极开发各类移动智慧办案 APP 项目，将日常的执法数据管理、移动笔录制作、移动培训组织等信息化手段均植入到移动警务终端，积极推动智慧警务建设；开发建立远程律师会见系统，并以此为基础对基层所队的办案区进行智能化升级改造，改造后在基层所队可直接与看守所进行视频对接，提供民警远程提讯和律师远程会见功能，为民警提讯和律师会见提供了极大便利。

（四）立足便民服务，积极推进"放管服"改革

坚决贯彻落实关于政务服务事项全部实现"全程网上办"或"只跑一次"的要求，进一步完善政务服务事项办事指南，推进互联网办事系统和网上政务服务大厅的对接工作，推动提高政务服务事项网上办理率，积极组织治安、人口、出入境、禁毒、警务支援等相关单位完成涉及 69 项政务服务事项的填报、变更、修改、增加、删减等工作，及时在政务服务业务咨询电话解答知识库中进行更新，并利用"互联网+监管"系统，做好政务服务事项的监管、检查工作。2019年 3 月，北京市公安局西城分局在全市设立了区级 24 小时出入境自助服务厅，便利了群众领取证件、办理港澳台签注，有效延长了办公时间，提高了工作效率，受到申请人的热烈好评。

（五）立足群众满意，全面提升信访工作法治化水平

立足"以人民为中心"的执法理念，贯彻落实中央政法委《关于切实解决涉法涉诉信访工作突出问题的若干意见》，以群众满意为目标，完善落实三级领导接访工作机制，坚持把为群众解决实际问题作为根本出发点，切实加强督导，注重接访实效。分局领导接待 35 批 35 人，各职能部门、派出所共接待 694 批

728 人，共办理涉法涉诉案件 94 件，同比去年 303 件下降 68.98%，已办结 74 件，结办率 78.72%。为认真落实蔡奇书记关于"接诉即办"的工作要求，制定了《西城分局关于印发落实区委区政府优化提升市民服务热线反映问题"接诉即办"工作实施方案暂行意见的通知》，实行"双派单"机制。

七、法治建设特色和亮点工作

（一）积极开展首批全国法治政府建设示范创建活动

为贯彻落实中共中央、国务院关于《法治政府建设实施纲要（2015—2020年）》的要求，发挥先进典型的示范导向作用，西城区申报首批全国法治政府建设示范区。组织成立工作专班，形成了"一个总报告，84 个分报告，1430 份证明材料"的申报内容体系。

（二）深化创新，有效化解社会矛盾纠纷

一是进一步提升行政复议工作质量。2019 年全年区政府共收到行政复议申请 189 件，比去年同比减少 14.5%。审结行政复议案件 228 件（含上期结转 60 件），其中，维持 115 件，申请人撤回申请 37 件，驳回复议申请 30 件，不予受理 17 件，撤销具体行政行为 26 件，确认违法 2 件，责令履责 1 件。2019 年全年比去年增加了纠错案件 20 件，纠错率为 12.7%。邀请行政复议委员会非常任委员参与重大疑难案件的审理、研讨，同时邀请区政协委员旁听行政复议案件听证会，增强了案件审理的透明度及公信力，确保案件审理质量。以区政府为被告的行政诉讼案件（含一审、二审及再审）320 件，同比上升 13.9%，败诉 4 件，同比下降 42.9%。做好行政机关负责人出庭应诉工作，区长带头在北京市第四中级人民法院出庭应诉，各委办局和街道办事处的主要领导或主管领导参加行政诉讼出庭应诉共 50 人次。

二是深化人民调解、行政调解和行业性、专业性调解，加强基层矛盾纠纷排查化解。2019 年调解工作参与了全国"两会"、第二届"一带一路"国际合作高峰论坛、亚洲文明对话大会、新中国成立 70 周年、十九届四中全会等重大活动期间的社会维稳任务，期间共排查矛盾纠纷 17 342 次。西城区司法局出台并向各街道印发了贯穿全年的《深入践行红墙意识开展矛盾纠纷排查化解专项行动实施方案》。各街道根据文件精神，结合辖区特点，出台了自己的方案，形成了区、街、社区三级联动、调解资源全部调动的工作格局，确保全年矛盾纠纷排查化解工作落到实处、做出实效。加强对全区行政调解工作的统筹协调、监督指导，组织行政调解工作培训，提升行政调解能力和水平。加强行业性、专业性调解组织建设，拓宽行业性、专业性调解领域，与区妇联共同成立了本区婚姻家庭纠纷人民调解委员会。加强访调、诉调对接，搭建基层矛盾化解有效平台，多元联动化解矛盾纠纷。全区人民调解组织 2019 年共调解矛盾纠纷 6348 件，调解成功 6169

件，调解成功率达到97.2%，司法确认案件1803件。全区2019年共有行政调解案件15 116件（其中行政争议195件，民事纠纷14 918件），调解成功12 283件，成功率81%。

（三）立足区情，提升社会治理水平

一是深化街道管理体制机制改革。推动《关于深入推进街道管理体制改革的实施意见》和《西城区街道党政机构综合设置实施方案》落实，将街道机构综合设置为"一委、七办、三中心"，制定122项街道职责清单，明确了街道的职责边界，在全区推进街道"大部制"改革。

二是推进社区治理体制改革。制定西城区社区议事协商指导手册，组织开展参与协商主持人培训。创新协商方法，扩大民主协商参与度。加强社区基层治理平台"网上议事厅"建设，将线上平台议事与线下协商议事有效衔接，实现社区议事协商工作线上线下多渠道融合、全方位全天候服务的基层治理新模式。提高基层自治能力。全区259个社区共选举产生新一届社区居委会成员1915人，均为一次选举成功。各社区均通过法定程序推选产生了居务监督委员会。

三是统筹推进全区大数据建设，促进经济社会发展。编制大数据顶层设计方案，实施政务和社会数据的统筹管理，开展对13个委办局、11个街道办事处现场调研指导，组织专家参与重大项目的前期论证方案编制，开展交流培训和绩效考核评估，促进全区在接诉即办、优化营商环境、街道12345办理系统等取得特色亮点成果。率先建成政务资源目录，在北京市大数据平台上线发布会上作为典型区县分享工作经验。区大数据中心平台作用进一步提高，完善数据服务，提高数据共享能力，支撑市、区44家单位业务应用数据交换4822.21万条。汇聚数据资源，建立分层、分类管理模式，提供个性化服务。建成全区统一的人口动态监测系统，为重点部门及街道开展人口精准化服务和智能化管理提供了基础应用平台。

朝阳区法治建设报告

2019 年，是新中国成立 70 周年，也是全面建成小康社会的关键之年。朝阳区以习近平新时代中国特色社会主义思想为指导，深入贯彻党的十九大和十九届二中、三中、四中全会精神，认真落实中央全面依法治国决策部署，开拓进取、务实创新，推动法治建设取得新成效。

一、人大法治保障和监督工作

2019 年，朝阳区人大常委会坚持服务保障、监督管理并重，按照"构建格局、完善机制、提供支撑"工作原则，依法履行职权。全年共召开区人大常委会会议 8 次，主任会议 9 次，审议议题 52 项，其中听取和审议"一府两院"专项工作报告 9 项，听取和审议计划预算报告 6 项，综合运用执法检查、专题询问等监督方式，作出决议决定 15 项，任免国家机关工作人员 151 人次。

（一）提高政治站位，保持正确政治方向

区人大常委会进一步完善坚持党的领导的工作机制，将党的领导贯穿人大工作全过程、各方面。完善重大事项请示报告常态化机制，全年向区委书面请示报告 35 项，向区委常委会汇报专题报告 3 次。以更高标准、更大力度深化理论学习。区人大常委会把习近平总书记最新讲话和指示作为学习的首要内容，及时跟进学习。以组成人员读书班、会前学习等制度为载体，结合履职学习。聚焦提升代表履职能力，突出理论学习与业务学习相结合。强化机关党员干部学习机制，落实好"三会一课"，推动学习制度化、系统化、常态化。以政治建设为统领，全面加强党的建设。认真履行党建主体责任，完善年初有部署、年中有督促、年底有检查的工作体系，牢牢把握工作主动权。每月定期调度，将党建工作推向深入。加强意识形态工作，制定党组意识形态工作意见，定期研究会商，强化阵地管理，加强队伍建设。

（二）依法履行监督职能，推进经济社会发展

区人大常委会围绕关系区域发展的重大问题、群众关心关注的热点问题以及

法律法规的实施情况，依法开展法律监督和工作监督。抓好大会议案督办，围绕会议议案进行体制创新、政策集成。首次将区人大常委会督办方案与区政府办理方案同步提请区人大常委会会议审议，实现对议案办理的全过程闭环监督。推进人大预算审查监督重点向支出预算和政策拓展，对重点支出、重大投资项目的绩效进行专项监督。健全预算监督体系，构建财经委牵头、其他专委会协同、财经顾问支持、专业代表参与的预算初审工作机制。2019年，5个专门委员会对22个政府部门预算草案进行了重点审查，提出了87条意见建议，提高了预算审查质量。建成集查询、预警、分析功能于一体的预算联网监督系统，提供人民代表大会现场查询服务。坚持计划监督与规划监督相结合，推进高质量发展。加强国民经济和社会发展计划上半年执行情况监督，加强国有资产监督，推动功能区建设，开展农村集体资产监管、朝阳分区规划工作进展情况调研。对区域经济发展走势开展定期分析和研判，为提高人大经济监督工作实效提供支撑。着力解决民生问题，把"七有""五性"作为监督重点，持续关注、着力推动。统筹推动《北京市机动车停车条例》执法检查与市人大常委会"两条例一决定"执法检查，打好代表暗查、集中检查、部门自查组合拳，推动区域交通秩序改善。连续三年听取区政府关于年度环境状况和环境保护目标完成情况的报告，听取和审议区政府关于迎冬奥、全民健身工作情况的报告，持续关注学前教育、基层公共文化设施建设、创建国家卫生区、大尺度绿化、老旧小区综合整治等工作。贯彻落实《法治政府建设实施纲要（2015—2020年）》，听取区政府关于法治政府建设工作情况的报告，围绕规范重大行政决策行为、公共法律服务体系建设、法治政府建设评估等重点开展调研，持续推进依法行政。依法开展规范性文件备案审查，进一步理顺机制、规范程序。

（三）发挥人大代表主体作用，服务保障人大代表依法履职

坚持服务保障、监督管理并重，完善机制，健全体系，切实提高人大代表依法履职水平。推动人大代表培训工作系统化。坚持集中培训和分散培训相结合，全年安排集中培训、专题培训、重点培训4期，796人次人大代表参加。借助国家级培训资源和师资力量，首次在全国人大培训基地组织培训。深化人大代表闭会期间活动，打造人大代表联系选民品牌活动。以"秉持初心·依法履职"为主题，深化人大代表集中联系选民主题月活动，组织视察调研、驻室接待等活动392次，328名区人大代表参加，接待选民6500人次，征集44个方面、1699件意见建议。坚持"双月"人大代表座谈会机制，面向驻区单位人大代表和基层人大代表，举行5次专题座谈会。以修订《北京市生活垃圾管理条例》为契机，939名市、区、乡三级人大代表深入社区、学校、单位，宣传垃圾分类，征求立法意见建议。发挥"代表工作室"和"网上平台"双渠道作用，推进人大代表

工作信息化建设。2019 年，2346 人次人大代表通过代表工作室接待选民 1.3 万人次，收集选民意见 3772 条；网上平台共收到选民留言 894 条，上传人大代表活动信息 1654 条，栏目访问量 3.7 万次。深化人大代表建议督办，本届人大五次会议以来提出并交区有关部门办理的 194 件建议，全部办复，其中 CBD 城市森林公园建设、儿研所周边交通拥堵等一批群众反映强烈的问题得到推动和解决。

（四）加强自身建设，提高履职水平

区人大常委会始终把自身建设放到重要位置，为各项职责落实提供有力保障和支撑。加强能力建设，把政治能力建设放在能力建设的首位，提高政治站位，强化责任担当，坚决贯彻落实中央决策部署和市委、区委工作要求。坚持专业化方向，狠抓业务能力建设，丰富区人大常委会读书班、区人大常委会会前学习内容，做到理论学习与业务学习相结合、宪法法律知识与专业知识相匹配，提升组成人员履职水平。深化议题调研课题化，全年共有 8 项议题按照课题化方式推进。完善监督工作机制。加强大会决议落实情况监督检查，年初听取落实方案报告、年中加强过程监督、年末听取落实情况报告，形成闭环监督系统。加强基层建设。按照区委"基层建设年"三年行动计划要求，制定区人大常委会工作方案，确定 19 项任务，作为年度工作重要内容，抓紧抓实。将加强区人大街道（地区）工委建设作为落实"基层建设年"的重要抓手，纳入区人大常委会工作布局，统一安排、统一推动，形成全区人大工作一体化格局。

二、法治政府建设

2019 年，朝阳区政府以创建全国法治政府建设示范区为契机，坚持整体推进、重点突破，努力推动法治政府建设再上新台阶，为朝阳区经济社会持续健康发展提供了有力的法治保障。朝阳区政府率先编制发布了《朝阳区法治政府建设白皮书》；服务业扩大开放试点示范区建设工作中的典型经验受到国务院办公厅的通报表扬，并成为北京市全国法治政府建设综合示范候选地区之一。

（一）依法全面履行政府职能

加大简政放权力度，优化营商环境。深化行政审批制度改革，进一步理顺和规范审批规则，最大限度精简、优化审批程序。以"四减"实现增效率、提速度，形成企业开办、不动产登记、简易低风险 3 个"朝阳模式"。加强重点产业扶持力度。全面支持高精尖企业人才发展，出台重点企业"服务包"制度常态化工作机制，共送出 117 个重点企业"服务包"。

加大税费改革力度。积极落实小微企业普惠性减税政策、深化增值税改革、下调职工基本养老保险单位缴费比例等中央"减税降费"政策，顶格实施小微企业普惠性税收优惠，减征房产税、资源税等"六税两费"。稳步推进个人所得税改革，平稳有序推进社会保险费和非税收入征管职责划转。

不断优化政务服务环境。推进全区各级政务服务中心规范化建设，区级层面实行"1+8"总体布局，推行综合窗口服务模式。深化"1+3+N"全网通朝阳模式，规范网上政务服务平台建设。依据法定职能全面梳理各部门审批及服务事项，编制统一、规范的政务服务事项目录。目前，区级政务服务中心实现80%以上政务服务事项一门进驻，70%以上一窗受理。朝阳区1622个区级政务服务事项已实现100%网上可办。600个高频事项实现"最多跑一次"或"一次不用跑"。

创新社会治理模式。打造特色自治品牌，不断提升基层社会治理水平。在全区开展"社区成长伙伴计划"，实现社区治理能力和治理水平的全面提升。编制朝阳区居委会工作标准化系列手册（社区"居务通"），全面推广社区服务站改革。深入开展基层减负增效，优化调整一批大型社区。推进全国街道服务管理创新实验区建设，打造42个全要素小区、257个全景楼院，50个"社区之家"建设顺利完成挂牌。

（二）推进依法科学民主决策

严格依法决策程序。认真履行重大行政决策合法性审查程序，共审核区领导批示及全区各单位报送的重大决策事项草案、涉法事项37件，提出法律意见建议150余条。充分发挥政府法律顾问作用，全区法律顾问参与政府规范性文件及重大行政决策审查、法律风险评估和论证、解决行政争议及疑难涉法事务处理等共计9600余件。

加强行政规范性文件合法性审查及备案工作。对拟以区政府、区政府办公室及经区政府审议以相关区属部门名义印发的19个行政规范性文件草案进行了审查，备案以部门名义印发的行政规范性文件2件；在全区范围内对涉及"与现行开放政策不符的规范性文件"进行了清理；办理市政府法规规章征求意见10件，提出意见建议60余条。

持续开展法治政府评估工作。根据法治政府建设的新形势、新要求，结合全国市县法治政府建设示范指标体系对朝阳区评估指标进行了调整完善，对区政府、各街乡、各行政执法单位法治政府建设状况开展全面评估，总结亮点，发现差距与不足，提出改进工作建议。

（三）坚持严格规范公正文明执法

全面推行行政执法"三项制度"。2019年9月，朝阳区印发了《行政执法公示办法》《实行行政执法全过程记录工作办法》《重大行政执法决定法制审核规定》，制定了《朝阳区政府作出的行政执法决定案件法制审核规程》，修订了《行政执法资格管理办法》等制度。同时，编辑了《街乡落实行政执法"三项制度"工作手册》并开展了培训。

做好机构改革行政执法衔接移交工作。对全区涉及机构改革的行政执法主体确认、职权清单调整、执法证件审核换发等工作进行衔接移交，完成对本轮区级机构改革中涉及的 45 个部门、行政执法事项交接关系 33 组、105 个交接事项的移交工作。

扎实开展行政执法协调监督。充分利用行政执法信息平台，加大对行政执法人员、执法检查和处罚、法定职权履行等情况的监督检查，不断加大行政执法协调监督力度。2019 年，区属行政执法部门人均处罚 43.13 件，人均检查 138.71 件，职权履行率 12.16%，岗位关联率 85%，在市级绩效依法行政专项考核的 9 项行政执法指标中，朝阳区 7 项指标获得满分成绩。

（四）强化行政权力监督

自觉接受人大、政协监督。认真依法办理人大议案、人大代表建议、政协委员提案。共办理市人大代表建议、政协委员提案 59 件（单办或主办 30 件、会办 29 件），办理区人大代表议案 1 件，办复人大代表建议、政协委员提案共 443 件。

加强政务公开信息公开。完成全区 2019 年政务公开全清单的调整更新和公布利用，共梳理政府信息公开事项 12 161 项。规范依申请公开工作，强化监督考核。2019 年，全区主动公开政府信息 35 520 条，受理信息公开申请 2493 件。在全市政务公开第三方评估中，朝阳区排名全市第二。

（五）依法有效化解社会矛盾

加强行政复议和行政应诉工作。通过听证会、案审会等形式，提升行政复议公信力。2019 年共审理行政复议案件 632 件，共审结案件 550 件，纠错率 22.7%，调解率 17.5%；制发《行政复议意见书》6 份。

加强多元调解工作。深化访调、诉调对接工作，2019 年全区共调解民事纠纷 13 851 件，调解成功 12 910 件，调解成功率 93.2%；通过诉前调解模式化解矛盾纠纷 9333 件。促进行业性、专业性调解组织建设，创建特色调解品牌工作室。加快推进公共法律服务体系建设，区公共法律服务中心建成集各类法律服务事项于一体的综合性服务窗口。

做好法治宣传工作。落实"谁执法谁普法"普法责任制，制发普法责任制实施办法、责任清单和"七五"普法年度工作考核标准。推进基层民主法治示范社区（村）创建工作。联合延庆、崇礼司法行政系统开展新媒体法治宣传工作培训，提升三地普法骨干开展普法依法治理工作的能力水平。

（六）全面提高政府工作人员法治思维和依法行政能力

坚持区政府常务会会前学法制度，全年共开展区政府常务会会前学法 4 次，分别邀请专家和实务部门领导就优化营商环境、《重大行政决策程序暂行条例》、行政诉讼、政府法律顾问工作等方面进行了专题授课；组织开展全区各行政执法单位、各街乡法制工作主管领导和法制科室负责人法治政府建设和依法行政培训班 2 期。将《中华人民共和国公务员法》及依法行政理论等内容作为公务员初任培训、事业单位人员新入职培训和军转干部培训的基础课程。全年共举办 24 个主体班，共培训 1000 余人次。

三、审判工作

2019 年，朝阳区人民法院坚持司法为民、公正司法，忠实履行宪法和法律赋予的职责，努力让人民群众在每一个司法案件中感受到公平正义。全年受理各类案件 157 375 件，同比增长 4.9%；审结案件 155 980 件，同比增长 3.9%。

（一）刑事审判工作

2019 年，共审结刑事案件 3287 件，判处罪犯 4250 人。

依法稳妥处理涉众型经济犯罪案件。审结此类案件 370 件，同比增长78.7%，为受害群众挽回经济损失 2.9 亿余元。依法严惩严重破坏社会秩序的犯罪。严厉打击抢劫、绑架、故意伤害等危害群众生命财产安全犯罪；坚决遏制毒品犯罪高发多发态势，审结相关案件 200 余件；发布《醉驾型危险驾驶刑事案件审判白皮书》，切实维护公共交通安全。保持对腐败犯罪的高压态势。依法严惩贪污贿赂等职务犯罪，完善刑事诉讼与监察程序衔接。

（二）民商事审判工作

2019 年，共审结民商事案件 91 034 件。

保障和改善民生。妥善审结涉住房、医疗、教育、就业等与民生密切相关的案件 24 291 件，维护人民群众切身利益；加强与劳动仲裁的衔接，审结劳动争议案件 7269 件，同比增长 56.8%，维护和谐劳动关系。促进优化营商环境。紧紧围绕"执行合同"和"办理破产"两项指标，制定《商事审判优化流程提速增效工作办法》，提高合同类案件审判效率；加强破产审判专业化建设，提升"办理破产"质效，推动 8 家企业完成快速退市或破产重整，其中洛娃集团破产重整程序的效力得到美国纽约南区破产法院的承认，彰显我国司法权威。

防范化解金融风险。加强对金融风险的识别、预警和防范，与区金融办等部门建立信息沟通和协调配合机制，及时向银保监会等金融监管部门通报审判中发现的突出问题和重大风险，维护区域金融秩序稳定；发布《关于涉众型经济犯罪案件司法审判年度报告》，推进此类案件的源头预防和综合治理。

保障重点工作推进。全力保障涉及"疏解整治促提升"专项行动的重点工程有序推进，依法支持城管执法局等相关单位的违建拆除行为，坚决保障"留白增绿"任务指标的如期完成。服务文化创新发展。紧密对接文创产业发展中的司法需求，妥善处理文创产业新业态和新模式中的侵权问题，审结一批影响力较大的知识产权案件，促进文创产业健康有序发展。

（三）行政审判和行政监督工作

2019年，共审结行政案件1155件。

强化对行政执法的规则指引功能。支持行政机关"放管服"改革，依法审结工商登记等行政案件65件，进一步规范行政许可和审批行为；连续11年发布《行政案件司法审判年度报告》，促进行政执法的规范化、法治化；对违反法定程序、不依法履行职责的行政行为依法予以纠正，行政机关败诉率同比下降3.1个百分点，促进依法行政水平稳步提升。

深化司法行政良性互动工作。积极参与制定全面推进朝阳区法治建设三年行动计划，组织召开联席会，与区人力资源和社会保障局等部门成立联合调研组，破解行政执法领域的前沿难题；与涉诉区属行政机关、街乡政府开展系列调研座谈会，就涉诉行政纠纷成因、行政争议化解等问题进行深入交流探讨，推动形成行政纠纷源头预防化解的工作合力；为全区行政机关和行政执法人员多次开展法治讲座和专题授课，邀请行政执法人员旁听行政案件审理，有效提升行政执法人员法治意识和执法能力。

（四）案件执行工作

在巩固"基本解决执行难"成果基础上，不断健全执行工作长效机制，推动执行工作向"切实解决执行难"目标迈进，共执结案件60 159件，同比增长48.4%；发放案款63.4亿元，同比增长37.1%。促进社会诚信体系建设。在区委的统筹协调下，与区属22家单位建立常态化协作配合机制，加大对失信被执行人实施信用惩戒力度，公布失信被执行人名单8248人次，督促3798名失信被执行人迫于信用惩戒压力主动履行法律义务。

探索执行和解机制。在执行立案阶段引入律师调解员、人民调解员以及公证人员等社会力量，积极开展执行和解工作，督促义务人主动履行生效法律文书确定的义务，促成7678件执行案件成功和解。创新财产查控模式。与北京市规划和自然资源委员会朝阳分局合作，在全市首创执行案件不动产线上查控工作机制，通过该机制累计线上办理房产查封、续封、过户等查控业务3578件，实现朝阳区范围内执行实施案件不动产查控100%线上办理；与区交通委协作联动，拓宽财产查控渠道，在全市首次通过停车信息成功查扣涉案被执行车辆。

四、检察工作

2019年，朝阳区人民检察院按照刑事检察、民事检察、行政检察、公益诉讼检察"四大检察"工作新格局，扎实推进3项重点工作，推动"四大检察"再上新台阶。依法审查逮捕各类犯罪3901件6069人，同比上升11%和17.8%；

审查起诉各类犯罪 4150 件 6191 人，同比上升 16.4% 和 27.2%；依法办理各类监督案件 1228 件，同比上升 53.7%。刑事案件受理件数、监督案件数均位居全市首位。

（一）法律监督工作

刑事诉讼监督有新作为。加强派驻公安执法办案管理中心检察室建设，依托该平台加强对刑事立案和侦查活动的监督。天津、深圳等 31 个省市赴检察室进行参观学习。开展立案后未报捕未移送起诉等专项监督活动。加强行政执法与刑事司法衔接，与生态环境、市场监督管理等行政执法部门建立"一对一"协作配合机制，持续开展打击破坏环境资源犯罪和危害食品药品安全犯罪的专项监督。专门制定《判决审查工作流程》和《审判监督意见表》，加强对刑事审判活动的监督。

民事诉讼监督和行政诉讼监督有新突破。办理民事诉讼监督案件同比上升 89%，就当事人不服一审生效裁判等民事案件发出再审检察建议、提请抗诉。深入调研人民群众反映强烈的虚假诉讼问题，向区委报送《关于开展虚假诉讼领域深层次违法行为监督专项活动的报告》，依托专项活动开展线索核查。

刑事执行和强制措施检察有新成效。刑事执行监督案件获评全国刑事执行检察十佳检察建议、精品纠正违法案件。强化对特赦活动的监督，依法审慎完成报请特赦监督工作。强化对社区矫正、财产刑执行活动的监督。强化强制措施检察工作。制定《关于审查决定变更强制措施及羁押必要性审查案件工作流程》，切实保障在押人员合法权益。

（二）刑事检察及公益诉讼工作

严厉打击危害公共安全和破坏社会管理秩序犯罪。打击强奸、拐卖、强制猥亵、强迫卖淫等侵害妇女人身权益犯罪 416 人，办理"两抢一盗"、诈骗等多发性侵财犯罪 4002 人，依法惩处扰乱公共秩序、涉毒、涉枪类犯罪，严厉打击生产、销售有毒有害食品、假药劣药类犯罪 143 人，办理涉外案件 133 人。

有效惩治金融犯罪。惩处破坏金融管理秩序和金融诈骗犯罪 2795 人。对假借"区块链""虚拟货币"旗号、标榜"官方背景""政府项目"等非法集资案件绝不姑息，办理非法集资案件 2662 人，同比上升 37.3%，涉案金额过亿的 84 件，其中超过 100 亿元的 2 件。加大追赃挽损力度，借助认罪认罚从宽制度在检察阶段挽回经济损失 2.11 亿元。

严厉打击职务犯罪。向区委、区人大专题报送《关于区检察院配合国家监察体制改革工作情况的报告》，依法办理职务犯罪案件。结合办案制作《街乡公职人员廉政风险及其防范》课件，被评为北京市检察机关"十进百家、千人普法"优秀课件，助力提升拒腐防变能力。

纵深推进扫黑除恶专项斗争。持续破案攻坚。精准打击"宗族村霸""市霸""黑中介"等黑恶势力犯罪 188 人，办理全市首例"套路贷"领域涉黑、公证人员涉黑"927 套路贷"专案，4 件典型案例被收录《北京市扫黑除恶专项斗争案例指导》。创建的"一核两翼六机制"工作体系得到最高人民检察院认可，相关工作经验和成绩获得了中央政法委、中央扫黑除恶督导组的肯定。

公益诉讼有新进展。深入发掘公益诉讼案件线索 38 件。坚持把诉前实现维护公益目的作为最佳状态，针对生态环境、食品药品等群众关心的问题制发诉前检察建议 22 件。

五、公安工作

2019 年，北京市公安局朝阳分局以推进"五大安保"为主线，坚持"万无一失、一失万无"思维，坚持"细致、精致、极致"作风，有力推动各项工作协调有序开展。全年破案、刑事拘留同比分别上升 9.2% 和 17.7%，刑事警情、社区可防性案件分别同比下降 10.4% 和 37.3%。

（一）严打刑事犯罪

严打重大恶性犯罪。综合运用合成化作战平台，实行挂账盯办，力争快侦快破，重拳出击破获 8 类危害严重案件，全力攻克命案积案。严打多发性侵财犯罪。创新刑所联动、专业驻勤等新机制，打系列、打团伙、打规模，破获"盗抢骗"等侵财案件数同比上升 52.1%。严打毒品违法犯罪。积极构建毒品预防、禁毒打击、戒毒管控等工作体系，破获涉毒案的同时缴获各类毒品近 28 公斤，创造了首都基层公安自主侦破毒品案件的记录。严打涉众型经济犯罪。坚持打击与稳控并重，挽回经济损失人民币 77.8 亿元，最大限度维护群众切身利益，提升群众安全感。严打网络犯罪。

（二）强力清整治安秩序

围绕 5 处"治安洼地"、秩序问题挂账点位、治安乱点以及夜间繁华商圈，党委成员驻点牵动，5 名正处职领导干部和 150 名精干力量组成专班，深化"6+N"常态化整治和治安洼地整治机制，会同交通执法、综治、城管等部门开展集中整治行动 265 次，加大秩序类问题综合治理力度，查扣"黑摩的"3214 辆，打掉多处"黄赌"窝点，有力净化治安环境，群众安全感进一步提升。

（三）强化"护发展"职能

自觉融入改革发展大局，积极参与矛盾化解，全力服务依法行政。强化"放管服"意识，以群众关心关注的户政、出入境、交通等领域为重点，在简环节、优流程、压时限、提效率上狠下功夫，推动出入境新政、居住证办理、清理审批事项等改革举措落实落地。强化"互联网+"思维，依托网上办理平台，实现"一号申请、一窗受理、一网通办"，切实做到让数据多跑路、让群众少跑腿，以优质的服务指数换取人民群众的幸福指数。充分用好"朝阳群众"这一具有朝阳特色的品牌项目，将之与发展新时代"枫桥经验"有机结合，强力推进隐患摸排、矛盾化解、宣传发动等工作，最大限度收集民情民意，警民联动织密防控网络。

六、司法行政工作

2019年，朝阳区司法局圆满完成了区委全面依法治区委员会组建、法治政府建设示范创建、行政执法"三项制度"推进、法治政府白皮书编制等多项市、区重点工作，实现了司法行政工作基础的进一步夯实，司法行政各项职能作用的充分发挥。

（一）人民调解工作

支持指导南磨房地区成立心连心联合调解中心，调解矛盾纠纷452件；与北京市民政局签订了"人民调解员参与北京市民政局信访工作"项目，指导参与化解民政局信访案件共1660件，受益人数达2396余人。全区18家单位成立行政调解委员会，实现重点行政领域建立行政调解委员会全覆盖；配合朝阳区人民法院共同建立全市首个应用区块链技术的矛盾纠纷源头治理在线平台——"无讼朝阳"平台，为群众提供掌心上的"一站式多元解纷"服务。

（二）律师工作

坚持党对律师队伍的全面领导，深入开展律师行业党建工作。坚持"以党建带所建"，通过规范"组织建设、工作机制、组织生活、党员管理、工作保障"，逐步提升律师党建工作规范化水平。为系统化提高"朝阳律师"的知名度和影响力，朝阳区律师协会制定了"朝阳律师"品牌创建方案。聘请专业机构设计"朝阳律师"标识；设计制作"朝阳律师"宣传册；拍摄MV；筹拍"七十年辉煌四十年成就——朝阳律师访谈录"。编辑系列丛书，展示"朝阳律师"专业、务实、奉献的精神。2019年5月，建成朝阳区律师调解中心。

（三）公共法律服务工作

全面推进公共法律服务体系建设，全面提升朝阳区公共法律服务能力和水平。以区公共法律服务中心为平台，进一步整合诉前调解服务资源，对进驻公共法律服务中心的法律援助、人民调解、法治宣传、司法鉴定、矫正帮教、律师、公证等法律服务部门加强协调，统筹安排。公共法律服务中心累计接待法律援助咨询人10 576次；人民调解接待咨询人1902次。各公共法律服务站和服务室自启动以来，共为群众提供法律咨询人24 568次，法律援助人247次。

（四）进一步探索推进司法鉴定分级管理工作

健全机制，实现长效性。对鉴定人进行思想教育和职业道德教育；组建团队，提升专业性。组建了一支由鉴定专家、律师、临床医学专家组建的司法鉴定专家库。重点就司法鉴定引起的医疗纠纷、伤残鉴定纠纷等问题进行分析论证；督察检查，确保稳定性。定期走访司法鉴定机构，通过座谈、案卷审查等方式了解鉴定机构工作情况，存在的问题与难题。

七、改革创新工作

2019 年，全区政法系统坚持对标对表，精心组织，行动坚决，敢于担当，依法有序推进各项改革任务。加强组织领导，深化完善工作机制，研究解决重点难点问题。抓基础强队伍，政法机构改革基本到位，战斗力不断增强。推重点促亮点，圆满完成 9 项改革任务，全面释放改革红利，取得突出成效。

（一）成立全面依法治区委员会

成立朝阳区委全面依法治区委员会，充分发挥党委总揽全局、协调各方的领导核心作用，强化区委在严格执法、公正司法、全民守法等方面的领导，统筹推进依法治区各项工作，确保中央和市委、区委决策部署得到全面贯彻落实，为朝阳区经济社会持续健康发展，建设国际一流和谐宜居之都提供了坚强有力的法治保障。健全完善依法治区工作机制，在委员会下设工作小组，形成 4 个小组、1 个办公室的依法治区工作总体格局。制定委员会工作规则、协调小组工作规则、办公室工作细则和请示报告、专家决策咨询等 4 项制度，着力构建依法治区制度体系框架。组织召开 3 次委员会办公室会议，完善运行机制和工作模式。守法普法协调小组、司法协调小组、执法协调小组健全完善相关制度机制，推动委员会各项工作部署和要求在本领域贯彻落实。区委依法治区办积极开展协调、督促、考核相关工作，组织开展食药领域突出问题专项执法督察，接受市委依法治市办的专项法治督察，分析总结区委全面依法治区委员会组建工作启动以来各项工作进展情况、存在的问题及解决问题的思路和对策，确保党中央全面依法治国各项决策部署在朝阳区形成生动实践。

（二）审判权力运行机制进一步优化

稳妥有序完成区法院内设机构改革，机构数量显著减少；深化人员分类管理，推进第四批员额法官遴选工作。加强审判规范化建设，提供更加优质的司法产品。完善案件质量评查机制；开展优秀裁判文书分析评选活动，推动审判质量不断提升。完善"智慧法院建设七大板块"建设，升级"审执工作事务通平台"。全面建设现代化诉讼服务体系。完善"立体化线上立案系统"功能，畅通网上预约立案、微信预约立案、京津冀跨域立案和微信快速立案等途径；推出全市首创手机端律师电子调查令。

（三）检察效能显著增强

研究出台《关于加强党建引领内设机构改革的意见》。配齐配强办案力量。打造富有朝阳特色的检察办案新模式。专门设立金融案件检察、未成年人案件检察以及涉外案件检察办案组织 30 个。强化检察人员分类管理。实现检力资源向一线办案倾斜的改革目的。加强轻罪检察品牌建设，开发设计《认罪认罚从宽和刑事速裁程序实训》课程。依托公安执法办案管理中心速裁法庭，与公安、法院逐步磨合提升运转效率。

（四）公安执法监督管理体系智能化、规范化水平有新提升

着力构建"执法办案管理中心+"智能化、规范化执法监督管理体系，将执法办案管理中心与分中心、大数据、基层队所建设结合起来，实现了一站式办案、合成化作战、全流程监督、智能化管理，成为市级公安建设的改革亮点。积极稳妥推进人民警察职务序列改革，保证了首轮套改和首次职务晋升工作的顺利推进。

（五）行政执法衔接移交工作有序开展

做好机构改革行政执法衔接移交工作。对全区涉及机构改革的行政执法主体确认、职权清单调整、执法证件审核换发等工作进行衔接移交，完成对本轮区级机构改革中涉及的 45 个部门、行政执法事项交接关系 33 组、105 个交接事项的移交工作。

八、法治建设特色和亮点

（一）在全市率先建立执行阶段委托公证机关调查工作机制，运用社会化手段助力破解执行难

创新和拓展执行措施，立足"一点两翼三化"执行工作长效机制，在全市法院率先建立执行阶段委托公证机关调查工作机制。在执行案件立案后、执行程序终结前，经当事人申请或法官依职权决定，由案件承办法官签发"公证调查令"，委托公证处工作人员向接受调查的单位、组织或个人调查收集相关证据。

通过建章立制，确保工作有序运行。制定《公证调查令实施规范（试行）》，明确委托公证调查的适用范围和工作流程，制作调查令及回执模板，增强规范性和可操作性。建立执行联席会议机制，向区属 18 家执行联动单位通报该项工作机制，并以区委政法委的名义下发执行实施规范，将协助执行情况纳入区平安建设考核，根据工作需要逐步增加协助义务单位。选派业务较好、政治过硬的工作人员，进行资格审查、登记备案、内容培训，确保公证人员业务熟练上岗、依法依规工作。日常办案过程中，积极向当事人做好宣传，充分释明委托公证调查的作用和优势，增强当事人的理解和认同，提升"公证调查令"的适用效果。

（二）发布首个区级法治政府建设白皮书，全面展现朝阳区法治政府发展历程

2019 年 12 月 26 日，朝阳区政府发布《朝阳区法治政府建设白皮书》，全文

共 5 万余字，分为前言、总报告、专题报告、结束语等部分。这是全市首个区级法治政府建设白皮书，发挥着对全区整体工作承上启下、引领推动的作用。前言部分从"政府法制机构组织体制初步形成（1989—1998）""政府法制工作全面发展（1999—2003）""依法行政走向纵深（2004—2013）""法治政府建设全面推进（2014—2019）"4 个阶段回顾了朝阳区法治政府建设的发展历程、重要举措、取得的成绩，发现问题，明确未来法治政府建设的工作方向。总报告从"依法全面履行政府职能""完善依法行政制度体系""推进行政决策科学化、民主化、法治化""坚持严格规范公正文明执法""强化对行政权力的制约和监督"等 7 个方面阐述了朝阳区在深化"放管服"改革、优化营商环境、创新社会治理、强化环境保护、健全决策机制和创新执法方式等法治领域的举措和成效，全面反映了朝阳区法治政府建设的总体情况。专题报告中选取了政务服务改革、严格规范文明执法、打造"朝阳律师"等 7 个专项内容进行了详细阐述，对前言和总报告内容进行了延伸和扩展。

（三）加强朝阳区法学会建设，繁荣发展法学研究

朝阳区法学会成立以来，围绕全区中心任务，加强法律资源统筹服务，充分发挥智库和纽带作用，加强组织建设，不断完善相关工作机制，大力开展法治宣传教育，繁荣法学研究交流，深入打造特色品牌，充分凝聚法治力量，为争创法治建设排头兵做出了积极贡献。

区法学会不断开拓创新，通过打造朝阳区法治建设品牌——"朝阳区法治先锋辩论大赛"，连续举办两届，彰显朝阳区大力推进法治建设的浓厚氛围，提高朝阳政法干警、"朝阳律师"的业务素质，展现朝阳政法队伍的良好形象。大赛从赛制安排、赛题选择、观摩人员、专家评委等方面进行精心设计，取得了良好效果，实现了对执法司法中难点问题的思维碰撞，实践与理论的互博，法律职业共同体素养得到有力提升，有力促进了朝阳区法律职业水平的提高。

（四）构建"一统双网三支点"诉源治理体系，推动矛盾纠纷源头化解取得丰硕成效

"一统"：坚持党委统一领导，凝聚诉源治理工作合力。推动区委政法委出台《关于朝阳区推进诉源治理和矛盾多元调解工作改革创新的指导意见（试行）》，协同联动辖区内各街乡、法院、司法局、律协等单位，促进纠纷化于未发、止于未诉。将人民法庭的司法专业优势与社区的组织协调优势有机结合，预防和化解物业纠纷等与群众日常生活密切相关的纠纷类型。与相关部门签署《深化诉源治理合作协议》，共同在规范区域金融行业健康发展、鼓励文化产业创新发展、平等保护民营经济等方面发挥积极作用。

"双网"：推动调解组织对辖区街乡及对民商事纠纷类型全覆盖。线下推进

"双网"建设，完善覆盖街乡的实体网格。研发并启用北京市首个覆盖全区的矛盾纠纷源头治理在线平台——"无讼朝阳"，系统整合调解资源，集在线矛盾多元调解、在线申请司法确认、调解组织培训等多功能于一体，为人民群众提供高效便捷的"一站式"解纷渠道。

"三支点"：打造法官工作站、示范性裁判和司法定制服务包 3 项机制支撑，推动法院工作向纠纷源头防控延伸。挂牌成立 20 余个法官工作站。探索建立示范裁判机制，发挥示范性裁判、调解对类型化纠纷解决的引领作用，推动矛盾纠纷预防化解。2019 年，朝阳区人民法院酒仙桥人民法庭对 304 户业主集中起诉的物业纠纷案件"一揽子"解决，同时邀请另外 3 个社区物业纠纷相关的业主代表和物业公司代表现场观摩，发挥类案调解的示范效应。通过审判专项报告、审判白皮书、司法建议等"司法定制服务包"，将法律服务精准输送到政府、街乡、企业。2019 年，朝阳区人民法院发布《2018 年度审判白皮书》《金融风险防范白皮书》等 5 项审判白皮书，向政府机关、社会机构等单位发送司法建议 94 份，推动矛盾风险预防化解，助力提升市域社会治理的法治化水平。

# 海淀区法治建设报告

2019 年，海淀区坚持以习近平新时代中国特色社会主义思想为指导，深入贯彻党的十九大和十九届二中、三中、四中全会精神，依法全面履职，持续优化营商环境，为加快建设具有全球影响力的全国科技创新中心核心区提供了坚实法治保障。

一、人大法治保障和监督工作

区人大常委会在区委的坚强领导下，坚持党的领导、人民当家作主、依法治国的有机统一，聚焦深化落实区委"两新两高"战略，聚焦人民群众重大关切，聚焦全面推进依法治区，紧紧围绕促进依法行政、严格执法和公正司法，切实强化人大法律监督和工作监督，为全区经济社会发展提供了坚实的民主法治保障。

（一）加强规范性文件备案审查制度建设

深入贯彻落实党的十九届四中全会精神，按照市人大常委会关于备案审查工作有关要求，对本区 2019 年规范性文件备案情况，开展主动审查工作，着力维护法制统一、尊严、权威；加强备案审查制度建设，制定了《海淀区人大常委会规范性文件备案审查工作规程》，进一步完善备案审查体制机制建设。

（二）重点关注本区人民调解工作

听取和审议区政府关于大力推进和完善人民调解工作情况的报告，要求区政府认真贯彻《中华人民共和国人民调解法》等相关法律法规，进一步整合调解资源，积极推进大调解工作机制，形成工作合力，高效解决社会矛盾纠纷。

（三）重点关注区人民法院诉前调解工作

听取和审议区人民法院关于诉前调解工作情况的报告，提出从源头上预防化解矛盾纠纷、提高办理效率、积极化解"案多人少"的矛盾等意见，督促区人民法院进一步完善"多元调解+速裁"工作格局，在社会矛盾化解中发挥更大的作用。

（四）重点关注公益诉讼检察工作

听取和审议区人民检察院关于检察公益诉讼工作情况的报告，督促和支持区人民检察院紧紧围绕影响群众生活的大气污染防治、群众消费权益保护、食品安全等重点领域，拓展公益诉讼案件范围，在群众关心关注的多个领域积极作为，切实维护国家和社会公共利益。

（五）持续跟踪监督区人民法院"基本解决执行难"工作

2019年是破解"基本解决执行难"问题的最后一年，区人大常委会连续三年跟踪监督区人民法院执行工作进展情况，督促区人民法院推动构建综合治理执行难工作格局，深入推进审执分离，加强执行工作信息化建设，创新执行工作举措，不断提升执行工作水平，努力实现"切实解决执行难"目标。

（六）加大对村、社区"两委"换届选举工作监督力度

区人大常委会主任、副主任直接包村、直接到所联系的街道社区指导选举工作，法制委、农村委深入村、社区调研走访，主任会议专题听取"两委"换届选举工作报告，有力推进基层社会治理体系和治理能力现代化建设。

（七）继续重视公安机关执法规范化建设工作

区人大常委会组织视察公安海淀分局看守所规范化建设及律师会见当事人场地规范化建设情况，调研海淀街道紫金庄园社区警务站便民服务工作开展情况，展春园小区社区警务站融入基层社会治理情况，督促公安机关不断完善相关工作机制，强化执法队伍建设，加强科技创新，切实提高执法能力和水平。

（八）继续开展对政府部门的工作评议

对区发展改革委、区文化和旅游局、区司法局、区园林绿化局、区水务局开展工作评议，在区人大代表和政府部门之间架起了联系的桥梁，有效提升了被评议部门的依法行政能力，不断增强其主动接受人大监督的自觉性，更好地推进工作。

二、法治政府建设

（一）组织领导进一步强化

1. 加强党的集中统一领导。认真学习习近平总书记全面依法治国新理念新思想新战略，贯彻落实中央全面依法治国委员会和市委全面依法治市委员会会议精神，成立中共北京市海淀区委全面依法治区委员会，将法治政府建设纳入委员会工作体系，原海淀区全面推进依法行政工作领导小组调整为委员会下设的四个工作小组之一。区委常委会先后听取审议《2018年海淀区法治政府建设情况报告》《海淀区创建"全国法治政府建设示范区"工作方案》，区委全面深化改革委员会听取审议《海淀区法治政府建设工作规定》，统筹推进法治政府建设各项工作。区委依法治区办全面梳理总结全区优化法治营商环境情况，迎接北京市专

项督察；组织开展食品药品监管执法司法监督检查，抓好问题落实整改。

2. 认真谋划法治政府建设。把法治政府建设纳入区政府重点工作，区政府常务会通过听取法治政府建设工作报告、审议法治政府重要文件等形式，加强对法治政府建设工作的指导和监督。通过区长专题会、调度会等形式，协调推进优化法治营商环境、综合执法机构改革、"全国法治政府建设示范区"创建等重点工作。集中制定、修订《海淀区法治政府建设工作规定》《海淀区重大行政决策程序规定》《海淀区行政规范性文件制定和管理工作规定》《海淀区行政复议和应诉工作规定》，推动法治政府建设制度化、规范化。把依法行政纳入区政府绩效考核，健全工作评价体系。

3. 积极争创第一批"全国法治政府建设示范区"。2019 年下半年，在区委区政府决策部署下，全区上下总动员，积极争创"全国法治政府建设示范区"。10 月中旬，司法部组织专家集中评审申报材料，海淀区在全国 22 个同类别入围市（县、区）中，得分最高，位居第一。12 月初，司法部委托专家组和第三方对本区进行实地评估和满意度测评，海淀区法治政府建设各项工作得到专家组充分肯定和地区群众的高度认可，示范创建取得阶段性成果。通过创建，极大催发了海淀区法治政府建设的内生动力，法治政府建设实现了跨越式发展，区域影响力、辐射力和竞争力不断提升，人民群众法治获得感和满意度日益增强。2019 全市年依法行政公众评价，海淀区得分 8.48 分，位列 16 区之首。

（二）政府职能依法全面履行

1. 完成区级机构改革。在全市率先完成区级机构改革工作，新组建和优化一批机构，重新制定印发 21 家区属部门"三定"规定，对 27 家区属部门"三定"规定进行调整。对议事协调机构进行清理规范，由 164 个精简至 59 个，精简率达 64%。融合优化海淀园及中关村科学城组织机构，健全中关村科学城管理体制。

2. 完善街镇工作体制。一是推进街道机构改革。按照精简、效能、便民原则，将街道办事处内设机构、执法队伍、事业单位综合设置为"六室一队三中心"；完成试点镇机构改革工作，将原有"向上对口"转变为"眼睛向下"设置原则。重构面向群众、着眼基层的街镇管理体制，提升基层治理水平和效能。二是制定街镇职责清单。动态调整形成街道职责清单，包含党群工作、平安建设、城市管理、社区建设、民生保障、综合保障六大类 125 项职责事项；调整制定试点镇职责清单，包含党群工作、平安建设、城乡建设、社区（村）建设、民生保障、农业农村（经济发展）、综合保障七大类 143 项职责事项。三是设立社区专员工作机制。打造了一支超过 460 名街道干部、任期不低于一年的社区专员队伍，覆盖 500 余个社区，全年重点解决老旧小区改造等社区治理方面问题 1300

余个。

3. 制定 2019 版区政府部门权力清单。对应区级机构改革，动态调整区级权力清单，形成《海淀区政府部门权力清单（2019 版）》，包含 1168 项权力事项，并已第一时间向社会公布，其中，市、区共有事项 877 项，区级独有事项 291 项。

4. 加大优化营商环境力度。完成世界银行、国家营商环境评估检查，为中国营商环境世界银行评价排名大幅提升至 31 位贡献了海淀力量。在区政务服务中心设立全国首个小微企业续贷中心。提高政务服务水平，上线"海淀通" APP，开设 24 小时自助服务区，与网上服务大厅、"海淀政务"微信公众号和"便利淀"小程序一起实现"一端办理，全网同步"，构成线上"五位一体"政务服务框架。率先启动区块链技术应用试点，实现国家级和市级 12 类数据共享。压减专业大厅数量，由原来的 10 类 18 个减少至 4 类 7 个，增设区政务服务中心航天桥和联想桥办公区，构建"南北中"区级政务服务实体网。对代理机构进场交易行为全流程评价，定期公开评价结果，不规范行为项目比例下降约 17%。

5. 加强和创新社会治理。全区 578 个社区和 53 个参选村完成换届选举，成功率 100%。进一步推动治理重心下移、权力下放、力量下沉。推进社区减负增效，完善社区工作事项准入机制，对社区填报表格进行专项清理规范。开展花园路、中关村、香山"区—街镇—社区"三级协商联动试点，在 29 个街镇试点建设社区会客议事厅。积极推进 41 个市级"社区之家"和 25 个市级"一刻钟社区服务圈"示范点建设。广泛开展"三亮""三进"活动，万寿路今日家园社区、田村路阜四社区、曙光上河村社区的社区治理经验在全市推广。

6. 深化"接诉即办"工作。完善"接诉即办"工作实施方案，推动"接诉即办"工作标准化、制度化。设立"接诉即办"工作专题调度月、系统治理月，加强高位高频调度。建立部门联动机制，组织开展清锁行动、施工管理、机动车乱停放治理、房产证办理、物业管理、暴露垃圾、消费者投诉处理等多个专项整治行动。建立"一把手"回访工作机制，街镇主要领导实现回访全覆盖，委办局"一把手"回访分设专题、逐步展开。

（三）科学民主决策水平不断提升

1. 规范重大行政决策程序。出台《海淀区重大行政决策程序规定》，为提高行政决策质量提供基本规范。编制重大行政决策事项目录，自觉接受人大监督。2019 年，全区重大行政决策公众参与、专家论证、风险评估、合法性审查等程序完备，全部经区政府常务会议审议，集体讨论率达 100%。对重大行政决策执行情况实施跟踪问效和督查评估，建立责任追究和考核评价机制。在 2019 年全市重大行政决策案例评审中，本区得分 9.09 分，为 16 区最高。

2. 加强行政规范性文件合法性审查和备案监督工作。2019 年共审查区政府及区属单位报送行政规范性文件 19 件、委办局征求意见 220 件，提出法律意见和建议 390 余条，涉及经济发展、社会管理、科教文卫等诸多方面。2019 年，区政府正式印发行政规范性文件 9 件，均按要求向市政府进行备案。

3. 发挥律师队伍在法治政府建设中的智库作用。2019 年，13 家律师事务所组成两个法律顾问梯队为区政府提供法律顾问服务，区属 60 余家政府部门和 29 个街镇聘请法律顾问比例达 100%。出台《海淀区律师行业发展专项扶持资金实施办法》，激发海淀律师行业内生动力，海绵式吸收高端律师事务所和律师，全区现有律所 458 家，律师 5344 人。开展《中关村科学城法治环境建设》课题研究，以高质量研究成果为中关村科学城发展建言献策。

（四）深入推进严格规范公正文明执法

1. 推进综合行政执法体制改革。一是完成区级市场监管、生态环境保护、文化市场、农业农村等综合行政执法机构整合组建工作。二是将各街道执法队更名为街道综合行政执法队，在街道未取得执法主体资格前，仍加挂"北京市海淀区城市管理综合行政执法局××街道执法队"牌子，仍以区城管执法局名义开展执法工作。三是选取四季青镇为试点，组建四季青镇综合行政执法队，作为镇管理的行政执法机构。

2. 加大行政执法监管力度。做好改革期间行政执法衔接工作，保障队伍不散、工作不断。结合法治政府创建开展强化行政执法公示、执法全过程记录、重大执法决定法制审核"三项制度"工作培训，以案卷评查为抓手指导推进"三项制度"全面落实。依托北京市行政执法信息服务平台实施行政执法资格动态管理，严格执行执法人员持证上岗制度，未经执法资格考试合格，不得从事执法工作。开展"排查纠治执法不公随意性执法选择性执法专项活动"，对执法受案、立案、调查取证、处罚裁量等环节进行排查。

3. 发挥执法效能监督导向作用。强化北京市行政执法信息服务平台的数据应用，依托行政执法监测考评指标，引导行政执法向规范化、效能化转变。以街镇吹哨响应情况和 12345 举报投诉案件情况，提高行政执法的针对性和实效性。2019 年全区行政处罚总量（不含公安、交管）9.2 万件，全市 16 区排名第二，人均处罚 48.84 件，全市排名第一，执法检查共计 38 万余件，人均检查 208.12 件。对比近几年执法数据，本区以行政检查为主要方式的事中监管得到不断强化，行政机关主动履职、主动作为的意识和能力均得到明显提高，行政执法对人民群众关注问题的主动响应能力和协同处置能力明显提升。

（五）行政权力得到有效监督

1. 主动接受人大、政协监督。充分听取和吸纳代表委员意见建议，认真办理人大建议政协提案。2019年，办理全国、市、区人大建议政协提案共计563件，其中全国政协提案1件，市人大建议41件，市政协提案16件，区人大建议262件，区政协提案243件。建议提案已全部办复，承办单位与代表委员"办前、办中、办后"三联系100%全覆盖，代表委员签署意见同意率100%。

2. 自觉接受监察监督和司法监督。落实行政机关负责人出庭应诉制度，区长带头参加法庭审理，14个政府职能部门负责人出庭应诉共计42人次。依法履行法院生效判决和裁定，研究落实司法建议书，支持检察机关运用民事公益诉讼方式维护公共利益，做好行政执法和刑事司法衔接工作，坚决克服有案不移、有案难移、以罚代刑现象。

3. 强化财政和审计监督。以采购金额大、社会关注度高的政府采购项目为检查重点，组织开展政府采购代理机构监督检查。新增对财政政策执行情况的监督检查。对涉及提供虚假中标材料的供应商和会计核算及会计基础工作不规范的代理记账机构进行处罚。加大政策跟踪审计力度，采取"大数据审计+重点现场审计"方式对预算执行进行审计，抓好重点民生领域专项审计。

4. 推进政府信息和政务公开。认真执行新修订的《中华人民共和国政府信息公开条例》，拓展政府信息公开的广度和深度。绘制政务公开便民地图，汇集教育、医疗、养老、便民商业等4300余项服务网站信息，方便群众就近查阅信息。编制和发布政务公开全清单，涉及主动公开目录4245条，共计6035项，实现"一单"到底，信息全覆盖。围绕优化营商环境、城市精细化管理等8个主题，组织全区69家单位开展政务开放日活动，邀请各界代表4800余人走进行政机关，"零距离"体验政府运作。落实新修订的《中华人民共和国政府信息公开条例》规定，修改完善17个政务公开工作制度，规范政务公开管理。在2019年北京市16区政务公开第三方评估中，海淀区取得了第二名的好成绩，其中，决策公开以及依申请公开的典型做法获得市政务服务局充分肯定并予以推广。邀请人大代表、政协委员、专家学者列席区政府常务会议，参与法治政府建设、城市管理、疏解整治促提升、扶贫协作、科技成果应用、城市大脑建设、北清路城市设计、环境建设等10项议题研究，广纳群言。

（六）社会矛盾纠纷依法化解

1. 夯实行政复议应诉工作。2019年区政府共收到行政复议申请486件，受理439件，决定维持230件，驳回申请101件，终止67件，纠错39件，纠错率8.9%。收到全市各级法院、市政府复议机关受理的以区政府为诉讼、复议相对人的行政案件338件，其中，行政诉讼案件315件，行政复议案件23件。秉持依法办案、复议为民理念，坚持公平、公正、公开原则，切实发挥行政复议、行政应诉倒逼依法行政作用。全区各部门努力形成齐抓共管、多方联动良性工作机制，充分发挥行政复议机关的监督、纠错功能，获得行政相对人认可，行政复议公信力得到提高。

2. 积极开展行政调解和人民调解。成立海淀区行政调解委员会，完善区级行政调解机构。全区 44 家政府工作部门、街道办事处、镇政府成立行政调解组织，明确行政调解组织负责人、调解人员、调解职责和范围、调解工作流程。广泛开展人民调解，全年共调解各类矛盾纠纷 14 919 件，调解成功 14 301 件，成功率 95.8%。积极推进区级行业性专业性人民调解组织建设，全区行业性专业性人民调解组织已达 85 家。区人民法院与区司法局密切协作，规范和强化诉前人民调解工作。开展人民调解业务分级分类培训，举办人民调解业务培训 150 余场次，培训 11 000 余人次。

3. 持续深化公共法律服务。区公共法律服务中心对外服务增至 9 类 17 项，"12348 法律服务热线"开通 8 席。2019 年中心窗口接待来访 8863 人次，电话咨询 25 559 人次，受理指派法律援助案件 6850 件，办理各类服务事项 4922 件。积极推进基层公共法律服务体系建设，以清河街道、四季青镇、永定路街道为试点，推进全区街镇公共法律服务示范站建设。

4. 营造全区守法普法浓厚氛围。深入开展"七五"普法，突出庆祝新中国成立 70 周年这条主线，全面落实"谁执法谁普法"普法责任制，国庆宣传、宪法宣传等主题活动广泛开展，重点对象法治教育持续深化，法治文化建设不断加强，普法亮点品牌特色充分彰显。2019 年，全区共开展各类法治宣传教育活动 9200 余场次，发放宣传资料和宣传品 360 余万份，惠及辖区群众 380 万余人次。

（七）国家工作人员学法用法能力显著增强

1. 坚持会前学法制度。全年组织区政府常务会议会前学法和法律知识讲座 6 次，涉及《法治政府建设实施纲要（2015—2020 年）》《北京市城乡规划条例》《北京市党政领导干部安全生产责任制实施细则》等内容，街镇和政府职能部门实现会前学法常态化，各级领导班子依法行政意识和能力进一步提升。

2. 组织法治专题教育培训。针对国家工作人员，深入开展"法律进机关""法律进单位"法治宣传教育活动 680 多场次，参与人数 5 万余人次。区委组织部、区司法局在区委党校举办了第六期全区处级领导干部"法治思维养成与法治政府建设"专题培训班，为期 5 天，参训处级领导 71 人。结合"全国法治政府建设示范区"创建和年度行政执法案卷评查，举办法制机构负责人和执法队长法治专题培训班。

三、审判工作

在区委的领导，区人大及其常委会的监督，区政府、政协指导下，推动区域经济高质量发展提供了有力的服务和司法保障。全年新收各类案件 100 631 件，审结各类案件 99 763 件。全院共有 28 个集体、67 人次获得国家级、省部级荣誉 14 项、市级荣誉 54 项、区级荣誉 27 项。

（一）全力维护区域安全稳定

以"六个确保"高标准服务保障新中国成立 70 周年大庆等系列重大政治活动。全年审结刑事案件 2557 件，有力维护区域安全和金融秩序。因工作成绩突出，刑事审判庭被最高人民法院评为"全国法院刑事审判工作先进集体"。

（二）全力服务区域经济高质量发展

案件审理方面，依法惩治侵犯民营企业知识产权、损害商业秘密和商业信誉等犯罪 19 件；审结民间借贷案件 5074 件，与北京市公安局海淀分局、区金融办建立信息共享机制，着力防范 P2P 平台暴雷等金融风险。机制优化方面，成立金融、保险等商事审判专业团队，全年审结金融、保险类案件 14 093 件；组建破产审判团队，集中审结强制清算、破产纠纷 79 件，妥善审结医药公司破产重整案，首试全国公开竞争选任管理人。服务保障方面，连续八年发布劳动争议审判白皮书，召开涉互联网商事、特许经营合同、破产审判典型案例新闻发布会；组织全区 70 余名律师开展"优化营商环境律师培训"。

（三）全力支持高品质城市建设

服务"疏整促"，审理相关行政案件 62 件、促成双方当事人和解 7 件，审理劳动争议群体性纠纷 60 件；院长现场指挥，执结 3 件腾房案件，执结重点施工路段房屋拆迁案件，推动宜居海淀"留白增绿"。督促支持依法行政，连续 14 年发布行政审判白皮书，印发普法手册 1000 册，为行政机关授课 12 次、组织行政机关旁听庭审 14 次，受众 1700 余人；区长于"国家宪法日"首次出庭应诉，院长担任审判长，有效推动了行政纠纷实质性化解。推进"涉军停偿"，办理 30 余件重大案件，执结案件 126 件，强制腾退涉军大楼 12 幢、房屋 18 万平方米。四季青人民法庭被中央军委等单位联合评为"为全面停止军队有偿服务工作提供司法保障先进集体"。

（四）全力护航区域创新生态

全年审结知识产权案件 11 214 件，为区域"创新雨林"生态体系建设提供法治保障。对内提升裁判示范性，加大诉讼保全力度，在"刷宝 APP 案"中作出全市首例数据抓取禁令；加大对原创作品、商业标识的保护力度；加大不正当竞争赔偿力度；加大新类型案件研判力度，审结全国首例 DNS 服务侵权纠纷。对外提升综合保障性，知识产权巡回审判连续六年进科技园区；与中关村管委会联合开展"科技研发和成果转化法律风险防范"调研，确保创新成果运用合法合规。

（五）全力保障和改善民生

平等保护民事主体权益，全年审结民商事案件 56 110 件。审结教育培训纠纷 545 件，以裁判维护教育强区"金名片"。着力保护特殊群体利益，首创少年司法"首审责任制"，审结全市首例民政部门申请撤销亲生母亲监护人资格案，连续 32 年回访市少管所，未成年人审判集体荣获妇女儿童工作领域最高奖项"全国巾帼文明岗"，被共青团中央等 12 家部委联合领导小组授予"青少年维权岗"。以司法救助助力"扶贫攻坚"，办结司法救助案件 26 件，发放司法救助金 307.48 万元，相关工作负责人王志勇被评为"全国法院国家赔偿审判与司法救助工作先进个人"。

（六）全力推进切实解决执行难

全年执结各类案件 28 498 件，首次执结到位金额 31.34 亿元。对内优化团队建设，增设速执、腾房两类特殊类型案件执行团队，速执团队全年执结案件 5500 余件，是普通团队的 3 倍，腾房团队办结 409 件"骨头"案件，腾房数量居全市之首、全国前列；加大拒执惩戒力度，全年拒执罪判决 10 件，居全市首位，持续开展"1+1+1"拒执递进教惩联合行动，现场一次性执结 719 万元。对外扩大联动，在全市首推"继续执行责任保险"，解决案外人恶意阻止资产处置难题；在全市率先与公安交通部门合作，利用道路交通实时监控系统定位被查封车辆；与中国工商银行北京分行联合推出"案款直通车"，实现案款高效发还；完善失信被执行人信用惩戒体系，与区教委协作限制被执行人子女就读高收费私立院校。执行联动破解"找车难"、破题"找执行法官难"的相关经验被市委政法委、市高院领导批示肯定。

（七）全力提升诉讼服务效能

构建线上"一网通办"、线下"一站服务"集约诉讼服务机制；以服务优化营商环境为重点，着力推进电子送达工作，全年商事案件电子送达数量居全市第三。引导诉讼群众进行微信立案、网上立案，全面落实"一次告知、一次办好"要求，针对常见的 11 类案件制作、发放立案须知清单和文书样本，实现 24 小时立案不打烊。

四、检察工作

深入实施新时代首都强检战略，按照"传承深化、打造精品、改革创新、稳中求进"的工作思路，坚持走专业化发展之路，着力打造具有海淀特色的卓越品牌。统筹推进各项改革，不断创新制度机制，坚持"稳进、落实、提升"的检察工作总基调，推动"四大检察"在新格局中全面协调和充分发展。

（一）立足司法办案，服务海淀"两新两高"战略

1. 保障平安海淀建设。全年共受理审查逮捕案件 3309 件 5071 人，人数同比上升 3.9%，受理审查起诉案件 3643 件 4945 人。起诉危害公共安全类犯罪嫌疑人 1200 人，依法保护公共安全。

2. 服务海淀经济发展。维护区域经济金融安全，共审查逮捕非法集资类刑事案件 187 件 624 人，人数同比增长 126%，审查起诉 189 件 564 人，人数同比增长 494%，涉案金额超过 500 亿元。制定了《办理非法集资类案件退赃挽损工作指引》，通过教育转化促使犯罪嫌疑人主动退赃退赔，仅海润财富一案就退赃 4500 余万元。保护智慧科技自主创新，共起诉侵犯知识产权刑事案件 85 人，起诉危害科技创新刑事案件 460 人。深化检企联络制度，深入 49 家企业走访调研，针对企业管理漏洞制发检察建议 44 份。

3. 营造良好教育环境。全年办理涉未成年人刑事、民事诉讼监督、公益诉讼、救助、预防等案件 266 件。开展"一支烟"公益诉讼专项行动，督促行政机关严厉查处向未成年人售烟的违法行为，推动国家卫生健康委等 8 部委联合印发《关于进一步加强青少年控烟工作的通知》。探索对未成年被害人实行侦、诉、审一站式取证、一站式救助。全院选派 55 名检察人员担任中小学法治副校长，开展校园普法活动 51 场，累计为 8 万余名中小学生提供法治教育。

4. 依法惩治职务犯罪。全年办理职务犯罪案件 45 件 46 人，决定逮捕 25 人，已经起诉 32 人。与区监察委、公安海淀分局联合制定全市首个《职务犯罪案件监察留置措施与刑事拘留措施衔接工作办法》，确保强制措施无缝衔接。

（二）严格检察监督，促进执法司法公平公正

1. 做优刑事诉讼监督。依托全国首家派驻公安执法办案管理中心检察室，持续加大工作力度。全年监督立案 28 件 44 人，监督撤案 85 件 95 人；发出纠正违法通知书 13 份，发出检察建议书 14 份。派驻检察机制被中央政法委在全国推广。

2. 做好民事行政诉讼监督。全年共办理民事诉讼监督案件 271 件，提请抗诉 6 件，发出再审检察建议 24 件、一般检察建议 39 件、改进工作检察建议 37 件。开展利用农民工讨薪绿色通道进行虚假诉讼的专项监督，督促有关部门完善法律援助、仲裁调解等制度中的漏洞，并完善了劳动报酬支付案件的行刑衔接制度。制定《民事诉讼监督口头检察建议工作指南》，发出口头检察建议 40 件，即时监督纠正轻微违法问题。全年共办理上级院交办的行政诉讼监督案件 26 件。

3. 做实公益诉讼检察。全年办理公益诉讼案件 16 件，9 件获全市推广。针对群众反映强烈的医疗美容违法服务行为、部分餐饮机构超范围经营问题以及食品类电视购物广告中存在的虚假宣传问题，督促行政机关开展专项打击活动，有效整改。深化"检察公益课堂"宣传品牌效应，全年累计开展 12 期活动，线下受益青少年超过 5000 人，网络直播课堂点击量超过 25 万人次。

（三）持续深化改革，确保检察工作统筹协调发展

1. 优化检察组织体系。立足区域特色，新组建 9 个业务部门，在部门下分

设知识产权、科技、金融等 22 类专业化办案团队。制定区人民检察院《全面推进专业化建设实施纲要》，为进一步推进专业化建设指明方向。

2. 落实诉讼制度改革要求。强化检察机关审前把关作用，全年因证据不足或不存在犯罪事实，对 1405 人作出不批捕决定，对 88 人作出存疑不起诉决定，对 15 人作出法定不起诉决定。优化"海淀轻罪案件办理模式"，共办理速裁案件 1070 件，占审结案件数的 31.6%。提升海淀区首创的"48 小时全流程结案模式"适用率，全年办案 160 件，同比增长 33.3%。

3. 强化内部监督制约。根据市人民检察院要求制定了 30 项监督措施，从加强新型检察领导模式建设、新型检察管理监督机制建设、新型内部制约制度建设和新型质效评价体系建设四个方面，进一步完善检察权内部监督制约机制，确保检察权正确行使。

五、司法行政工作

2019 年，全区司法行政系统在区委区政府坚强领导下，抓住机构改革机遇，依托区委全面依法治区委员会统筹全区法治建设，优化依法行政、法律事务管理、公共法律服务和普法教育四项基本职能，融合推进行政复议应诉、规范性文件审查、行政执法协调监督、法治宣传教育、社区矫正、律师管理、公证管理、司法鉴定管理、人民调解、法律援助等十项业务，形成"1+4+10"的新工作格局，以全新面貌踏上司法行政事业发展新征程。

（一）服务大局，重点办好四件大事

1. 圆满完成机构改革任务。按照全区机构改革工作部署，进一步优化职能、机构和人员配置，积极推进党的建设、队伍建设、作风建设、文化建设深度融合，讲政治、顾大局，敢于担当、甘于奉献，形成推动法治海淀建设的强大合力，为区域经济社会发展提供有力法治保障。

2. 倾力创建"全国法治政府建设示范区"。成立以书记、区长为组长，45 家区属单位和 29 个街镇组成的创建工作领导小组，制定下发工作方案和任务分解。出台《海淀区法治政府建设工作规定》《海淀区重大行政决策程序规定》《海淀区行政复议和应诉工作规定》《海淀区行政规范性文件制定和管理工作规定》4个"重量级"文件。利用宣传横幅、公交站台、户外广告牌等实体阵地广泛宣传创建工作，《法制日报》、学习强国 APP、北京电视台、今日头条等媒体平台深度报道本区法治政府建设特色亮点。撰写完成由 420 个文本、共计 93 万字组成的申报材料，评分位列全国第一。司法部专家组在实地评估后，对本区工作给予高度评价。

3. 正式组建委全面依法治区委员会。切实履行区委全面依法治区委员会办公室职责，组建中共北京市海淀区委全面依法治区委员会。相继召开区委全面依法治区委员会第一次会议和守法普法协调小组第一次会议，制定委员会、协调小组及委员会办公室工作规则、工作细则，明确机构设置、任务职责和运行机制，为扎实推进全面依法治区工作落实提供有力组织保障、体系保障和制度保障。迎接市委依法治市办督察组"营造法治化营商环境、保护民营企业发展"专项督察，全区法治化营商环境受到督察组认可和好评。

4. 全力以赴确保新中国成立70周年等重大活动安全稳定。全系统工作人员勇于担当、连续奋战，以最高标准、最严举措、最实行动、最佳状态，严格落实"两类"人员管控、矛盾纠纷排查化解及律师、公证、司法鉴定行业管理等各项维稳措施，区司法局荣立"全市司法行政系统70周年维稳安保集体三等功"。会同区人民法院、公安海淀分局等部门，依法选任人民陪审员223人。全区新接收社区服刑人员217人，解除242人，在管社区服刑人员284人；新接收安置帮教人员439人，解除432人，在管安置帮教人员2063人，有效维护地区和谐稳定。

（二）全面履行司法行政四项职能

1. 扎实推进依法行政。全面推行行政执法公示、执法全过程记录、重大执法决定法制审核"三项制度"落实，在2019年全市重大行政决策案卷评查和依法行政公众评价中，海淀区得分均位列全市之首。加强行政复议和应诉案件审理，严格落实案件审理程序，全年办理行政复议案件484件，同比增长18.3%，受理419件，审结402件，纠错33件，纠错率8.2%；办理以区政府为被告和被申请人的行政案件337件，同比减少24.8%，审结284件，胜诉276件，败诉8件，败诉率为2.8%，同比下降3.7%。完善规范性文件合法性审查工作机制，规范审核程序，做好规范性文件备案，全年开展行政规范性文件审查19件次，各类文件合法性审查270件次，提出法律建议490条；办理以区政府为被申请人的履职申请案件27件，审核以区政府名义责成违法建设强拆案件52件，清理以区政府、区政府办公室名义制发的行政规范性文件106件，保留89件，废止17件。

2. 高效实施法律事务管理。在全市率先出台《海淀区律师行业发展专项扶持资金实施办法》，全区现有律师事务所458家，律师数量突破5000人，达到5335人。律师行政审批业务入驻区政务服务大厅，全年办理律师类行政许可审批事项2239件。加强执法检查、行业惩戒和行政处罚，处理律师类投诉147件，作出行政处罚4件、行业处分16件。不断提升律师行业党的建设和律师协会建设水平，打造海淀律师良好形象。始终将公证处规范化建设摆在公证管理首位，出台《海淀区公证机构财务管理办法（试行）》，建立公证机构财务预决算制度和财务监管机制，指导公证机构成立工会组织。区属3家公证处全年办理公证事项11.7万件，其中，国内4.8万件，涉外公证6.8万件，涉港澳公证551件。坚持司法鉴定行业管理"规范、创新、提升"工作总基调，全年完成司法鉴定行政许可类事项初审 75 件，办理投诉案件 50 件，受理 28 件，作出处理答复 28 件，全区司法鉴定业务总量达 12 160 件。

3. 深度释放公共法律服务潜能。区公共法律服务中心对外服务窗口增至 17 个，12348 法律服务热线开通 8 条，"中心"窗口全年接待来访 1.3 万人次，电话咨询 3.4 万人次，办理各类法律服务事项 1.6 万余件。区公共法律服务中心被确定为 2019 年国家统一法律职业资格考试北京考区总指挥部。逐步完善街镇公共法律服务平台建设，推进清河街道、永定路街道、中关村街道、四季青镇公共法律服务示范站建设。优化政府法律服务，发挥法律顾问在重大行政决策中的参谋助手作用，区属 60 余家政府部门和 29 个街镇聘任法律顾问比例达 100%。细化企业法律服务，为中关村高新技术企业开展"法治体检"21 场次，受益企业 232 家。深化百姓法律服务，举办"家庭律师进万家"活动，村居法律顾问律师全年提供法律咨询 10.9 万人次。持续扩大法律援助覆盖面，全年办理法律援助案件 8972 件，进一步畅通老年人、残疾人、妇女、未成年人、军人军属和农民工等特殊群体申请渠道，开展全国"法援惠民生、助力农民工"品牌示范建设。

4. 深入开展普法教育。全面落实"七五"普法规划，围绕"唱响国歌、守护国旗、致敬国徽""尊崇宪法、学习宪法、遵守宪法、维护宪法、运用宪法"等主题，全年举办法治宣传教育活动 9200 余场次，发放宣传资料和宣传品 360 余万份，惠及辖区群众 380 万余人次。重点加强企业经营管理人员普法宣传，组建由 46 名律师、公证员、法官、检察官、行政执法人员在内的"服务核心区企业法律宣讲团"，为中关村孵化器、海淀园创业产业园区企业近千名企业经营管理人员和企业员工开展宣讲活动 20 余场次。出台《海淀区国家机关"谁执法谁普法"普法责任制实施办法》和《海淀区普法责任制清单（第一批）》等文件，深化党委统一领导、部门分工负责、各司其职、齐抓共管的普法工作格局，为加快建设具有全球影响力的全国科技创新中心核心区营造浓厚法治氛围。

六、公安工作

2019 年以来，海淀深入践行"四句话、十六字"总要求，紧扣法治公安建设目标，聚焦深化执法规范化建设重点任务，以公安改革为牵动，夯实基础建设，谋划创新发展，蹄疾步稳推动执法规范化建设纵深发展。

（一）强化法制力量建设，提升执法管理专业化水平

一是推进"执法办案管理中心"建设。持续拓展"一中心"内涵，完成 300 余平方米的"司法服务保障区"建设，强化诉讼司法保障服务；通过案审、审批、受立案、财物管理派驻中心，检法"大控方"联动，强化办案保障支撑；通过搭建全局统一的执法办案管理中心信息化系统，汇聚办案区执法办案数据、执法管理数据、执法监督数据，强化全流程监管。二是推进"案管组"建设。全面完成"法制、刑侦、治安、经侦、警务支援、出入境案管组"+"基层所队案管组"案管组体系建设；进一步强化人员配备，选取具备法制预审从业经历及通过司法考试、高级执法资格考试具备丰富打击办案经验的人员承担岗位，人员素质得到质的跃升。

（二）强化执法机制建设，提升执法监督标准化水平

一是深化执法管理机制建设。依托执法监督管理委员会执法质量考评委员会一体化运行，将规范执法顶层设计与工作重点推进相结合，推进各警种落实主体责任，严格落实过错责任追究，整合监督措施，强化执法保障。二是深化服务保障机制建设。通过制定《案管组日常工作指引》《受立案环节电子卷宗基础评查指引》《案件办理时限汇编》《办案中心管理使用十问答》等，进一步将管理模式与基层实践相结合，有效规范指导基层办案；通过开放前科远程调阅、清理积压涉案财物、探索远程律师会见、指导行政案件快办等，最大限度为基层减负。

（三）强化科技手段引领，提升规范执法智能化水平

一是推进全局信息化基础建设。对远程收案系统进行升级完善，拓展应用支撑律师远程会见、犯罪嫌疑人远程提讯；通过完成智能审讯麦克风阵列备、智能卷柜、移动警务终端配备，有效回应基层实战需求，实现信息化助力执法办案；调研完成"档案数字化加工""接报警窗口执法公开终端采购""执法监督信息化系统""电子数据采集设备采购"项目立项申报，拓展下阶段信息化应用。二是强化大数据分析研判。设计搭建系统分析模型，建立执法问题档案，自动对执法单位、执法个体进行案均问题率、环节问题率、执法过错分阶梳理诊断，反馈执法单位形成循环反哺，最终引导民警执法行为标准化。三是推进办案区智能化改建升级。试点先行，在苏家坨、万寿路、北太平庄三个派出所完成智能改建及第三批次四个派出所项目实施，同步完成中心系统与市局数据对接，通过执法数据整合、智能模型搭建，研发集执法监督管理考核培训为一体的智能软件系统，配以电子签章、电子指纹印捺、审讯指挥等硬件保障，打造"中心+所队办案区"两级管理体系，圆满完成公安部执法信息化现场会的迎检检验。

（四）强化实战应用培训，提升执法主体规范化水平

一是高位推动规范化建设再提升。专班推进执法规范化建设升级，主要领导牵动亲自参与谋划法制改革，指明建设方向；牵动"红线保卫战"，解决执法突出问题；具体指导，参与执法规范化建设全流程推进。二是推动法制专业力量孵化成长。以执法资格等级考试为牵动，强化结果运用，明确领导干部提拔任用、关键岗位人才选用与是否通过高级执法资格考试进行挂钩，以考促学，营造全警学法、用法的良好氛围，助力法制专业力量孵化成长。三是加强实战成果转化典

型推树。发挥海淀公安精神传承，以举办"红叶论坛"为契机，通过搭建交流平台，汇聚全警智慧，坚持"从民警中来，到民警中去"，助力推进海淀公安改革，使海淀公安改革由"盆景"变成"风景"，执法主体能力显著提升，有效推动执法规范化水平纵深发展。

七、法治建设特色和亮点工作

深化司法体制改革，推动特色和亮点工作。

（一）案件"繁简分流"向体系化、规模化迈进

构建"三纵一体""1+7""多元调解+速裁"格局，强化诉讼前端矛盾分流化解。全年依托"多元调解+速裁"机制结案 41 879 件，占民商事结案总数的63.9%。区人民法院与司法局合作选聘 25 名实习律师担任人民调解员；与区劳动人事争议仲裁委员会建立"两裁联动、信息互通"机制；与北京卫生法学会医疗纠纷调解中心建立"医院、患者、保险公司"三方联动调解机制；与北京市知识产权局 12330 调解中心等单位合作集中化解批量纠纷 240 件。

（二）司法责任制落实向"放""管"共进转型

建立"四管五控"审判管理工作机制，明确院庭长"10+1"监管责任清单，实现"日周月季年"5 个管理节点精准审判管控，确保司法责任制落实"放权不放任"。开展整治长期未结案专项活动，两年以上长期未结案同比下降93%，达到历史最好效果。

（三）智慧法院建设向诉讼流程再造升级

深入开展"电子档案为主、纸质档案为辅"案件归档方式全国试点工作，在全国法院率先上线电子卷宗"一键归档"系统，获评全市法院司法改革"微创新"优秀案例，对于切实实现无纸化审判、重构诉讼流程意义深远。

 # 丰台区法治建设报告

2019 年，丰台区坚持以习近平新时代中国特色社会主义思想为指导，全面贯彻落实党的十九大和十九届二中、三中、四中全会精神，深入贯彻习近平总书记对北京重要讲话精神，坚持稳中求进工作总基调，坚持新发展理念，紧紧围绕新中国成立 70 周年庆祝活动主线，按照"丰台区要上台阶""未来风光看丰台""妙笔生花看丰台"的要求，在法治政府建设、司法公信力建设、法治社会建设上持续发力，为区域经济健康发展、社会和谐稳定提供了有力的服务保障。

一、人大法治保障和监督工作

（一）积极参与立法

协助做好法规立项论证、调研、征求意见等基础性工作，组织市、区、乡镇近 400 名人大代表走进"家""站"，就《北京市生活垃圾管理条例》修订工作进行宣讲，广泛征求了 5905 名群众代表及 342 家单位的意见建议。配合完成《中华人民共和国公职人员政务处分法》《中华人民共和国社区矫正法》《中华人民共和国乡村振兴促进法》《中华人民共和国生物安全法》《中华人民共和国未成年人保护法》以及《北京市街道办事处条例》《北京市促进科技成果转化条例》等法律法规的征求意见工作，为全国人大、市人大"开门立法"提供了第一手资料和丰台声音。

（二）加强对司法工作的监督

坚持寓支持于监督之中，组织开展视察调研、旁听案件审理，努力实现人大监督"两院"工作的常态化。关注司法体制改革中的重点难点问题，听取和审议区人民检察院关于法律监督工作情况报告，进一步促进公检法相互配合制约。

（三）加大执法检查力度

发挥"法律巡视"监督利剑作用，突出检查重点，严格依照法条，上下联动，形成审议报告、整改反馈、持续跟踪的全链条工作流程，组织开展《北京市机动车停车条例》《北京市非机动车管理条例》《北京市实施〈中华人民共和国

道路交通安全法〉办法》《北京市控制吸烟条例》的执法检查，提出意见建议，督促整改落实，保证法规的有效实施。

（四）依法讨论决定重大事项

紧紧围绕经济发展质量提升、预算审查改革、国有资产监督、丰台站周边配套设施建设、重点功能区建设、乡村振兴战略实施等重大问题和人民群众普遍关心的突出问题，广泛开展调研，研提意见建议，作出决议决定，不断推动区域高质量发展。

二、法治政府建设

（一）加强行政执法规范化建设

定向建构环境精准执法法制保障体系，形成《丰台区环境执法三十三个怎么查》和《丰台区环境执法三十三个怎么罚》两本工具书。推进和完善物业管理职责清单制度，切实解决各部门条块关系不清、职责交叉重叠等问题。推进落实行政执法"三项制度"，以全过程记录推行规范执法流程，以重大执法决定法制审核确保决策质量。推行双随机模式，抽选执法重点单位6名骨干评查员和23个单位的48本行政处罚案卷开展案卷评查工作，形成对本区行政执法工作的动态监督和测评。规范执法人员资格和证件管理，做好岗位与执法人员关联的动态调整工作。针对"行政检查、行政处罚、职权履行率"等重要数据指标，加强行政执法数据监测，逐月进行情况通报。

（二）持续强化专业合法性审查

加强对行政规范性文件等各类文件审查力度，强化区政府会前议题合法性审查，开展政府合同合法性审核工作。全年共审核规范性文件100余件次、会前议题70余件次、政府合同60余件次。认真开展行政规范性文件清理和备案检查，实现应备必备、应审必审、有错必纠。2019年度全区各部门行政规范性文件共保留173件、废止83件、修改2件。

（三）大力提升复议应诉保障

牢牢把握"受理、调查、证据、审理、决定"五个关口，强化对具体行政行为的主体、权限、目的、性质、程序、证据、法律等方面的全面审查，公正作出复议决定。全年共受理行政复议案件282件，经调解申请人自愿撤回复议申请17件，维持原具体行政行为180件，驳回20件，撤销、确认违法及责令履责23件，复议纠错率8.2%。以区政府为被告的行政诉讼案件共138件，通过调解原告撤诉的8件，对复议决定不服提起诉讼的，法院维持率达100%。

三、审判工作

全年新收案件62 536件、结案62 626件，分别同比上升9.1%、8.1%，结收比100.1%，案件增幅为近三年最低。

（一）深入开展诉源治理

织密"点站式"解纷网，在全区 21 个街乡镇全面铺设"巡回司法确认点""七日调解工作站"，依托人民法庭设立"法官联系点"，实现纠纷多元调解与司法裁判无缝衔接。发布全市首例祖父母索要带孙费案、"牛奶箱砸公交车司机"危害公共安全案等一批社会主义核心价值观案例，取得良好普法宣传效果。组建 24 个社会主义核心价值观示范团队，进学校、楼宇、社区、交通枢纽等开展 103 场主题宣讲，引领了社会道德风尚。

（二）妥善审理重大案件

开展"百日执行攻坚"，集中清理违建类"骨头案"30 件，腾退拆除场地 34 处、3 万平方米。积极参与涉自然资源领域专项整治，执结相关案件 28 件，涉及非法占地 164 亩、违建面积 4.6 万平方米。妥善审理征地拆迁类案件 43 件，推动长辛店镇、南苑乡等城中村整治、棚户区改造顺利推进。

（三）助力营商环境优化

开展"问民意、听需求、促发展"专题调研，形成优化辖区营商环境的调研报告。依法应公开裁判文书上网率 100%，庭审直播 17 140 场。在时代风帆楼宇党委等铺设"吹哨报到"治理平台，指派专门团队帮助企业解难题、化纠纷，全年响应"吹哨"52 次，为企业解决法律争议 33 个。审慎处理民间借贷、融资租赁、委托理财等案件 12 530 件，涉案金额 36 亿元。审结涉股权流转、风险投资等纠纷 1037 件，依法宣告负债 1.6 亿元的涉外企业破产，防范化解金融风险。审结知识产权案件 909 件，与区市场监督管理局建立知识产权行政执法与民事审判联动机制，保护创新创业成果。

（四）保护人民群众合法利益

严惩非法集资、电信网络诈骗等多发涉众型经济犯罪。妥善化解民商事纠纷，为 1996 名务工人员追回劳动报酬 6776.7 万元。依法保护妇女儿童老年人合法权益，签发涉妇女儿童人身安全保护令 5 份，依法向 47 名生活困难的当事人发放司法救助金 200 万元。强力推进查人找物，通过网络联合查控，全年冻结款项 39.3 亿元，依法公布失信被执行人信息 361 例，限制消费及出境 10 103 人次，搜查、拘留、拘传、罚款 652 人次，让"老赖"无处藏身、无所遁形。加大财产变现力度，全年网拍标的物 1025 件，成交 5.2 亿元，及时兑现群众胜诉权益。

四、检察工作

全年共受理审查逮捕案件 1747 件 2235 人，受理审查起诉案件 2276 件 2910 人；批准逮捕各类犯罪嫌疑人 1277 件 1547 人，提起公诉 1845 件 2737 人。

（一）认真履行司法办案职能

积极维护金融秩序，起诉涉众型经济犯罪 48 件 83 人。与公安丰台分局建立追赃挽损机制，审查逮捕和审查起诉期间挽回损失 1000 余万元。办理侵害食品药品安全犯罪案件 35 件 39 人、知识产权刑事案件 47 件 73 人，其中李某销售假药案当选"2018—2019 年度知识产权十佳案例"。依法惩治职务犯罪，加强与区监察委沟通配合，就做好案件提前介入、检察机关自行补充侦查等达成一致意见，确保案件流转顺畅、衔接有序。

（二）依法履行法律监督职能

加强对有案不立、有案难移、以罚代刑情形的监督，建议行政机关移送刑事处罚 16 件 30 人。发挥派驻公安机关执法办案中心检察室作用，发现监督线索 33 件。对 10 名社区服刑人员特赦严格审查，保障工作顺利开展。受理民事诉讼监督案件 68 件，同比增长 58.2%。开展虚假诉讼、民事非诉执行、规划自然资源领域行政非诉执行案件专项监督，及时排查监督线索，发出检察建议。

（三）积极服务全区中心工作

加强调研走访，制定丽泽商务区服务保障发展 17 条意见，提供检察智慧。开展涉民营企业刑事诉讼和刑事申诉积案清理，严厉打击假冒侵权，保护民营企业发展。纵深推进公益诉讼，受理各类公益诉讼线索 28 件，立案 19 件。主动参与公园配套用房及绿地认建认养专项清理整治和高铁沿线安全隐患专项整治，发出检察建议助力整治工作深入开展。积极参与社会治理，结合司法办案，就辖区旅馆业管理、信用卡监管、建筑行业用工安全等存在的问题发出检察建议，助推依法行政和区域内企业内部管理。突出对未成年嫌疑人权益保护，作出不起诉 35 人；加大对未成年人帮教救助，开展法律援助 38 人。2019 年，区人民检察院被最高人民检察院、团中央确定为全国首批未成年人检察工作社会支持体系建设试点单位。

五、司法行政工作

（一）不断完善公共法律服务体系

落实公证服务收费标准调整，公证服务收费降幅明显。严格执行窗口接待首问负责制、一次性告知制度。持续推进公证"最多跑一次"工作，扩大微信申办部分涉外公证事项服务和邮寄服务项目。增设涉外办证室，执行涉外业务值班制度。坚持办理公益性服务事项，全年为 70 周岁以上的老年人免费办理遗嘱公证 113 件，为符合条件的行动不便群众提供预约上门办证 77 件，畅通遗体捐赠绿色通道办理相关业务 38 件。提升村居法律顾问工作实效，2019 年，签约村居法律顾问为丰台区村居民提供法律咨询 25 543 人次、举办讲座 788 次、参与矛盾纠纷调解 340 次、培训村居调解员 2063 人次、提供法律意见和建议 664 条、免费代写法律文书 566 份。

采用"司法局专项检查和司法鉴定机构自查"的模式，对 7 家司法鉴定中心的硬件设施、制度公示、内部监管、档案管理、业务水平等情况进行全方位检查。随机抽取检查各鉴定机构业务档案 75 本，各机构梳理存在问题 4 条，提出改进措施 7 条，提出工作建议 1 条。

扩大公共法律服务覆盖面。推进公共法律服务平台融合发展，"区、街乡镇、社区村"三级公共法律服务实体平台平稳运行，12348 法律服务热线平台律师接听值守规范有序，12348 北京法律服务网络平台使用率和群众知晓率逐步提升，充分实现"实体、热线、网络"三大平台融合发展。建立农民工维权长效机制，简化农民工申请程序，值班律师为农民工提供法律"跟进式"服务，全年共受理公民工维权案件 579 件，挽回经济损失 1100 余万元。做好认罪认罚试点和刑事辩护全覆盖工作，聚焦律师会见难问题，协调看守所设立法律援助会见预留窗口 2 个，增加周末律师会见预约机制，简化看守所（非押犯区域）入门登记制度。

（二）法律援助工作

2019 年，共受理法律援助案件 1530 件（民事案件 778 件，刑事案件 752 件）。接待来访 3000 余人次、来电 5500 余人次，挽回经济损失 1400 余万元。围绕妇女、残疾人、未成年人、军人军属、老年人、农民工六类群体，共开展法律援助专项维权服务活动 530 余场，接待咨询 1400 余人次。加大对重点疑难案件、群体性案件、敏感类案件的跟踪力度，全年共抽查法律援助案卷 240 卷，电话回访 90 件，群众回访满意率达到 100%。

（三）社区矫正工作

2019 年，累计接收社区矫正对象 4753 人，累计解除 4410 人，在矫对象 343 人。成立丰台区司法局报请特赦评审委员会，依法依规开展特赦工作。创新分类教育模式，开展"共顾大局，共创和谐"一月一主题系列文化教育活动。开启"个案访谈"模式，专业社工开展"预约式""一对一"个案访谈，优化社区矫正工作成果。

（四）"七五"普法工作

选拔 25 名优秀宣讲员，组成示范宣讲团队，开展"寻找最美普法声音 献礼新中国 70 华诞"主题宣讲活动 50 余场，形成"以案释法"和法治文化深度融合的良好态势。启动"三微"普法新模式，利用"微平台""五分钟"指尖学宪法，播放"微视频""五分钟"讲宪法，开展"微剧场""五分钟"送宪法。打造互动式青少年普法平台，借助"讲师团、青春船长、法治副校长"三支队伍，开展禁毒、校园欺凌、宪法等多种主题活动 56 次。

六、治安工作

纵深推进立体化社会治安防控体系建设，以智能化促进精细化。派出所"两队一室""7×24 小时"警务模式全面实施，132 个社区实现零发案，人民群众安全感持续提高。以城乡结合部综合整治为契机，检查出租房屋、中小旅店、娱乐场所 25.5 万家次，查获违法犯罪人员 320 人。紧盯治安秩序挂账点位和涉车类突出点位，对扰序、黄赌、食药环等领域违法行为链条式执法、网格化管控，累计打掉相关窝点 522 个，处理违法人员 4718 人，关停取缔边缘场所 304 家，治安秩序明显好转。

# 石景山区法治建设报告

2019 年，石景山区以习近平新时代中国特色社会主义思想为指导，深入贯彻党的十九大和十九届二中、三中、四中全会精神，深入学习贯彻习近平总书记对北京重要讲话精神，紧紧围绕"建设国家级产业转型示范区、绿色低碳的首都西部综合服务区、山水文化融合的生态宜居示范区"的功能定位，积极推进法治建设工作，不断取得新进展、新成效。

一、人大法治保障和监督工作

2019 年，石景山区组织召开人民代表大会 2 次；召开区人大常委会会议 8 次，审议议题 46 项，听取和审议工作报告 18 项，作出决议、决定和审议意见书 22 项；开展执法检查 2 项、专题询问 4 项、视察 3 项；任免区国家工作人员 86 人次；依法补选了 15 名区第十六届人民代表大会代表。

（一）组织机构建设工作

第一，扎实开展"不忘初心、牢记使命"主题教育。按照"守初心、担使命、找差距、抓落实"的总要求，坚持学思用贯通、知信行统一，推动区人大常委会及机关全面系统学、深入思考学、联系实际学，把学习教育、调查研究、检视问题、整改落实贯穿主题教育全过程，贯穿区人大全面加强自身建设全过程。区人大常委会及机关开展各种形式的集体学习 15 次，深入基层开展调查研究 40 余次，认真检视查找存在的问题，制定整改措施。

第二，加强组织和制度建设。按照机构改革要求，提出调整区人大法制、财政经济、教育科技文化卫生体育委员会职能的方案，提出设立区人大社会建设委员会及其组成人员人选的方案，提高了人大专委会具有专业领域工作经验的委员比例。加强人大专委会工作和组织建设，调整完善了专委会与"一府一委两院"及其工作部门对口联系制度。全面修订代表联系选民办法，明确了人大各街工委、首钢代表联组在组织代表联系选民活动中的职责任务。制定代表建议跨年度跟踪督办办法，细化了工作流程，强化了职责要求。

第三，切实改进工作作风。坚持调研先行，进一步加强和改进调查研究工作，主任会议成员带头，人大专委会为主体，人大代表广泛参与，以"四不两直"等各种方式深入基层开展调研，形成了一批针对性强、富有建设性的调研成果。加强人大工作理论与实践探索，以"做好新时代人大工作"为主题，召开人大工作研讨会，更多研究成果转化为人大工作的创新实践和实际成效。

（二）人大代表工作

第一，深化区人大常委会组成人员联系人大代表、人大代表联系选民的"双联系"制度，拓宽人大代表联系选民、发挥作用渠道。在"创建文明城、代表在行动"活动中，倡导代表立足岗位、深入选区、身体力行、加强宣传，充分发挥示范带动作用；在"民有所呼、我有所应"集中联系选民活动中，注重回应群众关切，帮助群众排忧解难，收集到的近300条问题建议经过梳理分析，95%都得到直接处理或做出说明解释，11件形成闭会建议，已全部办复。

第二，广泛邀请人大代表列席区人大常委会会议、专委会会议，参加区人大常委会执法检查和视察，参加专委会专题调研和座谈。推动人大代表述职规范化、常态化，人大代表坚持回原选区向选民报告履职情况，接受人民群众监督。加强履职档案管理，建立考勤管理台账，在一定范围内公开人大代表履职情况。

第三，加强对人大街工委的领导，坚持年度有汇报有讲评、季度有例会有培训、大项工作有布置有检查，区人大各街工委主任集中向区人大常委会主任会议报告工作。重新规范区人大街工委挂牌，保证区人大街工委工作力量，进一步明确了区人大街工委地位作用。指导人大代表之家、人大代表联络站规范化建设，区人大街工委认真落实各项工作，突出地区实践特色，打造一批品牌"家站"，形成示范效应。

（三）法治保障工作

围绕监察法的贯彻实施，专题听取区监察委2018年专项工作报告，就区监察委在政治上、改革创新上要继续做好表率，推动全区监察工作高质量发展等方面，提出意见和建议。围绕深化司法体制改革，听取和审议区人民检察院关于公益诉讼检察工作情况的报告，并开展专题询问，在北京市首个作出关于支持公益诉讼检察工作的决议，为深化本区检察工作改革提供支持和保障。持续关注区人民法院深化司法体制改革工作情况，推进区人民法院全面落实司法责任制，不断完善多元化纠纷解决机制，完善科学化审判团队建设，组织代表旁听法院公开审理民事、刑事和行政案件，推动提升司法公信力。

（四）监督工作

第一，促进经济社会高质量发展。持续关注本区贯彻实施"十三五"规划纲要、构建高精尖经济结构，专题调研商务楼宇经济发展。结合存在问题和统计分析，提出加强楼宇经济规划统筹、政策引导、招商引资等意见和建议，督促政府落实区人大常委会关于"十三五"规划纲要中期评估报告的审议意见，推进国家级产业转型发展示范区建设。

第二，加强预算审查监督。首次听取和审议行政事业性国有资产管理情况报告及专项审计报告，审议了国有资产管理情况的综合报告。听取和审议2018年决算草案、预算执行及其他财政收支的审计工作报告，批准了2018年决算，听取和审议了审计查出问题整改情况报告，首次开展专题询问，推动区政府强化审计成果运用、健全审计整改长效机制。听取和审议了2019年上半年预算执行情况报告、预算支出变动情况报告，审查批准了2019年政府性基金预算调整方案、一般公共预算调整方案，初审了2020年预算草案。

第三，推动城市建设和环境治理。听取和审议了环境状况和环境保护目标完成情况的报告，跟踪检查全面提升园林绿化工作审议意见的整改落实情况。集中视察"六个一批"和重大项目工程建设与管理工作，检查《北京市机动车停车条例》《北京市非机动车管理条例》《北京市实施〈中华人民共和国道路交通安全法〉办法》的贯彻实施情况，推动本区不断完善城市功能、加强交通综合治理、提升精细化水平，促进绿色低碳的西部综合服务区建设。

第四，推进民生保障和文化发展。聚焦"舌尖上的安全"，检查《中华人民共和国食品安全法》《北京市食品安全条例实施》情况，深入86家食品生产经营单位，集中检查听取政府部门的工作报告，提出意见和建议。跟踪检查本区助力冬奥开展全民健身工作情况、长期护理保险试点工作情况。着眼文化民生，推动西山永定河文化带建设，视察了石景山古建筑群，及区文化中心、朗园Park等公共文化服务体系建设情况，提出了坚持规划引领、加强统筹协调、聚焦工作重点等意见和建议，推进山水文化融合的生态宜居示范区建设。

第五，强化人大备案审查职能。依法开展规范性文件备案审查工作，对区政府2018年制定的规范性文件进行全面审查，针对存在的问题，提出"进一步做好行政规范性文件信息公开"等3项建议。

二、法治政府建设

（一）发挥全面依法治区委员会办公室职能作用

筹备召开石景山区委全面依法治区委员会第一次会议，成立执法、司法、守法普法三个协调小组，完成区委全面依法治区委员会顶层设计，初步形成以区委全面依法治区委员会总体布局，协调小组统筹推进，各区属委办局、街道全面配合、全程参与的依法治区工作格局。在食药领域开展突出问题专项执法督查，针对发现的问题提出对策建议，并形成督查报告上报市委依法治市办。组织骨干力量参加依法治市工作专题培训班，接受理论、政策、业务与实操培训，切实提升依法治区工作能力与水平；举办石景山区 2019 年依法行政专题培训班，提升各行政执法部门法制干部、执法骨干的法治思维和法治能力。

（二）强化行政执法监督规范行政执法行为

印发《北京市石景山区关于落实行政执法"三项制度"的工作意见》，促进行政执法机关全面履行职责，严格规范公正文明执法；统筹部署机构改革期间执法衔接工作，组织全区 43 家涉改部门完成行政执法事项衔接，厘清了改革后各部门所承担的全部行政处罚职权，促进执法磨合；推进法治政府示范创建，以单项示范项目创建活动为切入点，以点带面，形成一批可复制、可推广的做法和经验；加强对法治政府建设重点任务的督查和指导，协助市纪委监委做好排查纠治执法不公、选择性执法、随意性执法相关工作，切实做到"法无授权不可为，法定职责必须为"；开展执法监督专项调研，对区属 26 家执法部门逐一上门对接指导，对于执法"大户"和"困难户"，有针对性地进行履职提示，做到"对症下药"；强化执法效能监测评价，对区属各行政执法部门执法绩效完成情况以及"双随机、一公开"工作开展情况、环保执法情况、非现场执法情况进行全方位、实时化监测评价。

（三）健全依法决策机制推进科学民主决策

严格规范重大行政决策程序，联合政府办对选取的本区重大行政决策的议题进行"清单式"管理，把公众参与、专家论证、风险评估、合法性审查、集体讨论确定为重大行政决策法定程序；加大行政规范性文件备案审查力度，全年共计完成规范性文件审查 18 件，文件合法性审查 91 件，完成市级有关法律法规及区内单位发文征求意见 53 件；重新修订《石景山区人民政府法律顾问工作暂行办法》，指导各部门充分借助专家学者、法律顾问、优秀律师的"外脑"和"智库"作用，实现政府法律顾问全覆盖。推动落实区政府重大决策向区人大常委会报告制度，制定《区政府落实重大决策出台前向区人大常委会报告工作办法》。

（四）依法高效办理行政复议、行政诉讼案件

一是发挥行政复议化解行政争议主渠道作用，从源头治理、群众满意角度出发，办案过程更加公开透明，案件结果更加令人信服。二是发挥行政应诉的传导促进作用，积极推行行政机关负责人出庭应诉，把行政机关在行政管理中对依法行政的理解和认识带出去，把法院对行政行为合法性审查的判断和标准带回来，以应诉改进提升行政复议和依法行政工作。2019 年，共收到行政复议申请 54 件，全部办结。

三、审判工作

2019 年，石景山区人民法院新收各类案件 45 043 件，结案 41 814 件，结案率 87.87%，结收比 92.83%。法官人均结案 674.4 件，位居全市法院前列。

（一）刑事审判工作

审结刑事案件 379 件，判处刑罚 407 人。坚持总体国家安全观，严惩暴力型、侵财型犯罪和危害公共安全犯罪，稳妥办理非法集资等涉众型经济犯罪 19 件，涉案金额达 3.49 亿元。依法审理重大敏感案件，高效审结妨害公务、涉毒涉赌等妨害社会管理秩序犯罪，深入推进平安石景山建设。强化庭审实质化，一审刑事案件当庭宣判率达 81%。依法审结虐待未成年被看护人案并适用从业禁止，持续深化未成年人司法保护"四个一"工程，大力推进青少年法治宣传教育，充分发挥法治副校长作用，开展法治课堂、模拟法庭等活动 45 次，受益师生近万人次，丰富社会综合治理措施，推进少年审判融入社会综合治理。

（二）民商事案件

审结民商事案件 22 359 件。依法审结涉教育、就业、医疗、养老、消费等民生案件 2679 件。以调解和司法确认方式高效化解培训机构撤场等引发的群体性纠纷 280 件，维护人民群众合法权益；探索家事审判改革，审理婚姻家庭、析产继承等纠纷 1422 件，落实反家庭暴力法，签发人身安全保护令 5 份，维护未成年人、妇女、老年人合法权益；审结的网约车运输合同纠纷案入选北京法院"树立社会规则 维护社会秩序"十大典型案例；审结民间借贷、金融服务、融资租赁等商事纠纷 15 603 件，审慎处理金融创新过程中引发的金融纠纷，规范经济社会秩序。持续深化"民商合一"随机分案模式，推进"多元调解+速裁"工作，探索研发"金融纠纷线上一体化平台"，实现线上纠纷线上解决，提升民商事案件审理质效，该项工作机制获评北京法院司法改革"微创新"最佳示范案例。

（三）知识产权审判工作

审结知识产权案件 838 件，妥善审理国内外知名商标侵权及不正当竞争纠纷案，严惩仿冒知名商品、攀附品牌商誉及侵犯商业秘密等不正当竞争行为；依法审理著作权纠纷案 610 件，探索适用裁量性赔偿、惩罚性赔偿，加大对恶意侵权的惩罚力度，营造惩罚侵权、鼓励创新的法治环境。持续深化知识产权"定制化"司法服务，精心组织第十九个世界知识产权日主题宣传活动，强化知识产权保护普法宣传，充分发挥司法能动作用。

（四）行政审判和监督依法行政工作

审结行政案件 122 件。依法审结北京市首例统计行政处罚及行政复议纠纷案件并当庭宣判，有效维护行政统计行为权威性；完善行政争议实质性解决机制，加大行政纠纷协调力度，协调和解行政争议 23 件。积极推动行政机关负责人出庭应诉，常务副区长及区城管局、区发展改革委、区统计局等行政机关负责人出庭应诉 20 人次；在区政府常务会议上专题通报《2018 年行政案件司法审判年度报告》及 2019 年上半年行政审判工作情况，为规范依法行政提供精准司法建议；赴行政机关开展行政执法法律适用问题座谈会、依法行政专题培训、行政审判模拟法庭等活动 15 次，发出司法建议 6 份。

（五）案件执行工作

执结案件 16 240 件，执行到位金额 7.9 亿元。完善综合治理执行难工作格局，在失信被执行人惩戒、财产执行信息共享方面深化执行联动；加强京津冀跨域执行协作，协助外地法院圆满完成异地房屋腾退，受到高度赞扬；顺畅立审执衔接，全年办理诉讼保全案件 689 件，制定《关于诉讼保全立审执部门责任衔接的规定》，从源头预防执行难。加大财产调查和强制措施适用力度，首度成功查封公司互联网域名、商标等无形资产，通过网络查控系统冻结扣划被执行人银行存款、支付宝、微信余额 8969 万元；用足用好强制措施，拘留被执行人 30 人次，罚款 6 人次、11.6 万元，限制出境 45 人次，限制高消费 17 282 人次，将 5415 名自然人、1143 家企业和其他组织纳入失信被执行人名单，精准高效打击规避执行、抗拒执行行为，助力社会信用体系建设，2132 人次被执行人慑于执行权威主动履行义务。提高财产处置效率，落实网拍优先原则，拍卖标的物 583 个，同比增加 114.3%，司法处置变现款约 1.5 亿元；严格案款收发流转，发还案款 7.5 亿元，案款发还周期不超过 15 天，保障胜诉当事人权益及时实现。

（六）接受人大、政协等各方面监督工作

认真落实《中国共产党政法工作条例》，主动接受人大监督，坚持向区委、区人大季度报告和重大问题专题报告制度，认真落实人大审议意见书并加快推进司法改革工作，及时反馈整改落实情况。健全人大代表、政协委员意见建议办理及反馈机制，严格落实"三级督办"工作制度，全年办理代表建议、委员提案 35 件；加强与代表委员沟通联络，扩大代表委员监督覆盖面，开展"走进法院走近法官"主题联络活动 22 场，邀请代表委员 228 人次走进法院旁听庭审、参与执行、参加新闻通报会等活动。依法接受检察机关法律监督，与区人民检察院联合制定《关于人民检察院检察长列席人民法院审判委员会会议的工作办法》《关于加强法律监督与协调联动的意见》。广泛接受社会监督，从辖区常驻居民中选任首批人民陪审员 365 人，共随机抽取 5370 人次陪审员参审案件 2703 件，强化监督管理，加强履职保障，确保均衡参审、依法履职。以微博微信、今日头条、人民日报客户端等九大新媒体平台为阵地，主动公开法院信息、通报法院工作、回应群众关切，全年接待媒体记者采访报道 153 人次。

四、检察工作

（一）法律监督工作

第一，加强刑事诉讼监督。针对刑事诉讼活动中的违法情形发出纠正违法通知书 20 份。对刑事侦查、批捕、审判等活动进行审查，同步审查提请批准逮捕案件 386 件，发现侦查违法或侦查瑕疵线索 95 条，向公安机关发出《季度侦查活动质量通报》3 期；备案审查批准逮捕和不批准逮捕案件 387 件 483 人，发现逮捕决定适当性、办案程序及文书规范性等问题，及时反馈、跟踪整改；同步审查 365 份刑事判决及 89 份裁定，就存在争议的特殊月份刑期终止日的计算方法，与审判机关及时沟通后统一标准。

第二，加强立案监督。受理刑事立案监督案件 7 件，经要求说明不立案理由或通知立案后，监督公安机关立案 5 件；受理行刑衔接案件 6 件，建议行政执法机关向公安机关移送 5 件，公安机关均已立案侦查；开展立案监督专项活动，通知公安机关撤案 23 件。

第三，加强刑事审判监督。因法律适用错误向审判机关提出口头建议 1 件，审判机关已裁定予以纠正；因事实认定和法律适用错误等原因向审判机关提出抗诉 3 件。

第四，加强刑事执行监督。办理各类监外执行监督案件 103 件，发出检察建议书 13 份，建议收监暂予监外执行罪犯 1 人，相关单位予以采纳，该案被评为北京市刑事执行检察十佳精品案件；深化财产刑执行专项监督，发出纠正违法通知书 5 份，检察建议书 2 份，相关单位均予以整改回函；依法开展羁押必要性审查，对 23 名犯罪嫌疑人提出了变更强制措施的建议并被采纳。

（二）刑事检察及公益诉讼工作

第一，依法打击各类刑事犯罪，努力维护社会稳定。受理审查逮捕案件 405 件 504 人，其中，批准逮捕 286 件 329 人。受理审查起诉案件 489 件 590 人，其中，提起公诉 373 件 423 人，纠正漏捕漏诉 8 件 8 人。坚持宽严相济、慎捕慎诉，对情节轻微无逮捕、起诉必要的，依法不批准逮捕 49 人，不起诉 73 人。

第二，认真开展未成年人犯罪检察。受理未成年人审查逮捕案件 10 件 10 人，审查起诉案件 10 件 10 人。贯彻教育、感化、挽救方针，对涉嫌轻微犯罪并有悔罪表现的未成年人，不批捕 1 人，不起诉 1 人。

第三，持续加强经济犯罪和职务犯罪检察。对经济犯罪，批准逮捕 37 人，提起公诉 31 人。发挥检察机关在反腐败斗争中的积极作用，对职务犯罪，决定逮捕 13 人，提起公诉 22 人。

第四，积极开展公益诉讼检察。在接受群众举报的同时主动作为，发现公益诉讼案件线索 10 件，调查核实后立案 8 件，发出诉前检察建议 7 份，督促相关单位积极整改，启动整改率为 100%。坚持违法者必须为恢复受损公益"买单"，就北京首例刑事附带民事公益诉讼案件赔偿问题，协调原区环保局设立专用接收账户。开展公益诉讼"回头看"专项活动，树立"持续跟进监督"理念，采取邀请人大代表现场参与、实地走访、沟通宣传、线上查询等多种形式监督整改效果。做好公益诉讼法治宣传，走进机关、社区、高校，向人大代表、群众百姓、高校学生等不同群体开展公益诉讼宣传讲座，发放《检察机关提起公益诉讼制度宣传手册》《公益诉讼告知卡》，宣讲公益诉讼检察新职能。

五、司法行政工作

（一）人民调解工作

圆满完成 365 名人民陪审员选任工作。稳步推进三级公共法律服务实体平台建设，为群众提供更便捷的服务。通过多元共治，切实提升人民群众的获得感、幸福感、安全感。全区各级人民调解组织共调处矛盾纠纷 2045 件，成功化解 1229 件，涉及金额 14 380.26 万元，达成书面协议 790 件；行政调解案件 3398 件，涉及金额 91 万余元。

（二）律师工作

以"为冬奥会顺利筹办提供全方位法律服务与法治保障"为目标，积极开展法律服务、法治保障与法治宣传工作。2019 年 8 月，区律师协会和律师代表一行 10 人，赴首钢园区北京 2022 年冬奥会和冬残奥会组织委员会法律部进行学习交流、服务对接，为冬奥会和冬残奥会顺利筹办贡献法治力量。推进社区公益法律服务工作，完成社区公益律师新一轮签约，让老百姓在家门口就能享受优质高效的法律服务。

（三）公证工作

强化公证服务便民力度，实行一次性告知及首问负责制、注重电话咨询接听质量、网上申办及时受理、提供加急服务等措施，全年公证处共办理各类公证事项 10 213 件，其中国内民事公证 3913 件；涉外民事公证 6300 件。

（四）法律援助工作

组建法律援助志愿服务团队以进一步提升服务能力和服务水平；通过法律援助案件质量监管，确保咨询监督、同行评估、案件质量回访等环节合法有效；简化申请审批程序，推行法律援助案件当日受理、当日审批、当日指派的"三当日"制度；积极探索"互联网+法律援助"方式，不断拓宽宣传渠道；推进法律援助工作站点向法院、看守所、部队军营等场所及困难群众集中场所延伸；成立法律援助人才库，建立一支擅长办理法律援助案件的专业队伍。全年共受理援助案件 181 件，接待群众法律咨询 7657 人次。

六、公安工作

（一）合成指挥牵动有力

全年处置警情 4.8 万件。年度人大代表建议、政协委员提案办复率、满意率 100%；率先完成公安信息网 IP 地址资源扩容，获评公安部先进单位；调研、机要、通信等"三服务"保障任务圆满完成；新闻舆论工作能力始终保持市局优秀行列。"石警官"微信公众号开通运行，"平安石景山"微博进入在京百家政法矩阵前十名，"两微"品牌影响力不断增强。

（二）打击破案势头强劲

全年破获刑事案件1415起，抓获违法犯罪嫌疑人1993名；命案、涉枪涉爆等重大敏感案件全部快侦快破，反诈平台直接止损5707万元，电信网络诈骗立案、群众损失同比分别下降31.3%和24%；破获经济案件128起，在侦涉众型经济案件犯罪嫌疑人全部到案；缉毒会战抓获涉毒人员269名，缴毒1012克；"云剑"行动实现部督逃犯"清零"目标。2019年前三季度全区群众安全感达到98.7%，创2000年开展调查以来的最好水平。

（三）治安整治成效显著

全年查处治安案件1.5万起，同比上升56%；打击处理涉黄、涉赌违法犯罪嫌疑人574名，同比上升21%，三类警情同比下降14%，挂账治安重点地区按期摘牌；环食药旅联动执法、行刑衔接机制更加完善，全力保障石景山获评北京市食品安全示范区，打击整治偷倒渣土违法犯罪专项行动取得突出战果；行业阵控、保安监管有力落实，黑车治理、养犬管理成效明显；12345热线投诉降幅全市第一，养犬集中年检登记同比升幅全市第一。

七、法治建设特色和亮点工作

（一）创新建议办理评价方式和监督工作方式

第一，对代表建议办理情况进行满意度测评，既是对承办单位办理工作的检验，也是对人大代表和群众呼声的回应。区人大常委会创新实行人大代表建议满意度"二次评价"方式，首次对办理态度和办理结果分别进行满意度测评，并在三个月后"回头看"，进行"二次评价"。从成效看，人大代表的满意及基本满意率，在两次评价中均为100%，建议办成率由初次评价的45.6%提高到了"二次评价"的60%，同比去年办成率大幅提高17.1个百分点。实践证明，改进建议办理满意度评价工作，强化了承办单位的为民服务意识，推动办理工作水平显著提升。

第二，强化人大监督刚性，明确有关国家机关向区人大常委会报告专项工作，问题和原因部分不少于三分之一、解决问题的举措部分不少于三分之一。持续完善专题询问，根据需要扩大接受询问的单位范围，突出针对性，注重实效性，增强互动性。创新专委会工作，建立各专委会审查对口部门预算工作机制，与区人大街工委形成上下联动执法检查工作机制，与区人民检察院民事行政检察部门形成建议办理联动监督机制，与属地高校专业团队形成履职支持机制。创新代表审查计划预算方式，会前专门向代表集中解读计划、预算草案编制情况。

（二）健全完善多元解纷机制和诉源治理

依托多元纠纷解决机制和诉源治理工作，全年区人民法院新收案件量同比下降 8.6%。加快推进与石景山区矛盾纠纷多元化解平台的对接联动，完成平台推送案件矛盾化解及司法确认 270 件；创新金融服务类案件分流化解机制，提升纠纷源头治理能力，该类案件降幅达 20.16%，诉源治理成效明显。整合多方力量，打好线下调解组合拳，构建"人民调解＋专业调解＋公证员调解＋律师调解"的立体化、全方位调解体系。将"多元调解＋速裁"工作纳入立案庭统一管理，顺畅诉调对接与立审衔接；加强速裁审判团队专业化建设与审判力量配置，拓宽速裁案件滤案范围，充分激发前端速裁审判效能，"多元调解＋速裁"结案 16 378 件，诉讼前端高效化解 74.5% 民商事案件，位列全市法院第一位，两个速裁审判团队被评为北京法院"十佳调解速裁团队""优秀调解速裁团队"。

（三）用心做好未成年人检察工作

2019 年，未成年人互动体验式法治教育中心正式投入运营。该中心深度融合本区创建全国文明城区的内容元素，被列为国家检察官学院未检工作现场教学点，接待全国检察官参观交流 11 批 125 人次，中小学生参观学习 19 批 1130 人次。对侵害未成年人权益犯罪，批准逮捕 6 人，提起公诉 6 人；持续开展法治副校长进校园活动 19 次，受众 6280 人。根据《北京市控制吸烟条例》的规定，围绕中小学校周边商户摸排线索、固定证据，向相关部门发出诉前检察建议 2 份，全部收到回函，督促相关单位联合执法，为未成年人健康成长营造优良环境。

（四）服务保障优化营商环境

以需求为导向，充分发挥职能优势，为营商环境提供便捷、高效的法律服务。一是做好优化营商环境法治宣传工作，增强企业依法经营、依法管理、依法维权的意识，方便群众及时掌握惠企便民的各项措施。二是加大对涉企规范性文件的合法性审查和公平竞争审查力度，加强优化营商环境相关领域的规范性文件清理。三是推动行政执法部门加大"双随机、一公开"市场监管力度，规范市场主体经营行为。四是整合律师公证、法律援助、人民调解力量组成"法律护航"服务团队，助力本区经济社会健康发展。

（五）全力服务保障冬奥会筹办

落实冬奥会筹备阶段安保账单，扎实做好首钢园区社会化管理后的安全防控工作，联网整合冬奥会组委、国家冬训中心、滑雪大跳台、冬奥会园区警务工作站建成投入运行，主动融入场馆运行团队，全力保障首钢滑雪大跳台成为北京赛区第一个正式投入运营的新建场馆。全力维护吉祥物发布会、志愿者全球招募启动仪式等高规格冬奥赛会活动现场秩序。圆满完成沸雪世界杯、冰壶世界杯总决赛、冬奥会志愿者招募开幕式安保等 12 项 80 场次世界级赛事安全监管任务。

# 门头沟区法治建设报告

2019 年，门头沟区以习近平新时代中国特色社会主义思想为指导，深入学习贯彻习近平总书记对北京重要讲话精神，深入贯彻党的十九大和十九届二中、三中、四中全会精神，积极推进法治建设工作，为本区经济社会稳定发展提供坚实的法治保障。

一、法治保障和监督

以《中华人民共和国各级人民代表大会常务委员会监督法》为依据，紧紧围绕区委和人大中心工作，综合运用深入"两院"调研、开展视察调研、实施跟踪监督等多种形式和工作方法，加强监督工作，努力增强监督工作实效，促进了"一府一委两院"依法行政和公正司法。

一是研究制定了《北京市门头沟区人大常委会关于加强国有资产监督实施办法（试行）》和《门头沟区人大常委会关于预算联网监督工作暂行规定》，从制度层面促进经济社会各项工作依法依规开展。

二是加强村、社区"两委"换届监督。成立区人大法律监督组深入村和社区检查指导"两委"换届，督促换届工作严格规范程序、选举合法合规，为确保换届选举工作取得圆满成功提供法治保障。

三是配合市人大做好"两条例一决定"执法检查。配合市人大常委会进行执法联动，就贯彻实施《北京市机动车停车条例》《北京市非机动车管理条例》和《北京市人民代表大会常务委员会关于修改〈北京市实施中华人民共和国道路交通安全法办法〉的决定》，开展执法检查，依法促进交通拥堵大城市病的缓解。有效发挥人大法律监督职能，寓支持于监督之中，促进区监委依法履职。

四是听取区人民法院关于执行工作开展情况的报告，对区人民法院采取有力措施推进执行工作，在全国率先完成"基本解决执行难"工作目标，为推动本区法治建设，维护社会稳定发挥积极作用给予充分肯定。要求区人民法院坚持问题导向，深化细化各项措施，强化执行联动，不断提高执行工作水平；创新宣传

方式，努力营造全社会理解执行、支持执行的良好法治氛围。

五是听取区人民检察院关于未成年案件检察工作的报告，充分肯定了区人民检察院坚持分类施策，严把办案质量，落实普法责任制，延伸检察职能，推动形成"检家校社"未成年人保护合力所取得的显著成效。要求区人民检察院进一步加强未成年人检察工作专业化队伍建设，完善体制机制，充分结合、依托全国文明城区创建中未成年人思想道德建设工作，以预防帮教为落脚点，打造立体多元的法治宣传以及帮教模式。

六是加大了对政府规范性文件审查，全年共对6件政府规范性文件进行了备案审查。

二、法治政府建设情况

（一）持续深化政府职能转变

深化行政体制机制改革，建立健全和优化区委对重大工作的领导体制机制，调整优化区政府机构设置和职能配置，构建简约高效的基层管理体制，深化综合行政执法机构改革；持续改善营商环境，推动投资审批领域改革，简化不动产登记流程，为企业提供"管家式"服务，提高人才服务水平，加强市场监管；深化放管服改革，完成机构改革后权力清单和责任清单调整，深入推进公共资源交易平台建设，坚持减事项、减证明、减材料，初步完成区、镇（街）、村（居）三级政务服务体系建设，推行"不见面审批""全区通办""自助能办"改革；推进信用体系建设，推进区社会信用体系制度建设，探索建设区级信用信息服务系统，规范区级双公示信息，定期开展信用修复培训，大力进行诚信宣传及教育。

（二）提升依法科学民主决策水平

严格落实重大行政决策程序，贯彻国务院《重大行政决策程序暂行条例》，加大重大行政决策公众参与力度；推行政府法律顾问制度，实现机构改革后全区行政机关外聘政府法律顾问全覆盖，严格落实规范性文件合法性审核和备案制度。

（三）推动行政执法规范和效能建设

推进行政执法改革，落实机构改革后执法衔接工作，继续深化"街乡吹哨、部门报到"，集中执法力量，提高执法效能；坚持严格规范公正文明执法，加强各层级法制培训工作，督促各执法部门加强全面依法履职，落实行政执法自由裁量基准，推行行政执法"三项制度"，加强执法监督工作。

（四）强化对行政权力的制约和监督

主动接受人大监督、民主监督和司法监督，落实区领导带头出庭应诉制度，全年办理市、区人大代表建议74件、政协委员提案107件；做好审计监督，坚持推行审计全覆盖，优化审计资源配置，强化审计整改效能；加强财政监管力度，扎实推进预决算信息公开，加强国有资产、政府性债务管理，严格依法履行财政监督检查职责；推进政务公开工作，全区40余家单位梳理2263项政务公开全清单，规范依申请公开工作，全区受理依申请公开事项443件，开展"创城在行动，政务在身边"主题政务开放日活动。

（五）有效化解社会矛盾纠纷

做好行政复议、应诉工作，不断提升复议案件办案质量和效率，认真开展行政应诉工作，继续推行行政机关负责人出庭应诉制度。加强人民调解工作，加强人民调解队伍专业化建设，深入实施坚持和发展"枫桥经验"，推进基层矛盾纠纷化解。加强和改进信访工作，落实信访工作责任制，大力推进领导干部接访下访，畅通信访渠道，做好源头预防和风险防控，推动依法分类处理信访诉求。扎实推进公共法律服务体系建设，优化法律服务平台，整合法律人才队伍，村居法律顾问提供法律服务3881次，开展法律援助专项维权季活动，受理法律援助案件1222件，为受援人挽回经济损失1393.9万元。依法推进社会治理工作，深化街道管理体制改革，提升城乡社区治理能力，加强社会组织培育管理，建立健全志愿服务机制。

（六）加强法治政府统筹协调及培训宣传工作

统筹推进法治政府建设，深入推行法治政府示范建设，加强依法行政考评工作；加强对领导干部的法治培训，区政府常务会会前学法6次，举办依法行政专题研讨班2期，组织法制培训类区级培训项目13期；加强法治宣传教育，完善"谁执法谁普法"责任制清单，统筹落实"七五"普法规划，开展扫黑除恶、创建全国文明城区、"12·4"国家宪法日等系列主题宣传教育活动。

三、审判工作

全年新收案件12 310件，办结12 012件。

（一）紧扣执法办案要务，依法公正审理

1. 依法惩治刑事犯罪。审结刑事案件214件，判处罪犯266人。深化以审判为中心的刑事诉讼制度改革，适用速裁和简易程序审理案件占比75.2%，确保"简"程序不"减"权利。加强人权司法保障，刑事案件律师辩护率达到100%。

2. 监督支持依法行政。建立行政审判、普法宣传和司法指导"三维一体"工作机制，审结行政案件246件，同比增长69.7%，前往10余家行政机关进行"一对一"订单式解惑答疑，分批组织200余名行政人员观摩典型案件庭审，推动22位行政机关负责人出庭，出庭应诉人次同比上升46.7%。

3. 妥善调处民商事纠纷。新收民商事案件8066件，审结7866件。创新群体性案件"先示范、后并进"的审理方式，发挥"先行案件"的示范效应，妥善化解相关纠纷，结合典型案例走进社区召开 6 场新闻通报会，增强群众风险防范意识。

4. 切实解决执行难。执结案件 3686 件，执行到位金额 2.9 亿元。探索基层组织网格员协助查人找物联动机制，财产变现周期平均缩短至 42 天。用好用足强制措施，将 657 名被执行人纳入失信名单，限制高消费 1264 人，司法拘留 45 人，向公安机关移送拒不执行判决、裁定罪线索 7 条，构建"一处失信、处处受限"的信用监督、警示和惩戒体系。

（二）主动融入工作大局，服务保障地区发展

1. 服务保障乡村振兴战略实施。制定《关于服务乡村振兴的工作意见》和四个配套办法，区委常委会专题研究通过，市高级人民法院主要领导批示肯定。以"党群司法服务站"为平台，主动对接镇街党委政府，定期通报涉基层组织案件情况。在赵家台等 32 村创建"无讼示范村居"，常态化开展巡回审判和订制式普法，指导完善村民自治章程，培育基层组织法治带头人，推动建立诉源治理新格局。相关做法入选最高人民法院第六批司法改革案例，《人民法院报》头版头条进行报道。

2. 全面优化营商法治环境。构建集约送达一体化平台，将电子送达适用对象扩大至辖区企业。优化鉴定评估流程，鉴定时间缩短近三分之一，商事案件审理周期缩短 15.5%。与区发展改革委联合开展企业大走访和"送法进企"活动，对 300 余家企业进行普法宣传，营造良好法治环境。

3. 全力保障全国文明城区创建。畅通司法服务创城渠道，开展"法治宣传伴您行、全民创城齐行动"活动 26 次，组织 400 余人次参与"门头沟热心人"志愿服务，为 10 余所学校近千名师生授课，全面提升区域文明程度。

4. 有效推进"基本无违建区"建设。对涉拆违案件配套实行"诉前指导—诉中协调—诉后总结"全流程保障机制，确保既依法保护当事人合法权益，又保障专项行动平稳推进，得到区委、区委政法委主要领导肯定。

（三）守正践行为民宗旨，坚持司法创新

1. 重塑审判执行工作格局。在全市法院率先完成内设机构改革各项任务，职能配置更加科学优化。配齐配强 6 个专业化调解速裁团队，形成先行调解、前端速裁和后端专业化审判紧密衔接的纠纷化解体系，用 19% 的民商事法官化解了 71.9% 的民商事案件，"多元调解+速裁"工作成效居全市第一，相关机制获评市高级人民法院司法改革"微创新"最佳示范案例。

2. 打造更高质量的司法精品。树立以精立足、以质取胜理念，努力将司法为民体现在个案审理的每个环节，出台《关于院长、庭长全面规范履行审判监督管理职责的规定》，召开各层级法官会议 50 余次，推动裁判尺度统一，助力审判

质效提升，一审服判息诉率达 91.9%。

3. 提供更有温度的诉讼服务。按照最高人民法院"两个一站式"工作要求，制定形成覆盖立、审、执全程的诉讼服务标准。集中开设联系法官、材料收转等八大类 20 余项服务，联系法官到位率和反映事项办结率均达 100%。优化掌上诉服，实现立案缴费、风险评估等事项网上快捷办理。

4. 让司法进一步在阳光下运行。依托审判流程、庭审活动、裁判文书、执行信息四大公开平台，全年开展庭审直播 2729 次，裁判文书上网率达 100%。树立"监督就是支持"的理念，组织 76 场代表委员联络活动，办理检察建议 5 件，邀请媒体记者、社会公众等 2000 余人次亲身参与主题开放日活动，司法宣传工作被最高人民法院通报表扬。

四、检察工作

（一）优质高效办理刑事案件，维护司法公正公信

1. 严把审查批捕关，批准逮捕质量位居全市第一。受理审查批准逮捕案件 154 件 195 人，其中批准逮捕 139 件 173 人，是全市唯一一个无捕后不起诉案件的基层人民法院，且无捕后无罪判决案件，批捕质量较高。

2. 严把审查起诉关，多项数据位居全市第一。受理审查起诉案件 232 件 315 人，其中提起公诉 208 件 282 人，无撤回起诉、无罪判决案件，结案率和有罪判决率连续四年达 100%、位居全市第一，纠正漏犯 5 人、占比位居全市第一，量刑建议采纳率 96.62%、位居全市第一，确定刑量刑建议提出率 35.59%、位居全市前列，办案质效显著提高。

3. 强化审查引导侦查，办案效率位居全市前列。降低了一次退补率、二次退补率，在全市位居第二，办案周期较捕诉合一改革前缩短了 6.25 天。

（二）优化法治营商环境，服务保障民营经济健康发展

1. 充分发挥检察职能为民营企业排忧解难。针对全市百强民营企业自主知识产权受侵害案，全程监督，实现"五步走"一案多效。靠前服务，引导企业固定证据，及时移送侦查机关立案；引导侦查，列明引导取证提纲 30 余项，并选派 2 名学习犯罪学和侦查学专业、具备侦查工作经验的青年干警，与侦查机关一道赴深圳调查取证，突破案件，抓获犯罪嫌疑人；有力公诉，举办专家论证会，解决法律认定难题，被告人最终因侵犯商业秘密罪获刑，有效打击了犯罪；堵塞漏洞，不就案办案，制发检察建议，督促企业完善产品数据管理漏洞，并制定办公电脑安全管理规定、保密管理规定，健全企业知识产权保护制度；警示教育，向该企业讲授知识产权保护法治课，教育员工以案为诫、遵法守法。该案入选北京市检察机关维护市场经济秩序十大典型案例以及 2019 年度全国检察机关保护知识产权典型案例。门头沟区人民检察院在民营企业陷入困境时为其提供了

良好的法治保障，被该企业誉为"民之山"。

2. 倾听企业心声，精准提供法律服务。举办"检察护航民企发展"主题公众开放日等活动，听取企业家和职工代表的意见建议，找准检察工作服务民营经济发展的着力点。根据企业加强法律风险防控的具体需求，开展专题座谈和主题普法讲座，切实提升了企业用工、运营的安全风险防范能力，提升了法治保障的精准性。

（三）落实依法治区检察责任，服务区域社会治理创新

1. 办案职能向社会治理领域延伸。聚焦案件背后的社会问题，找准找实社会治理薄弱点和风险点，提出堵塞漏洞、完善制度的对策建议，推动源头治理。针对学校工作人员招录审核不严、重点工程管理不规范、网售侵权产品缺乏审核等管理漏洞，制发社会治理类检察建议 8 份、均获整改，并帮助发案单位建章立制 4 项，提升地区综合治理水平。如在办理李某高速公路闯卡逃费抢夺案中，针对高速公路收费站防范闯卡逃费措施不足问题制发检察建议，高速公路管理公司从强化责任、加强巡查、运用技防手段等方面全面整改，有效提升了行业管理水平。

2. 营造良好法治氛围。深入开展普法宣传"十进"活动，推出"定制式"普法课程，送法进机关、进学校、进乡村、进社区、进企业、进单位、进交通枢纽、进景区、进商务楼宇、进军营 70 余次，发放宣传材料 7000 余册，受众逾 20 000 人。编制了涵盖小初高 12 个年级，涉及宪法知识、防范校园欺凌、自我保护、网络文明等七大领域 39 个特色未成年人法治课程，弥补了全区学校法治教育校本教材的空白。创新法治宣传形式，根据门头沟区人民检察院首位入选"北京市十大政府法治事例"的公益诉讼"两份检察建议'清'走两万吨垃圾"案例制作微电影《移"山"记》，播出后受到群众广泛好评，并荣获"第四届平安中国微电影微视频微动漫比赛"的"微电影作品奖"、"全国检察机关第四届微电影微视频微动漫征集展播活动"微电影类"十佳作品奖"，是北京市检法系统唯一获奖单位。

五、公安工作

（一）扎实开展重大活动安保工作

牢固树立"一盘棋"思想，及时搭建了"两办""十一组"的安保组织架构，由北京市公安局门头沟分局局长和政委总负责，其他党委成员分工负责，加强与市公安局工作专班的对接，认真落实市局部署。坚持从零开始，从头做起，采取账单式管理、项目化推进的方式，将安保工作划分为 5 个阶段有序推进。分19 批对承担安保任务的干部民警进行专项培训，制定相关工作方案预案 52 份，拉列重点任务账单 40 项，组织召开专题会、汇报会、推进会 80 余次，反复研究

安保任务，动态调整安保措施，确保工作无缝衔接。特别是针对西六环线路、群众游行方阵、和平鸽押运、群众联欢活动和嘉宾观礼等本区直接服务保障国庆70周年庆典的任务，分局党委强化政治担当，局领导个别包干负责，带队执勤，确保了安保任务万无一失。

（二）严厉打击各类违法犯罪活动

一是严厉打击多发性违法犯罪。紧盯影响群众安全感的违法犯罪活动，依托分局合成作战中心和反诈中心建设，突出"打现行、破现案"，对盗抢骗等违法犯罪活动开展了专项攻坚，取得了良好效果。二是狠抓规范执法工作。持续深化受立案及侦审一体化改革，完善"办案管理中心+基层所队案管组+智能办案区"闭环监督体系，固化了执法问题实时通报、实时整改等机制，采取"岗位交流""以战代训"等措施，为一线执法处置提供精准指导。

（三）持续推进社会治安综合整治

一是治安整治成效明显。围绕群众反映强烈的突出治安问题，紧紧依靠党委政府，会同城管、交通、市场监督等部门，开展"使命·2019平安行动""三清""三个一批""并肩治乱"等专项行动60余次，清查出租房屋4.7万余间，查处黄赌违法犯罪嫌疑人110人，及时消除了一大批安全隐患。对重点地区和"治安洼地"，综合运用摸、打、整、控、挤、堵等方式，开展"滚动式整治、地毯式清查"，实现了安全隐患消除、环境秩序改观、社区群众满意。二是安全监管持续发力。对全区基础要害部位，按照"一图一表一方案"标准，落实定期检查、内部巡控等措施，推动"打整管控建"落地落实。坚持"查隐患、防事故、保安全"同步推进，依托"两打击一整治"专项行动，深入开展"僵尸车"占道、机动车乱停乱放等专项治理，及时回应了人民群众的期待。全年，共查处各类交通违法24.1万余起，涉牌违法1495起，清理僵尸车88辆。三是便民举措提档升级。坚持从抓窗口服务做起，围绕群众关心的户籍、出入境业务办理等事项，进一步规范了户政"便民卡"提示内容，并充分依托"网上北京市公安局"平台，实现了线上线下同步办理。推行了公安机关内部证明内部流转，缩短证件取证周期，对分局出入境大厅进行了软硬件提升改造，增设等候区隔离，改善群众办事环境，减少办事流程，真正做到转作风、树形象、转职责、提效能。全年，共办理户政业务3.6万余件、出入境证件4.6万余件，实现了快捷高效、便民利民、群众满意。

（四）不断筑牢首都西部外围防线

一是严密外围查控。针对门头沟地处首都"西大门"的地域特点，为有效拦截、过滤、封堵各类不安全不稳定因素，建立了深山区卡控、浅山区联控、门城及辐射区封控的"三区三线"查控机制。规范了常态力量配置和查控任务，通过层层复式设卡，以点带线、牵线控面，确保将问题隐患过滤控制在远端。全年外围防线共盘查车辆 22 万余辆，查获各类违法犯罪嫌疑人 37 人，收缴各类违禁品 366 件。二是坚持严防严控。不断固化完善与河北涿鹿、怀来、涞水等公安机关的区域警务合作，采取全天候设卡、交通引导分流、临时封堵等措施，确保查堵安全隐患。

六、司法行政工作

（一）坚持政治引领固根基，不断加强党的建设

紧扣"不忘初心、牢记使命"主题教育，以支部规范化建设为着力点，不断夯实党建工作基础。狠抓机构重组后职能整合和队伍融合，确保队伍思想不乱、工作不断、干劲不减。举办"红色故事汇""我与祖国同行"分享会等活动，创新开展"农事体验+精准帮扶"主题党日活动，作为党建创新品牌常态化推进。

（二）坚持维护稳定保安全，充分履行自身职责

推进社区矫正执法规范化，开展集中分类教育 33 期。依法做好特赦工作，对特赦 7 人做好安置帮教无缝对接。强化律师监督管理，推进律师制度改革有效落地。坚持和发展"枫桥经验"，共成功调解纠纷 2407 件，涉及金额 5244.86 万元。

（三）坚持围绕中心担使命，全力服务重点工作

立足区委依法治区办职责，协调推进区委全面依法治区委员会、办公室、各协调小组机构组建、制度完善和有效运行。推进法治政府建设，落实行政执法"三项制度"，统筹推进行政执法规范化。抓好行政复议、行政应诉工作，不断提升复议案件办案质量和效率。结合"六城"联创深化法治宣传教育。整合律师公证、人民调解等资源，在新中国 70 周年大庆服务保障、优化营商环境、棚改等工作中发挥积极作用。

（四）坚持法律服务均衡发展，积极践行服务担当

推进村居法律顾问制度落地，下基层提供法律服务 3881 次，有效响应基层法律服务需求，在市司法局委托第三方开展的 2019 年北京市村居法律顾问工作评估中，本区总成绩列全市第二名。优化公共法律服务资源配置，完成区级公共法律服务中心、13 个镇街公共法律服务站和 301 个村居公共法律服务室建设。共办理公证 2115 件，受理法律援助 1222 件，为受援人挽回经济损失 1393.9 万元。

七、法治建设特色和亮点

（一）党建引领建设忠诚干净担当法院队伍

坚持全面从严治党、全面从严治院、全面从严管理，努力锻造一支让党放心、让人民满意、忠诚可靠、清正廉洁的京西政法铁军。

1. 扎实开展"不忘初心、牢记使命"主题教育。突出党组"头雁效应"，党组成员分别带队前往全区 13 个镇街深入开展走访调研。开展党的建设和政治工作研讨会，围绕"新时代法院党建工作"进行集体研讨。举办党支部书记、党务干部培训班，加强党支部规范化建设。建立 29 个司法职能型党小组，与村居党支部共建红色品牌，实现"红色门头沟"党建和审执工作的深度融合。

2. 全面加强司法能力建设。探索"浸润式"社会体察，分批选派 12 名青年干警到镇街一线跟班锻炼。强化审判理论与实务指导，全年开展各类培训近 200 次，4 名干警被评为北京法院第五届司法业务标兵。畅通优秀人才晋升渠道，选派 10 名干警到市委政法委、区委组织部等单位交流学习，向各级法院输送 6 名优秀干警。以全国基层法院第一名的成绩获评第三十届学术讨论会组织工作先进单位。

3. 切实紧抓纪律作风建设。坚持把纪律挺在前面，深入开展"突出问题集中整治、加强内部管理"活动，召开"以案为鉴、以案促改"警示教育会，从严从实抓好公务用车、干部选任、政府采购等 7 个专项督察，集中开展为期 1 个月的审务督察，使党员干部受警醒、明底线、知敬畏。坚持严管厚爱相结合，通过集中座谈、调查问卷等多种途径，收集干警意见建议近百条，逐一落实从优待警各项举措，努力将区人民法院建设成为组织可信、领导可亲、事业有希望、人人有奔头的温暖集体。

（二）用好"三书一函"，守好"绿水青山"

1. 加大监察建议、司法建议、检察建议和公安提示函运用刚性，将"三书一函"工作纳入平安建设考核体系，指导、督促各行业监管部门和属地政府补短板、强弱项，从源头上解决重点行业领域内存在的突出问题，以打促整、以整促治、以治促清，全面推进"绿水青山门头沟"建设。

2. 区委审议出台关于支持检察机关依法开展公益诉讼工作的意见，并推动建立全市首个区委牵头、检察院发挥核心作用、相关委办局及各镇街主要领导组成的联席会议制度，增强公益诉讼工作实效。针对永定河沿岸一级水源保护的行政公益诉讼线索，仅用 2 天便完成调查核实案情、明确责任机关、梳理法律法规等工作，制发诉前检察建议，督促行政机关清除附近建筑渣土等 4200 车、84 000 立方米。

3. 全年立案行政公益诉讼案件 19 件、制发诉前检察建议 18 份，位居全市第二，检察官人均办案数连续三年位居全市第一。督促行政机关开展集中式饮用水源地污染源全面排查 15 处，确保居民饮用水安全；督促行政机关对古村落近 20 株百年以上珍贵古树采取紧急保护措施，传承永定河文脉；办理本区首例国有财产保护领域公益诉讼案件，督促行政机关收缴部分社区拖欠的异地建设费 140 余万元，全力挽回国有财产损失；督促行政机关针对 30 余所学校周边售烟情况开展专项联合执法，净化本区校园周边环境。

4. 紧盯"八黑"问题和"套路贷""电信诈骗"等新型犯罪，深挖背后操纵经营势力，有针对性地加大打击整治力度，以"三书一函"为引领指导方式，推动社会治安、村居治理、金融放贷、工程建设、交通运输、市场流通、资源环保、信息网络、文化旅游、教育卫生等十大行业领域突出问题的治理，分类研究整治方案，进一步完善市场准入、规范管理、重点监控等机制，进一步提升整治效果。

（三）探索认罪认罚从宽"门头沟经验"

全面贯彻宽严相济刑事政策，精准落实刑事诉讼法确立的认罪认罚从宽制度，将之作为"一把手"工程，并纳入区法院考核，通过召开公检法司联席会、建立本区 10 个常见罪名量刑及判例数据库等。认罪认罚适用率达到 73.46%，为全市首个年适用率突破 70% 的检察院、位居全市第一，受到市人民检察院敬大力检察长点名表扬及全市检察系统通报表扬。在全市认罪认罚工作培训班上，就"门头沟经验"作典型发言，经验做法和在全市率先制作的"认罪认罚从宽十问十答"微视频被最高人民检察院及市人民检察院微信公众号转发、面向全国推广。发布 3 天，点击量、播放量达 7000 余次。此外，微视频被市人民检察院推广至全市各看守所播放，多名在押人员观看后主动提出适用该制度，部分拒不认罪的犯罪嫌疑人观看后认罪悔罪、争取量刑从宽，最大程度减少了社会对抗，节约了司法资源。

房山区法治建设报告

2019年，房山区坚持以习近平新时代中国社会主义思想为指导，深入贯彻落实党的十九大和十九届二中、三中、四中全会精神，不忘初心、牢记使命。在市、区委的坚强领导下，扎实推进法治建设工作，有力保障了"一区一城"新房山建设。

一、人大法治保障和监督工作

（一）积极做好调研工作

1. 协助市人大常委会做好法律法规修订和立法调研工作。按照市人大常委会的统一部署，法制委对《中华人民共和国未成年人保护法（修订草案）》《中华人民共和国预防未成年人犯罪法（修订草案）》进行了认真研究，结合实际提出了修改意见和建议；针对列入年度立法计划的《北京市文明行为促进条例（草案征求意见稿）》和《北京市街道办事处条例（草案）》，组织专委会委员和相关街道办事处进行研究讨论，并将意见和建议反馈给市人大常委会。针对修订《北京市生活垃圾管理条例》，在区人大常委会统一部署下，配合相关委室，深入有关乡镇组织市、区、乡三级代表参加座谈、开展问卷调查，汇总选民意见，及时向市人大常委会反馈，为该法规修订和颁布实施做出了积极的努力。

2. 协助常委会报告审议工作开展前期调研。

（1）协助常委会听取和审议区人民法院关于人民调解协议"一站式"司法确认工作开展调研。5月份，组织部分法制委委员和人大代表听取区人民法院相关工作介绍，详细了解人民调解协议"一站式"司法确认工作开展情况、取得的成效和存在的困难。通过调研，形成工作报告，为常委会审议工作提供有力参考。6月上旬，区人大常委会第二十六次常委会会议听取和审议了区人民法院《关于开展人民调解协议"一站式"司法确认工作的报告》。

（2）协助常委会听取和审议区人民检察院关于推进公益诉讼工作开展调研。5月下旬，组织部分法制委委员和人大代表听取区人民检察院相关工作介绍，详细了解了公益诉讼工作开展情况、取得的成效和存在的困难。通过调研，形成工作报告，为人大常委会审议工作提供有力参考。6月上旬，区人大常委会第二十六次常委会会议听取和审议了《房山区人民检察院关于公益诉讼工作情况的报告》。

3. 针对本区重点工作和重点项目开展专项调研。

（1）调研区人民法院司法改革工作。8月中旬，主管副主任带队到区法院调研司法改革工作。

（2）调研区人民法院基金业法庭建设情况。为进一步落实"三区一节点"功能定位，打赢打好防范金融风险攻坚战，11月下旬，主管副主任带队调研区法院基金业法庭建设情况，听取了区人民法院关于基金业法庭工作以及基金小镇管委会在运营管理、基金行业纠纷人民调解工作的情况的汇报。调研工作探索和研判了基金业司法工作的有效举措和途径，为司法助力区域经济健康发展和社会和谐稳定提出了意见建议。

（二）全力做好法律监督工作

1. 对法律法规在本区贯彻落实情况进行监督。

（1）对"两条例一决定"实施情况进行视察。5月下旬，按照市人大常委会在关于《北京市机动车停车条例》《北京市非机动车管理条例》和《北京市人民代表大会常务委员会关于修改〈北京市实施中华人民共和国道路交通安全法办法〉的决定》执法检查启动会上的统一部署，区人大常委会两位副主任分别带队对本区"两条例一决定"实施情况进行执法检查，通过实地视察、现场询问、座谈会等形式，推动了"两条例一决定"在本区的深入落实。

（2）对《中华人民共和国残疾人保障法》实施情况进行执法检查。11月中旬，组织部分人大代表对本区贯彻落实《中华人民共和国残疾人保障法》情况进行执法检查，实地察看了国爱残疾人托养及儿童康复工作，温馨家园及职康站等情况，听取了区残联相关工作汇报，就加强与医疗机构沟通合作、加大宣传力度等方面提出了意见建议。

2. 对法治保障区域社会经济发展和法治房山建设工作进行监督。

（1）视察本区"七五"普法工作。10月下旬，组织代表们参观了"寻找最美普法瞬间"主题摄影展和区矛盾纠纷多元调解中心，听取区司法局"七五"普法工作汇报，为进一步形成具有房山特色的普法形式、主动适应形势变化丰富普法内容提出了意见建议。

（2）检查本区少数民族村建设情况。10月份，结合"不忘初心，牢记使命"主题教育活动调研安排，受市人大常委会委托，组织部分市、区人大代表实地察看了本区部分村庄情况，围绕促进少数民族村全面实施乡村振兴战略推进美丽乡村专项行动计划等听取了区民宗办工作汇报，就进一步加强顶层设计、强化少数民族村建设在乡镇、村新版规划中的地位，增加建设用地指标，切实提高自身造血功能提出意见建议。

（三）加强自身建设

1. 认真开展主题教育活动，切实加强思想政治建设。按照"不忘初心、牢记使命"主题教育活动"守初心、担使命，找差距、抓落实"的总要求，统筹推进学习教育、调查研究、检视问题、整改落实思想重点措施有机融合、贯穿始终，聚焦贯彻落实习近平新时代中国特色社会主义思想、习近平总书记重要指示批示精神和党中央的决策部署，边学边查，立查立改，结合庆祝新中国成立 70 周年维护安全稳定的社会环境，以主管副主任所联系的乡镇和相关企业为重点，深入落实了"接诉即办"要求，认真落实"理论学习有收获，思想政治受洗礼，干事创业敢担当，为民服务解难题，清正廉洁作表率"的任务目标，取得了较好成效。

2. 不断改进工作方法，努力提高工作实效。认真学习党的十九大精神和习近平新时代中国特色社会主义思想，有针对性地对业务知识及相关法律法规开展学习，切实增强工作的质量和实效性；坚持问题导向，增强调研、检查工作实效，注重跟踪推进，强化工作落实；加强与人大代表、相关部门的沟通联系，深入了解代表的关注点和相关单位的工作情况以及存在的难点等，做到有效对接，推进工作扎扎实实落到实处。

二、法治政府建设

（一）法治政府建设统筹力度不断加强

区委常委会专题研究房山区法治建设工作，成立了以区委书记为主任的全面依法治区委员会，增设推进依法行政领导小组，全面强化党政主要负责人履行推进法治政府建设第一责任人的职责。区政府常务会 2 次听取法治建设工作情况汇报，4 次通报各单位依法履职工作情况，从严从实推进法治政府建设。

（二）政府职能转变加快推进

1. 机构改革不断深化。严格落实各级各项改革要求，政府部门、7 个街道和 1 个试点乡镇的改革任务全部完成。组建市场监管等 6 支区级综合行政机构，11 家区级政府直属事业单位实行归口管理，5 家区级政府直属事业单位隶属关系调整到位，13 家单位顺利平稳转企。

2. 营商环境不断优化。持续深化"放管服"改革，27 个乡镇（街道）级政务服务中心全部完成综合窗口设置，掌上办"房山通"APP 正式上线，咨询量32.9 万件。落实优化营商环境 2.0 版、3.0 版改革政策，推出办税事项"最多跑一次"清单，"多规合一"协同平台、"e 窗通"平台稳定运行。企业"服务包"

承诺事项落地,解决企业需求 74 项。区公共资源交易中心挂牌成立。

3. 城市精细化管理水平持续提升。建立"12345 市民服务热线社区工作站",受理群众诉求 9.5 万件,响应率 100%,办结率、满意率持续上升。完成 12 个"社区之家"和 6 个"一刻钟社区服务圈"示范点指标任务,解决社区居民在文化、体育、生活等方面的服务需求。

(三)依法科学民主决策持续推进

1. 合法性审核工作不断加强。加强行政规范性文件草案合法性审核备案监督,全年共审核各类文件草案 126 件,研提合法性审核意见 700 余条。向市政府备案区政府制定的行政规范性文件 1 件,废止区政府行政规范性文件 3 件,各部门向区政府备案行政规范性文件 2 件,全部合法有效。

2. 重大行政决策程序严格落实。依法审核了《北京市房山区国家森林城市建设总体规划(2018—2035 年)》等一批重大行政决策和合作协议,为本区在招商引资、环境保护等方面的发展提供了法治保障。

(四)行政执法效能不断提升

1. 行政执法体制改革持续推进。针对全区 33 个涉及机构改革的执法部门,开展行政执法衔接工作,实现全区职权交接率、平台填报完成率 100%。制定《进一步落实行政执法公示制度执法全过程记录制度重大执法决定法制审核制度的工作意见》,执法规范化水平持续提高。

2. 事中事后监管全覆盖。全年双随机抽查任务 43 次,并向社会公示检查结果。将 2493 户未在注册地经营的企业列入经营异常名录。对 240 家涉嫌提供虚假登记地址、骗取公司登记的企业进行立案查处,吊销营业执照;并将涉嫌犯罪线索移送公安机关,抓获涉嫌犯罪人员 4 名,为发挥联合惩戒机制作用提供了保障。

(五)对行政权力的监督不断强化

1. 自觉接受人大、政协监督。办理市、区人大代表建议、政协委员提案 247 件,办复率 100%。对人大代表、政协委员在视察等活动中提出的意见建议,采取有力措施解决吸纳。

2. 审计监督力度不断加大。统筹安排对一般公共预算、政府性基金预算、国有资本经营预算的审计监督,大力推进数字化审计模式,实现对 47 个本级部门预算执行审计全覆盖。对 10 户国有企业实施审计,查出违规和管理不规范资金 191.58 亿元。制发审计决定书 26 份,提出审计整改建议 167 条。

3. 财政监督检查不断加强。组织开展 2019 年度会计监督检查工作及 2017 年度决算公开和 2018 年度预算公开情况专项检查,涉及预算单位 68 家、决算单位 73 家,公开率达到 100%。

（六）政府信息和政务公开全面推进

1. 主动公开成效显著。全区各单位主动公开政府信息 20 995 条。建立政府信息公开属性源头管理机制，移送主动公开文件 627 件，确保重点领域政府信息"应公开、尽公开"。健全重大行政决策预公开机制，预公开信息 22 条。视情邀请相关人员列席区政府专题会议并向社会公开。在区政府网站建立专题栏目，主动公开区政府常务会议及区政府专题会议通报事项、研究议题和审议结果 37 次。

2. 政策解读方式丰富多样。落实政策制定和解读机制，采用图表图解、H5 动画等形式进行文件解读，形成政策解读材料 13 篇，全区被解读的文件数量比例已超过 80%。

3. 新闻发言人和第一解读人制度进一步健全。制发《房山区网络发言人工作方案》等制度，完成网络发言人队伍建设，各单位主要负责人能够履行"第一解读人"职责。

（七）社会矛盾纠纷积极化解

1. 行政复议工作依法进行。2019 年，区政府共接到各类行政复议申请 652 件次，案前化解 158 件次，立案审查 494 件。对 12 个行政机关拟作出的 53 个行政行为进行指导。共敦促行政机关自行纠错 54 件，直接化解争议案件 24 件，案件争议直接化解量较去年全年提升 1 倍以上，充分发挥了行政复议化解争议的作用。

2. 行政应诉工作有效推进。2019 年，区政府作为被告的行政诉讼案件 275 件。区政府相关领导出庭应诉和行政机关工作人员参加庭审旁听各 2 次。

3. 人民调解工作不断强化。扎实开展人民调解协议"一站式"司法确认工作，全区 27 个乡镇（街道）调委会全部落实。2019 年，共调解矛盾纠纷 11 775 件，调解成功率达到 98%。

4. 法律援助工作持续加强。在 27 个乡镇（街道）建立公共法律服务站并配置智能终端设备，在 620 个村（社区）建立公共法律服务室并配备法律服务顾问，最大限度方便困难群众获得法律援助。2019 年，共受理法律援助案件 814 件。

（八）依法行政能力建设不断加强

1. 领导干部法治思维持续强化。开展区政府常务会议会前学法 5 讲。举办全区处级领导干部依法行政专题研讨班 2 期，处级领导干部轮训 2 期，优秀年轻干部培训 1 期，全面提高领导干部法治思维和依法办事能力。

2. 公务员依法行政意识与能力持续加强。制发《房山区 2019 年干部教育培训班次计划》，把依法行政培训工作纳入全区培训计划，全年共培训各类人员 7522 人次，培训率达到 100%。

3. 法治实践活动持续推进。积极开展"12·4"国家宪法日宣传活动，大力宣传习近平新时代中国特色社会主义法治思想。通过开办主题宣传活动、发放法治宣传品、开展知识竞赛、制作法治文艺作品等形式，多层次、广泛开展专项法治宣传活动，将法治宣传教育贯穿于"疏解整治促提升"专项行动、扫黑除恶、脱贫攻坚等重点工作全过程，2019年全区共开展各类法治宣传950场次。

三、审判工作

（一）以服务区域发展为中心，积极发挥司法职能作用

深入推进平安房山建设。严厉打击涉众、涉公共安全犯罪，妥善审理全区影响重大的医保基金诈骗案、非法采矿案、全区首例涉"套路贷"犯罪案件。深度参与基层平安创建，配合区委组织部对村两委班子进行犯罪记录、失信信息核查，启动特殊时期维稳安保机制，有力保障了国庆70周年安保工作。

依法服务保障"三件大事"。主动融入区域发展大局，依法审理涉重点项目建设的城市规划、房屋拆迁等行政案件250件，行政审判庭到各委办局、乡镇街道走访调研30余次，督促行政机关规范执法。深入开展执源治理工作，加强立审执衔接，办理诉前和诉讼财产保全1497件，同比增长23%；执行到位金额13.7亿元，同比增长14.2%；执结涉"疏解整治促提升"案件150余件；建立执行悬赏机制，共发布8期悬赏公告，发动社会力量协助查找被执行人财产线索效果显著。

持续优化区域营商环境。大力提升商事审判质效，全面推行网上立案、跨域立案，完善破产工作府院联动机制，商事案件结案数同比上升32.4%，平均审理周期较上年缩短11.6%，切实保障当事人诉讼权利。加强对北京基金小镇的司法保障，在基金业法庭召开诉源治理推进会，深入推进基金小镇风险防控体系建设。

（二）以深化诉源治理为抓手，推动构建基层社会治理新格局

房山区人民法院主动融入区委区政府领导的社会治理体制，以白皮书形式发布《房山法院诉源治理工作总体规划》，积极推动出台全市首个区级诉源治理工作意见。

关口前移，向矛盾纠纷源头防控延伸。落实"街乡吹哨、部门报到"，将审判力量下沉与基层治理创新相结合，设立3个社区法庭、2个特色法庭、23个法官工作站。联合司法所开展"无讼村居"创建工作，建立矛盾排查预警、纠纷导回、沟通协商机制。推动诉讼风险评估机制进基层，对15类常见民事纠纷提供可视化诉讼风险提示，为群众提供法律咨询、进行诉讼风险评估。

统筹资源，筑实非诉多元解纷平台。与乡镇政府、司法所、人民调解组织、行业调解协会等共享调解信息，将大量矛盾纠纷导入非诉解决渠道，通过事前引

导、事中指导、事后"一站式"司法确认，全方位保障调解效果和效力。研发智慧调解 APP，运行半年多来，已开展咨询指导 900 余人次，进行司法确认 857 件，荣获"2019 年互联网+政务服务创新应用 APP"称号。

有序分流，理顺诉调对接工作流程。区人民法院设置 18 个调解速裁团队，每个团队编入 3~5 名人民调解员，由法官对口指导调解，在诉讼前端分流化解大批普通民事纠纷。全年受理民商事案件 30 296 件，调解导出 28 948 件，调解成功 7138 件，速裁结案 10 443 件，占全部民商事结案量的 66.4%。区人民法院"多元调解+速裁"工作得到最高人民法院充分肯定，获评北京法院司法改革"微创新"优秀案例。

（三）深化司法体制综合配套改革，夯实基层基础保障

集约便民，全面加强"两个一站式"建设。落实最高人民法院《关于建设一站式多元解纷机制一站式诉讼服务中心的意见》，将"两个一站式"建设作为"一把手"工程推进，明确时间表、路线图和责任链，被最高人民法院确定为"两个一站式"示范法院。最高人民法院两次视频连线演示区人民法院"两个一站式"工作，全国法院首期"一站解纷争"大型全媒体直播活动在区人民法院举办，2000 万网友全程在线观看。

提升司法能力，加快推进审判专业化建设。顺利完成内设机构改革，将原有 23 个部门减少至 12 个。开展领导干部复合能力、员额法官司法能力、审判辅助人员业务技能"三能"培训 38 场。加强审判理论与实务研究，出版《法官说法丛书》，14 篇案例入选《2019 年中国法院年度案例》，5 篇调研成果在北京法院获奖，30 余篇论文在首都法学家论坛等平台获奖，获第三十届全国法院学术讨论会组织工作先进奖。

加强激励保障，激发队伍新动能。在区委区政府大力支持下，招录 20 名聘用制执行辅助人员充实执行队伍，完成 16 名干警晋职晋级工作，分级培养 51 名聘用制法官助理，拓展干警职业发展空间。加强青年人才培养，聚集审判调研骨干成立"厉莉创新工作室"，被区总工会授牌"房山区职工创新工作室"，2 个项目获评"房山区优秀人才培养资助项目"。立足关爱干警，建立"五心同频"心理健康关爱体系，引入心理咨询自助服务系统，被市总工会授予"职工心灵驿站""天平·心能量"获评市总工会 2019 年优秀职工心理服务项目。

（四）以内外监督为桥梁，提升司法公信力和群众满意度

自觉接受监督，促进公正廉洁为民司法。自觉接受区人大常委会和人大代表专题督查，开展全国、市、区三级代表联络活动 38 场，代表参加活动 180 余人次；邀请政协委员深度参与审务督察、多元化解等工作，提高监督实效。首次通过随机抽取等方式选任 224 位人民陪审员，人民陪审员参与审结案件 3931 件，

陪审率93.5%。积极接受检察院的法律监督，邀请区检察院检察长列席审判委员会会议22次。

强化审判管理监督，优化审判质效和司法作风。聚焦审判规范化和干警司法作风等问题，开展"突出问题集中整治、加强内部管理"活动。全年评查案件3000余件，进行视频检查、实地巡查、专项检查、随机抽查100余次，邀请人大代表、政协委员参与明察暗访10余次。针对评查检查发现的问题随时督办反馈，每月在审判管理联席会集中通报。

探索司法公开新路径，不断增强司法透明度。公开裁判文书26 726例，裁判文书上网率100%，在全市法院排名第一；网络直播庭审8572件，庭审直播率20%。全面落实司法网拍，成功拍卖标的额4.34亿元，整体溢价率15.5%。加强法治宣传，召开典型案例新闻通报会15场，开展"京法巡回讲堂""普法巴士"宣传活动50余场，创作微电影《执着之行》获得第七届亚洲微电影艺术节平安中国单元"最佳作品奖"、第六届全国法院微电影微视频评选十佳提名奖，并上线"学习强国"平台。因司法宣传工作突出，连续三年获最高人民法院政治部、人民法院新闻传媒总社联合通报表扬。

四、检察工作

（一）紧紧围绕区域经济社会发展大局，充分发挥司法办案职能

全年受理案件4193件，办结3958件。

一是全力服务国庆安保。坚持以新中国成立70周年庆祝活动为主线，妥善办理重大敏感案件，积极参与安保防控；选派30余名检察干警参与群众游行和联欢工作，圆满完成服务保障任务。

二是全力维护社会稳定。依法打击侵犯人身权利、财产权利的刑事犯罪，受理审查逮捕案件983件1354人，审查起诉案件1363件1716人。依法办理公安机关提请逮捕的严重扰乱医疗秩序案、涉嫌小产权房合同诈骗案；审查办理许某某正当防卫案，依法作出不起诉决定，进一步惩恶扬善、弘扬正气，释放社会正能量。

三是全力保障"三大攻坚战"。围绕防范重大风险，主动深入北京基金小镇、北京金融安全产业园，结合办案加强金融法治宣传，预防和减少系统性金融风险；依法办理非法吸收公众存款系列案件，涉及投资人3000余人、涉案金额50亿余元。积极服务国有企业和私营经济健康发展，与燕山石化签订法治共建协议；与市场监管局等单位就优化营商环境专题座谈，妥善办理侵犯民企权益案件。围绕精准脱贫，积极开展司法救助，彰显司法人文关怀。围绕污染防治，依法开展涉环保领域专项工作，起诉各类破坏环境资源保护犯罪4件12人。

四是充分发挥检察机关在反腐败工作大局中的重要作用。依法提前介入调查

案件 8 件 10 人，受理区监察委员会移送案件 7 件 7 人，对涉嫌犯罪的依法采取强制措施、提起公诉。办理的受贿、贪污案获评服务保障大局精品案件。

（二）紧紧围绕护航人民美好生活，积极推进社会治理

一是助力法治房山建设。积极参与社会治理，践行新时代"枫桥经验"，在窦店村、北京基金小镇等地设立"检察服务 e 站"，线下设站点、线上推程序，把以人民为中心落到实处。对 2664 件案件开展风险评估，确保重大敏感时间节点安全稳定。深化源头治理，向 19 家相关单位发出检察建议 29 份均获有效整改。

二是稳步开展公益诉讼检察。从促进公益保护、促进社会治理、促进依法行政出发，开展生态环境保护等专项监督，排查线索 68 件，立案行政公益诉讼案件 15 件，发出检察建议 8 份，主动与区行政机关开展联席会、案件研讨；持续跟进大石河水污染防治工作，促进 8 月首次达到 V 类水体标准。

三是用心做好未成年人检察工作。依法严惩侵害未成年人犯罪 23 件 24 人。对娱乐场所违法接纳未成年人问题制发检察建议，获区领导批示，推动开展专项整治。依法办理了北京市首例校园欺凌支持起诉案，获评检察机关精品案件。办案团队获评全国维护妇女儿童权益先进集体。

四是全面推进认罪认罚工作。认罪认罚从宽制度对完善刑事诉讼程序、准确及时惩治犯罪、化解社会矛盾具有重要意义。区人民检察院将认罪认罚工作与追赃挽损、矛盾化解、量刑建议有机结合，审查办理的房山区首例 P2P 模式非法吸收公众存款案，依法对 18 名犯罪嫌疑人均适用认罪认罚从宽制度，实现退赃退赔 400 余万元，切实维护了投资人的合法权益。

五是积极开展普法宣传。依托"十进百家，千人普法"主题活动，开展法治宣传百余场，受众达 18 000 余人，宣传场次、受众面名列全市检察机关第一；依托"检察官法治文化宣讲团"，创新普法形式，丰富普法内容，开展以案释法、检察官进课堂、模拟法庭，引导人民群众依法表达诉求、解决纠纷、维护权益，为法治中国首善之区建设贡献检察力量。

（三）紧紧围绕维护司法公正，强化诉讼活动法律监督

一是深化刑事诉讼监督。依法开展立案监督和侦查活动监督，办理的某小区树木被砍伐案，建议公安机关立案侦查，该案成为全市首例小区树木被砍伐经监督进入刑事程序的案件。加强刑事审判监督，依法提起抗诉 9 件；强化刑罚执行监督，促进执行 70 件、执结金额 155 000 元，严格依法完成 12 人的特赦工作，办理收监执行监督案获评全市优秀案件。

二是重视民事诉讼监督。受理案件 21 件，同比上升 91%，审查办理的北京某科贸公司与某学校合同纠纷执行监督案入选市检察机关典型案例集，审查办理

一起持续近 20 年的劳动争议纠纷案，依法提请抗诉，有效化解社会矛盾，维护当事人合法权益。履行调查核实职责，立案 4 件虚假诉讼案件，发出建议 2 份。

三是加强行政诉讼监督。开展行政非诉执行专项监督，依法立案审查 7 件。与区司法局、区律师协会建立法律援助和律师代理行政诉讼案件办法，扩展案件线索来源、促进依法行政。共受理行政诉讼监督案件 8 件，同比增长 3 倍，案件受理数位列全市基层法院第一。

（四）紧紧围绕检察权规范运行，自觉接受内外部监督

一是自觉接受人大监督。向区人大常委会专题报告公益诉讼检察工作，有力促进公益诉讼检察工作的开展。邀请人大代表、政协委员参加"检察服务 e 站"启动、案件论证等活动；主动邀请人大代表听取检察工作开展情况，广泛征求意见建议，为代表充分履职提供便利。

二是自觉以公开促公正。以"共和国建设者走进检察机关""检察护航民企发展"等主题，开展公众开放日，邀请全国劳动模范、人大代表、民营企业家等走进检察院，了解监督检察工作；探索审查逮捕案件听证、审查起诉案件听证工作试点，完善检察官审查案件程序，确保严格公正司法。完善检察服务中心和案件管理中心，实现"一个窗口对外，一个闸门对内"，提供一站式便民服务；公开发布案件程序性信息 2389 条，法律文书 1108 份，推进司法办案公开透明。

三是自觉加强内部监督管理。全面落实市人民检察院"加强检察管理监督制约年"的工作部署，不断完善检察机关内部办案的管理监督制约机制，从案件入口到出口实现全院、全员、全过程的监督管理。对重点案件开展专项案件评查，及时发现问题，确保检察权规范运行。

（五）紧紧围绕主题教育，加强检察队伍建设

一是扎实开展"不忘初心、牢记使命"主题教育。深入学习贯彻习近平系列重要讲话精神，以开展学习教育、定期升国旗、领导班子讲党课、主题教育成果分享会、主题党日等多种形式深化干警的初心使命。切实加强党支部规范化建设，充分发挥党员先锋模范带头作用，获得区青年文明号、工人先锋号，涌现了全国模范检察官隗永贵等普法先进个人。

二是扎实推进党风廉政建设。巩固落实中央八项规定成果，开展"四风"专项检查，确保检察权公正高效运行。

三是全面加强专业化建设。稳妥有序完成内设机构改革，形成了办理普通刑事案件、金融犯罪案件、公益诉讼案件、刑事监督案件、民事行政监督案件等专业化团队，切实提升办案水平和工作质效。

四是努力锻造素质一流的检察队伍。以专业化、正规化、职业化建设为引领，开设"房检大讲堂"、青年党校，与高校签订"检学共建"协议，打造一流

队伍。

五、司法行政工作

（一）强化责任全力维稳，实现安保维稳工作"无失责"，安保工作水平取得新提升

2019 年大事多、喜事多、安保任务重，司法局早谋划早部署，统筹全系统所有力量向维稳安保聚焦发力，实现了"六个到位"，即成立了领导小组、组织领导到位；召开了工作会议、安排部署到位；制定了工作方案、责任分解到位；领导分片包干、督导检查到位；启动视频体系、指挥调度到位；三级值班值守、应急响应到位，确保了安保工作有步骤、有重点，圆满完成了安保工作任务。

（二）强化协调全区统筹，实现高标准起步"无滞后"，依法治区工作取得新进展

按照市委全面依法治市委员会的相关要求，深刻把握"研究、统筹、协调、督促、检查、推动"的职责定位，组织召开了"区委全面依法治区委员会第一次会"等会议，成立了区委依法治区办和执法协调小组等，明确了组成人员名单及主要职责。制定了《区委全面依法治区委员会工作规则》等 6 项制度，构建了完善的制度体系。开展领导干部依法行政专题研讨班 2 次，区政府常务会议会前学法工作 5 次，圆满完成了区政府依法行政考核工作。

（三）强化文件合法性审核，实现文件审核"无疏漏"，合法性审核水平取得新提升

紧紧围绕区委区政府中心工作，坚持高标准做好区政府行政规范性文件、重大合同的合法性审核工作，全年共审核各类文件草案 126 余件，办理区领导批示等相关文件 21 件，研提合法性审核意见 700 余条。组织相关单位认真梳理，制定了《经营活动合同范本》，为全区经济高质量发展提供了法治保障。

（四）强化行政复议案件指导，实现涉案争议纠纷"无激化"，行政复议工作取得新跨越

全年，共立案审查 494 件行政复议案件。通过案件实地调查、指导规范行政机关自行纠错等形式释法解纷，争议化解量较去年全年提升 1 倍。组织、协调、承办区政府作为被告的行政诉讼案件共 275 件，代表区政府出庭应诉 227 件。积极推行落实机关负责人出庭应诉制度，组织区政府负责人出庭 2 次。

（五）强化执法协调监督，实现执法衔接"无断档"，行政执法工作取得新成效

积极开展执法协调指导工作，全年协调执法案件 37 件次。加强执法监督力度，定期通报《行政执法主要指标完成情况报告》，组织开展了全区案卷评查工

作，全面推行行政执法"三项制度"工作，有效促进了各部门依法履职。按期完成了机构改革期间执法工作衔接，"职权交接率"和"平台填报完成率"均为100%，处于全市前列。

（六）强化分类精准管理，实现特殊人群管理"无缺位"，社区矫正工作取得新亮点

为最大限度保证"两类"人员"管得住、看得严、不出事"，大力加强对352名社区矫正对象和2084名刑满释放安置帮教人员的严格管理，特别是战时阶段努力做到"六个100%、六个管控"，即与社区矫正对象每日100%见面谈话，实现"不漏管"；100%走访摸排，实现"不脱管"；实施100%电子监管，实现"智慧管"；100%分析研判，实现"精准管"；对重点人100%制定管控方案，实现"不虚管"；对违规人员实施100%违规即惩，实现"依法管"。

（七）强化法治宣传教育，实现普法宣传"无死角"，法治宣传工作取得新成绩

为营造浓厚的法治宣传氛围，继续创新普法宣传形式，新开通了"房山普法抖音"。大力整合普法宣传队伍，建立了以"绿萝志愿者团队"为主要力量，覆盖全区27个乡镇和各行政执法单位的10 474人的普法志愿者队伍。并开展了"12·4国家宪法日宪法宣传周系列宣传活动"和"建设法治房山 巾帼在行动"等一系列主题宣传活动，《法制日报》等多家媒体进行了宣传报道。

（八）强化多元调解体系建设，实现重要纠纷排查"无遗漏"，调解工作取得新特色

为将矛盾纠纷化解在基层和萌芽状态，大力加强基层调解组织和多元调解体系建设，依托区人民调解协会和区人民法院的6个基层人民法庭，全力建设6个标准化的区域级矛盾纠纷多元调解分中心，逐步搭建出"1+6"矛盾纠纷多元化解平台，全力打造富有本区特色的化解工作新模式。全年，各级调解组织化解矛盾纠纷11 775件，实现了矛盾纠纷排查"无遗漏"。

（九）强化律师管理，引导律师为辖区经济社会发展服务

完成37家律师事务所、148名社会律师、13名公职律师、8家法律服务所和41名法律工作者的年度考核，考核通过率100%。高效高质地做好行政审业务44件。协助市律师协会完成了北京市律师协会第十一次代表大会代表的换届选举任务。做好村居公益法律服务工作，派遣律师73人，为本区614个社区、村开展法律服务6000余次。成立"女律师维护妇女儿童权益服务队"，与妇联开展对接，服务辖区女性维权活动。

（十）强化弱势群体帮扶力度，实现法律援助"无脱节"，公共法律服务工作取得新突破

以"做强、做优法律援助工作，有力服务全区和谐稳定"为目标，完成了区级公共法律服务中心的建设入驻工作，为群众提供综合性一站式公共法律服务，在全区建立了27个公共法律服务站和620个公共法律服务室等，努力实现全区公共法律服务站（室）建设全覆盖。

# 通州区法治建设报告

2019年是新中国成立70周年，也是副中心正式运行的第一年，通州区在市委市政府的坚强领导下，始终坚持以习近平新时代中国特色社会主义思想为指导，全面贯彻落实党的十九大和十九届二中、三中、四中全会精神及中央、市委、区委的决策部署，立足"一核两翼"和京津冀协同发展大局，重点做好法治政府建设、依法行政和公共法律服务等主要工作，为副中心高质量发展提供了强有力的法治保障。

一、人大法治保障和监督工作

区人大常委会全年共召开常委会会议9次，主任会议10次，听取和审议区"一府一委两院"专项工作报告21项，依法作出决议、决定28项；任免国家机关工作人员472人次，补选区人大代表12名，高质量完成了区六届人大五次会议确定的各项任务。

（一）把牢正确政治方向，开创新时代人大工作新局面

1. 强化政治属性。圆满完成新中国成立70周年人大代表游行方阵的服务保障工作，接待市人大调研视察活动35批次，与北三县人大共同探索开展大气、污水治理联合执法检查。

2. 强化党的领导。向区委请示报告工作60余次，开展区域内因岗位调整的代表辞职、补选工作，实施人大常委会组成人员参与干部任前民主推荐制度。

3. 强化副中心建设。提出48项重点工作，审议决定区政府为民办实事项目，听取区监委工作报告，使人大代表走进监委成为常态。

（二）倾心发展大局，谱写城市副中心建设新篇章

1. 着力推动城市副中心控制性详细规划实施。主动介入专项规划和区域规划编制，重点听取城市副中心组团控规深化方案汇报和教育专项规划报告，并提出相应对策措施。

2. 聚力推动城市治理。落实好老城双修行动，补足基础设施和公共配套服

务设施短板，加强老通州历史片区保护和利用，盘活存量资产用地，推动家园中心建设，引入社会资本介入老城双修；持续督办"加强城市管理"议案，把交通治理、垃圾分类、智慧城市建设作为监督重点，跟踪问效，死盯不放。

3. 奋力推动生态环境建设。大力推动扬尘污染防治，检查环球影城施工现场扬尘管控情况。以创建全国森林城市为重点，专题调研园林绿化工程进展情况提出要求；专题听取美丽乡村建设情况报告，在人居环境整治、后期常态化管护、增加村集体和农民收入等方面提出对策建议。

（三）发挥制度优势，实现刚性监督新质量

1. 全面聚焦经济平稳健康运行。强化经济监督，听取和审议政府工作、行政事业性国有资产管理情况、国有资产管理情况等报告。深入发展改革、税务等部门调研，提出充分释放减税降费红利建议；强化财政预算监督，对财政、审计工作进行监督，形成审查结果报告。对政府债务限额提出规范建议；开展预算联网监督，加强对财政预算指标、项目管理、政府采购、预算执行数据的实时查阅和在线监督。

2. 全面聚焦保障和改善民生。心系百姓，对全区供水现状、农村地区净化设备运行情况提出对策建议，着力推行学校"阳光餐饮"工程建设；心系就业，组织代表视察就业培训工作，开发更多就业岗位，引进高端人才，加强就业技能培训，构建立体化就业保障网络；心系养老，积极推动医养结合，建立以老年人需求为导向、家庭为基础、政府为主导、社区为依托、社会力量广泛参与的居家养老社会化服务体系。

3. 全面聚焦社会事业发展。关注第一需求，推动医疗卫生事业加快发展，着力打造医联体合作新模式；关注第一生产力，推动增强科技实力，建议区政府全面、系统、科学地规划科技发展；关注第一张名片，做好文化工作，建议区政府大力推进大运河文化带、新博物馆、宋庄文化创意小镇、台湖演艺小镇和张家湾设计小镇建设；关注第一追求，推动民办体育事业发展。

二、法治政府建设

2019年，通州区以全国法治政府建设示范创建为抓手，以推进机构改革、转变政府职能、优化营商环境、规范决策执法、完善基层治理等为重点，加快建设法治政府，深入推进依法行政，为副中心高质量发展提供坚强的法治保障。

（一）坚持"共同推进、一体建设"，高位推动法治政府建设

1. 加强党对法治政府建设的集中统一领导。成立区委全面依法治区委员会，建立法治综合、执法、司法、守法普法四个协调小组的工作格局；将法治政府建设成效指标纳入全区绩效管理综合考评体系中，落实党政主要负责人履行法治建设第一责任人职责。实行区政府、区政府各部门、各乡镇街道法治政府建设年度

报告公开制度。

2. 扎实推进全国法治政府建设示范创建。针对法治政府建设示范创建工作落实情况开展法治专项督察，"通州区行政复议规范化建设"项目，接受中央依法治国办实地核验和专家评审。

（二）着力提高重大行政决策和规范性文件管理水平

1. 完善重大行政决策体制机制。建立"通州区决策咨询法律专家库"，充分发挥法律智库作用，为本区重大决策、重要文件、重点工作提供法律咨询。出台《通州区关于建立府院联席会议工作机制的意见》，做好重大决策沟通研判。落实全区44家单位外聘政府法律顾问，实现重要部门法律顾问全覆盖。

2. 加强行政规范性文件监督管理。以区政府名义出台规范性文件7件。对156件区政府重大行政决策、合同、协议和各类文件出具合法性审查意见。为区属各单位出具意见函53件。完成市政府法规规章征求意见12件。开展不规范文件专项清理工作，保留13件，废止3件。

（三）严格规范公正文明执法，加强行政执法规范化建设

落实《机构改革期间行政执法工作衔接规则》和区级机构改革方案，完成改革期间权力事项调整、人员划转等行政执法衔接工作。审核办理新执法证件98人次，完成重大行政执法案件合法性审查6件次。2019年全区行政处罚案件总数量36 057件；执法检查291 766次；处罚总金额6537万元。开展交通领域行政执法绩效评估，交通领域行政执法量跃居全市首位。

（四）加强行政权力监督制约，促进行政权力依法规范透明运行

1. 自觉接受人大、政协监督。全年共向区人大及其常委会报告涉及区政府依法行政相关工作6项，办理人大代表建议109件，政协委员提案205件，提案办结率100%，代表委员满意率100%。落实宪法宣誓制度，22名区人大常委会任命的区政府工作人员依法进行宪法宣誓。

2. 加强审计、财政监督。成立区委审计委员会，加大政策措施跟踪审计，加强地方政府性债务管理和风险防控情况审计，开展财政监督执法检查，加强对各预算单位和采购代理机构的监管。

3. 全面推进政务公开。制定《通州区邀请社会各界人士列席区政府常务会议工作流程》，全年共邀请4名人大代表、政协委员列席区政府常务会议。建立公文公开发布解读机制，主动公开政府信息10 530条，解读政策性文件24件，受理依申请公开695件，信息公开答复率100%。

（五）依法有效化解社会矛盾纠纷，积极完善社会治理体系

1. 行政复议规范化建设"领跑全国"。全年办理行政复议案件176件。出台《通州区全面推进行政复议规范化建设工作方案》，全市率先实现复议接待咨询

镇街全覆盖。行政复议接待室完成搬迁并正式运行。出台《行政复议"三公开"工作规则》，持续深化"三公开"工作，并协助司法部举办推进全国行政复议规范化建设现场会。

2. 坚持和发展新时代"枫桥经验"，完善多元纠纷调解格局。建立区劳动争议调解委员会，挂牌运营区众和劳动争议调解工作室。全区613家人民调解委员会共调处各类纠纷4780件，调解成功率98.4%。健全调解协议司法确认机制，全年完成司法确认案件356件，其中远程在线司法确认7件；举办湘潭大学"京津冀（通武廊地区）人民调解员综合能力培训班"、浙江大学"人民调解专项业务提升培训班"，开展副中心"法治学堂"5次。

3. 推进信访工作规范化建设。实行全部28件区级信访积案领导包案制。推进信访网络信息化建设，打造网上信访"直通车"。编制《通州区依法分类处理信访诉求清单》，实现信访矛盾"控增减存"。全年信访总量7013件，其中群众来访4235件，群众来信2778件，集体来访324批，复查复核收到群众来件226件次，信访及时受理率、按期办结率均为100%。

4. 公共法律服务体系建设扎实推进。公共法律服务实体、热线、网络平台基本融合，全市率先实现"一网通""一站通""一线通"。拓展"点线面"工作机制，完善"半小时"法律援助服务圈。全年提供法律援助1358件，12348热线电话咨询6377人次，办理各类公证事项11 300余件，调处各类矛盾纠纷582余件。举办"通武廊公共法律服务论坛"，签订三地公共法律服务协同发展框架协议，成立人才交流基地，达成信息共享、标准化规范、品牌建设等全方位合作。

5. 加大普法宣传力度，营造良好法治软环境。广泛学习宣传贯彻法律法规，举办大型法治宣传活动，开展各类法治宣传活动1100场次。连续六年举办"青少年寒假网络知识竞答""法治文艺作品征集"品牌活动。在《通州时讯》开设"民有所呼 我有所应"栏目。全区累计建成全国、市级民主法治示范村（居）67个，通州特色法治文化精品村（社区）20个，其中，于家务仇庄、玉桥东里南社区等5个村（居）获评"全国民主法治示范村"称号。通州区法宣办荣获"全国'七五'普法中期先进集体"荣誉称号。

三、审判工作

2019年，通州区人民法院受理案件65 695件，审结60 117件，法官人均结案536.76件，是全市法院的1.7倍，结收比100.56%，审判质效综合指数位居全市前列，结收比、效率指标位居全市第一。"多元调解＋速裁"工作经验继2018年入选全国法院司法体制改革指导案例后，2019年被正式确立为北京样本予以全市推广。

（一）刑事审判工作

受理刑事案件 1497 件，审结 1473 件，结收比 100.61%。顺利审结本区首例"保护伞"犯罪案件和市、区两级挂账的 2 起涉恶案件，被评为北京法院"扫黑除恶"典型案例。审结的销售盗版少儿图书案入选全国打击侵权盗版十大案件。"运河启航计划"获评本区未成年人思想道德建设创新案例。职务犯罪案件审理期限平均缩短 12 天。扎实推进以审判为中心的刑事诉讼制度改革，实现刑事案件繁简分流、简案快审，简易、速裁程序适用率达 82.9%。制定律师辩护全覆盖实施细则，为 972 名被告人提供法律帮助，为 193 名被告人指派律师辩护，对两起案件启动非法证据排除程序。针对危险驾驶犯罪案件，制定醉酒驾驶机动车案件证据指引，规范取证环节。

（二）民商事审判工作

受理民商事案件 45 460 件，办结 42 088 件。成立家事审判庭、老年人维权合议庭。依法高效审结物业、供暖等民生案件。妥善处置涉军停偿民事案件，台湖法庭被市高级人民法院通报表扬。出台优化营商环境司法保障实施意见，构建立审执全流程保障机制，9 项工作被确定为本区优化营商环境创新做法。审结涉企商事案件 3782 件，为企业追回债权 35 亿元，以执行和解助力 78 家企业继续经营。安排 12 名涉嫌犯罪的企业负责人与亲属及工作人员会面处置经营事宜。开设专门立案窗口，建立专业调解室，37.5% 的涉企纠纷实现诉前化解。设立全市首个企业破产专项援助基金。创新压缩商事案件审限"四步法"。走访民营企业 30 余家，召开企业座谈会 5 次。

（三）行政审判工作和监督依法行政工作

受理行政案件 796 件，办结 733 件。配齐配强审判资源，在规制滥诉、化解历史遗留难题等方面实现新突破，获得市级机关及上级法院高度肯定。深度运用"立案五步法"，成功化解西城居民黄某诉市住房城乡建设建委、住房城乡建设部征地拆迁 10 年旧案，超过 30% 的以市级机关为被告的行政案件诉前化解。召开应诉及审理工作座谈会，深入市发展改革委等单位开展法治培训 4 次，覆盖 500 余人。搭建原告与行政机关平等对话平台，市级机关负责人出庭 22 人次。与市司法局签署全市首个府院间电子送达合作协议，为市政府考核市级行政机关提供基础数据，服务市级机关提升依法行政水平。

（四）案件执行工作

受理案件 16 931 件，结案 14 858 件。"基本解决执行难"工作 4 项核心指标继续保持全部达标，并被最高人民法院通报表扬，执行局被评为全国法院涉军停偿工作先进集体。建立分段集约监管机制，启动执行措施的指挥权从法官集中到执行指挥中心。严格把关执行期限，配套建立多元分类考核机制，在不增加审判资源的前提下结案数提升近50%。创新引入"继续执行责任保险"，财产拍卖数量、成交金额均大幅增长，成交金额位居全市前列。加大失信打击力度，依法追究5名被执行人的刑事责任，打击力度为全市之最。

（五）服务保障副中心建设

构建领导小组牵头抓总、服务保障办居中协调、专门审判庭专职审理三位一体保障机制，实现案（事）件双线集约处置。成功化解一系列案件；促使被执行人主动腾退土地。

四、检察工作

2019年，通州区人民检察院服务服从大局发展，依法履行检察职能，扎实推进法治建设，全力为北京城市副中心高质量发展提供有力司法保障。

（一）法律监督工作

1. 立案监督更加精准。加大对公安机关"该立案而未立案、不该立案而立案"的监督力度。全年筛查立案监督数据约3万条，受理各类立案撤案监督案件56件，监督公安机关立案6件、撤案8件，撤案监督案件同比上升300%。筛查各类行政处罚信息200余件，建议行政执法机关移送公安机关立案19件24人。依法监督移送涉嫌犯罪线索的"某公司销售假冒注册商标商品案"入选最高人民检察院典型案例。

2. 侦查活动监督更加有力。依法对公安机关的侦查活动是否合法实行监督，全年依法不批准、决定不予逮捕537件787人，不起诉232件330人，不批捕率、不起诉率为41.5%、15.9%，同比分别上升29.5%和60%，改变侦查机关认定罪名47件74人，纠正遗漏犯罪22件37人，追加逮捕、追加起诉犯罪嫌疑人24人。纠正超期羁押、怠于侦查、讯问违法等各类侦查违法行为16次，提出整改意见建议132条，整改率100%。与公安机关建立侦查活动质量情况通报、审查引导侦查培训机制，着力构建以审判为中心的"大控方"格局。

3. 审判活动监督更加优化。依法对法院审判活动和裁判结果是否合法进行监督，全年共审查判决、裁定1391份，审查审判活动监督案件48件，通过抗诉、检察建议等方式监督纠正审判活动错误或不当7次，成功抗诉2件。依法办理的6起违法占地非诉执行监督案入选最高人民检察院典型案例。

4. 刑事执行监督更加有效。加强对看守所监管活动及公安、法院、社区矫正机构等刑罚执行活动的监督，制发监督文书15份，回复整改率为93%。加大对被逮捕的犯罪嫌疑人、被告人羁押必要性的审查力度，办理案件149件，提出变更建议57人，同比上升67.6%。开展"深化推进财产刑执行检察监督""监督维护在押人员合法权益"等专项检察，监督纠正案件41件。全力做好"两委"选举候选人资格审查工作，开展资格审查196批次10 609人，筛查出不符合候选人资格标准的 28 人。依法同步监督本区特赦实施工作，确保有序有效推进。

（二）刑事检察及公益诉讼工作

1. 助力推进"平安通州"建设。受理提请批准逮捕刑事犯罪案件 1408 件 1881 人，同比上升 18.3%和 13.7%，审查批准和决定逮捕 873 件 1101 人，同比上升 12.4%和 6.9%；受理移送审查起诉案件 1741 件 2194 人，同比上升 29.6% 和 27.9%，审查提起公诉 1413 件 1733 人，同比上升 21%和 19%。突出打击副中心建设过程中危害国家安全、危害公共安全、贩卖毒品、故意杀人、抢劫等重大犯罪。

2. 纵深推进公益诉讼检察工作。推进公益侵害舆情监测新业务，筛查舆情信息 7000 余条，发现公益诉讼线索 21 件，立案审查 16 件，针对生态环境和资源保护、食品药品安全等领域履行诉前程序 11 件。精准对接"疏解整治促提升"专项行动，促进拆除副中心违法建设约 13 万平方米，清理建筑垃圾近千吨。针对涉嫌侵占潮白河道管理范围违法经营案，督促行政机关依法查处违法行为。开展学校周边商户向未成年人出售烟酒问题专项监督，推动区市场监管局、烟草局建立工作对接机制，为实现经营许可、行政处罚信息互通共享搭建平台。制定纵深推进公益诉讼检察工作的"通检十条"，与规自委通州分局、区生态环境局、水务局等行政机关建立联合工作机制。

五、司法行政工作

2019 年，全体司法行政干部在区委区政府坚强领导下，在新一届局党组班子带领下，不忘初心担使命，真抓实干促发展，在副中心建设中奋力谱写司法行政高质量发展新篇章。

（一）以法治政府示范创建为突破口，全面依法治区工作开启新篇章

1. 全面依法治区总体格局初步形成。建立 12 项制度，研究部署 26 项重点工作，制定《深入学习宣传贯彻习近平总书记全面依法治国新理念新思想新战略实施方案》，编印《全面依法治国学习资料汇编（一）》，举办全区领导干部依法行政专题培训班 2 期，积极推动习近平总书记重要指示精神落地见效。

2. 法治政府示范创建申报工作顺利完成。高标准制定《通州区法治政府建设示范创建实施方案》，成为全市唯一同时申报综合和单项示范创建项目的区，顺利完成创建指标申报工作。针对食品药品监管执法、法治化营商环境等重点领域开展法治专项督察，助推示范创建活动深入开展。

3. 行政复议规范化建设取得阶段性成果。行政复议接待室完成搬迁并正式运行，全年办理行政复议案件 176 件，办理以区政府为被告的行政诉讼案件 46 件。公开行政复议报告 2 篇、决定 57 个、典型案例 16 件。出台《通州区全面推

进行政复议规范化建设的工作方案》，行政复议规范化建设创建项目成功入围并接受中央依法治国办实地核验。全市率先实现镇街行政复议接待咨询分中心全覆盖，70%的矛盾争议得到有效化解。司法部行政复议规范化建设现场会在通州区召开，本区经验做法"领跑全国"，受到法制日报、学习强国、人民网、新华网等中央媒体广泛宣传报道。

4. 规范性文件管理工作成效显著。对区政府重大行政决策和规范性文件出具合法性审查意见 78 件；审核区委区政府重大合同、协议 47 件；向市政府报备规范性文件 7 件；为区属部门出具征求意见函 40 件；完成市政府法规规章征求意见 11 件；废止与现行开放政策不符的规范性文件 2 件；建立"府院"沟通机制，出台《通州区关于建立府院联席会议工作机制的意见》，有效预防和化解政府行政决策法律风险 3 件。

5. 行政执法协调监督工作得到新加强。出台《通州区控制在施违法建设若干规定（试行）》。出台《通州区全面推行行政执法公示制度、执法全过程记录制度、重大执法决定法制审核制度实施方案》。顺利完成机构改革后区属 52 个部门行政执法衔接工作，调整权力事项 5488 项。抽取 8 家单位开展行政执法检查考核，指导解决问题 15 项。

（二）以公共法律服务体系建设为总抓手，法治社会建设格局初步形成

1. 公共法律服务体系建设加快推进。制定《通州区三级公共法律服务实体平台业务指导办法》《领导干部公共法律服务接待日制度》等系列配套制度，公共法律服务体系运行机制基本建立。不断完善驻镇律师、社区法律服务专员等工作机制。举办"通武廊"公共法律服务论坛，签订《"通武廊"公共法律服务协同发展框架协议》，形成多项合作机制，并在全市公共法律服务工作会上作典型发言。

2. 普法依法治理工作亮点纷呈。举办全区领导干部依法行政培训 2 期，区政府常务会专题学习 1 期，镇街领导班子专题培训 20 期。开展系列宣传 70 余场次。持续开展百场法治讲座进校园、青少年寒假网络法律知识竞答等活动，全区中小学生参与率 90%。新建法治文化精品村 2 个，新增公共场所公益广告牌 168 幅，新增村居普法专用橱窗 38 个。向社会征集书法、绘画、动漫、微视频等法治题材作品 700 余件，建成案例库、海报库和广告库。区法宣办获评全国"七五"普法中期先进集体，区司法局获评全国维护妇女儿童权益先进集体荣誉称号。

3. 人民调解工作持续发展。探索多元调解化解行政纠纷工作机制，与区人力社保局建立裁调对接机制，区劳动纠纷调解委员会正式挂牌运行。组织人民调解员培训 10 期，举办"副中心法治学堂" 5 期；参加司法部人民调解大讲堂 5

期。全年受理矛盾纠纷 4780 件，调解成功 4705 件，完成"人民调解+司法确认" 356 件。完成人民陪审员选任 380 名。

4. 惠企便民法律服务成效显著。56 项行政审批事项全部进驻区政务服务中心，实现"一口进一口出"工作目标。推出公证便民利民举措 14 条，共办理各类公证事项 11 200 余件，其中农转非批量证 9000 余件、免费遗嘱或遗体捐献等公益类公证事项 240 余件。深入开展刑事案件律师辩护全覆盖、认罪认罚从宽制度试点，共受理法律援助案件 1056 件，其中农民工法律援助案件 796 件，挽回当事人经济损失 2069.6 万元；受理"疏整促"企业外迁劳动争议案件 33 件。深化村居法律服务工作，举办讲座 400 余场，接待法律咨询 1500 余人次，参与调解 500 余件，举办培训 23 场次。

5. 社区矫正信息化建设有新进展。加大政法智能办案系统建设力度，公检法试点的区域案件全部实现网上流转，业务协同全部对接。深度应用"雪亮工程"，全区在管社区服刑人员信息全部纳入管理，实现实时掌握社区服刑人员动向。探索"通武廊"社区矫正工作合作新途径，与廊坊市初步达成异地委托、异地监管、信息共享等多项工作机制。

6. 重大活动安保维稳任务圆满完成。走访社区矫正对象 271 名，组织社会适应性指导培训 15 批次 396 人次，顺利完成特赦社区矫正对象工作。制定《关于进一步加强刑满释放人员安置帮教工作的意见》，走访安置帮教人员 831 人次，心理疏导 20 余人次，救助救济 110 余人次。实现重要活动期间特殊人群"零失控"、矛盾化解"零死角"的工作目标。

六、公安工作

2019 年，北京市公安局通州分局刑事拘留 2077 人，治安拘留 8457 人，逮捕 1080 人，决定起诉 1327 人，处理各类警情 20.86 余万件，有效保证了通州区社会面治安制度稳定。

（一）重大安保工作

坚决完成国庆 70 周年大庆等重大活动维稳安保任务，精细落实本区负责的国庆阅兵方阵、群众联欢表演和观礼嘉宾人群安全保卫措施。规范视频监控、外围封控、防爆安检、人车疏导工作。对大运河森林公园、运河文化广场等 6 处国庆游园点位，加强分区控制、人员疏导、秩序维护，全力保障 44 万余人次游客喜迎国庆。持续强化"为市级机关站岗、为副中心百姓守夜"的政治担当，4.9 万平方米警务中心投入使用。全力助推"疏解整治促提升"专项行动，有力保障 858 万平方米拆违任务顺利完成。主动融入蓝天、碧水、净土攻坚持久战，侦办环境类案件 89 起，全市排名前列。

（二）社会治安工作

纵深推进打击"黄赌毒"等专项斗争，全力清线索、消积案，自主开展

"金盾行动""百日攻坚"专项，推进"大马行动""洼地整治"等专项，强化校园高峰、"7×24"小时警务室等防控机制，切实维护社会大局安全稳定。

（三）户政、出入境管理工作

在户政、出入境管理等方面，提供智能预约、智能引导、智能云受理等业务，优化办证流程、缩短办证时间。对涉及公安行政许可与审批的事项，简化行政手续、拓宽办理渠道、缩短办事时限、降低门槛。全年办理户籍、出入境业务22万余件，细致高效的服务赢得群众高度赞誉，出入境管理支队荣获全国青年文明号。

（四）服务群众工作

制定《关于强力推进"12345接诉即办"工作方案》，有效提升群众"三率"评价成绩。3.5万件报警求助第一时间处置，3792件"12345"群众诉求第一时间响应。收到锦旗148面，感谢信15件。健全完善与相关部门、属地的资源整合、信息共享、联勤联动等机制。272名党员社区民警兼任社区（村）党支部副书记，服务群众9.8万余次，解决矛盾纠纷1200余件，新时代"枫桥经验"在副中心落地生根。

（五）普法工作

持续做好法律法规宣传教育活动，增强人民群众法治意识。加强新媒体普法工作，提升法治宣传传播效能。加强法治文化阵地和载体建设运用，突出抓好社区、校园法治教育。持续发挥"副中心警察""通sir"等融媒体工作室作用，强化与市、区媒体平台合作对接。

七、法治建设特色和亮点工作

（一）坚持全面从严治党，营造良好政治生态环境，为实现全面依法治区打牢核心基础

1. 抓好监督基本职责、第一职责。注重内涵式发展，构建区—街乡镇—村（社区）"三级联动"，村（社区）纪检委员、村（居）务监督委员会主任、监察干事"三位一体"基层监督体系，进一步健全织密监督网络，并推动监督从有形覆盖向有效覆盖转变。强化问题导向，以"大棚房"整治、村（社区）"两委"换届、办公用房治理等20余项具体工作为抓手开展靶向监督。有效运用大数据等信息化手段，扎实推进检举举报平台试点和多个信息化平台的共建运行和廉政档案建设，助力监督插上科技翅膀。在监督检查、线索移送等方面强化纪委监委专责监督与其他监督主体的协作配合，与公安、政法等机关构建协同工作机制，进一步凝聚监督合力，提升监督质效。

2. 巩固反腐败斗争取得压倒性胜利。坚持有效运用监督执纪"四种形态"，聚焦城管、规划等重点领域、关键岗位，严肃查处职务违法犯罪案件。强化纪律

审查的严肃性，对近两年全区 441 名党员、监察对象党纪政务处分决定执行情况进行专项检查，对存在的问题进行整改。一年来，全区纪检监察组织共受理信访举报 2669 件次；处置问题线索 1742 件；立案审查调查 226 件，给予党纪政务处分 234 人，监委立案 29 件，留置 15 人，挽回经济损失 1447.45 万元，保持了惩治腐败的高压态势。同时，持续深化标本兼治，更加注重预防和治本，运用监督执纪第一、第二种形态共处理 1575 人次，占总数的 96.9%。坚持一案一总结，针对发现的共性问题向有关单位发送纪律检查建议书和监察建议书 50 余份，强化用制度管权管人管事，把监督挺在前面的效果日益显现。

3. 持续做好查办案件"后半篇文章"。注重用好身边已查处的典型案例强化警示震慑。制作《初心的失守》《划地为"牢"》《褪色的"丹心"》等警示教育片，编印《案鉴》3000 册下发全区各单位。组织重点领域、重要岗位 150 余名领导干部旁听职务犯罪庭审，并首次摘录严重违纪违法领导干部忏悔书，进一步强化"以案为鉴、以案促改"警示教育。同时注重对干部的保护关爱，一年来对 29 名受处分干部进行回访，探索制定惩治诬告陷害、为干部澄清正名的实施办法，为敢于担当的干部担当，有力促进了干部履职尽责。

（二）坚持依法行政，加速法治政府建设进程，推动全面依法治区走上优质发展快车道

1. 高标准完成机构改革、行政体制改革任务。成立区委机构编制委员会，全面落实区级党和国家机构改革 26 项具体任务。参与制定《北京城市副中心管理体制改革方案》，明确第一批由市级赋权的 53 个事项清单。全区 6 个街道全面推开"大部制"改革，6 个综合执法大队，17 个市场监管所挂牌成立。推进 9 家区级部门 183 项民生事项下沉试点乡镇，实现首批 25 个政务服务事项"全区通办"。全市率先实现企业开办 1 天办结，一次性领取营业执照、印章和发票，免费发放印章。全市率先推出"政银合作直通车"、率先实现市场准入"三证"同办。挂牌成立北京城市副中心北交所企业登记分中心，成为全国第一个在产权交易所设立的企业登记分中心。首创重大产业项目管理信息化平台，打通服务民营企业"最后一公里"。打造首家"云税"体验中心，让企业畅享简便、多元、高效的办税体验。

2. 强化联合惩戒，深入打造"信用通州"服务品牌。制定实施《关于规范违法群租房专项整治工作加强对违法群租行为联合惩戒的实施办法》《通州区工程建设领域审批承诺制失信行为惩戒管理办法》。发布通州区诚信"红黑名单"，实施联合惩戒 20 起。依托"信用中国（北京通州）"网站，开通企业信用信息查询、个人信用报告查询业务。探索开展"信易贷""信易租"等"信易+"应用示范项目。对联合奖惩案例、信用修复、信用创新等典型案例进行宣传，发布

"双公示"信用信息 5854 件，信用中国（北京通州）服务品牌逐步显现。

3. 创新管理服务机制，打造最优营商环境。制定实施《通州区创建服务业扩大开放综合试点先导区实施方案》，发布《关于加快推进北京城市副中心高精尖产业发展若干措施》（简称"通八条"），制定资金扶持、企业服务、项目落地等三项实施细则，形成"前奖励+后补贴+服务绿色通道"的全方位扶持机制。全市率先设立企业破产专项援助基金，完善市场主体退出机制。推出一事一策"普惠服务包"和一企一策"定制服务包"，为企业提供专业化、个性化专属服务。

4. 全面推行"控违十条""三项制度"。印发《通州区控制在施违法建设若干规定》（简称"控违十条"），创新形成副中心控制在施违法建设有效举措。全年全区拆除违法建设 917.56 万平方米，销账 923.97 万平方米，腾退土地 1142.9 公顷，超额完成市、区两级年度任务。印发《通州区全面推行行政执法公示制度执法全过程记录制度重大执法决定法制审核制度实施方案》，开展专项培训指导，搭建统一公示平台，有力推动行政执法"三项制度"落实。

5. 强化服务理念，不断提升"接诉即办"、调解等工作法治化水平。出台《通州区市民热线"接诉即办"工作实施意见》，成立区接诉即办调度指挥中心和镇街分中心，统筹推进全区"接诉即办"工作，全年处理市民反映问题 12.4 万件；持续推进"多元调解+速裁"工作，速裁庭结案 26 860 件，案件平均审理时长 30.5 天，人均结案 2686 件，连续三年"以 10% 的员额法官前端化解了 60% 的民商事案件"。在宋庄镇小堡村、西集镇郎东村设立村级法官工作站，推动司法服务常态化下沉。办结的"出租屋空气质量不达标案"入选北京法院促进基层治理十大典型案例。"多元调解"工作经验已被确定为北京样板予以全市推广，来自黑龙江、浙江、河北、海南等百余家法院来通州交流学习。

（三）深化党建引领，继续完善"双报到、双积分"工作机制，推动全面依法治区不断向纵深发展

1. 深化制度引领，完善管理机制。制定《关于在全区开展党建引领"双报到、双积分"工作的实施意见》，明确 4 类党组织服务类型和 9 类党员个人服务类型。社区（村）与报到组织共同建立需求清单、资源清单、项目清单，对照各类清单进行双向认领；社区（村）与报到党员个人分别建立"需求清单"和"供给清单"，双向推动，实现需求与服务的精准对接。

2. 深化保障引领，聚焦重点任务。聚焦区、街乡、社区（村）"纵向到底"，建立三级党建工作协调委员会、党建工作协调委员会各行业专业委员会和党建工作协调委员会外联委员会。有效聚集辖区内各行业优势，统筹协调辖区外的法人单位通力合作，共同参与辖区建设，开展协商议事。

3. 深化技术引领，推动资源整合。建设通州区党建引领"双报到、双积分"信息系统平台，将组织发布活动、党员群众参与获取积分、积分兑换服务、权益等全部纳入平台统一管理运行，形成党员群众"服务获积分、积分促服务"的基层治理模式；建立线上电子资源库，将服务资源与开展活动、积分反馈有效对接，为线下开展服务活动做好保障；做好区域性、开放性、综合性的党群活动服务中心或党员教育基地建设和整合，为各类组织和个人提供场地保障，加强场地综合利用；充分发挥通州电视台、通州时讯等传统媒体及通州门户网站、通州组工微信公众号等新媒体主动发声、舆论引导的前沿阵地作用，持续扩大"双报到、双积分"工作的宣传力度和影响范围。

 # 顺义区法治建设报告

2019年，顺义区深入学习贯彻习近平新时代中国特色社会主义思想和党的十九大、十九届二中、三中、四中全会精神，紧紧围绕区委区政府中心工作，在推进法治政府建设、服务经济社会发展、服务保障民生、维护社会稳定等方面均取得了较好的成绩。

一、人大法治保障和监督工作

2019年，顺义区人大及其常委会依法行使法定职权，共召开常委会会议9次，开展监督工作44项，开展各类调研活动200余次，任免国家机关工作人员149人次，审查规范性文件12件。

（一）监督工作取得新成效

贯彻落实党中央关于加强对国有资产、支出预算和政策落实监督的要求，在全市率先听取国有资产管理情况、审计情况、综合情况3项报告，率先增加对行政事业单位国有资产的监督，率先听取审议街道办事处预算执行情况报告，率先启动预算联网监督系统。切实发挥人大职能作用，围绕重大活动服务保障、高精尖产业发展、深化改革、承载能力提升、满足群众"七有""五性"需求等，听取审议专项工作报告28个，开展专题询问、执法检查、工作视察、专题调研16次，专门加开人大常委会会议，依法任命机构改革调整后区政府组成部门负责人18名，坚持落实好区人大与区政府工作对接会制度，形成推动区委决策部署落实的合力。

第一，紧扣区委中心工作开展监督。一是聚焦区域均衡协调发展。连续三年督办"关于加快全区协调发展重点推进河东地区建设"议案，推动政府持之以恒打基础、补短板、强弱项，河东地区水电气热供应保障持续增强，教育、医疗、文化、体育等公共服务日益提升，项目、政策、资金向河东地区倾斜的态势明显，河东地区的发展成就，得到了代表和河东人民的高度认可。二是聚焦城市承载能力提升。专委会协调联动，连续两年加强对空气和水污染防治工作的监

督，从源头治理、过程管控、长效机制等方面提出建议，与政府合力打好污染防治攻坚战。落实中央关于实施乡村振兴战略的要求，连续两年对美丽乡村建设开展监督，有力促进了农村人居环境改善。三是聚焦推进治理体系和治理能力现代化。专题视察法院诉调对接中心，形成维护区域和谐稳定的工作合力。扎实推进"关于强化基层社会治理，规范农村房屋租赁管理，消除安全隐患"议案办理，提出加强协调联动、推进基层群众共治共享等意见建议，有力推进农村地区构建源头管理、综合防控、依法治理的基层社会治理格局。

第二，紧扣人民群众重大关切开展监督。一是切实加强对"加快推进顺义区商业、服务业转型升级，提升人民群众生活品质"议案的督办，侧重服务百姓生活需求等意见建议，区政府出台了《顺义区商业服务业专项提升三年行动计划（2020—2022 年）》，助推群众消费品质和生活品质提升。二是着眼于群众操心事、烦心事、揪心事，对五年以上未竣工项目开展专题询问，与区政府一道分析问题成因、研究解决路径。目前，城南体育中心、文化中心已建成并完成五方验收。围绕群众普遍关心的文明城区创建、医药卫生改革、小区物业管理等开展监督，提出建设性意见建议，为推动相关工作提供人大助力。对本区学前教育资源建设情况开展专题询问，推动了热点地区学位紧张、师资力量短缺等问题的解决，有力促进了学前教育均衡优质发展。开展老旧小区改造专题调研，真切反映基层呼声和群众需求，针对项目建设存在的问题，提出加强统筹、确保质量、问需于民、建管并重等意见，有力促进老旧小区改造工作。

第三，紧扣全面依法治区开展监督。一是以更高站位融入依法治区进程。区人大常委会坚持落实宪法宣誓、任前法律知识考试、常委会会前学法制度，加强规范性文件备案审查，组织人大代表参加法院旁听，不断提升宪法意识和法律意识。听取和审议区政府推进法治政府建设、检察机关队伍建设情况报告，促进依法行政、公正司法。二是以更实要求加强执法检查工作。对本区贯彻实施"两条例一决定"情况进行执法检查，推动城市交通治理能力提升。连续两年检查促进科技成果转化法落实情况，助推科技创新中心建设。围绕新中国成立 70 周年服务保障工作，组织百名区、镇人大代表开展安全生产法执法检查，首次采用常委会领导全员参加、镇街功能区分组联动、工作部署与培训考试相结合的方式，为全区重大活动服务保障工作贡献力量。

第四，紧扣重大事项依法行使决定权。听取和审议区政府关于重要民生实事项目安排情况的报告，同意区政府 2019 年实施 6 个方面 31 件重要民生实事项目安排。加强对"十三五"规划和分区规划推进落实情况的监督。依法批准区政府 2018 年决算报告及 2019 年预算调整方案，有效发挥了议大事、保落实的作用。

（二）人大代表机关建设有力推进

一是人大代表与群众的联系进一步密切。出台"区人大代表联系选民月"实施方案，并于8月份组织首次人大代表联系选民月活动，组织市、区、镇三级1014名人大代表深入基层，就生活垃圾管理条例修订工作征求群众意见近900条，与选民联系的广度、深度大幅扩展。注重发挥镇街人大代表之家、人大代表联络站、人大代表社情民意收集箱的作用，把握选民呼声、反映群众诉求，目前已建成68个人大代表之家、132个联络站，为人大代表履职、联系选民搭建了重要平台。加强常委会、专委会组成人员与选民的联系，开展与选民结对子工作，在开展议案办理、专题询问、视察调研时，广泛听取人大代表、基层单位和群众的意见建议，使人民群众关心关注的问题在监督工作中得到充分体现。

二是人大代表服务体系进一步完善。出台人大代表履职守则，从政治、法律、工作等方面加强对人大代表的监督和管理，人大代表工作体系不断完善。加强人大代表培训工作顶层设计，组织四期履职培训班，实现区、镇两级人大代表全覆盖；组织常委会组成人员赴贵州进行党性教育专题培训，有效提升人大代表履职意识和履职能力；探索专委会小班制、专题化的人大代表培训方式，培训针对性大大增强。认真做好人大代表补选工作，严格依法按程序补选区人大代表17名。按照市人大要求，精心组织市人大顺义团各项活动。

三是人大代表建议督办进一步加强。完善常委会领导牵头督办、各专委会分类督办、人大代表联络室综合协调的工作机制，集中开展人大代表建议办理情况"回头看"，健全完善人大代表建议督办工作台账，形成建议督办新的推动力。全年共办理人大代表建议127件，推动驻区企业申购共有产权房、设施农业整顿长效机制建立、老旧小区电梯更换、加强校园门口安全管理、增加老年服务设施等相关建议的办理，激发了人大代表履职积极性，提升了人民群众的获得感。

二、法治政府建设

（一）圆满完成重大活动服务保障任务

2019年，顺义区政府牢牢把握大事多、喜事多、盛事多的特点，坚持将服务保障重大活动作为首要政治任务，全身心投入、全方位参与新中国成立70周年庆祝活动，每日调度、一线督导，全区各部门、各属地密切配合、协调联动，广大党员干部群众坚守岗位、无私奉献，以强烈的历史责任感和神圣使命感，圆满完成群众游行、群众观礼、群众联欢、环境质量、安全稳定等服务保障任务。坚持以最高标准、最强组织、最实举措、最佳状态接续奋战，圆满完成党的十九届四中全会、第二届"一带一路"国际合作高峰论坛、2019年中国北京世界园艺博览会、亚洲文明对话大会等一系列重大活动服务保障工作，确保了城市运行平稳有序、社会大局安全稳定。

（二）城市精细化治理水平不断提升

探索为基层赋权增能，优化线性工程、公厕提升等领域工作机制。"多网融合"城市管理网全面启用，镇街网格化综合管理指挥中心全部建立，区级指挥中心大厅建设完成。"智慧顺义"稳步推进，"雪亮工程"主体建设完成。首都国际人才社区顺义试点正式获批。严管严查安全生产工作，检查企业12万家次。实现平安度汛，食品安全示范区创建成果日益巩固。全区常住人口保持在123万人以内。全面增进民生福祉，积极回应群众关心关切。坚持民有所呼、我有所应，深化党建引领"吹哨报到"改革，组建"接诉即办"区级和镇街专班，严格执行24小时值守制度，确保全流程专人负责、闭环管理。

（三）着力加强政府自身建设，法治政府建设基础更加夯实

始终坚持依法行政，自觉接受区人大、区政协监督，主动接受监察监督，持续加强工作对接，按时办结人大代表建议126件、政协提案164件，满意率均达到100%。强化政府合同管理，累计事前审查各类政府合同5900余件。加大普法力度，接待法律咨询2.4万人次，开展以案释法、普法宣传等活动800余场。严格落实区委安排部署，高标准完成机构改革任务。

三、审判工作

2019年，顺义区人民法院执行局被评为全国维护妇女儿童权益先进集体，1名干警被评为全国法院办案标兵，1名干警荣获首都劳动奖章，1名干警被评为顺义区优秀青年人才。

（一）依法履行审判职责，为区域高质量发展营造良好法治环境

2019年新收案件46 294件，办结46 335件，保持良好审判态势，在市高级人民法院开展的2019年度中基层法院目标责任制考核中，被评为"一档"法院。

一是坚持总体国家安全观，全力维护社会安全稳定。依法严惩发生在人民群众身边的腐败案件，审结村干部职务犯罪案件4件。严厉打击涉众型经济犯罪，审结非法吸收公共存款案件5件，涉案金额1.07亿元。成立刑事速裁审判团队，对被告人认罪认罚的案件，依法从快从简从宽处理。共审结认罪认罚案件1019件，平均用时5天。主动研判法律风险，针对审理过程中出现的问题精准发送司法建议，关于严厉打击非法采矿犯罪行为的司法建议获评北京法院优秀司法建议。

二是公正高效审理民商事案件，优化营商法治环境。依法平等保护不同所有制市场主体的合法权益，审结买卖、租赁等合同纠纷19 401件。建立类案辩论制度、将类似案例引入庭审，组织原告、被告围绕争议焦点和是否参考类案生效判决进行法庭辩论，保证同类案件得到同样处理，商事案件一审服判息诉率同比提高5个百分点。组建专业化破产审判团队，审结破产清算案件17件，涉及职

工债权 1.7 亿余元。依法妥善审理涉众型案件，总结在审理过程中出现的问题和经验做法，撰写的案件信息被最高人民法院、市高级人民法院、北京市委采用。到临空经济核心区走访调研，与金融企业交流座谈，了解企业司法需求。与重点企业合作建立普法基地，提供点对点的司法服务，促进企业合规、健康发展。

三是巩固基本解决执行难攻坚成果。受理执行案件 12 783 件，同比增长 19.9%。在一起执行标的为飞机的案件中，经过协调，在 5 天内完成查封扣押、异地保管、维护保养等工作，在 1 个月内完成变卖，为人民法院依法处置航空器创造了有益经验。加大强制执行力度，公布失信被执行人信息 6468 条，限制高消费 7045 人，罚款拘留 180 人，以拒不执行判决、裁定罪追究刑事责任 1 人。全面推行网络司法拍卖，成交额 2.65 亿元，为申请执行人节省佣金 976.4 万元。依法开展大型司法强制腾退 5 次，腾退面积 1.5 万余平方米，服务保障新国展二期、三期等重点项目建设。在市高级人民法院开展的中基层法院目标责任制考核中，执行工作专项考核位列全市第一。

（二）主动延伸审判职能，推动构建社会治理新格局

坚持共建共治共享的社会治理制度，发挥法治保障功能，努力建设更高水平的平安顺义。

一是促进法治政府建设。新收行政案件 815 件，同比上升 83.2%。建立行政争议化解中心，实行案前调解，因成果显著，该做法被评为北京法院司法改革微创新优秀案例。召开行政审判白皮书新闻发布会，邀请败诉率较高的行政机关参加，发布典型案例，提出具体建议，规范行政执法行为。以"发挥行政审判职能助推法治政府建设"为主题，举办代表委员进法院活动，邀请部分全国政协委员、市人大代表参加新闻通报。

二是建立示范性裁判机制。针对"疏整促"专项行动、违法建设治理产生的群体性纠纷和其他易发多发纠纷，选取典型个案进行示范开庭、示范裁判，引导其他同类案件的当事人形成合理诉讼预期。发布典型案例，引导人民群众参照裁判规则协商解决纠纷。"微信群发表不当言论构成侵权"一案入选北京法院"树立社会规则、维护社会秩序"十大典型案例。

（三）坚持以人民为中心的发展理念，主动适应人民群众对司法公正的新期待

一是创新工作机制，强化民生司法保障。依法保障妇女、儿童、老年人、残疾人合法权益。审结婚姻家庭、继承纠纷案件 4010 件，促进家庭关系和谐稳定。在一起交通事故致残赔偿案中，邀请心理专家对年仅 7 岁的申请执行人进行心理疏导，该案被评为全国"推动法治进程十大案件"。对被执行人确无财产可供执行的案件，实施司法救助，向 21 起案件中 42 位无法获得有效赔偿且生活极端困

难的申请执行人，发放救助金 300 余万元。其中，吴某申请司法救助案件作为北京法院唯一一起案例，入选首届人民法院国家司法救助典型案例。

二是主动接受人大、政协及社会各界监督。积极开展代表委员联络工作，邀请旁听案件、监督执行、调研该院多元调解工作、参加新闻通报会等。依法接受检察机关法律监督，召开法检联席会议，邀请检察长列席审判委员会会议。

三是加强法治宣传教育。严格落实中央政法委工作部署，开展"今天我当班"法院开放日活动。组织普法宣传活动 40 余次，召开专题新闻通报会 4 次。根据网友关心的法律问题，开展定制式精准普法制作"顺法一分钟"系列普法微视频，累计点击量超过 5000 万次。以执行工作为题材拍摄的公益广告《纽扣》，被评为全国法院十佳微视频。

四、检察工作

（一）充分发挥检察职能，为大局服务为人民司法

2019 年共受理各类审查逮捕案件 1060 件 1423 人，审查起诉案件 1574 件 1978 人，其中批准逮捕 683 件 825 人，提起公诉 1348 件 1654 人。不断推进认罪认罚从宽制度实施，全年认罪认罚案件适用率为 71.35%，居全市前列。加强与监察机关的协调配合。审查区监察委员会移送的贪污贿赂犯罪案件 7 件 11 人，依法提起公诉。向区监察委员会通报党员、公职人员涉嫌犯罪案件 39 件，移送涉嫌违法违纪线索 7 件。

一是主动服务打好"三大攻坚战"、做好"三件大事"。坚决打击破坏金融管理秩序等涉众型经济犯罪，批准逮捕 29 人，提起公诉 39 人。在依法办案的同时，注重化解矛盾，维护社会稳定。在办理瓮某某非法吸收公众存款案等案件中，发挥自行补充侦查职能作用，追回赃款 500 余万元。

二是为持续优化区域营商环境贡献检察力量。坚决打击扰乱市场秩序、侵犯知识产权等犯罪，批准逮捕 30 人，提起公诉 46 人。开展涉民营企业案件羁押必要性审查专项活动，依法对 3 名被羁押的犯罪嫌疑人变更强制措施为取保候审。开展经济犯罪领域撤案监督专项活动，监督公安机关撤案 6 件 7 人。

三是立足检察职能参与社会治理。落实最高人民检察院"群众来信件件有回复"和市人民检察院工作要求，对群众诉求及时审查分流，做到 7 日内程序性回复，3 个月内办案结果告知。立足检察职能开展"十进百家、千人普法"活动，开展普法宣传 38 次，受众 6000 余人。针对办案中发现的社会治理问题，向有关单位发出检察建议 13 份。开展校园周边商户向未成年人出售烟草专项监督活动，保护未成年人合法权益。

（二）全面强化法律监督，维护司法公正公信

一是深化侦查监督和刑事审判监督。全年受理立案监督案件 78 件 86 人，其

中监督公安机关立案 32 件 35 人，监督撤案 32 件 40 人。建议行政执法机关向公安机关移送涉嫌犯罪案件 9 件 12 人，公安机关立案 9 件 12 人。受理侦查活动监督案件 32 件，提出口头纠正 16 件，发出《纠正违法通知书》3 份、检察建议 1 份，相关问题均得到整改。加强刑事审判监督，按照第二审程序提出抗诉案件 3 件 8 人。

二是强化刑事执行监督。开展驻看守所检察 273 天次，与在押人员谈话教育 286 人次。办理在押人员控告、举报、申诉案件 13 件。开展社区矫正监督检察 31 次。办理羁押必要性审查案件 188 件，对不需要继续羁押的犯罪嫌疑人建议变更强制措施 84 人。开展判处实刑罪犯未执行刑罚专项监督等 3 个专项检察监督活动，对发现的问题提出纠正意见，相关问题得到及时整改。

三是加强民事、行政诉讼监督。受理民事诉讼监督案件 61 件。开展虚假诉讼专项监督活动，发现 1 件标的额 1800 余万元的案件涉嫌虚假诉讼，依法提出再审检察建议，法院采纳建议并裁定再审。针对审判过程中的司法不规范等行为，发出检察建议 2 份。推进行政诉讼监督。受理行政诉讼监督案件 7 件，协助市检察院办理行政诉讼监督案件 18 件。

（三）依法开拓公益诉讼，履行公益保护崇高使命

全年审查公益诉讼案件线索 22 件，其中行政公益诉讼立案 16 件，发出诉前检察建议 10 份；民事公益诉讼立案调查 3 件，移送市检四分院立案审查 1 件。

一是树立双赢多赢共赢理念。不单纯追求办案数量，更注重围绕区域重点工作抓办案实效。开展了小微黑臭水体污染公益诉讼专项监督活动，对部分污染水体进行实地调查，立案 3 件，督促属地政府做好河湖管理保护工作，对问题较为突出的水体进行跟踪复查，与行政机关形成合力，推动形成长效治理机制，共同推进区域水环境持续改善。

二是突出办理生态环境和资源保护领域公益诉讼案件。针对社会公众广泛关注的"牛奶河"案件中的行政机关履职问题进行立案调查，督促其严格履行监管职责。查办非法倾倒建筑垃圾线索 9 件，发出诉前检察建议 5 份。

三是重点办理食品药品安全领域公益诉讼案件。以饮用水水源地保护为重点，督促治理存在污染隐患的水源地面积 1300 余平方米，清理渣土 1800 余吨。开展医疗机构、保健品经营者虚假宣传专项监督活动，维护人民群众合法权益。

（四）深化司法体制改革，自觉接受人民监督，确保检察权运行规范高效

推进内设机构改革，改革后现有内设机构 10 个。主动接受人大、政协和社会各界监督。就"检察队伍建设工作情况"向区人大常委会作专项报告，开展 3 次主题开放日活动。保障律师合法执业权利，全年接待律师 882 人次。依托检察管理监督平台，将案件办理进程等程序性信息及时发送给辩护律师。

五、司法行政工作

（一）统筹推进法治政府建设，努力提升法治化水平

一是提升领导干部法治思维。2019 年组织区政府常务会会前学法 4 次，开展专题法治讲座 6 次。二是做好机构改革期间的执法衔接工作。切实做到改革前后执法职责和执法事项"底数清""账目明"。三是大力推进行政执法规范化建设。制定任务清单和实施方案。四是加强事中事后监管。出台《2019 年顺义区行政执法监测考核工作方案》。

（二）主动作为，保障"疏整促"专项行动

一是积极开展法治宣传培训。举办镇政府查处违法建设操作规程培训会。二是认真把好法律审查关。针对"疏整促"专项行动涉及的《疏解腾退空间管理和使用工作方案》等 28 个文件和决策事项，提出意见建议 50 余条。三是主动提供公共法律服务。全年共组织开展"疏整促"服务活动 288 次，成功调处矛盾纠纷 210 件。四是全面进行法律支持。2019 年顺义区司法局与顺义区法学会行政法学研究会合办刊发 6 期《顺义行政法制研究》内部刊物。

（三）强化法治保障，助力优化营商环境

一是认真开展规范性文件清理。对区政府、各部门、镇街道发布的规范性文件进行清理，对与现行开放政策不符的文件坚决予以纠正。二是优化法律服务渠道。组织开展优化营商环境培训会。三是打造区、镇两级公共法律咨询平台。推进法律援助"绿色通道"和 12348 热线服务。

（四）严格法律审查，为经济社会发展保驾护航

一是不断提高本区政策文件的质量。2019 年共对 260 个文件和决策事项进行合法性审查，提出意见建议 195 条。二是加强政府合同规范化管理。全年共审查合同 5831 件，备案 1448 件，提出意见建议 7730 条。

（五）做好行政复议应诉，服务大局主线

一是加强行政应诉工作。全年办理以区政府为被告诉讼案件 143 件。二是妥善处理行政复议案件。审结行政复议案件 373 件（2018 年结转 29 件，2019 年 344 件），撤销、确认违法等直接纠错案件 100 件。三是积极落实行政机关负责人出庭应诉。区长作为区政府行政机关负责人出庭应诉，对加强司法与行政良性互动、推争议实质性解决有着重要意义。

（六）深化新实践，开创普法依法治理工作新局面

一是服务大局开展普法依法治理。制定实施《庆祝中华人民共和国成立 70 周年主题普法活动实施方案》。二是坚持推进基层依法治理。通过建设法治宣传实体阵地，促进基层普法要素形成凝聚效应。

（七）严密教育管控，扎实开展社区矫正和安置帮教

一是社区矫正督查工作成效显著。在重大活动期间、重要敏感节点，实地督

查安保管控措施的制定落实及取得成效情况。二是安置帮教工作扎实有效。加强"三无"人员和"特殊老病伤残"人员等重点人的接收衔接工作，刑满释放人员帮教率、一次性安置率均达到了100%。

（八）坚持发展枫桥经验，深化多元调解机制

一是扎实开展矛盾纠纷排查化解。2019年全区共开展矛盾纠纷排查48 258次，调解纠纷5014件，成功4903件。开展农民工欠薪专项矛盾纠纷排查75次，化解农民工欠薪矛盾纠纷8件。二是深化访调对接，镇街人民调解委员会排查矛盾纠纷256次，化解7件。三是行政调解成效明显。顺义区行政调解委员会全年共调解案件150件，调解成功106件。

（九）践行司法为民，提升公共法律服务水平

一是提升服务能力和水平。建立领导干部公共法律服务接待日制度。二是规范提供各类法律服务。全年共办理法律援助案件854件，各类公证3764件。三是村居法律顾问作用明显。实现区内村居法律顾问配备率100%，村居法律顾问累计服务5567天，现场普法2351场，法制讲座1710场，法律咨询7993人次，发放宣传资料205 411件。四是开展多种形式宣传活动。积极开展"国家宪法日"系列宣传活动，落实司法行政部门开放日制度，开通公交普法专线，开展中小学宪法诵读活动，依托《法治顺义》等媒体广泛开展法律法规宣传。

六、公安工作

（一）抓好打击办案"主业"

2019年，围绕国庆70周年安保中心工作，深入推进"平安行动""三清三个一批"等专项整治，自主开展破案会战专项行动和清零会战等专项行动，全区110刑事警情和治安警情同比下降明显，创造了良好社会治安环境。特别是重拳出击，严厉打击影响企业发展的犯罪行为，对企业报案或日常发现涉企业线索，涉及刑事犯罪的，由北京市公安局顺义分局领导牵头，组织专门力量直接侦办，做到快侦快破、快办快结，最大限度减少企业和群众损失。

（二）积极开展主题宣传

围绕110主题宣传、"6·26"国际禁毒日、"11·9"消防日、"12·2"全国交通安全日、"12·4"宪法日等节点，积极组织主题宣传，营造良好法治环境。特别是针对入室盗窃、电信诈骗等高发多发案件防范及预防煤气中毒、养犬管理等服务群众领域，充分利用电视台、广播、电子屏、海报、印刷品及顺警之家等微博、微信公众号等手段，广泛宣传，加大群众对法律法规的认识了解，展示公安机关执法为民、便民、利民成果，营造全社会知法、守法的良好氛围。

（三）深化"放管服"改革措施落地生根

紧密围绕全面深化公安改革总目标，加快推进政策调整和简政放权，将车

管、出入境业务融入区政务服务中心，提升户政窗口执法服务水平。行业管理方面，按市公安局要求开展公章刻制审改备工作，每日审理率达 100%。出入境方面，落实"就近受理、分局审批、总队制证"工作模式，深化网络技术成果应用，推出批量审批、自动审批和无纸化审批工作模式，达到"让数据多跑路、让群众少跑路"目标。户政办理方面，简化居住证（卡）办理流程，户口审批层级将由三级改为两级，审批时限由 50 个工作日缩短至 35 个工作日，提高了审批效率。

（四）持续深化执法规范化建设

依托"执法办案中心＋案管组"两级监督体系，强化对警情处置的跟踪督导、动态管控和执法考评，2019 年，分局疑似被违规处置为事件的警情率远低于全市平均水平；推进以基层所队办案区智能化改造和政法办案智能管理平台、智能语音笔笔录、智能办案 APP 推广应用为重点的执法信息化建设，助力各单位执法办案科技水平；以"硬件建设标准化、组织管理精细化、案件办理集约化、执法行为规范化"为目标，规范执法办案中心运行，强化对基层办案单位场所监督检查，确保执法办案活动安全规范。

（五）接诉即办工作

积极开展 12345 接诉即办工作，制定《深入推进 12345 服务热线办理工作实施细则》，响应率 100%，解决率和满意率明显提升。

（六）严厉打击刑事违法犯罪

主动顺应人民群众对社会平安新期待，以"智刃""云剑""打击整治百日攻坚行动"等专项为引领，坚持以打开路，波次攻坚，严打各类突出违法犯罪，坚决维护社会治安大局稳定，命案、绑架、抢劫案件破案率 100%，8 类重大恶性案件破案率排名全市第四。

（七）综合治理治安突出问题

依托"雷霆行动""打整控""并肩治乱""治安洼地"等专项工作，全力整治突出治安隐患、净化社会治安秩序，确保社会治安环境干净有序。严格特种行业场所单位监管，会同区工商、文委等单位，开展联合执法检查及夜查 30 余次，对问题场所，从严开展行政处罚；以缉枪治爆专项为依托，强力推进危险物品清理整治，为人民群众安居乐业创造了良好的社会环境。

（八）有效监管公共领域安全

消防隐患排查方面，推动区、镇两级财政投入，加强消防基础设施建设，已建成消防水池 252 座、水鹤 286 座，新建消防站、水池水鹤数量排名全市第一；开展专项清理整治，推动拆改泡沫彩钢板建筑 400 余万平方米，全区泡沫彩钢板建筑基本完成整改，群租公寓已基本停用；交通安全监管方面，坚持严格执法，依法查纠各类路面交通违法行为，围绕"疏堵保畅"交管工作重点，严密早晚高峰勤务，严格街面交通综合治理，全面提升交通管理能力；治安监管方面，督促内部单位严格落实行业管理责任，指导水电气热油讯和学校、医院、金融等重点单位全面加强内部安全，重大安保期间实行"驻警制"，加强安全检查和指导，确保了内部单位整体安全。

（九）扎实做好基础防范工作

2019年，紧紧围绕五大安保工作，会同区政法委启动群防群治力量动员机制，累计动员全区4万多名治安志愿者参与巡逻看守，形成了全民参与、共保平安的浓厚氛围。根据阶段工作重点，适时调整社会面防控等级，加大街面警力的投入，全面加强视频巡控、街面阵控、社区基础防控力度，有效提升了社会治安整体防范水平。

（十）做细智慧社区建设

坚持试点先行原则，紧紧围绕"人口倒挂、出租房屋多、案件多发、治安消防隐患突出、小区村庄并举"的工作思路，组织全区20个市级试点、40个分局试点和44个城乡结合部重点整治社区等开展智慧社区建设，81个社区完成了前端设备安装、初步建成社区数据平台。同时，继续在全区开展电动车物联网技术防范工作，登记备案电动车、安装防盗标识3.3万余辆，得到广大群众的一致认可。发挥社区民警、实管员优势，严格落实22个警务室"7×24"小时值守机制，最大限度地提升社区见警率和管事率。

七、法治建设特色和亮点工作

（一）聚焦推进治理体系，抓紧抓实人大代表建议督办

顺义区人大各专委会在督办过程中形成"322工作法"，即召开三方见面会、现场督办、电话催办，积极与主办单位进行沟通、主动参与其中出主意想办法，随时了解办理进度、及时收集分析汇总办理结果，全力保障建议件在规定时限内圆满完成。

一是开展"两会"前夕人大代表建议办理"回头看"。2019年11月底前各专委会采取现场视察、座谈调研等形式邀请人大代表、政府部门对重点建议件继续督办，同时为市、区两会顺义团所提建议议案做好储备。

二是完善专委会"向前一步"联系人大代表机制。按照新时代新形势对"代表机关"的要求，坚持人大常委会领导联系市人大代表、各专委会联系区人大代表机制，各专委会充分发挥履职优势，对人大代表开展多形式、个性化的培训，改进和常委会组成人员的联系。

三是完善人大常委会多种渠道对人大代表反馈机制。继续坚持人大代表建议办理督办情况公开制，建立重点建议件、常委会组成人员建议件的督办反馈机

制，加大对人大代表风采宣传力度。

四是围绕区委中心工作，实现同心同向同力有效监督。坚持"三方见面"机制，专委会会同政府职能部门向人大代表主动宣讲政策、把脉支招，定期将区委区政府中心工作、阶段性重点工作编印交由代表在选区开展宣讲、在"代表之家（站）"宣传。科学分析梳理人大代表建议和"12345"便民电话、"街乡吹哨、部门报到"的关系，辅导人大代表建议向关注长远性、全局性的问题倾斜，着力提高建议意见的水平和质量。

（二）深化诉源治理，推动形成自治、法治、德治相结合的基层治理体系

顺义区人民法院打造以诉调对接中心为龙头，以人民法庭为支点，以法官工作站为网点的全网式立体化诉源治理新模式。最高人民法院院长周强来我院调研时对此予以高度肯定。一是打造一站式受理、多部门办理的解纷平台。加强与工会、妇联、住建、司法行政等单位的工作衔接，相关调解组织入驻诉调对接中心。针对近年来物业纠纷大幅上涨的情况，约谈案件量排名前6位的物业公司，督促其提高服务质量，同类纠纷月收案量由年初最高时的1502件下降为22件。二是推进以人民法庭为主体的乡村诉源治理，加强与民调组织的对接，开展双向培训，确保人民调解与法院裁判的尺度统一、标准一致。引导当事人就地就近化解纠纷，人民法庭收案量同比下降60.9%。三是在镇街、村居推广设立法官工作站。驻站法官深入基层，开展巡回审判、民调指导、法律咨询、法制宣传，指导完善村规民约，将社会主义核心价值观融入司法裁判，夯实基层社会治理基础。

（三）扎实推进执法办案单位办案区智能化升级改造

2019年，按照市公安局关于推进基层所队执法办案场所办案区智能化改造总体部署，顺义分局进一步深化"执法办案管理中心+建设"，全面提升基层所队执法办案场所智能化管理水平，顺义分局项目建设主要是运用科技信息化手段对基层所队办案区（原三室，即讯问室、询问室、候问室）进行升级改造，对象为刑侦支队、交通支队及22个派出所，涉及对办案区纳入信息化操作系统、智能定位手环及远程审讯系统等信息化改造项目，项目累计投资917万元。通过改造，实现了顺义分局执法办案管理中心对基层所队办案区、基层所队对本单位办案区中的涉案人员轨迹信息、人身安全检查、涉案人员随身财物管理、远程审讯指导、同步讯询问录像等的信息化管理和监督，形成了"执法办案管理中心+基层所队办案区"的智能管理体系，大大提升了顺义分局执法办案规范化水平。

# 大兴区法治建设报告

2019 年以来，大兴区深入学习贯彻习近平新时代中国特色社会主义思想，全面贯彻党的十九大和十九届二中、三中、四中全会精神，增强"四个意识"、坚定"四个自信"、做到"两个维护"，以建设社会主义法治国家为目标。按照市委市政府工作部署要求，围绕全区经济社会发展的新形势和新要求，找准切入点和着力点，创新方式方法，健全机制制度，提高服务能力和水平，为区域经济健康发展、社会和谐稳定提供了有力的法律服务保障。

一、人大法治保障和监督工作

2019 年，区人大常委会共召开常委会会议 7 次，听取审议"一府两院"工作报告 16 项，依法作出决议决定 23 项，任免国家机关工作人员 205 人次，圆满完成了全年各项工作任务。

（一）加强对经济工作的监督，推动全区经济提质增效

一是强化计划、预算执行情况监督。为保证人民代表大会关于国民经济和社会发展计划决议、财政预算决议的有效落实，听取审议了区政府计划、预算执行情况报告和审计工作报告。二是加强政府投资项目监督，提高财政资金效益。审议批准了政府投资的 70 个重点项目，对项目推进工作提出了具体要求。三是加强债务风险防控监督，严格防范政府债务风险。区人大常委会第十六次、十八次会议听取审议并批准了区政府 171 亿元新增举债。要求区政府进一步规范举债程序，健全完善债务资金投资项目全过程监管机制，确保政府债务资金使用安全。四是加强国有资产监督，促进国有资产保值增值。研究制定《大兴区人大常委会关于国有资产管理情况报告制度的实施意见》，区五届人大常委会第二十次会议首次听取审议国有资产管理情况综合报告，实现了对国有资产管理情况监督全覆盖。

（二）坚持以人民为中心的发展思想，着力推动保障改善民生

一是围绕服务机场保通航，开展检查视察工作。听取区政府及相关部门关于

保通航和临空经济区规划建设情况的汇报。要求区政府突出抓好机场周边环境整治，加速推动临空经济区启动建设，加快回迁社区配套设施建设，保障回迁群众正常生产生活。二是强化监督刚性，推动农村地区民生改善。区人大常委会紧紧抓住农村地区环境整治，特别是农村污水治理方面存在的突出问题，首次运用专题询问方式，将专题询问同听取专项工作报告相结合，打好人大监督组合拳。区人大常委会委员和人大代表围绕农村地区污水管线建设缺乏统筹、镇级再生水厂建设滞后等方面提出各类问题 12 个。三是强化环境污染防治工作监督，推进生态文明建设成果惠及人民。听取审议了区政府《关于全区环境状况和环境保护目标完成情况的报告》，督促区政府加大环境保护执法力度，压实主体责任，切实提高全区环境质量。四是积极推进分级诊疗制度建设，提升基本医疗卫生服务能力。区人大常委会听取了区政府专项工作报告，要求区政府加强全区医疗卫生基础设施和专业人才队伍建设，推动优质医疗资源下沉，切实提高基层首诊和服务能力。

区人大常委会还围绕涉及全局的重点工作，农村集体经营性用地试点、国有产业用地高效利用、临空经济区规划建设、棚户区改造、创建全国文明城区、垃圾处理消纳等工作开展检查视察和座谈研讨，提出建设性意见，推动各类问题解决。

（三）积极推进依法治区，着力推动法治大兴建设

一是开展拆违控违执法检查，维护城乡规划建设正常秩序和群众合法权益。为抓好区五届人大五次会议关于严厉打击违法建设决议的有效落实，开展拆违控违执法检查。共组织开展实地检查视察 15 次，召开专题座谈会 20 余次。针对违法建设管控机制建立、强化农村宅基地管理、加快推进拆后土地利用等突出问题，提出 8 方面 18 条整改意见。督促支持区政府针对难点痛点问题，制定专项折子 18 项，健全完善违法建设发现、处置、管控各类制度机制 5 项。拆除违法建设 611 万平方米，有力推动了本区拆违控违管控水平。二是加强对公益诉讼工作监督，维护群众切身利益。要求区人民检察院立足大局，紧紧围绕打赢三大攻坚战、生态环境建设、食品药品安全等涉及人民群众切身利益的问题，办理好一批关注度高、影响力大的公益诉讼案件，为全区经济社会高质量发展提供有力司法保障。三是深入推进多元调解和速裁司法实践，切实提高审判机关工作实效。听取审议了区人民法院关于"多元调解+速裁"工作情况报告。要求区人民法院进一步整合社会调解资源，加快推进诉调对接中心建设，为人民群众提供高质量司法服务。

（四）强化服务，完善机制，努力加强和改进人大代表工作

一是完善人大代表工作机制，提高为人大代表服务保障能力。一年来，共有

80 名人大代表列席了人大常委会会议，100 余名市、区、镇人大代表参加了人大常委会组织的检查视察、专题调研等活动，人大代表作用得到更好发挥。

二是加强人大代表联系选民网络建设，发挥闭会期间人大代表作用。积极推动"代表之家"建设，在全区 5 个镇街开展先行试点，下一步将逐步在全区推开。进一步规范"大兴人大"微信公众平台运行管理，充分发挥平台作用，拓宽人大常委会联系人大代表、人大代表联系选民的渠道。一年来，"大兴人大"公众平台访问量已超过 19 万人次。

三是加大督办力度，人大代表建议办理实效不断增强。切实加大督办力度，在各有关部门的共同努力下，区五届人大五次会议期间，人大代表提出的 110 件意见建议，已按法定时限全部办复，促进了一批关系人民群众切身利益问题的解决，推动政府改进相关工作。

二、法治政府建设

（一）推进行政决策科学化、民主化、法治化

加强行政规范性文件审查、备案和清理工作。共审核《大兴区促进科技成果转移转化暂行办法》等区政府及其工作部门制定的行政规范性文件 30 件，审核重大合同 39 件，完成市政府规章草案征求意见 15 件。将涉及产权保护、生态环境保护、民营经济发展及区政府 2000—2017 年区级文件的清理结果和宣布失效的区政府文件主动公开发布。创新审查工作方式，采取专家评审的方式审查区内重要文件合同，2019 年律师、教授共参与审核 20 余次，出具审核意见 200 余条。深化备案文件实质审查环节，确定规范性文件备案审查标准，将前置审查和事后备案相结合，针对不同情形采取不同的处理方式，并在政府网站每月公布备案文件清单。

（二）积极推进行政执法的规范和效能建设

1. 扎实推进行政执法改革。一是结合机构改革和职权调整，推动全区 47 家涉改单位完成划转。二是按照市级部署，研究提出《大兴区深化综合行政执法改革实施方案（送审稿）》。三是扎实开展"双随机"抽查工作机制，建立了"执法检查人员"和"行政执法检查对象"名录库，强化事中事后监管，不断提升监管、服务水平。

2. 推动完善"两法衔接"制度机制。多次组织召开大兴区"两法衔接"工作联席会，会上对《大兴区行政执法与刑事司法相衔接工作管理办法》《大兴区行政执法与刑事司法相衔接工作联席会议制度》等文件的修订和"两法衔接"实际操作中的重难点问题进行了交流探讨，进一步明确联席会议、线索移送、信息共享、协作通报、普法宣传等工作机制，强化检察监督职能与行政执法监督职能，形成履职合力。

3. 坚持严格规范公正文明执法。印发《北京市大兴区全面推行行政执法公示制度全过程记录制度重大执法决定法制审核制度实施方案》。充分发挥以监督促执法作用，开展 2019 年大兴区行政处罚案卷自评和质量抽验工作。制定印发《北京市大兴区人民政府行政执法监督工作规则》。定期通报执法数据，推动大兴区行政执法分析平台二期工程开发，完善执法数据"月统计、季分析、定期通报"的工作机制。

4. 全区积极落实《中华人民共和国行政诉讼法》和行政机关负责人出庭应诉制度。2019 年 10 月 28 日，区长出庭应诉，显示了对法律的尊重，为推进本区行政机关负责人出庭应诉起到良好示范效应。

三、审判工作

2019 年，大兴区人民法院新收各类案件 47 511 件、办结 47 515 件；法官年人均结案 466 件。新收案件数、办结案件数，法官人均结案数在全市 16 家区人民法院中均排在第五位。

（一）刑事审判工作

大兴区人民法院全年新收刑事案件 2145 件，办结 2145 件，同比分别上升 21.0%、20.9%。积极推进认罪认罚从宽制度和刑事速裁程序改革，办结认罪认罚案件 1493 件，占同期办结刑事案件数的 69.6%；适用刑事速裁程序办结案件 914 件，全部实现当庭宣判。全面加强人权司法保障，设立法律援助工作站，实现一审刑事案件律师辩护全覆盖。

（二）民事审判工作

大兴区人民法院全年新收民事案件 30 494 件，办结 30 510 件，同比分别上升 10.4%、14.9%。积极探索家事审判机制创新，成立家事审判团队，办结婚姻家庭继承案件 3622 件。受理涉及老旧小区改造的 1862 起物业、供暖纠纷，其中 1282 起通过多元调解方式在诉讼前端得到妥善化解，助力老旧小区综合整治。围绕防范化解重大风险，加强金融审判，妥善办理保险、理财、银行借款类案件 453 件。出台优化营商环境保障意见与工作任务分解方案，以规范化促进商事审判质效提升，一审商事案件平均审理时间缩短 28.5 天，为我国营商环境在世界银行评估中大幅提升 15 位做出贡献。

（三）行政审判和监督依法行政工作

大兴区人民法院全年新收行政案件 619 件，办结 598 件，同比分别上升 45.0%、42.0%。认真履行司法监督职责，保护行政相对人合法权益，行政机关败诉率 19.4%。支持行政机关依法行政，依法审查 85 起行政非诉执行案件。推进行政机关负责人出庭应诉制度，负责人出庭应诉 52 人次。注重引导行政相对人正确认识权利义务、行政机关完善行政行为，以协调等方式解决行政争议 15

起，推动行政争议实质性化解。坚持司法与行政良性互动，召开联席会议 16 次，组织庭审观摩 8 次，开展法治讲座 3 场。

（四）案件执行工作

大兴区人民法院全年新收执行案件 14 253 件，办结 14 262 件，同比分别下降 7.4%、7.6%。如期实现"基本解决执行难"阶段性目标，荣获全国法院"基本解决执行难"工作先进单位称号。强化与公安、住建、金融等部门在查人找物、财产处置等方面的协作配合，完善网络查控系统建设和联合信用惩戒机制建设，对 86 人采取司法拘留措施，将 2379 人纳入失信被执行人名单，对 11 857 人限制高消费及有关消费。强化对执行流程、信访案件、执行案款的监管，财产处置的规范化、智能化水平进一步提升，网络拍卖成交额达到 5.8 亿元。

（五）对接疏解工作

大兴区人民法院全年新收涉疏解整治各类案件 890 件，办结 890 件。注重依法裁判与多元化解并重，妥善处理解除租赁、劳动争议、房屋腾退等相关案件，依法保障"疏解整治促提升"专项行动。

（六）接受人大、政协等各方面监督工作

大兴区法院认真落实区五届人大五次会议要求，向区人大常委会专题汇报"多元调解+速裁"工作情况，并根据审议意见完善相关工作机制。邀请人大代表、政协委员到现场开展观摩庭审、监督执行、座谈交流等活动 7 场 45 人次。贯彻落实《中华人民共和国人民陪审员法》，提请区人大常委会任命 211 名人民陪审员，陪审员全年共参审 5626 次。依托互联网、手机 APP 公开案件进展，全年共开展庭审视频直播、图文直播 9868 次，实现庭审公开常态化。发布生效裁判文书 24 383 篇，应上网文书上网率始终保持 100%。开设官方头条号、抖音号，与官方微博、微信共同构筑传播矩阵，累计向公众推送法院信息 89 条，传播辐射超 8 万人次。积极开展普法宣传工作，举行房屋租赁合同纠纷、遗嘱继承纠纷等主题新闻通报会 5 场，举办司法宣传活动 11 场。

四、检察工作

2019 年，大兴区人民检察院紧紧围绕区域经济社会发展大局，以新时代首都强检战略为指引，依法充分发挥监督、审查、追诉基本职能，努力让人民群众在每一个司法案件中感受到公平正义。

（一）刑事检察工作

第一，依法打击刑事犯罪，坚决维护国家安全和社会秩序。全年共受理审查逮捕案件 1412 件 1969 人，审结 1406 件 1953 人，批准逮捕 838 件 1125 人；受理一审公诉案件 2386 件 2988 人，审结 2263 件 2748 人，提起公诉 2108 件 2515 人。提前介入涉案金额 1 亿多元的开设赌场案，依法批准逮捕 41 名犯罪嫌疑人，提起公诉43人。提前介入电信诈骗专案，依法批准逮捕64名犯罪嫌疑人。办理的一起故意伤害案中，依法认定2名犯罪嫌疑人的行为系正当防卫，并做出不起诉处理。该案被检察日报、北京电视台、中央电视台等媒体报道，取得了良好的办案效果。

第二，坚持打击与保护并重，积极营造优质营商环境。全年共受理经济犯罪案件415件899人，其中非法吸收公众存款案63件140人。在案件办理中准确把握宽严相济的刑事政策，对积极认罪悔罪、企业仍在正常经营，符合不逮捕、不起诉条件的依法作出不逮捕、变更强制措施、不起诉决定。针对符合上述条件的民营企业负责人，以无逮捕必要不予批准逮捕60件68人，相对不起诉14件17人。办理重大涉众型经济犯罪案件时，把追赃挽损作为办案重要内容，共引导侦查人员取证挽回经济损失1277万元，自行追缴赃款赃物500万余元，切实维护了案件当事人的合法权益。

（二）法律监督及公益诉讼工作

第一，突出工作重点，认真贯彻落实全市检察系统法律监督工作部署，紧抓法律监督这条主线。全年共受理立案监督案件87件，受理侦查活动监督案件10件，审查侦查活动监督线索17件，发出纠正违法通知书3份。充分发挥派驻公安大兴分局执法办案管理中心检察室作用，共审查出入执法办案中心嫌疑人2900余人次，办理经济犯罪领域撤案监督案件50件50人。依法开展刑事审判监督工作，按审判监督程序提请抗诉3件，提出抗诉2件，办结法院按审判监督程序自行提出再审案件1件。全年共受理民事诉讼同级监督案件27件，梳理出7起涉嫌民事虚假诉讼案。受理行政诉讼同级监督案件6件，发出改进工作类检察建议1份。深入推动刑事执行检察监督。全年共受理羁押必要性审查案件208件，其中立案111件，制发变更强制措施建议书（函）85件，被采纳案件79件。深入开展社区矫正检察监督，在全国范围内核查出漏管6人，并予纠正。对监外执行违法行为共制发纠正违法通知书13件，检察建议2件，均获回函并被采纳。有4件案件入选北京刑事执行检察指导案例、精品案件、优秀案件，其中3件获评最高人民检察院刑事执行检察精品案件。

第二，凝聚公益诉讼合力，努力实现双赢多赢共赢。2019年，初查公益诉讼线索42件，立案13件，向相关行政执法机关提出检察建议13件。开展公益诉讼工作中，着力服务区域全国文明城区创建工作，办理扬尘污染案，助力属地政府实现腾退土地"留白增绿"，打赢蓝天保卫战；聚焦农村人居环境整治，办理生活垃圾案，助力相关责任主体采取村级环境服务外包、完善配套设施等措施开展综合治理；稳步扩展公益诉讼办案领域，对市、区两级21处文物开展实地调查，针对4处文物遗迹未得到合理保护的情况，向5家单位发出诉前检察建议并获回函，有力推动了相关文物修复及周边环境治理。

五、司法行政工作

（一）坚持党建带队建，不断强化司法行政队伍党绝对领导的政治属性

坚持用习近平新时代中国特色社会主义思想引领和推动司法行政工作创新发展，紧密结合司法行政工作事业发展和大兴区实际，践行"政治引领、党建先行"理念，坚持党组理论学习中心组制度，在机构改革、安保维稳等重大任务中做到政治引领为先、组织保障在前、从严管理在前，努力推动党建与业务融合发展。坚定不移地把党的绝对领导贯彻到新时代司法行政工作各方面、全过程，把坚定理想信念作为思想建设的首要任务。坚定不移贯彻落实好机构改革各项工作，坚决把思想和行动统一到习近平总书记关于深化党和国家机构改革重要思想和党中央决策部署上来，平稳完成司法行政机构改革。进一步打造和发挥党建品牌作用，切实加强党性锻炼，不断提高政治觉悟和政治能力。进一步落实意识形态工作责任制，坚决筑牢司法行政队伍意识形态安全防线。进一步加强队伍作风建设，强化对制度落实的监督检查。加强干部教育培训工作，培养造就政治过硬、业务过硬、责任过硬、纪律过硬、作风过硬的干部队伍。

（二）扎实开展社区矫正、安置帮教、人民调解相关工作，维护社会安全稳定

研究制定《大兴区司法局2019年全市重大活动重要敏感节点社区矫正和安置帮教维稳安保工作方案》、突发事件应急处置预案，逐级签订安保维稳责任书，层层压实安保责任。重大时间节点、安保期，全局停休，局领导深入各司法所开展督导检查，开展专项督察130余次。充分运用科技装备，发挥腕表监管与手机定位互为补充的功能，提升社区服刑人员监管科学化、智能化水平。规范执法依法管理，对不服从社区矫正监督管理规定的服刑人员，及时予以教育惩戒。积极关切真情帮扶。对生活困难"两类人员"予以真情帮扶。圆满完成特赦报请及特赦人员安置帮教工作，为维护国庆期间安全稳定排除隐患。

全年组织开展区级以上人民调解员培训10场，培训调解员300余人，有效增强了基层人民调解员的综合素质，为将社会矛盾化解在基层发挥了重要积极作用。全区共建立各类调解组织788家，在册调解委员会委员4489人。本年度受理各类纠纷1568件，调解成功1538件，调解成功率达到98%，达成口头协议818件，达成书面协议687件，共进行矛盾排查48 906次，预防纠纷1354件，化解疑难复杂纠纷360件。为维护全区社会和谐稳定做出了重要贡献。加强重大活动安保期矛盾排查化解工作。在全国"两会"、第二届"一带一路"国际合作高峰论坛、国庆、十九届四中全会等重大活动前，启动矛盾纠纷排查工作，每日汇总分析相关数据，安保期内实行7×24小时人员值守，应对突发情况。全年共计排查矛盾纠纷 31 626 次，通过排查成功化解纠纷 95 件。以诉前调解为途径减轻纠纷当事人诉累。持续推进人民调解进立案庭工作。扩充诉前人民调解队伍，认真开展推选资格审查、面试及岗前培训工作。

（三）坚持发挥法治宣传影响力，不断强化依法治区平台统筹协调能力

依托依法治区平台功能，不断增强司法行政资源统筹协调能力。5 月 15 日圆满召开区委全面依法治区委员会第一次会议，审议通过了《中共北京市大兴区委全面依法治区委员会工作规则》《中共北京市大兴区委全面依法治区委员会2019 年工作要点》等文件，正式全面启动全面依法治区工作。并对区委全面依法治区委员会第一次会议上通过的 2019 年工作要点进行分解；起草《中共北京市大兴区委全面依法治区委员会协调小组工作细则》《中共北京市大兴区委全面依法治区委员会请示报告制度》《中共北京市大兴区委全面依法治区委员会关于建立联络员工作联系机制的意见》《中共北京市大兴区委全面依法治区委员会关于建立专家决策咨询工作联系机制的意见》。

稳步推进全区法治宣传教育工作，持续开展各类法治宣传工作。持续推进青少年法治宣传教育，全区各中小学开展普法教育活动 100 余场。持续强化普惠型普法实体阵地建设。持续加强新媒体普法力度。"大兴普法"微信公众号文章发送量比去年同期增长 35.6%。

（四）坚持司法为民，为全区提供高效优质公共法律服务

依托区公共法律服务中心、镇（街道）公共法律服务站、村（社区）法律服务室，全年共计为群众提供法律咨询服务 13 129 人次、公证咨询服务 27 856人次、提供法律援助服务 995 人次、纠纷化解 1238 件。逐步完善公共法律服务制度。结合区情研究拟定《大兴区关于加快推进公共法律服务体系建设的实施方案》和具体任务分解，明确了工作目标、工作任务和部门间的职责分工等，通过向各部门征求意见后将以区委全面依法治区委员会名义印发。发挥村居顾问律师积极作用。为全区 683 个村、社区配备了 143 名村居顾问律师，全年共计为群众提供法律咨询服务 12 521 人次，举办各类培训及法治讲座 274 场，代写法律文书1103 份，参与纠纷调解 1245 件，提供法律援助 68 件，为村居委会提供法律意见和建议、修订完善村规民约 3392 条，发放法律宣传资料 34 800 余份。全面落实法律援助各项制度。在春节、三八妇女节、全国助残日等节日及纪念日期间，开展农民工讨薪、妇女、残疾人、青少年、军人军属等专项维权宣传活动，开通维权绿色通道，完善服务措施，并针对行动弱势群体提供上门服务。活动期间，共受理批准相关法律援助案件 678 件，开展专项宣传及讲座 30 余场，接待法律咨询 6512 人次，12348 咨询 3733 人次，发放宣传材料 15 000 余份。

六、治安工作

2019年，北京市公安局大兴分局在区委区政府领导下，围绕保障地区经济建设发展和服务全区人民群众，积极组织局外相关行政执法力量和局内各职能部门，围绕黑车、克隆出租、散发小广告、自行车被盗、养犬管理等治安和秩序类问题，坚持落实责任，创新举措，打防管控建并举，维护了全区良好治安环境。

（一）回应群众期待，整治突出治安秩序问题

一是清整黑车及其他秩序类工作。巩固完善"9+1"规模清整机制，围绕领导关心和群众关注的黑车、克隆出租、散发小广告等街面秩序类问题，持续开展清整行动。共计开展区、镇街综合执法2300余次，累计拘留黑车黑摩的扰序人员390人，查扣、移交违法车辆390辆，警告扰序违法人员6400余人次，移交罚款435笔。

二是打击盗销自行车工作。加强人、物、技防措施，协调相关单位在警情高发的居民小区、商市场、交通枢纽等重点部位增设自行车存车处，并设专人看管；对自行车存放集中的公共场所，协调相关部门及经营单位安装摄像探头并规范存车管理；对分析确定警情高发的小区，指导物业保安加强夜间巡逻，注意进出小区的可疑人员，同时派出所打击小分队加强高发点位的蹲守打击力度；主动会同商务、工商、城管等部门依法取缔自行车非法交易市场和存在收赃销赃问题的自行车修理摊点，共抓获盗销自行车人员962人。

三是养犬管理工作。2019年，按照市养犬办集中年检工作方案的统一部署和要求，结合大兴区实际，共办理登记年检犬104 232只，收容、救治犬只5230只。

（二）强化管理服务，提高公安行政管理效能

一是从严从细从实做好各项活动监管和警卫工作。全年出动警力8000余人次，先后完成习近平总书记专项警卫、国庆70周年联欢活动涉及演出以及演练彩排、庆祝大会迫降点秩序保障等各类警卫任务86项，112次。其中，组织全区合练18次、正式表演远端集结1次、市级合练4次，确保了国庆当天，群众联欢队伍69辆大巴车，2828名群众，安全有序。同时，对半程马拉松等29项（46场次）大型群众性活动实施了安全监管。

二是严格烟花爆竹监管，落地落实禁放新规。2019年，在严格落实《北京市烟花爆竹安全管理规定》的同时，大兴区实施六环路内及天宫院街道和生物医药基地管委会区域性禁放措施。在实现"禁放区禁住、限放区安全、社会面平稳""三个零"预期目标的基础上，于2019年10月份开始，按照区委区政府和市烟花办指示要求，紧紧围绕大兴区特点和工作实际，从禁放决策启动、征求公众意见、组织专家论证、开展风险评估、履行合法审查等多个环节，顺利完成了

《北京市大兴区人民政府关于行政区域内禁止燃放烟花爆竹的通告》所有法定程序，并于 2019 年 12 月 31 日经区政府第四十八次常务会审议通过，决定通告自 2020 年 1 月 10 日起施行，使大兴区成为五环路外施行全区全年禁放的首例。

三是持续强化物流寄递、旅店等阵地管控。牢记"以反恐防恐为第一要务"，从阵地控制入手，进一步严格物流寄递、旅店等行业场所管控工作。在物流寄递管理工作中，以"三个 100%"为刚性目标，共发现并整改各类问题隐患 45 处，取缔违规经营企业 10 家，函告处罚 1 家，罚款 4000 元；通过开展"黑开"旅店专项打击工作，取缔黑开 12 家，行政拘留 14 人，全面消除窝住重点关注群体等治安隐患。

（三）保持高压态势，提升治安打击实战水平

在治安打击工作中，重点突出对黄赌违法犯罪行为的打击力度，形成了分局治安部门专业力量和各属地派出所警力捆绑作战的工作机制，提升了基层一线打击黄赌的执法办案能力。先后破获新机场周边卖淫团伙案、多年来大兴区第一起外籍女子卖淫案、高端别墅卖淫团伙案、站街招嫖团伙案、网络百家乐开设赌场案等多起涉黄涉赌案件，抓获涉黄涉赌违法犯罪人员同比分别上升 59%、29.8%。同时，加强对转递移送黄赌线索的重视程度，全年办结市公安局治安总队转递黄赌违法犯罪线索 41 件，办结分局交办线索 19 件，共立案 11 起，抓获采取拘留以上措施人员 67 人，关停涉黄赌场所 13 家。此外，牵头侦办危险化学品案，共刑事拘留 21 人，收缴化学品 200 余吨。

七、法治建设特色和亮点工作

围绕重大工程项目、大兴国际机场顺利通航、农村宅基地制度改革等中心工作，大兴区突出重点，整合资源，建立工作机制，有针对性地提供法律服务。

（一）突出工作重点，做好法律服务

一是围绕重大工程项目，全程开展法律服务。把大兴国际机场高速、机场地铁、临空经济区永兴河北路等重大工程项目作为区年度工作重点。一方面，针对项目涉及的征占地、房屋拆迁、环境影响等群众关心关注、易引发社会矛盾的重点事项，组织会员及相关单位开展社会调查、研究分析和风险评估工作，通过交流座谈、入户走访、摸底调查等方式，全面搜集、梳理和分析可能出现的矛盾和风险，并有针对性地提出风险防范对策和建议，形成专项调研报告和风险评估报告，从源头上预防和化解矛盾。另一方面，协助相关属地设立现场法律服务站，定期安排人员参与群众接待、法律咨询和矛盾调解等工作，积极畅通群众诉求表达、协商、吸收和反馈渠道，将矛盾化解在萌芽状态，确保重大项目依法顺利实施。

二是围绕大兴国际机场顺利通航，主动延伸法律服务。针对线性工程征地建

设、噪音区搬迁、村民转非及回迁房建设等与机场顺利通航相关的重点工作，有针对性地提供法律服务。一方面，依托社会稳定风险评估载体，深入礼贤镇、榆垡镇以及相关村组织开展走访调研，广泛征求属地政府、村党员干部和部分村民的意见和建议，全面分析和评估可能存在的社会风险，提出风险防范措施和工作建议。另一方面，依托全区村居法律顾问载体，建立法律服务对接机制，联合驻村律师开展政策宣传、法律咨询、矛盾调解等工作，将法律服务延伸到基层一线，预防和减少了社会矛盾。

三是围绕宅基地制度改革试点，源头预防风险。在安定等镇宅基地制度改革试点村庄异地迁建实施之前，配合属地政府通过入户走访、集中座谈、重点访谈等方式，提前对搬迁村民的利益诉求以及历史遗留问题进行了全面排查、梳理和分析，并围绕入户清登、资产评估、协议签订等关键节点，配合属地政府及村基层组织充分发动依靠群众，畅通诉求协商渠道，强化矛盾源头预防，依法妥善化解了各类矛盾纠纷。

（二）针对重点难点问题，发挥法律智库作用

一是立足区域发展，开展法治调研。围绕"疏解整治促提升"专项行动、农村宅基地制度改革试点、物业管理和停车收费等社会最关注、群众最关心、发展最迫切的重点难点问题，在年初有针对性地拟定法治难题调研课题，制定调研工作计划，组织相关人员和单位开展走访调研、对策研究和法律服务工作，形成专项调研报告，并积极向有关部门建言献策。同时，通过制定法律服务保障方案、全程跟进决策实施过程、政协委员提案等形式，促使调研成果及时转化、应用到基层实践工作中。

二是围绕重大决策，开展风险排查评估。围绕线性工程征地拆迁、棚户区改造、违法建设拆除、无证幼儿园治理等矛盾易发多发的重大决策事项，会同相关部门建立事前风险评估、事中风险管理和事后效果评价机制，协助相关部门和属地做到依法科学民主决策。同时，结合排查和评估出的主要风险因素，向相关部门和属地提出风险预警、风险防控、矛盾化解等措施和建议，为有关单位源头预防和化解社会矛盾、确保决策顺利实施提供了法律服务保障。

三是结合实际需求，开展法治宣传。以机关干部为重点，积极争取区委组织部、区人力社保局等相关部门支持，将法治宣传、平安建设等内容纳入全区处级、科级干部培训课程，通过从会员中选派法学专家和专业律师进"领导干部大讲堂"讲课、进区委党校授课、进机关单位宣讲，切实提升了各级领导干部法治意识和能力。以普法宣传为依托，联合区教委、区司法局、区人民法院、北京印刷学院等相关单位开展"模拟法庭""法治讲座""以案说法""现场咨询"等系列宣传活动，不断增强法治宣传的吸引力和感染力。

（三）对接基层需求，创新服务方式

一是以需求为导向，服务不断延伸。坚持需求导向和问题导向，结合区域重点工作和矛盾多发领域，建立法律服务需求清单，有针对性地设计需求对接方案和重点服务项目，并联合区司法局、永泰风险评估服务中心等相关单位主动与基层组织沟通衔接，开展走访调研、法律宣传、决策咨询、矛盾调解等服务，积极畅通群众诉求表达、协商、吸收和反馈渠道，将法律服务延伸到基层一线。

二是以预防为重点，服务不断创新。坚持"立足基层、服务群众、促进和谐"的宗旨，组织相关领域专家和法律工作者主动参与征地拆迁、拆除腾退、违建拆除等关系群众切身利益的基层决策事项，通过入户走访、问卷调查、重点访谈、交流座谈、专家论证等多种方式，建立风险摸排、评估、跟进、预警、化解"五位一体"法律服务机制，不断提高法律服务的质量和效果。

三是以和谐为目标，服务不断优化。坚持把全面查找、科学分析和有效预防决策风险作为法律服务工作的出发点和落脚点，对重大项目和重大决策实施过程中存在的社会矛盾和风险进行综合研判，找准风险，并重点围绕群众反映强烈的利益问题，研究分析产生问题的症结和解决问题的突破口，有针对性地采取政策宣传、多元调解、引导诉讼等措施，最大限度地降低和减少社会风险。

昌平区法治建设报告

2019 年，是新中国成立 70 周年，是全面建成小康社会的关键之年。昌平区坚持以习近平新时代中国特色社会主义思想为指导，以习近平总书记对北京重要讲话精神为遵循，抢抓机遇、攻坚克难、向上奋斗，全面推动昌平高质量发展，统筹推进促改革、调结构、惠民生、防风险、保稳定，较好地完成了法治建设各项工作，为开创新时代昌平发展新局面做出积极贡献。

一、人大法治保障和监督工作

2019 年，昌平区人大常委会召开了区五届人大六次会议，举行了 8 次常委会会议，审议议题 36 项，听取审议专项工作报告 13 项，开展执法检查 2 项、专题询问 1 项，作出决议决定 9 项，充分发挥了地方国家权力机关的作用。

（一）强化政治引领，把握正确履职方向

一是深入学习贯彻习近平新时代中国特色社会主义思想。通过强化思想理论武装，常委会、专门委员会组成人员和全体人大代表充分认识我国根本政治制度的特点和优势，准确把握总书记重要思想的丰富内涵，进一步增强做好新时代人大工作的制度自信和行动自觉。

二是加强党对人大工作的全面领导。强化人大及其常委会政治机关属性，完善常委会党组工作机制，常委会工作中的重要问题、重大事项由党组集体研究，充分发挥把方向、管大局、保落实的领导作用。认真履行全面从严治党主体责任，健全党组听取机关党建工作汇报制度，落实党风廉政建设、意识形态工作责任制，制定具体举措。

（二）强化服务保障，发挥人大代表主体作用

一是充分调动人大代表履职积极性。加强人大代表学习培训，不断提高人大代表履职能力。举办半年全区经济社会发展情况通报会，服务人大代表知情知政。全年邀请基层人大代表列席人大常委会会议 24 人次，邀请人大代表参加视察调研、执法检查、建议督办等活动 800 多人次，提升人大代表参与人大常委会

工作的广度和深度。依法补选了 10 名区人大代表。组织人大代表围绕"回天地区"基础设施建设、社会治理等工作开展视察调研，引导代表积极建言献策，全面了解、大力支持、主动参与全区重点工作开展。圆满完成市、区人大代表参加国庆 70 周年游行任务。

二是不断拓宽代表履职渠道。落实人大常委会主任、副主任联系镇街人大和接待代表日，常委会组成人员分组联系人大代表等制度，发挥市、区、镇三级代表联系网和镇街人大代表之家、村社区人大代表联络站平台作用。全区共建立代表之家 17 个、代表联络站 50 个，为实现代表履职阵地全覆盖迈出坚实步伐。积极参加市人大常委会开展"万名代表下基层、全民参与修条例"活动，1269 人次市、区、镇人大代表深入 22 个镇街，148 个村社区，就修订《北京市生活垃圾管理条例》广泛征求群众意见，提出立法建议 115 条，达到了广泛汇集民智、凝聚立法共识的良好效果。做好市人大昌平团代表的服务保障工作，开展集中活动和三级代表联组活动 7 次，安排部分市人大昌平团代表在主任会议上报告了履职情况。

三是改进代表建议的提交督办。运用代表议案建议服务管理系统，规范代表议案建议的提出、交办、办理、督办等各环节工作，提升了议案建议办理工作实效。拓展代表建议"六办"工作机制，下沉到镇街召开集中督办会 25 场，参加代表 235 人次，加强相互沟通，广纳代表意见，推动办理落实。听取审议了区政府关于办理代表建议工作情况的报告，承办的 223 件建议，当年办结率达到43.5%，城乡设施建设、医疗教育保障等一批群众关心关注的民生问题得到有效解决。

（三）保障法律法规实施，推动依法有效治理

一是不断增强法律法规实施情况的监督，加大执法检查力度，突出监督实效。成立执法检查组，对贯彻实施《北京市院前医疗急救服务条例》情况开展了执法检查。

二是受市人大常委会的委托，成立 5 个执法检查小组，对全区贯彻实施"两条例一决定"情况开展执法检查，以昌平中心城区和"回天地区"为重点，实地检查了 12 个镇街的 36 个点位，形成执法检查报告报送市人大常委会，同时交区政府研究处理。

三是对区政府落实消防法规执法检查和"七五"普法规划实施报告审议意见的情况进行了跟踪监督。主任会议听取了区人民检察院关于公益诉讼工作的报告，就推进公益诉讼工作提出建议。

四是依法对区政府报送的 3 项规范性文件进行了备案审查。协助市人大常委会开展了《北京市街道办事处条例》《北京市促进科技成果转化条例》《北京市

生活垃圾管理条例》等多项法规的立法调研，提出了意见建议。

（四）依法行使职权，推动全区高质量发展

一是依法有序行使讨论决定重大事项职权。按照人大讨论决定重大事项办法，积极推进决策科学化、民主化。两次听取审议了区政府关于昌平区2019年新增地方政府债务限额及区级预算调整方案的议案和说明，听取审议了昌平区2018年度决算报告，作出了批准的决议。就召开区人民代表大会会议等作出决定。

二是规范任免权的行使。依法行使任免权，全年任命国家机关工作人员64人次，任命人民陪审员190人次，免职和接受辞职75人次。坚持任前考试制度，参加任前法律法规考试19人次。落实宪法宣誓制度，组织宪法宣誓39人次。

三是精准、有效行使监督权，加强计划预算审查监督。把握新形势下计划预算审查监督的新要求，严格依法监督。听取审议了区政府关于2018年决算及预算执行和其他财政收支情况的审计工作、2019年上半年计划和预算执行情况的报告；听取审议了区政府关于2018年度区级预算执行和其他财政收支审计查出问题整改情况的报告、区行政事业性国有资产管理情况的专项报告，审议了2018年度国有资产管理情况的综合报告、行政事业性国有资产管理情况的专项审计工作报告；对区政府落实聚焦搞活未来科学城、加强科技创新服务体系建设报告审议意见情况进行了跟踪监督。

四是聚焦城乡建设管理，推动治理能力提升。按照大抓基层的工作导向，围绕全区重点工作，加强对"回天地区"综合治理、城乡道路建设与管理等工作的监督；听取审议了区政府关于落实"回天地区"三年行动计划项目进展、昌平中心城区道路交通秩序管理、山区道路建设与管理等情况的报告。

（五）回应百姓关心关切，推动民生事业改善

坚持民有所呼、我有所应，丰富监督形式，强化与群众切身利益相关事项的监督。听取审议了区政府关于加快发展学前教育情况的报告，并就加快学前教育发展开展专题询问，区教委、区发展改革委等6个部门和相关镇街的负责人，就委员和代表提出的问题现场应询；听取审议了区政府关于农村地区煤改清洁能源情况的报告；对区政府落实美丽乡村建设、垃圾分类和建筑垃圾资源化处理相关报告审议意见情况进行了跟踪监督；主任会议听取了区政府关于全区回迁安置房建设进展、苹果产业发展情况的报告。

二、法治政府建设

2019年，昌平区以服务保障新中国成立70周年庆祝活动为主线，围绕加强"四个中心"功能建设、提高"四个服务"水平、抓好"三件大事"、打好三个攻坚战等中心工作，扎实做好法治政府建设各项工作，确保社会安全稳定，为推

进昌平区创新发展提供强有力的法治保障。

（一）提升站位，统筹推进法治政府建设

一是全局谋划推进法治政府建设。按照年初订计划、年中督查、年底考核的工作模式，制定《昌平区 2019 年推进法治政府建设工作要点》和《2019 年度区政府依法行政考核细则》，对区政府各委办局和镇街进行任务分解，并将其纳入区政府依法行政绩效考核，确保工作有效落实，进一步凸显依法行政在政府管理中的重要地位。

二是充分发挥政府法律顾问作用。完善并落实政府法律顾问和公职律师制度，形成"事前防范和事中控制法律风险为主，事后法律救济为辅"工作机制。指导全区各相关单位认真落实《昌平区加强政府法律顾问工作方案》，将聘请政府法律顾问工作纳入区依法行政考核指标，全区各委办局均聘请法律顾问并建立法律顾问工作制度，现有公职律师 19 名，公司律师 11 名，在不同单位较好地发挥了法律专业指导、审核把关作用。

三是坚持行政机关负责人出庭应诉制度。全年区人民法院共审理行政案件 515 起，行政机关负责人出庭应诉累计 124 人次。其中，两位副区长代表区政府行政机关负责人至人民法院出庭应诉，参与两起案件庭审，带头履行行政应诉职责，充分体现区人民政府认真落实行政机关负责人出庭应诉制度，对全面推进依法行政、加快法治政府建设具有重要意义。

（二）突出培训，营造浓厚学法用法氛围

一是认真落实会前学法制度。严格贯彻《北京市行政机关领导干部学法办法》，制定《昌平区 2019 年年度区政府常务会议前法制讲座安排》，部署全年常务会议学法内容，并通过开展"领导干部进高校"大讲堂活动和组织宣讲法规、案例分析、观摩庭审、通报各类违法案件等多种方式开展学法活动，切实提高领导干部带头尊法、学法和依法行政水平。

二是依法行政培训卓有成效。按照《北京市行政机关领导干部学法办法》要求，先后举办了 2 期领导干部依法行政专题研讨班，邀请相关领域专家学者围绕行政规范性文件审查、行政执法、行政复议、行政应诉、树立法治理念等内容进行专题培训；各相关单位主管领导及科室负责人等 230 余人次参加培训，进一步提升领导干部、执法人员运用法治思维解决问题能力。

（三）加强监督，促进严格公正文明执法

一是充分发挥执法监督职能。通过北京市行政执法服务信息平台，结合市级制定的 2019 年执法监督绩效考核指标，强化对全区行政执法机关执法数据的日常监测，统筹推进全区行政执法工作，督促各机关履职尽责，加强执法力度。

二是加大行政处罚案卷评查力度。开展 2019 年度行政处罚案卷评查及质量抽验工作，各部门参与质量抽验 38 本案卷，案卷合格率达 100%。通过案卷评审交流，执法案卷进一步规范化。

三是积极推进行政执法"三项制度"和行权手册项目。按照国务院、北京市关于推行行政执法公示制度、执法全过程记录制度、重大执法决定法制审核制度的相关工作安排部署，扎实推行"三项制度"，组织全区各行政执法部门及各镇街相关科室负责人 100 多人进行专项工作培训。通过梳理各职能部门、各镇街权力和责任清单，现已完成对区市场监督管理局等 6 个部门行权手册的制定。

四是积极推进机构改革工作。组织区政府各部门进行了职责划转和行政执法事项交接工作，确保管理不断档，监管不失位、执法不越界，扎实做好机构改革有关工作。全区涉及职权划转相关部门共 26 个，已基本完成行政执法事项交接工作。在"北京市行政执法信息服务平台"上完成了职责划转，及市行政执法信息服务平台"区级机构改革"模块的信息填报工作。

（四）严格审核，不断提高依法决策水平

一是不断提高规范性文件审查质量。严格执行《北京市行政规范性文件备案规定》，按照程序落实合法性审查、备案等工作。区政府规范性文件起草部门须征求法律顾问意见，充分发挥法律顾问在依法决策中的专业作用。全年共出具审核意见 73 件、备案 12 件；完成市司法局法规规章草案的征求意见 10 件，提出修改意见 30 余条并及时反馈；完成区政府各委办局发来的各类征求意见 10 件。

二是积极开展行政规范性文件清理工作。开展规范性文件清理工作，全区共计清理行政规范性文件 167 件，其中现行有效文件 131 件，修改文件 4 件，建议废止文件 32 件，确保行政规范性文件的及时更新，促进法治政府建设依法有据。编制《北京市法律法规汇编》下发全区各单位。

三是加大重大行政决策审核力度。完成《昌平区重大行政决策工作办法》修改稿，从制度上加大重大行政决策的审核把关，全面梳理 2017—2019 年度重大行政决策事项目录 37 项，"昌平区 2019 年在直接关系群众生活方面拟办的重要实事"被选为典型案例参加全市评审，取得良好效果。

（五）完善机制，持续优化政务服务环境

一是持续改善营商环境。深入开展政务服务"一网通办"，1635 项区级事项实现网上办理。加快"一门""一窗"办理，区政务服务中心（综合窗口）累计进驻 45 个部门、1436 个事项，"一门""一窗"进驻率为 85%；进驻镇街政务服务中心综合窗口事项达 1925 项，"一门""一窗"进驻率为 100%。落实精简材料、"最多跑一次"等工作，区级 100 个高频事项实现"一次不用跑"或者"最多跑一次"。

二是做好政务公开工作。健全完善政务公开机制，做到应公开尽公开，主动公示群众关切。推进"重大决策预公开"工作落实，决策前通过区政府门户网站征集公众意见，公布意见征集采纳情况，决策制定后及时公开决策结果。认真办理依申请公开，畅通受理渠道，规范工作流程，做到依法按时答复，保障群众获取政府信息的权利。

三是全面加强财政管理工作。及时公开政府及部门预决算信息，推进政府购买服务改革工作；强化债务使用监管，全方位监督债券资金项目的执行情况；不断加强政府采购管理系统建设，实现同市级系统互联互通。制定并推进落实《昌平区2019年新增政府债券资金管理办法（试行）》《关于落实向区人大常委会报告国有资产管理情况制度的实施意见》《北京市昌平区财政局关于加强区级预算单位银行账户及资金存放管理工作的通知》及《关于牢固树立过"紧日子"思想强化支出预算管理措施的意见》等各项制度，为昌平区财政管理工作打下坚实基础。

三、审判工作

2019年，昌平区人民法院紧紧围绕全区工作大局，忠实履行宪法法律赋予的职责，新收各类案件39 837件，同比上升14.2%；结案39 854件（含旧存案件，下同），同比上升14%；法官年人均结案372件，同比上升14.1%。

（一）紧扣司法改革重点，推动工作机制创新

一是开拓进取，积极推进诉源治理工作。健全"多元调解＋速裁"机制，以诉调对接中心为轴，以速裁团队建设和信息化建设为翼，综合运用多元调解、集约送达、要素式审判、格式化裁判文书等，在诉讼前端以速裁方式审结的民商事案件约占全院同类案件的64%。与辖区镇街党政机关建立联动机制，开展座谈20余次，促进信息互联互通、隐患联防联控，为新中国成立70周年庆祝活动营造安全稳定的社会环境。构建"矛盾排查—法律研判—沟通协调—调解引导—司法建议"递进式纠纷解决机制，妥善协调化解拆迁拆违、农村土地经营权流转等群体性纠纷，减少进入诉讼的案件。建立25个法官工作站、10个法官联系点，进行巡回审判81次，现场勘验、调解96次，为千余人次提供法律咨询等服务。人民法庭收案数同比减少712件，减幅9.5%。

二是培根固本，健全审判监督管理机制。均衡结案调度，优化审判格局，推动审判执行团队由组成搭建向高效运行转变。建立多层级类案研讨机制，召开审判委员会会议8次、法官会议28次，合力处理疑难复杂案件200余件。开展长期未结案"百日攻坚战"活动，两年以上长期未结案全部清理完毕。完善案件评查制度，建立由法官、庭长、审判委员会组成的案件质量评查体系，共评查案件144件，提示易错风险点，统一裁判尺度。

（二）依法审理刑事案件，严惩刑事犯罪

新收刑事案件1280件，审结1242件。审结危害食品药品安全犯罪案件31

件，罚没 34 万元，判决涉案人员在一定期限内不得从事相关食品生产销售，保障群众"舌尖上的安全"。审结昌平区不动产登记事务中心系列案件 22 件，对 23 名被告人判处刑罚，惩治职务犯罪。审结非法占用农用地、非法采矿等破坏生态环境资源案件 11 件，守护绿水青山。依法保护未成年人合法权益，引入社会力量对涉案未成年人进行心理辅导，完善社会观护、社会调查机制，落实教育、感化、挽救方针。依托驻校法官工作室，开展法治宣传，构建平安和谐校园，李娜法官被评为北京法院十佳法治副校长。

（三）妥善调处民商事纠纷，服务保障民生和营商环境建设

新收民商事案件 23 519 件，审结 23 608 件。加强家事审判专业化建设，审结婚姻家庭、赡养抚养继承类案件 2351 件，促进家庭和睦、老少和顺。推动构建和谐劳动关系，审结劳动争议、劳务合同类案件 1749 件，助力实现规范用工、有序就业。服务基层社区治理，审结房屋买卖、租赁类案件 2126 件，物业供暖、相邻关系类案件 3404 件，保障群众幸福安居。依法保护军民合法权益，妥善完成涉军停偿案件审判执行工作，受到市高级人民法院通报表扬。大力优化营商法治环境，在未来科学城设立法官工作站，帮助企业防控法律风险。对民间借贷、小额买卖合同、"僵尸企业"破产等案件快立、快审、快结，审理周期缩短 30%。建立破产案件府院协调处置机制，依靠党委、政府推动纳税、工资、社保、贷款清偿、责任人查控等问题快速协调解决。率先引入金融顾问评估困境企业价值，运用区块链技术和案件智能办理系统提高审判效率，推动多家企业重整再生，解决债务 43 亿元。某公司破产重整案入选北京法院优化营商环境典型案例。破产审判经验获评北京法院司法改革"微创新"优秀案例，并被最高人民法院《司法改革动态》刊登推广。

（四）实质化解行政纠纷，助力法治政府建设

新收行政案件 485 件，审结 483 件。审结涉大棚房专项整治群体性案件 116 件，被市高级人民法院评为"疏解整治促提升"专项行动司法保障先进单位。依法维护行政相对人合法权益，行政机关败诉案件 30 件，败诉率 6.2%。行政机关负责人出庭应诉 125 次，出庭应诉率 74.1%，位居全市前列。助推行政争议实质性化解，经协调解决争议后当事人撤诉案件 76 件，撤诉率 15.7%。深化司法与行政良性互动，发布行政案件司法审查年度报告，与行政机关召开专题研讨会 40 余次，发送司法建议 5 篇，促进依法行政。

（五）巩固执行长效机制，推动"切实解决执行难"

新收执行案件 13 339 件，执结 13 309 件；执行到位金额 23.1 亿元，同比上升 36.4%。强化规范执行，借助信息化手段，提高财产处置效率，网络司法拍卖 727 次，成交金额 5.1 亿元，位居全国基层法院前列。加大执行力度，拆除违法

建设 150 余栋,腾退房屋 652 间。突出执行工作强制性,司法拘留 98 人,向公安机关移送拒执罪线索 5 条。加强执行联动,在铁路公安的协助下首次跨地域拘留"老赖",取得良好效果。年末,执行工作获最高人民法院通报嘉奖。

(六)自觉接受各界监督,司法公信得到新提升

坚持以公开促公信,充分发扬司法民主,积极回应社会关切,不断改进法院工作。主动接受人大依法监督和政协民主监督。健全监督联络机制,院领导带头走访联络市、区人大代表、政协委员 162 人次,邀请 82 名代表委员来院旁听庭审、见证执行、参与座谈、出席宣讲会及新闻通报会等,倾听代表委员对扫黑除恶、诉源治理、信息化建设等工作的意见建议,丰富监督联络活动内涵,注重意见建议办理反馈。通过短信发送动态专报 19 期,推送新媒体平台信息 200 余条,全方位增进代表委员对法院工作的了解和认同。依法接受区人民检察院的法律监督。办理检察建议 24 件,邀请检察长列席审判委员会会议 3 次,共同维护司法公正。自觉接受社会各界监督。召开征求律师代表意见建议座谈会,完成昌平区首批随机抽选拟任命人民陪审员工作,新增人民陪审员 187 名,共参审案件 7870 件,担任人民陪审员的代表、委员参审 455 件,人民陪审员参审案件入选北京法院人民陪审员工作十大典型案例。

四、检察工作

2019 年,昌平区人民检察院依法履行各项检察职责,努力为经济社会发展提供良好司法保障,检察工作取得新成绩。共受理各类案件 3554 件,办结 3608 件,同比增长 7.31% 和 20.19%。

(一)聚焦监督主责主业,提升检察监督实效

一是不断加强立案和侦查活动监督。注重对侦查活动合法性、规范性的监督,制作《移送侦查违法行为线索对照表》,归纳 284 项违法线索、处理方式和移送标准。针对适用强制措施不当等问题,向公安机关通报案件质量 5 次,发出书面纠正违法通知书 6 份。依托派驻公安机关执法办案管理中心检察室,检察官专职常驻,坚持"普查""巡查""抽查"相结合的工作制度,将法律监督向执法办案一线延伸。为防止有案不立、有罪不究,办理立案监督案件 133 件,监督公安机关立案 57 件 65 人,监督撤案 38 件 38 人。为防止有案不移、以罚代刑,依托行政执法与刑事司法衔接机制,走访市场监督管理局等 5 家行政执法机关,监督行政执法机关移送后立案 35 件 94 人。2 件案例入选北京市检察机关立案和侦查活动监督优秀案例。

二是依法开展审判活动监督。与区人民法院建立年度监督情况通报机制,保证法律正确实施,努力实现双赢多赢共赢。加强对不服区人民法院生效民事裁判、调解和执行的监督,办理民事诉讼监督案件 63 件,对区人民法院正确的民

事裁判，积极开展释法说理工作，当事人息诉服判率达到100%。加强行政诉讼监督，受理行政诉讼监督案件8件，开展行政非诉执行监督专项活动，对区人民法院197件行政非诉执行案件开展审查，针对未穷尽财产调查措施等问题，制发检察建议5件，均得到采纳。

三是继续深化刑事执行检察监督。依法维护在押人员合法权益，围绕监管安全、律师依法执业及交付执行规范等方面，制发检察建议3件，纠正违法通知书1份。扎实推进监外执行检察工作，针对发现的社区矫正服刑人员漏管、脱管等问题，提出书面纠正意见53件，获得整改回复49件。针对没有继续羁押必要的犯罪嫌疑人、被告人，提出释放或变更强制措施并被采纳55人。1件羁押必要性审查案被评为全国羁押必要性审查精品案件，1件纠正外地法院错误判决的监督案件被评为全国刑事执行检察十佳纠正违法案例。

（二）坚持以司法办案为中心，维护社会秩序稳定

一是严厉打击各类刑事犯罪。加强与公安机关和法院的配合，实行"捕诉一体"，共批准逮捕913件1307人、同比上升4.94%和22.15%，提起公诉1160件1497人、同比上升0.87%和10.48%。严惩危害国家安全和公共安全犯罪，起诉涉枪、重大责任事故等严重危害公共安全犯罪案件60件73人，维护安全稳定。积极回应人民群众平安需求，依法惩处绑架、非法拘禁等严重暴力犯罪，起诉84件90人，严厉打击抢劫、抢夺、盗窃、诈骗等多发性侵财犯罪，起诉361件491人，保障社会安定有序。

二是用心做好未成年人检察工作。加强对涉罪未成年人的教育、感化、挽救，对涉嫌轻微犯罪并有悔罪表现的未成年人，不批捕、不起诉9人，对31人提出从轻处罚量刑建议，对27人落实帮教措施。严厉打击侵犯未成年人犯罪，依法对故意伤害、猥亵儿童等犯罪批捕28人，起诉29人。稳步推进"一站式询问"试点工作，对15名被性侵的未成年被害人提前介入、一次性取证，有效避免二次伤害。用法治呵护未成年人健康成长，16名检察官担任中小学法治副校长，围绕防治校园欺凌等主题讲授法治课34场，学生达2万余人。

（三）紧紧围绕民生福祉，坚定履行公益保护使命

一是勇于攻坚克难，着力形成推进公益诉讼的整体合力。积极争取党委和政府的支持，区政府已将公益诉讼工作情况纳入依法行政考核指标。制定《关于纵深推进公益诉讼检察工作的实施方案》，采取5个方面18项具体措施，加大案件办理力度。扎实开展"医疗机构、保健品经营者虚假宣传"专项监督活动，督促行政机关依法履职，检查美容场所125家，对违法开展医疗美容的6家机构或个人进行处罚。

二是加强内联外合，着力破解线索来源难题。深度对接基本农田保护、生态

环境保护等方面的公益保护需求，加强内部职能部门的协调配合，强化与行政机关的信息共享，加大线索摸排力度。综合采取调取卷宗，实地走访，分析研判报刊、网络等平台反映的问题等措施，对 25 家医疗美容机构、47 家商超便利店、36 家小规模食品经营者进行排查，全年共收集公益诉讼案件线索 35 件，为公益诉讼开展奠定了坚实的基础。

三是促进整改落实，充分发挥诉前程序作用。利用诉前程序及时解决问题、促进依法行政，发出诉前检察建议 11 件，回复整改率 100%。深入推进"国有财产保护"专项监督，针对经济适用房上市过程中出现的税费流失问题，向税务机关发出诉前检察建议，督促收回相关税费 1331.76 万元。针对高楼长城被人为破坏一事，及时督促文物保护部门完善长城保护相关机制，启动遗址视频监控项目，切实守护昌平文物资源。

（四）深化司法体制改革，完善检察工作机制

一是深入推进司法责任制改革。突出检察官办案主体作用，积极推进检察官独立办理审查逮捕、审查起诉案件。检察长带头办理重大、疑难、复杂案件，入额领导干部直接办理案件 331 件，达到检察官平均办案量的 45.7%，充分发挥示范引领作用。实施与新办案模式相适应的业务监督机制和检察官管理考核机制，进一步完善检察官等各类人员绩效考评细则。

二是严格落实诉讼制度改革。积极推动认罪认罚从宽制度适用，制定《推进认罪认罚和量刑建议工作的实施方案》，全年审结适用认罪认罚从宽程序案件 903 件 1084 人，认罪认罚适用率达 63%；向区人民法院提出量刑建议采纳率为 84.4%，积极探索精准化量刑，有效提升诉讼效率、化解社会矛盾。稳步推进刑事速裁程序工作，办理速裁案件 429 件，占案件总数的 37%，真正实现"繁案精办、简案快办"。构建与以审判为中心相适应的刑事检察工作机制，自行补充侦查案件 495 件。

三是加强检察权运行管理监督制约。落实"加强检察管理监督制约年"工作部署，聚焦案件办理质效，开展案件质量评查，常规抽查案件 162 件 187 人，围绕捕后不诉、诉判不一致、变更起诉等重点评查案件 44 件 111 人。开展司法文书专项评查，评查不起诉决定书、引导侦查取证类文书 2047 份；进行存疑不起诉案件专项整治，开展存疑不起诉案件专项评查 14 件 36 人。

（五）主动接受外部监督制约，不断提升检察公信力

自觉接受人大监督，向区人大常委会主任会议专题汇报公益诉讼检察工作情况。完善人大代表直通联络制度，组织观摩检委会议事等活动 21 次，联络人大代表 106 人次。严格落实保障律师执业权利，接待律师 2275 人次，提供案件程序性信息查询 3156 件次。增强检察工作透明度，公开程序性信息、终结性法律

文书等 3419 份，打造阳光检务。深入开展"十进百家、千人普法"主题活动，先后到首都师范大学附属回龙观育新学校、长陵景区、中国铁塔股份有限公司北京市分公司等单位开展法治宣传 69 次，连续第七次被评为全国检察宣传先进单位。

五、司法行政工作

2019 年，昌平区司法局以国庆 70 周年维稳安保工作开展为工作主线，抓党建、保稳定、强服务，深入推进平安昌平、法治昌平建设。

（一）坚持发展"枫桥经验"，创新发展人民调解工作

一是抓好"回天地区"社区治理。建设完成"回天地区"东部及西部 2 个区级公共法律服务分中心，与已建成的 7 个镇级公共法律服务站和 125 个村居公共法律服务室共同织密"回天地区"公共法律服务网络，整合各项服务职能，让群众只进"一扇门"，办理"所有事"。

二是推动"人民调解+"典型经验深化扩面。以人民调解工作为主线，以全区公共法律服务实体平台为载体，在"开花在北七，结果（试点）在回天"的成果基础上把经验"推广到全区"。通过有效整合司法行政各项职能，把村居法律顾问、五老、信访干部、派出所民警、人民调解员、村居工作人员和心理医生等多方力量能动纳入调解工作，联合发挥社区片警副书记的牵头作用，切实从调解员"孤军作战"转变为"多方联动、共同攻关"。发动各基层司法所结合区域实际、整合资源打造"一所一品""人民调解+"工作模式。

三是实现司法专干全覆盖。全区共设司法专干 589 名，实现了全区司法专干全覆盖，优化司法所与村居沟通协调，开展调解、宣传、评议等工作，为维护辖区稳定发挥了重大作用。

（二）推进法律援助工作，妥善化解社会矛盾

一是拓展法律援助工作渠道。已建成法律援助联系点 532 个，其中新建 2 个，在形成以法律援助中心为统筹，覆盖镇街、公、检、法、监、律师事务所、村居的法律援助服务网络体系。赋予司法所、律师事务所和村居法律援助联系点服务律师的法律援助初审权，方便困难群众就近得到法律援助，打通法律援助服务最后一公里。

二是持续做好村居法律顾问工作。动态调整顾问律师与村居结对，全区 20 家律师事务所的 72 名律师与 20 个镇、街道 532 个村居签订了《村居法律顾问聘请合同》，村居签约率 100%。"严考评"落实监督考核，"再推进"提供精准服务。全年村居法律顾问共举办讲座 193 场次，提供法律咨询 1710 余人次，参与纠纷调解 60 余件，提供法律意见、建议 270 余条。

（三）引导律师行业发展，提供法律服务保障

全区律师事务所已发展到 75 家、执业律师已达 335 人，共担任法律顾问 271

家，办理诉讼案件 3197 件，业务收入达到 6000 余万元。全区律师共承办法律援助案件 1526 件，解答群众咨询 2836 件；承担全区村居法律顾问 532 个，村居法律顾问律师共举办讲座 193 场次，提供法律咨询解答 1710 余人次。值班律师与实习律师入驻"回天地区"公共法律服务东部分中心参与"回天有我"社区治理；唯景所王宇辉律师、宸轩所于英男律师代表分别奔赴西藏仁布县与广西崇左天等县开展法律援助志愿服务。律师协会乔守东会长被评为全国律师行业优秀党员律师；北京市昌平区律师协会被评为 3A 级社会组织；郭宏律师被评为 2019 年度北京榜样周榜人物；付斌、周琼、黄芳等 9 名律师荣获北京市律师行业庆祝新中国成立 70 周年工作先进个人称号。

（四）助推矫正帮教工作，为首都社会安全稳定做出贡献

一是严格刑罚执行、恪守制度规章。全面规范和加强矫正帮教刑罚执行工作，进一步健全完善"两类"人员居住地核实、社会调查评估、衔接接收、监管教育、执行变更、惩罚收监等案件办理制度流程，提高队伍综合素质和处事能力，着力抓住新机遇、适应新法规、展现新作为，确保了矫正帮教刑罚执行案件依法、公正、准确、高效办理。

二是创新方法手段、丰富教育内涵。坚持以治本安全观为指导，以"文化矫正"品牌为抓手，通过开展常规教育、特色讲座、专题辅导、专场读书汇、网上自学等系列活动，打造智慧课堂，让"两类"人员教育模式将信息技术与课程设置高度融合，使学习教育内容更加丰富、方法更加多彩、特色更加新颖、质量更加提高。

（五）开展法治宣传教育，推动普法工作不断深入

一是健全机制，强化保障。制定《2019 年全区法治宣传教育工作要点》，完善"谁执法谁普法"和"以案释法"工作机制，推动普法责任单位明确各自普法权责，全年共开展以案释法宣讲活动 380 余场次。

二是突出重点，深化落实。始终将宪法宣传放在首位，组织开展领导干部宪法宣誓、宪法发展历程主题展览、中小学学生宪法诵读、宪法知识竞答等活动，开展宪法进企业、进农村、进机关、进学校、进社区、进军营、进网络等重点普法活动 180 余场次。抓好领导干部和青少年两类关键人群，以重要节日为契机，开展"法律十进"活动，全年共开展"法律十进"系列活动 1500 余场次，受教育人数达 20 余万人次。

三是服务大局，融合发展。聚焦扫黑除恶专项行动、庆祝新中国成立 70 周年、"疏解整治促提升"专项行动、优化营商环境、"回天地区"三年行动计划等中心工作，利用法治公园、长廊、橱窗等宣传阵地，加强普法环境布置，积极开展主题普法宣传、法治主题演讲、法治文艺汇演等系列活动 300 余场次。

四是深挖特色，打造品牌。利用"法治昌平"微博、微信等新媒体矩阵推动普法宣传教育载体创新与新媒体融合，"法治昌平"微信公众平台月粉丝人数均保持在 3 万人以上，在全市司法微信影响力排行榜中名列前茅；利用区广播电台"普法直通车"、区电视台"法治昌平"栏目，播出法治宣传教育节目 158 期；在市级以上媒体宣传推广昌平法治宣传工作 70 余篇。

六、治安工作

2019 年，北京市公安局昌平分局紧紧围绕"五大安保"任务，以"使命·2019 平安行动""三清三个一批"等专项工作为依托，结合全区治安形势特点，充分发挥职能部门作用，不断牵动创新社会综合治理方法，全面强化大防管控，确保全区治安局势持续平稳。

（一）主动应对，有效确保全区政治社会稳定

以五大安保工作为统领，加大涉访情报信息排查、重点访稳控、突出访情处置工作，依托属地党委政府全力做好重点人的疏导化解和教育稳控工作，及时有效化解重大风险隐患。大力助推市、区中心工作，全面落实属地安全保障责任，将关口前移、措施前置、人员前驻，为"疏解整治促提升"专项行动、"回天地区"综合整治、浅山区违法建设治理、散乱污企业治理等工作提供有力安全保障。

（二）突出重点，集中开展治安打击工作

针对社会面黄赌突出治安问题，结合扫黑除恶专项斗争，对社会面突出的足疗、发廊坐店、街面拉客等招嫖行为以及棋牌、赌博机等赌博活动，紧盯警情，科学研判，及时督办，针对警情高发、多发地区、群众举报反映突出及涉黄场所比较集中的重点部位，以打团伙、揪幕后为目标开展了多波次集中打击。

（三）聚焦热点，积极做好社会面清理整治工作

结合"使命·2019 平安行动"总体部署，依托"街镇吹哨、部门报到"工作机制，重点针对群众普遍关注、媒体聚焦的黑车、黑摩的等社会面秩序类问题开展全面清理整治。充分依托区级综合执法小分队作用，牵动全区 86 处挂账点位，162 处扰乱社会秩序重点地区涉及的派出所，局外协调交通、城管、交管等部门，共同秩序类乱点打击整治，取得了良好效果。同时，依托打击防范自行车被盗专项工作，积极牵动各派出所开展打击盗销自行车工作。

（四）服务民生，全力侦办环食药旅领域案件

紧密围绕生态文明建设、食品安全战略、旅游市场秩序等方面，充分发挥职能作用，积极牵动区行政执法部门及局属派出所，开展了"打击整治非法倾倒垃圾违法犯罪百日专项行动""农村假冒伪劣食品""打击整治保健市场乱象百日行动"及"五大战役"等专项行动，圆满完成了"两节""五一""端午""中

秋"及"十一"等节假日公园景区秩序监管工作。

（五）加强监管，严厉杜绝各类安全隐患

一是做好危险物品安全监管工作。落实反恐防恐"六住"措施，对重点地区、部位逐一做到无死角严密防控，对各类危爆物品及重点行业做到全环节严格监管，坚决防止发生暴力恐怖案件；并通过深入开展缉枪治爆、疾风行动、易制爆危险化学品和寄递物流专项整治等工作，最大限度地消除各类枪爆安全隐患。

二是强化大型活动安全监管。充分发挥职能作用，组织协调政府相关部门积极落实调查摸底、宣传发动、安全检查等工作措施，实现许可及无需许可类大型群众性活动100%纳入视线，并按照规定进行审批或报备，通过严格的安全监管和检查，确保全区大型活动安全有序，全年未发生重大公共安全事故。

（六）摸排建档，全面强化行业场所管理

一是强化列管行业场所管控。以列管行业为主线，结合辖区特点进行重新摸排，更新台账，全力开展"回天利剑"专项行动、歌舞娱乐场所清洁5号专项行动、违规出租房屋专项清理工作、特种行业废旧金属收购业清理整治专项行动等工作，严查隐匿在行业场所内的违法、违规乱象，净化场所治安秩序，深入推进昌平区行业场所治安管理工作，切实做到底数清、情况明，不留死角，确保辖区内行业场所秩序稳定，全面清整社会风气。

二是加大保安行业管控力度。依托重点时期安保工作，通过出动检查组进行抽查、突击检查的形式，对全区保安公司、保安驻勤点、自行招录保安员单位、培训学校开展全面检查。

七、法治建设特色和亮点工作

2019年，昌平区稳中求进，扎实做好法治建设各项工作，不断取得新进展、开创新局面，为建设国际一流科教新区提供强有力的法治保障。

（一）建立完善工作机制，履行全面依法治区新职能

筹备调整组建昌平区委全面依法治区委员会，并召开区委全面依法治区委员会第一次会议，审议通过了《区委全面依法治区委员会工作规则》《区委全面依法治区委员会协调小组工作规则》《区委全面依法治区委员会办公室工作细则》和《区委全面依法治区委员会2019年工作要点》，形成依法治区制度体系框架。下设推进依法行政工作领导小组，执法、司法、守法普法协调小组，各小组分别制定了工作细则，全力推动委员会各项工作部署和要求在本领域贯彻落实，为建设法治政府奠定坚实组织保障。

（二）推动落实制度改革，确保司法公正高效权威

一是统筹推进司法协调工作。认真抓好敏感疑难案件的统筹协调工作，对敲诈勒索案、涉软暴力犯罪案等涉黑涉恶新型犯罪案件进行多次司法协调，统一思

想，挂账督办涉法涉诉信访类案件 5 件，起到了很好的法律效果。区人大常委会有效推进依法监督工作，共举行 4 次常委会会议，审议了 12 项议题，开展执法检查 2 项，向区政府送达审议意见书 3 件，听取区人民检察院工作报告 1 项，使监督工作取得实效。

二是积极推进司法责任制综合配套改革。公安昌平分局圆满完成执法勤务和警务技术职务序列改革工作；区人民检察院按照"加强检察管理监督制约年"工作部署，统筹推进新型检察领导模式、新型检察管理监督机制等建设；区人民法院按照上级部署将审判业务机构由 15 个精简为 8 个，非审判业务机构由 9 个精简为 3 个，实现改革期间各项工作平稳有序运行。

（三）围绕政府中心工作，提供有力法治保障

一是不断强化法治保障职能。紧紧围绕国庆 70 周年大庆安保、区委区政府重点工作，组织政法机关开展研究，制定法治保障工作措施，推进"疏整促"专项行动、"回天地区"治理等重点任务有序开展。区人民法院和区司法局建立依法服务营商环境对接工作机制，为辖区内企业发展营造了良好的法治环境。

二是助力违建别墅清查整治工作。违建别墅专项整治开展以来，疏理违建别墅涉及的法律问题，并针对裁执分离、证据保全及行刑衔接中的法律实践问题组织研讨，统一思想，推进工作，为浅山区违法建设专项整治工作提供了坚强的法律保障，拆除违建别墅 1000 余栋。

三是聚焦"回天地区"大型社区治理。完成"回天秩序 2019"百日攻坚行动，坚持分类施策，对于无证无照、群租房、违法建设、物业管理等治理类高频问题，积极研究针对性措施，有效推动问题解决。

（四）发挥法学会优势，不断繁荣法学研究

一是组织会员参与法学研究。围绕市、区中心工作积极组织参加各类法学学术论坛活动，形成一批有价值的研究成果，18 篇优秀论文入选 2019 年"百名法学会百场报告会""环渤海"及"京津冀"等征文活动。组织开展应用法学研究，收集法律援助工作相关论文 20 篇、防范打击虚假诉讼行为相关论文 11 篇，均形成论文集供相关领导和单位参考借鉴。

二是开展评选活动，做好成果转化。成立学术委员会，评选出 20 篇区级优秀论文，同时做好理论成果转化工作，将研讨会优秀论文编辑成《昌平政法》法学理论专刊，印发全区各有关单位参阅。

平谷区法治建设报告

2019 年，是新中国成立 70 周年，是平谷区规划、转型、发展、提升之年。在市委市政府和区委区政府的坚强领导下，在区人大及其常委会和区政协的监督支持下，在全区人民共同努力下，扎实推进依法行政，为建设法治中国首善之区做出了应有贡献。

一、人大法治保障和监督工作

2019 年，平谷区人大共召开常委会会议 8 次，听取和审议区"一府两院"工作报告 23 项，依法作出决议、决定 6 项；召开主任会议 22 次，听取和审议区"一府两院"落实常委会审议意见情况报告 14 项；任免国家机关工作人员 218 人次；组织人大代表活动 20 次；督办议案 3 项，督办人大代表建议、批评和意见 129 件，督办为民办实事工程 22 件，圆满完成了区五届人大五次会议确定的各项任务，为本区经济社会发展提供了坚实的民主法治保障。

（一）坚持党的领导，保持人大工作正确方向

1. 坚持不懈抓好理论武装。坚持党组理论中心组学习以及党组会议、常委会会议和各专门委员会会议会前学习制度，系统学习习近平新时代中国特色社会主义思想、党的十九大和十九届二中、三中、四中全会精神和习近平总书记关于坚持和完善人民代表大会制度的重要思想。

2. 扎实深入开展主题教育。成立"不忘初心、牢记使命"主题教育领导小组，制定主题教育方案，认真开展突出问题和重大风险隐患"大起底"及问题隐患整改工作，及时召开党组、处级党员干部专题民主生活会和各支部组织生活会。

3. 严格执行重大事项请示报告制度。研究制定了《平谷区人大常委会党组向区委请示报告重大事项清单》，进一步规范了请示报告重大事项的内容和程序。一年来，党组共向区委及其有关部门报送请示类文件 15 件，工作汇报类文件 12 件。

（二）聚焦发展大局，依法履行监督职责

1. 围绕重点工作，加强经济社会发展监督。听取和审议了区政府关于2019年上半年国民经济和社会发展计划执行情况的报告、平谷区2018年预算执行和其他财政收支审计工作情况的报告以及审计查出问题整改情况的报告；听取和审议了区政府关于平谷区2018年决算草案的报告、2019年上半年预算执行情况的报告，审查批准了2018年决算和2019年预算调整方案。

2. 聚焦人民关切，加强民生工作监督。区人大常委会分别听取和审议了区政府《关于平谷区振兴教育事业三年行动计划的议案》情况的报告、关于医药分开综合改革工作情况的报告、关于棚户区改造工作情况的报告、关于上宅文化研究保护与发展工作情况的报告，聚焦人民群众普遍关心的热点问题，充分运用多种监督方式加强监督，促进民生问题得到改善。

3. 立足功能定位，加强生态建设监督。分别是听取和审议了区政府关于2018年环境状况和环境保护目标完成情况、关于新一轮百万亩造林工作情况、关于"生态桥"治理工程情况的报告，并提出了有关审议意见。

4. 推进依法治区，加强依法行政和公正司法监督。常委会听取和审议了区人民法院关于充分发挥审判执行职能作用、推进本区诚信体系建设情况的报告、区人民检察院关于贯彻落实认罪认罚从宽制度、依法履行公诉职能作用情况的报告，提出要探索办案模式、进一步提升诉讼效率，完善律师值班制度、更好发挥律师作用，研究探索量刑规律和标准、提升量刑建议精准化水平等审议意见。

（三）加强人大代表工作，更好地发挥人大代表主体作用

深入组织开展"万名代表下基层、全民参与修条例"活动。20名市人大代表、180名区人大代表、742名乡镇人大代表，分别深入镇村、社区、"代表联络站"和"代表活动站"，就修订《北京市生活垃圾管理条例》广泛征求了2万多名市民、社区工作者、物业管理者及151家单位的意见建议，真正使征求意见活动成为广泛汇集民意民智、凝聚立法共识、推动工作开展的过程。

二、法治政府建设

2019年，平谷区政府围绕"生态立区、绿色发展""问题导向、系统治理"将依法行政贯穿始终，统筹推动"落规划、优生态、调结构、聚要素、惠民生、促协同"等各项工作，弘扬社会主义法治精神，法治政府建设各项工作取得了新的进展。

（一）抓经济，强产业，绿色发展动能不断增强

1. 传统产业加快转型。圆满完成国庆礼桃供应保障，建立国桃生产技术标准；举办大桃嘉年华、侨福桃园芳草地等活动，平谷大桃成为全市唯一在十七届中国国际农交会上参展的名特优新农产品。出台"三策五包一奖"等13项惠农

政策，完成鱼子山、西柏店、崔家庄三个村"大棚房"改造提升试点。科学选定"8+13"养殖地块，建立"五位一体"合作模式，完成生猪养殖业选址布局。

2. 营商环境不断优化。全面落实营商环境"9+N"2.0版政策，启动实施3.0版政策，制定出台企业用地、财政扶持、加速器、孵化器等21项政策，兑现政策资金1.3亿元，为企业引进高级职称和硕博人才落户110人。

3. 京平物流枢纽取得实质进展。明确"两站四场"布局，地块控规正在深化。完成四大货类57万吨运输任务。铁路专用线正式列入国家发改委重点建设项目。全国运输结构调整暨多式联运现场推进会在平谷召开，京平物流枢纽成为全市"2+9"公转铁布局的东部核心节点。

4. 休闲大会全面筹备。主场馆主体结构完成封顶，室内外装饰完成过半，"石林雅筑"风貌基本形成。成功举办第三届中国（北京）休闲大会，发布大会吉祥物"桃桃"，启动"金叶奖"评选。在金海湖、刘家店、熊儿寨、镇罗营等镇分别举办三夫国际铁人三项赛、丫髻山太极文化节、农民丰收节、"环长城100"等活动，持续为大会举办预热升温。

（二）护安全，保稳定，"平安平谷"基础更加扎实

1. "双安"底线持续巩固。严厉打击治安类违法犯罪行为，万人发案率降至37.51%。完成"雪亮工程"一期项目建设，实现"5+21"边界管控和全域智能监控全覆盖。

2. "五防"体系日益完善。组建专业应急抢险队伍14支和隐患检查员队伍800余人；国家森林消防局80人的机动分队正式驻防平谷；建立三级防汛体系，建设区域自动气象站9套，提升防汛监测、预警、响应、处置水平。完成105户434人险村险户搬迁。固化71个边界卡口管控，建立74个病虫监测站点，非洲猪瘟、美国白蛾等病虫害得到有效防控。

（三）促改革，强法治，政府自身建设不断加强

主动接受区人大及其常委会、区政协的监督，全年主动向区人大报告农科创、休闲大会等相关议题20个；邀请"两代表一委员"列席区政府常务会重大决策议题；组织人大代表、政协委员视察和调研37次；坚持人大政府、政府政协联席会议制度，办理人大建议129件、政协提案208件。深化政务公开，政府信息依法公开2万余条。加强与检法联动，推动行刑衔接。主动接受纪委监委监督，促进"以案讲法、以案明理、以案肃纪""模拟问责"机制得到市纪委肯定。加快行政执法"三项制度"落地，规范执法工作。实施法治乡村星火工程，开展"七五"普法，法治乡村形成常态。

（四）定规划，抓统筹，城乡发展水平稳步提升

1. 城乡建设持续深入。完成府前街棚改项目（一期）地下基础工程；马坊

南区 5 个村启动征拆，签约率达 98.8%，回迁安置房建设收尾。完成园丁、怡馨等 5 个老旧小区改造和 60 个住宅小区电动自行车充电设施建设。悦洳汇、旭辉墅小区临时供水工程建设完成。陕京四线平谷段正式通气，燃气供应实现双路保障。

2. 城市管理更加精细。"疏整促"年度任务超额完成，拆除违法建设 105.5 万平方米，腾退土地 137.7 公顷。落实"小巷管家""街巷长制"，招录街巷长和小巷管家 3248 名。完成康乐街马路市场迁移。全域推进生活垃圾分类，实现 319 家公共机构强制分类全覆盖，推动 13 个乡镇示范片区和 30 个示范村创建。新建和规范提升便民商业网点 43 家；完成金谷园、航宇等 10 个老旧小区菜单式物业管理。完成府前街等 11 个路段停车电子化收费项目建设。

3. 土地管控扎实有效。严格落实治理基层涉地乱象和涉地腐败、加强规划自然资源领域内部约束监督 2 个意见，整治浅山区违法占地 3549 宗共 577.87 亩，拆除重点区域违建别墅 10 宗 273 栋，1.2 万栋"大棚房"清理整治通过市级验收，12 宗绿地认建认养和公园配套用房出租整改全部完成。盘活利用"闲停低改非"土地 172 亩。

三、审判工作

2019 年，平谷区人民法院共审执各类案件 20 425 件，较去年同期增长 4.2%；未结案 1063 件，同比下降 10.7%；案件结收比为 100.6%，同比上升 0.5%；法官人均结案 296 件，同比上升 5.8%，主要审执指标在全市名列前茅，审执工作呈良性运行态势。

（一）重拳出击，维护辖区平安稳定

审理各类刑事案件 370 件。一是严厉打击寻衅滋事、故意伤害、盗窃、诈骗等案件数量高发的刑事犯罪 169 起，切实保护人民群众人身及财产安全。如区人民法院审理的赵某某等 4 起非法吸收公众存款案件，为 400 多个家庭挽回经济损失 3000 余万元。二是妥善审理涉未成年人案件 138 件，积极落实涉未成年人案件社会观护和犯罪记录封存制度，彰显人文关怀，守护未成年人健康成长。法治副校长进校园 10 余次为 2700 余名中小学生讲授法治课，400 余名中小学生走进法院，学习法律知识，接受法治教育。

（二）民商审判提速增效，促进社会和谐发展

审理各类民商事案件 13 330 件。民事审判方面，大力加强"多元调解+速裁"工作，快速审理民事矛盾多发的物业服务合同、劳务合同等案件 3556 起，调解成功 1290 起，调解率 36.3%，审理周期仅为 29 天；针对机动车交通事故责任、相邻关系等案件，大力倡导宽容互让、和谐友善的价值理念，让 1700 余名当事人握手言和；针对婚姻家庭类案件，注重情理法交融，努力修复亲情关系，

成功挽救 377 个濒临破裂的家庭。商事审判方面，公正高效审理民间借贷、买卖合同、农村土地承包合同、与公司有关的纠纷等案件 2476 件，平均审理天数 60 天，同比缩短 21.6%；破产审判团队高效专业审判，使 9 家涉"疏整促"破产企业得以依法退市，持续助推传统产业更新换代和改造升级；积极保障交易安全，制裁违约欺诈、恣意毁约行为，促进市场主体诚信经营，100 余件案件因不诚信诉讼行为承担法律责任；主动走访民营企业家，及时对接企业发展需求；与区工商联、市场监督管理局等建立诉调对接机制联动处理民营经济领域纠纷；发布《民营企业商事活动法律风险防控白皮书》、向企业发送司法建议，促其增强法律风险防控能力，多措并举助力优化区域营商环境。

（三）"平谷路径"实质解纷，助推政府依法行政

持续升级"平谷路径"至 5.0 版，审理各类行政案件 350 件。一是成立行政争议实质性化解工作室，调处化解争议 50 起，协调化解率近 20%，涉案金额达 500 余万元，实质性化解的因河道治理引发行政赔偿案入选北京法院"涉疏整促十大典型案例"。二是构建"一中心四支点六平台"网格化助力法治政府建设格局。今年本区行政机关负责人出庭应诉率达 97%，实现所有乡镇政府负责人出庭全覆盖，相关经验得到最高人民法院肯定，并在央视栏目中向全国推介。三是加强司法与行政良性互动。"三书二报一案一建议"以数为据、以案为例，常态化向行政机关进行通报提示；紧扣提升依法行政能力浸入式走访各机关单位和乡镇 60 余次；府院学堂、平谷路径微平台、微信交流群，多渠道与行政机关互动交流，府院联动形成合力，促进法治政府建设，"平谷路径"成效显现，全年行政案件收案数同比下降近 50%。

（四）多措并举强力出击，巩固执行攻坚成果

有效运用多种强制措施，执行案件 6199 件，执行到位金额 3.7 亿余元。一是强力惩戒制裁失信。纳入失信被执行人名单 1291 人，限制高消费 3988 人，罚款、司法拘留、限制出境 36 人，让失信被执行人"一处失信、处处受限"；入驻司法拍卖平台，网拍成交额近 2.2 亿元，为当事人节省佣金 682 万元，推动涉案财物拍卖更加高效便捷。二是专项执行攻坚克难。开展涉民生专项执行行动 5 次，执结涉民生案件 600 余件，为 490 名工人讨回工资；在区委政法委领导下，妥善处理涉区域稳定的群体性案件；"秋枫行动""冬日攻坚"有力震慑失信被执行人，旧城棚户区改造依法执行强力助推区域建设。三是拓展联动深化协作。深化京津冀三省（市）六地执行协作机制，举办研讨会、发布十大典型案例；与区融媒体中心、区司法局、区监察委拓宽合作，联动曝光失信行为 120 人次；通过走访调研、会议座谈、签约共建等形式，加强与多家相关单位沟通协作，推动构建失信联合惩戒平台。

四、检察工作

2019年，区人民检察院紧紧围绕全区中心工作，校准检察新坐标，以对人民负责、对检察事业负责的态度，检察工作法治化水平与检察公信力稳步提升。

（一）法律监督工作

1. 主动接受人大监督和民主监督。坚定"监督者更要接受监督"的检察自觉，向区人大常委会专题汇报工作3次，区人大常委会出台支持公益诉讼检察工作的决议。健全"定制式"服务机制，检察联络员对口联络所在辖区代表委员，院领导带队走访各乡镇街道，主动汇报情况，诚恳听取监督意见，向代表委员问需、问计、问策。为代表委员履行监督职责创造有利条件、搭建良好平台，推送"平检资讯"手机报30期，订阅报纸杂志500余份，组织专项视察、庭审观摩等20余次，促进检察产品更加贴近人民需求。

2. 主动接受社会监督。提供便捷高效的检察服务，建成信、访、网、电、视频五位一体的检察服务中心，线上线下联动处置群众诉求。依托办案系统、新媒体平台发布案件办理、典型案例等各类信息1590条。设置律师专用通道和专门接待室，接待律师302人次，信息查询625次，听取意见82人次，提供电子卷宗光盘296张。丰富司法为民新体验，开展"共和国建设者走进检察机关"等主题开放日活动，社会各界群众零距离接触检察工作。积极融入区级媒体矩阵，精心策划《警法在线》专题片9期，在平谷电视台播放受到群众好评；《检察官说法》专栏亮相《平谷报》，阅读发行量总计6万。

3. 主动从严监督管理。健全司法办案内部监督机制，完善动态监管、线索流转等9项内容，案件纵横评查工作机制被《检察日报》报道。开展任前廉政谈话14人次，领导干部述职述廉17人次。严格执行防止干预司法"三个规定"报告制度，围绕检察权运行，排查岗位廉政风险点200个，制定防控措施183条。健全完善"四项督导"工作机制，对党建、廉政、案件、行政四方面27项内容开展督导30次，机关作风进一步好转，相关做法被《前线》杂志、"北京组工"官方网站刊载。

（二）刑事检察及公益诉讼工作

1. 严惩各类刑事犯罪。严格办理危害公共安全、侵犯公民人身权利犯罪154件175人，严厉打击诈骗、盗窃等多发性侵财犯罪97件225人，增强群众安全感和满意度。重拳出击本区规模最大的58人跨省电信诈骗案，引导公安机关深挖前端犯罪，成功抓捕同案犯5人。妥善办理百余人受害、涉案金额高达2亿元的非法吸收公众存款案，公检通力协作追赃挽损2000余万元，有效化解金融风险。

2. 加大公益诉讼办案力度。开展"破坏环境资源领域犯罪"专项立案监督活动，依法督促行政机关移送夜间非法倾倒 9.75 吨化工废物的污染环境案，提前介入、审查办理非法采矿案 21 件 25 人，涉案矿产资源量 570 余万立方米。把公益侵害解决在诉前，排查公益诉讼线索 32 件，立案 15 件，发出诉前检察建议 12 份，督促清理垃圾 1 万余吨、治理被污染损毁耕地 8 亩，追偿生态治理费用 230 余万元。提升国家森林城市品质，以古树为重点开展"文化保护"专项监督活动，促进拨付林木调查保护资金 600 余万元，制定五年调查保护计划，完善古树保护名录。

五、司法行政工作

2019 年，区司法局紧扣全年各项安保任务，以司法行政机构改革为着力点，努力维护社会稳定、大力推进法治建设、全力服务保障民生，为推动平谷绿色发展做出了积极贡献。

（一）全力维护社会和谐稳定

全面做好"两类"人员管控，采用"手机定位"和"北京社矫 APP"实施全方位管控，对全区 1400 余名"两类"人员进行普遍性的排查 10 次、走访 6000 余人次；开展安保警示教育、爱国教育 3000 余人次；救助困难人员 76 人次，发放救助金 73 400 元；依法完成 3 名社区矫正对象特赦工作，全年全区"两类人员"脱管、漏管率为零，安置帮教率 100%。积极开展社会矛盾纠纷化解，开展矛盾排查 16 024 次，有效化解纠纷 2170 件；深化诉调对接路径，与区人民法院共同出台多元纠纷解决机制联动方案，试点开通网上调解，推动人民调解司法确认、人民调解员走进巡回法庭，增强局院联动、庭所互动。

（二）大力提升全区依法行政水平

全年，完成政府重要行政事项合法性审核 113 件，提出法律意见 600 余条，承办各类法规规章草案征求意见 20 件，参与区重点项目研讨协调会 30 余次，提出法律意见 60 余条。全年，受理行政复议案件 99 件，办结 81 件，综合纠错率 50.6%，维持率 45.7%，承办区政府为被告的诉讼案件 52 件，进行案前行政纠纷调解 60 余件，2019 年全区行政机关负责人出庭应诉率达 97%。此外，会同区政务服务局起草了《平谷区关于优化提升市民服务热线反映问题"接诉即办"工作方案（试行）》，会同区住房城乡建设委编制了《平谷区涉及住宅小区行政管理部门职责清单》，为基层治理工作当好法治参谋。

（三）营造守法普法社会氛围

制定下发《2019 年平谷区法治宣传教育工作要点》及《平谷区普法责任制清单（第一批）（第二批）》，明确 17 条共性责任清单和 164 条个性责任清单。将"七五"普法工作全面纳入区政府综治考核，并引入普法成效第三方评估。整合"以案释法""法治副校长""普法志愿者""法治文艺团体"共 3000 余人的 10 支普法宣传服务队伍，建立普法联盟，开展各类宣传活动 1000 余场。全年，共开展全区范围普法活动近 400 场次，受众 10 万余人。

（四）全面助推"三农"法治建设

在"法治平谷"普法平台设置"三农法治服务"专栏，播放《农民与法》广播 50 期，阅读量 3000 余次。打造法治村居项目，指导方桥律师事务所以大兴庄镇为试点，统一规范制定村级小微权力清单、村民自治章程及村规民约。编制平谷区乡村依法治理方案，对法治乡村建设各项工作制定了具体的时间表和路线图。启动"法治乡村三年星火工程"，统筹部署全局 90 名工作人员和 6 名村居法律顾问下沉至全区 312 个村居，担任村居法治乡村辅导员；结合实际编纂 4 本教程，形成全市首套区域自编法治乡村系列教材集；面向村两委及部分村民代表开通法治乡村微课堂，授课 296 次、2000 余人次，现场解答法律问题 446 个，挖掘法律明白人 301 个，发放法治乡村教材 3000 余本、法律服务便民卡 30 000 余张。

六、治安工作

2019 年，着眼于为国庆 70 周年等系列重大安保活动营造良好的社会治安环境，北京市公安局平谷分局以"使命 2019 平安行动"为依托，以提升全局综合打击能力为抓手，突出情报主导、情行一体，充分发挥打击犯罪合成作战中心平台作用和"大数据"资源优势，最大限度地整合网安、视频、技侦、情报等资源力量，强化对重点线索的深度挖掘，为一线打击破案提供强大情报信息支撑，努力形成侦查破案的整体合力，提升整体核心打击能力。针对网络电信诈骗案件高发的实际，分局组织专门力量加强线索梳理排查，先后在安徽合肥、四川成都、湖南郴州等地打掉诈骗犯罪团伙 6 个，刑事拘留涉案犯罪嫌疑人 141 名，创造了平谷公安大兵团、跨区域作战的历史记录。进入夏季后，分局结合辖区夏秋社会治安特点，自 6 月下旬有针对性地自主启动了"迎国庆"社会面集中打击整治百日专项工作，加大对突出治安秩序问题的专项打击整治力度，全力为国庆 70 周年营造良好的社会治安环境，有力保持了社会治安大局稳定。

七、法治建设特色和亮点工作

（一）社会基层治理进一步推进

1. 持续实施"双安"工程。加大力度开展各类专项行动。全区食品药品抽检合格率达 99.8% 以上，各类安全生产事故起数、死亡人数分别同比下降 57%、53%，道路交通死亡人数同比下降 24.3%，未发生重大安全生产事件。全区万人发案率 26.08%，创近三年历史新低，群众安全感全市第三。

2. 深化"吹哨报到"机制。完善综合执法信息平台建设运行，将 24 项综合执法检查清单加入信息平台，对"四张清单"进行动态调整更新。坚持群众需求就是"哨声"，以城管指挥中心为基础，整合政务服务、应急管理、智能监控等资源，搭建吹哨报到综合服务平台，精准解决群众关切各类问题。

3. 推进乡村依法治理。升级"说事评理议事普法中心"，村干部、区镇包村干部依托中心，围绕"七有五性"访民情、查民需。启动"法治乡村三年星火工程"，273 个村居配齐法治辅导员，编印 500 套、2000 册法治乡村教材，"法治微课堂"对村干部授课 311 次。全面完成村级"明权明责明法"，明确乡镇政府法定权责 1144 项，村委会法定权责 248 项，党员、党支部、党委法定权责235 项。

4. 扎实开展基层调研。试点法治村居项目，制定 7 大项 35 子项小微权力清单、112 项《村级巡察规定动作清单》。评选"吹哨报到"优秀案例 20 个，撰写《深化机制运用 推动乡村治理——吹哨报到纵深推进路径研究》调研报告。会同武汉大学实地调研，形成《城乡融合时代的乡村治理新体系建设——基于北京市平谷区乡村治理体系建设示范工作的调查》。配合中组部等调研"吹哨报到"，相关成果入选中组部编选的攻坚克难案例，研究论文在《中国行政管理》发表。截至 12 月底，共接待全国 31 个省、市、地区 1371 人次学习考察"吹哨报到"工作经验。

（二）行政执法水平进一步提升

制定行政执法"三项制度"方案和细化措施，完成行政执法公示。开展执法数据通报，排查纠治执法不公、选择性执法、随意性执法相关工作，组织全区案卷评查，推动提升执法效能。将执法数据半年通报改为季度通报，区长在常务会上听取通报并点评后进，主管区长专门召开会议督导部门执法。全年全区执法部门人均检查量 323.05 件，人均处罚量 15.76 件，处罚职权履行率 6.90%，岗位人员关联率 91%，A 岗人员参与执法率 82%。开展"吹哨报到"综合执法活动 702 次，38 家部门、3000 余人次执法人员报到，解决各类问题 647 项。

（三）政府职能转变进一步深化

1. 高质量完成机构改革。全区 42 家党政机构和 4 家直属事业单位完成改革任务。32 家执法部门、5367 项职权、688 名执法人员及相关装备等顺利划转，机构改革执法衔接平稳有序完成。

2. 不断优化营商环境。政务大厅"一网一门一次"改革不断深入，服务事项网上申报率达 100%，简易低风险项目审批全流程办理时间压缩至 21 个工作日，不动产登记办理提速至半天，企业开办迈入"一时代"。建立项目库，储备项目 300 余个，实现"项目一张表"。建成城乡信息化管理平台，统筹 138 层空间数据，实现"规划一张图"。推进"多网融合"，上线"平谷通"，建成公共资源交易信息管理系统，实现"信息一张网""服务一条龙"。建立"带图、带地、带链、带政策"招商机制，实现"要素全公开"。发布 17 大类 52 个重点投资项目和企业孵化等扶持政策，累计出台优化营商环境政策文件 21 部，初步实现向企业提供"服务包""政策法规包"机制常态化。

3. 不断创新监管方式。"双随机、一公开"在市场监管领域全覆盖。在区政府网站设立"双随机公示""双公示"专栏，在企业信用信息网归集行政处罚信息 260 条，年报信息 37 178 条，列入经营异常名录信息 5376 条，严重违法失信企业名单信息 1903 条，个体工商户被标记异常状态信息 2770 条，信用监管初见成效。

4. 不断优化公共服务。推进政府购买服务改革，对购买服务事项全过程管理，调整区商务局等 10 家单位购买服务目录。公共法律服务实现全域覆盖，完成 1 个区级中心、18 个乡镇（街道）服务站和 311 个村（社区）服务室建设，配套建立"一网、一线、一微信"。全年律师进村服务 3600 余次，解答咨询 3000 余人次，12348 热线接听咨询 5325 条。

# 怀柔区法治建设报告

2019年，怀柔区深化贯彻落实党的十九大和十九届二中、三中、四中全会精神，坚持以习近平新时代中国特色社会主义思想为指导，在区委区政府坚强领导下，全面推进法治建设各项工作，有力保障了怀柔区经济社会健康发展。

一、人大法治保障和监督工作

（一）认真履行监督职责，切实提高监督实效

一是扎实开展养犬管理调研和常委会专题询问工作。从3月份开始，组织开展了《北京市养犬管理规定》专题培训，为代表在参与调研前奠定了法律基础；组织区、镇乡两级人大代表成立山区、平原、街道三个专题调研组，采取实地视察、座谈、听取汇报、网上调查问卷等形式深入广泛开展调研，征集到1059名网民的意见和建议。10月30日，区人大常委会对区政府贯彻执行《北京市养犬管理规定》情况进行专题询问，会后，起草了《关于进一步加强和改进怀柔区养犬管理工作的决议（草案）》，提交区人大常委会审议通过，促进《北京市养犬管理规定》在本区的贯彻实施。

二是加强执法检查，推进"两条例一决定"的贯彻实施。市人大常委会召开"两条例一决定"执法检查启动会后，区人大常委会立即成立检查组，法制办会同城建环保办先后两次带领执法检查组成员对城区主要街路的交通秩序与执法情况、路侧及部分临街单位、居民小区停车供给与管理情况、电动自行车销售监管情况进行了检查，推进"两条例一决定"在本区的贯彻实施。

三是专项听取，深入推进检察院民事审判监督工作。从7月份开始，法制办公室组织调研组通过视察、座谈、听取汇报等多种形式，对区人民检察院民事审判监督工作进展、成效和存在问题进行了全面调研，提出了有针对性的意见和建议，有效推动和促进民事司法公正。

四是扎实开展少数民族乡村深入落实美丽乡村建设和乡村振兴战略实施工作专项检查。9月20日，法制办公室组织区人大常委会部分人员、市区人大代表，

对政府推进少数民族乡村深入落实美丽乡村建设和乡村振兴战略实施工作情况，进行了专项检查。实地察看了对角沟门、二道河、三岔口三个少数民族村的建设情况，督促相关部门高度重视少数民族地区发展，持之以恒抓好各项政策落实，让社会发展的成果更多更公平地惠及少数民族地区。

五是专项视察。10 月 11 日，组织区人大常委会组成人员、法制委委员和部分市、区人大代表对司法局指挥中心视频点名系统运行，怀柔镇司法所对社区服刑人员接收、报到、公开宣告和日常管教，阳光中途之家的建设和帮教工作等情况进行视察，推进社区矫正工作法治化规范化建设进程。

（二）履职尽责，扎实做好日常工作

一是认真做好规范性文件备案审查工作。对怀柔区人民政府报送备案的 18 件规范性文件依法进行审查。二是认真做好代表建议督办工作。督办区五届人大五次会议期间代表建议 16 件，均已办结。三是与法院建立代表旁听案件审理机制。全年，共组织区、镇乡两级人大代表旁听审判 4 次 200 余人次。四是创新形式"以案讲法"。组织部分区、镇乡两级人大代表观摩法庭巡回审判，邀请法官结合典型案例为人大代表"以案讲法"；利用人大代表微信群以发送语音的方式，为人大代表们以案释法、以案普法。五是严格履行任前考试制度。全年共组织任前考试 4 次，对 33 名拟任区政府组成人员和法检两院提请任命人员进行任前法律知识考试。六是依法做好区、镇乡两级人大代表补选工作。全年共对 25 名区人大代表、17 名镇乡人大代表进行补选。七是协助、配合市人大调研和立法征求意见工作。

二、法治政府建设

（一）坚持依法行政，扎实推进法治政府建设

1. 夯实法治政府建设全局性工作基础。坚持区委全面依法治区委员会对法治政府建设的全面领导。部署依法行政重点工作任务，制定考核实施细则，组织开展法治政府建设创建工作。

2. 推进政府法律顾问和公职律师工作。坚持行政机关政府法律顾问全覆盖。10 个区属事业单位、区级群团组织新聘法律顾问。加强公职律师队伍建设，12 个行政机关共有公职律师 31 名。

3. 落实行政机关负责人出庭应诉制度。区委常委、常务副区长于海波和副区长王赤、王建刚作为区政府行政机关负责人分别到北京市第四中级人民法院和怀柔区人民法院出庭应诉 5 次。

（二）强化法治思维，提升依法行政能力水平

1. 坚持领导干部学法长效机制。组织区政府常务会会前学法 5 次。举办 2 期行政执法人员法治讲座和 2 期处级干部依法行政研讨班。

2. 推进学法考法工作。升级怀柔区领导干部学法考法平台。全区领导干部和国家工作人员 15 859 人次上线学法测法。新提拔干部均通过了任前考法。

3. 深化法治宣传教育。区主要领导带头参与国家宪法日活动，全区开展宪法活动 400 余场，覆盖人群 40 余万人次。建立"互联网+N"普法新模式，新建法宣阵地 60 余处。

（三）深化政府职能转变，推进社会治理共同体建设

1. 深化放管服改革。推进权力清单动态调整，公布 29 个部门共计 1176 项行政职权事项。严格执行市场准入负面清单制度。制定公共资源统一进场交易制度。实现市、区信息平台互联互通。制定公共资源交易中心管理制度。

2. 依法推进社会治理。组建区委书记、区长牵头的街道工作和"吹哨报到"改革工作专班，各街道镇乡"吹哨"34 起，全部有效解决。完成"三级联动"协商共治试点建设，深化社区减负，精简幅度达 82%。探索完善服务百姓新方式，推进"社区之家"试点 3 个。制定社会组织发展综合指导意见。区级枢纽型社会组织基本实现全覆盖。

3. 推进社会信用体系建设。区级社会信息服务平台与市级平台、"怀柔通"APP、区级集中办公区平台实现对接。制定红黑名单认定标准及信用奖惩措施，实施联合惩戒案件 2600 余件。

（四）加强行政执法监督，提升行政执法效能

1. 统筹推进机构改革。28 个涉机构改革部门接转执法职权 5190 项、执法人员 674 人。组建 6 支综合行政执法队伍，为创建全国文明城区提供法治保障。

2. 规范行政执法行为。在区政府常务会通报行政执法工作情况。组织 169 人参加行政执法联机考试。开展行政处罚案卷集中评查并整改。

3. 加大行政执法力度。开展行政检查 63 782 件，作出行政处罚 5546 件。移送涉刑案件 79 件。结合"不忘初心、牢记使命"主题教育，深入排查纠治行政执法领域问题。开通全区行政执法监督举报热线并在怀柔信息网公开。

4. 全面推行行政执法"三项制度"。在区政府常务会组织学习行政执法"三项制度"文件。开展专题培训 2 期、行政执法公示平台操作培训 1 期。设置行政执法公示专栏，主动接受监督。

（五）依法科学民主决策，有效推动决策质量提升

1. 履行重大行政决策程序。落实《区政府重大决策出台前向区人大常委会报告工作办法的通知》（怀政发〔2019〕19 号），向区人大常委会报告 3 件重大行政决策事项。

2. 落实规范性文件合法性审核备案和清理工作。印发《关于进一步加强行政规范性文件合法性审查有关工作的通知》。审核规范性文件 33 件，提出意见

512 条。向市政府及区人大常委会报备规范性文件 36 件，备案审查 4 件。开展工程项目招投标领域营商环境专项整治工作规范性文件清理，清理 129 件，废止 1 件，并向社会公开。

（六）加强政务服务，持续优化营商环境

1. 推进政务公开。区委副书记、区长发挥"第一解读人"职责。开展重大行政决策和规范性文件预公开及政府常务会议开放，通过政府门户网站向社会征求意见。邀请居民代表、人大代表、政协委员参加区政府常务会，听取意见建议。依法规范依申请公开工作，做到答复内容准确、形式规范、时限合法。

2. 持续优化营商环境。区级事项"一门"办理率达 80.27%，进驻事项 100% "一窗"受理。向社会公开 1728 个马上办、就近办、掌上办、自助办事项。11 类 10 885 项实现同一事项无差别办理。政务服务事项申报材料精简 60%。651 个高频事项实现"最多跑一次"。设立营商环境 2.0 版政策天天讲专区，组织培训 4 轮 320 场次。27 项优化营商环境任务全部完成。

3. 推进政务服务便民化。制定《北京市怀柔区政务服务中心运行管理规范（试行）》。推出"窗口服务包"，提供便民服务。实现 100 余项涉农事项村级全程免费代办。市、区政务平台实现对接。投资项目审批实现零超期办结、项目代码应用 100% 覆盖，除特殊事项外的项目审批证照文件 100% 上传。

（七）畅通维权渠道，依法有效化解社会矛盾纠纷

1. 依法办理行政复议和行政赔偿案件。开展《中华人民共和国行政复议法》宣传活动。接待行政复议申请人 500 余人，接收行政复议申请 105 份，受理 76 件，审结 48 件。审理行政赔偿申请 6 件，作出予以赔偿决定 4 件。

2. 全面做好行政应诉工作。办理行政应诉案件 51 件，已结 19 件。办理行政复议案件 3 件，全部被市政府作出维持决定。组织行政机关领导干部 3 次共计 400 余人旁听行政诉讼案件。

3. 强化人民调解工作。研究制定《关于加强人民调解员队伍建设的工作方案》。组织初任调委会主任、骨干调解员培训 2 次，累计参训人数 231 人。

4. 发挥公共法律服务体系作用。整合法律服务资源，形成了覆盖镇乡街道、公、检、法、监、妇、律所的公共法律服务网络体系。深入推进刑事辩护全覆盖工作。

（八）主动接受监督，做好提案办理及审计监督工作

1. 做好建议提案办理工作。承办市人大代表建议、委员提案 10 件；承办区五届人大五次会议和区政协五届三次会议交办的议案 1 件、建议 90 件、提案 98 件，全部按期办复。积极配合代表委员工作，为其履职提供便利条件。

2. 主动接受司法监督。区人民法院、区人民检察院向 21 个行政机关发出

《司法建议书》《检察建议书》21 份，16 个单位已整改完毕，5 个单位正在整改中。

3. 加强财政监管力度。严格贯彻落实《中华人民共和国预算法》《中华人民共和国政府采购法》《中华人民共和国会计法》等法律法规。严控政府债券项目发行工作。对债券资金的拨付实行全过程管理。修改完善各部门政府购买服务目录，规范实施流程，加强业务指导。

4. 履行审计监督职责。完成常规审计项目，实现区直一级预算单位预算执行审计全覆盖，继续保持镇乡预算执行及其他财政收支审计全覆盖。按照五年轮审计划，开展国有企业领导人员经济责任审计、国有企业财务收支审计各 1 项。

三、审判工作

区人民法院聚焦司法审判第一要务，抓牢主责主业不放松，努力让人民群众在每一个司法案件中感受到公平正义。

依法惩治刑事犯罪。审结刑事案件 334 件，判处罪犯 411 人，为新中国成立 70 周年庆祝活动、第二届"一带一路"国际合作高峰论坛和怀柔发展营造安全稳定的社会环境。一是严惩涉众型经济犯罪。审结罗某非法集资诈骗案等犯罪案件 6 件，涉案被害人达 180 人，涉案金额 2419 万元，18 名被告人被依法严惩。二是积极延伸审判职能。发送司法建议 13 份，切实堵塞风险漏洞，形成良好的社会效果。

妥善处理民商纠纷。审结民商事案件 9433 件，解决标的金额 45.6 亿元。一是鼓励诚信交易。审结买卖、租赁、承揽等合同纠纷 1194 件，依法制裁恶意违约和欺诈行为，助力社会诚信体系建设。二是有效化解劳资纠纷。坚持依法保障劳动者合法权益与用人单位生存发展并重的理念，审结劳动争议、劳务合同纠纷 586 件，为企业职工、建筑工人等各行业劳动者追回劳动报酬 2403 万元。三是促进金融健康发展。审结票据、保险、民间借贷等金融纠纷 1219 件；建立疑似职业放贷人名单，严格审查案件事实和证据，对涉嫌"套路贷"、非法集资等刑事犯罪的案件及相关线索，依法移送公安机关。四是优化营商环境。引入"互联网+"模式，拓宽破产财产变现渠道；与北京农商银行怀柔支行合作，为管理人临时账户快速设立提供便利条件。商事案件审理周期缩短 21.83%；网拍破产财产 1931.6 万元。

监督支持依法行政。审结行政诉讼案件 343 件，审查非诉行政执行案件 51 件。一是坚持严格依法审查。146 件行政诉讼案件以撤销具体行政行为、要求行政机关履行法定职责、确认行政行为违法等方式结案，保护行政相对人的合法权益，监督行政机关依法行使职权。二是促进行政争议实质性化解。灵活运用调解、协调等方式，34 件行政争议从实质上得到有效解决，实现了法律效果和社会效果的有机统一。三是提高行政机关负责人出庭应诉质量。建立行政机关负责人出庭应诉效果评价、反馈机制，行政机关负责人出庭又出声的49件，占开庭案件总数的21.59%。

强力执行实现民愿。执结各类案件4495件，标的到位金额7.48亿元；有财产可供执行案件法定期限内执结率99.63%，首执案件执结率94.34%。一是固成果，打牢执行工作根基。出台《加强执行审限管理的若干规定》等规范文件，压缩执行行为"弹性空间"；严格执行终本案件预审核制度，终本案件合格率100%。二是谋长远，推动执行工作改革。执行指挥中心实体化运作，集约办理线下调查、财产扣划处置等事务性工作1335件，网拍标的物114件，同比增长69.3%，成交金额1.23亿元。提高执行效率的同时，实现对执行行为的分权制约。三是出重拳，提升执行工作威慑力。开展"执行暖冬""执行飓风"第二季专项活动，集中强制执行12次，采取拘留、罚款、限制高消费、纳入失信名单等强制性惩戒措施2289人次，1874名被执行人主动履行法律义务。

四、检察工作

（一）全面强化政治自觉，服务大局精准有力

坚定不移讲政治，一以贯之顾大局，在检察工作中努力推进国家治理体系和治理能力现代化，在加快构建以科学城为统领的"1+3"融合发展新格局中彰显检察担当。

服务保障新中国成立70周年庆祝活动。把握时间节点妥善处理各项事件，认真排查涉检信访苗头和不稳定因素，共接待群众来访261人，答复群众来信226件，做到将矛盾化解在基层、吸附在属地。

服务保障科学城建设。研究制定《关于服务保障怀柔科学城建设发展的实施细则》，构建"四位一体"检察服务保障新格局，相关做法得到多位区领导批示表扬。成立涉科学城案件专案组，建立案件办理"绿色通道"，坚持专案专办、专案快办，最大限度减少案件给科学城带来的建设阻力。

服务保障生态立区战略。针对非法采矿、非法捕鱼等破坏环境资源犯罪建议移送公安机关立案，犯罪嫌疑人已被绳之以法。针对农村垃圾混埋堆放、污染河流水源问题向相关单位发出诉前检察建议，污染状态现已全面消除。

积极营造优质营商环境。针对"放管服"改革后涉税犯罪新特点，与相关单位建立联合会商机制，建议62件注册假公司、使用假房产证等严重影响怀柔税收案件移送公安机关立案，合力保障税收安全，有效护航经济持续健康发展。

积极参与社会治理创新。坚持预防在先、法治引领，依托"十进百家、千人普法"主题活动，深入镇村、街道、社区、企业等各单位各领域开展法治宣传40余次，进入全市多个军营开展巡回法治讲座8场，将遵法守法用法的法治意

识送进千家万户。

（二）依法履职强化办案，维护区域和谐稳定

立足平安怀柔建设，依法追诉犯罪、维护权益，共受理审查逮捕案件 284 件 380 人，批捕 244 人，不捕 132 人；受理审查起诉案件 326 件 411 人，起诉 383 人，不诉 23 人。

依法履行刑事犯罪检察职能。全力维护群众人身财产安全，起诉故意伤害、抢劫等暴力犯罪 51 件 68 人，起诉盗窃、诈骗等多发性侵财案件 103 件 123 人。巩固深化办案效果，通过制发检察建议、开展廉政培训，促进案发单位堵漏建制，持续发挥检察机关在反腐败斗争中的重要作用。

依法履行经济犯罪检察职能。积极应对经济犯罪案件大幅上升趋势，高质高效办理涉案金额 8 千余万元、集资参与人达 300 余人的李某非法吸收公众存款案，妥善办理涉案金额 230 余万元的潘某集资诈骗案，依法惩治罗某等 17 人集资诈骗团伙，同步做好追赃挽损工作，坚决避免经济风险转化为社会风险。

依法履行未成年人检察职能。对 9 名未成年人实行犯罪记录封存，开展涉案未成年人心理疏导 19 人次，用司法温情照亮孩子的明天。坚持儿童自护、犯罪预防两手抓，依托法治副校长深化校园法治宣教工作，自编自导自演的儿童法治短剧被最高人民检察院宣传推广。

深化认罪认罚从宽制度。积极向侦查机关传导认罪认罚从宽司法理念，促使犯罪嫌疑人在侦查阶段认罪认罚，有效缩短办案周期、节约司法资源。今年共适用认罪认罚从宽制度 310 人，适用率 76.2%，量刑建议采纳率 93.2%，当事人全部息诉服判，实现法律效果与社会效果的有机统一。

（三）聚焦主业强化监督，维护司法公正公信

坚持法律监督机关宪法定位，制定实施全面加强法律监督 30 项举措，依法履行各项监督职能，努力让人民群众在每一起司法案件中感受到公平正义。今年共制发检察建议 30 份，回复整改率 100%。

刑事诉讼监督更有力。加大立案监督工作力度，监督侦查机关立案数同比增长 10 倍，监督侦查机关撤案数同比增长 93.8%。持续做强派驻执法办案管理中心检察室这一首都品牌，深化"一站式办案、合成化作战、智能化管理、全程闭环监督"的执法办案新模式，为全国推广提供有益经验。依托"行刑衔接"机制建议行政机关移送立案 79 件，立案数同比增长近 5 倍。

民事诉讼监督更精细。紧盯监督质效，办理的建设工程施工合同纠纷执行监督案被作为全市民事执行监督典型案例报送最高人民检察院。首次以检法联席会议形式专题通报 2016 年以来民事审判和执行活动监督情况，有效促进司法规范化水平提升。

行政诉讼监督更强化。维护行政权法治权威，针对侵害土地资源的行政非诉执行案件依法开展监督。聚焦行政赔偿领域违法裁判等监督重点，深入核查案件线索18件，立案办理4件，有效保障司法权正确行使。

（四）深化改革转型发展，适应新时代更高更严要求

蹄疾步稳完成各项改革任务，全面加强自身建设，实现工作、队伍"两个平稳"。持续加强检察队伍革命化、正规化、专业化、职业化建设，努力打造"四个铁一般"的检察铁军。

圆满完成内设机构改革，全面提升履职能力。突出扁平化管理，由15个部门调整为10个部门，检力资源进一步向业务一线回流。优化职能配置，突出民事检察、行政检察和公益诉讼检察职能，推动"四大检察"齐头并进。实施怀检队伍建设"四化模式"，建设"检察人才库"，制定出台《"雁栖·检察汇"工作办法》，建立检学共建机制，对标岗位素能要求，高标准打造专业化队伍。

深化司法责任制改革。落实入额领导干部办案制度，所有检察官领导干部带头办理重大疑难复杂案件。检察长、副检察长、各部门负责人共办结案件313件，占案件总数的25.5%。实行捕诉一体办案模式，案件平均审查起诉时间较法定办案期减少13天，司法质量、效率、公信力显著提升。

深化刑事诉讼制度改革。着力提高量刑精准化水平，确定刑量刑建议采纳率97.7%，幅度刑量刑建议采纳率90.7%，同比分别上升7个百分点和4个百分点。持续推进刑事诉讼繁简分流，简易程序、速裁程序适用率75.2%，位居全市前列。

深化公益诉讼检察。秉持双赢多赢共赢理念，研究制定纵深推进公益诉讼15项具体举措，公益诉讼案件立案数同比上升140%，制发检察建议数同比增长1倍多。扎实开展公益诉讼"回头看"，持续增强公益保护效果。

五、司法行政工作

（一）坚持党对司法行政的绝对领导，党建队建取得新成效

1. 全面从严治党持续深化。切实履行主体责任，扎实开展"不忘初心、牢记使命"主题教育，局班子成员围绕9个专题开展学习研讨4次，针对6个专题先后60余次到基层司法所、律所、村等进行调研，通过专题党课、"浸入式"实景学习等方式开展学习41次。强化党的领导，增设机关党委和机关纪委，新成立4个律师党支部，进一步激发基层党组织活力。严格落实"三会一课"制度，组织开展清明祭扫先烈、参观红色基地、志愿法律服务等主题党日活动。

2. 党风廉政建设责任制全面落实。通过清单化引领、项目化推进，基本形成分层次责任落实体系。用好监督执纪4种形态，全系统领导干部与中层干部、中层干部与普通工作人员进行谈心谈话189人次。狠抓问题整改落实，对调研发

现、群众反映、自身查找和上级点出的问题即知即改，先后解决问题 38 个。强化廉政日常教育，组织开展观看党风廉政教育片、发送廉政短信、任前廉政考试与廉政谈话、提醒谈话等活动。

3. 全系统基层基础逐步巩固。完成局指挥中心建设，实现局机关与司法部、市局指挥中心和区委区政府以及各司法所、中途之家的视频互联互通。修订完善内控制度，强化内部管理。做好 12345 服务热线"接诉即办"工作，共接工单 7 件（含表扬件 1 件），"三率"均达 100%。加大信息公开力度，年内主动公开政府信息 227 条次，同比增长 24%，累计公开 936 条次，依法办理依申请公开政府信息案件 1 件。组织开展两期司法行政开放日活动。

4. 对外宣传与舆论引导创新发展。严格落实意识形态工作和网络意识形态工作责任制，规范网评员队伍建设，开展多次舆情引导工作。率先在全市司法行政系统开通"法治怀柔"抖音号，运用"怀柔普法"官方微博和"怀柔普法"微信公众号发布 640 条法治讯息，57 万余人点击阅读。加强网络巡查，全年未出现涉及司法行政系统的负面舆情，未出现漏报、瞒报舆情情况。全年在中央、市、区媒体刊发稿件 887 条次，荣获 2019 年度运用《法制日报》做好法治宣传工作先进集体。

5. 队伍"四化"建设加快推进。组织开展"激励党员干部在推进科学城建设中担当作为"和"四在基层"活动，圆满完成机构重组，狠抓职能整合和队伍融合。充实专业力量到执法（法制）科室和基层司法所。鼓励干部参加法律职业资格考试，具备法律职业资格公务员占在编人员总数的 1/3。平稳推进职务职级并行，激发队伍干事创业热情。乔玉保同志被司法部评为全国模范司法所长，怀北司法所被评为全国模范司法所和北京市工人先锋号，19 名同志荣获市、区先进个人，6 个科所荣获市、区先进集体。

（二）坚持"大法治观"，助推全区法治建设取得新进展

1. 全面依法治区开局良好。提升政治站位，及时搭建区委全面依法治区委员会"三组一办"组织架构，召开区委全面依法治区委员会、三个协调小组及办公室会议 6 次。起草印发工作规则、工作细则、请示报告等 19 个制度性文件，建立区委全面依法治区委员会工作机制和流程。在全区组织开展习近平总书记全面依法治国新理念新思想新战略学习宣传贯彻活动，编制了学习参考书单并发放学习书籍。认真履行法治督察职责，开展全区政府法律顾问聘用情况、公职律师建设情况和食品药品监管执法司法督察。根据工作过程中发现的问题，形成深化全面依法治区工作报告上报区委区政府，获肯定性批示。

2. "大普法"格局成效凸显。严格落实"谁执法谁普法""谁主管谁负责"普法责任制，各普法成员单位开展活动 3000 余场。正式启动领导干部学法考法

平台，全区 15 453 名国家公职人员上线学法并通过年度测法，同比增长 58%；新提拔的 36 名处级干部和 132 名科级干部全部通过了提职考法。开展全区党内法规知识竞赛，1.2 万名党员干部参赛。区政府常务会学法 4 次，全区领导干部法治讲座、专题研讨班和行政诉讼案件庭审旁听 7 次，1200 余人次参加培训。组织全区中小学开展了 200 余场次 "唱响国歌 守护国旗 致敬国徽" 主题法治宣传活动。整合 21 支法治文艺队伍，成立普法联盟，在基层开展法治文艺基层巡演 600 余场。本区荣获全国 "七五" 普法中期先进区。

3. 公共法律服务全面优化。研究制定全区公共法律服务体系建设若干举措，科学制定责任清单及时间表。全区公共法律服务网络协同调度平台正式上线运行，促进 "实体平台、网络平台、热线平台" 深度融合发力，三大平台共接待群众法律咨询 13 320 余人次。立足解决法律服务 "最后一公里" 问题，46 名村居法律顾问律师走村入户 2367 次，为基层群众提供 "点对点" 免费法律咨询等服务 3823 次。圆满完成怀柔区法律援助项目招标工作，优化法律援助工作人员库，12348 热线值班电话日接听量、接听服务总时长先后 28 次在全市排名前三。全年受理法律援助案件 443 件，涉及农民工案件 125 件，累计为农民工挽回经济损失 308.1 万元。

(三) 坚持 "大服务观"，法治保障水平实现新提升

1. 认真履行法制机构职责。开展全国法治政府建设示范综合及专项示范创建申报工作，认真组织开展市、区依法行政考核，提请区政府办公室印发《怀柔区全面施行 "三项制度" 工作方案》，推动各执法机关落实行政执法公示、执法全过程记录和重大执法决定法制审核制度。推进行政执法衔接和综合行政执法改革，组织 28 个涉及机构改革的部门接转执法职权事项 5190 项，接转执法人员 674 人。加大行政执法监督力度，区属 29 家行政执法部门全年共开展行政检查 63 782 件，同比增长 16.66%，作出行政处罚 5546 件，同比增长 36.69%。

2. 发挥法治参谋助手作用。对所有拟以区政府和区政府办公室名义制发的文件前移审核关口，全年共审核区政府行政规范性文件 33 件次，提出意见 512 条，同比分别增长 30.77% 和 51.47%，其中对 3 份文件建议履行重大行政决策程序；牵头清理区政府规范性文件 129 件，废止 1 件；审核区政府重大协议 33 件次，提出意见 245 条；审核各部门文件 91 件次，提出意见 86 条，同比分别增长 26.39%、68.63%。严把涉及科学城建设、违法建设拆除等 15 项行政决策事项的法治关口，提出法律意见 115 条。

3. 行政复议和行政应诉不断规范。扩大复议应诉联席会规模、开展定期通报，进一步强化执法机关依法行政意识。规范行政复议接待办理流程，全年共接待行政复议申请人 500 余人，通过释法说理，100 余申请人主动放弃或撤回复议

申请。接收行政复议申请 105 件、受理 76 件，同比增长 192%、220%，在审结的 48 件中，直接纠错率达 40%。落实行政机关负责人出庭应诉制度，副区长出庭应诉 5 件。全年共承办以区政府为被告的行政诉讼案件 51 件，以区政府为被申请人的行政复议案件 3 件，区政府败诉率同比明显降低。依照《中华人民共和国国家赔偿法》办理行政赔偿案件，收到行政赔偿申请 6 件，作出予以赔偿决定 4 件，不予赔偿决定 2 件。

4. 法律服务行业服务管理日益完善。深入落实优化营商环境措施，积极推进政务服务事项"一网通办"，高效办理律师类行政许可 20 件。坚持公、检、法、司定期交流机制，就民事诉讼监督、法律服务市场整治等问题进行专题研讨并形成具体举措。强化法律服务行业监管，全年开展执法检查 549 次，依法受理并按期回复行政投诉 12 件，加大对区律师协会指导力度，通过开展红色教育、主题宣传、授袍仪式、集体宣誓和业务培训等方式，提升律师职业荣誉感与能力素养。全年全区律师承办诉讼类案件 818 件，同比增长 26.82%；公证处办理国内外公证业务 3313 件。

（四）坚持国家总体安全观，维护社会和谐稳定做出新贡献

1. 服务大局取得新成效。整合全系统工作力量，实行局领导班子成员下沉工作一线监督检查、指挥协调工作制度，严格落实"两类人员"各项管控措施，持续开展人民调解"首职"行动，圆满完成一系列安保任务。聚焦第二届"一带一路"国际合作高峰论坛、怀柔科学城建设等区域重点，充分发挥法治宣传教育、法律服务保障作用。围绕庆祝新中国成立 70 周年，加强面向全社会的宪法宣传教育，区委区政府主要领导参加近期任命的百余名国家机关工作人员宪法日集体宣誓活动和大学生宪法知识竞赛活动，4 万余网友参与宪法答题。通过 1000 余处宪法路旗、宪法宣传栏、宪法电子显示屏，在全区营造宪法宣传浓厚氛围。

2. 特殊人群管控防线全面筑牢。对社区矫正对象实施"手机+电子腕带"双定位电子监管，开展社会调查 94 人次，居住地核实 29 人次，旁听拟适用社区矫正刑事案件庭审 9 人次。给予社区矫正对象警告 9 人次，审批社区矫正对象请销假 67 人次，请销假手续履行率达 100%。严格落实"七包一"管控措施，在重点时期排查社区矫正对象 2582 人次，入户走访 918 人次，开展个别教育 1902 人次。开展季度督察、专项督察 9 次，督促问题整改到位。接受区人大常委会视察社区矫正工作，并对代表提出的意见建议进行整改。加大心理辅导力度，实现社区矫正对象心理测评和辅导 100% 覆盖。对刑释解教人员及时列入安置帮教台账，分类建立工作档案，落实走访、临时救助等制度。协调镇（乡）、街道对"三无"人员和"特殊老病伤残"刑满释放人员进行安置救助。

3. 矛盾纠纷突出源头治理。优化调解员队伍结构，加强业务能力培训。坚

持为人民调解员投保人身意外保险、发放调解卷宗补贴等制度。不断深化"诉调对接"，配合区人民法院在 9 个镇乡的公共法律服务站建立巡回审判点，15 名驻法院立案庭诉前调解员共调解矛盾 7821 件，调解成功 3002 件。顺利完成 114 名人民陪审员的选任培训工作。全区各人民调解委员会共调解纠纷 4964 件，调解成功 4672 件，涉及金额 1919.57 万元；各行政单位调解行政争议 2941 件，调解成功 2158 件。

六、治安工作

（一）加强组织领导，提升执法人员依法行政能力

为提升依法行政水平，强化履职能力，北京市公安局怀柔分局建立了由党委书记、分局长为组长，其他党委成员为副组长，各单位政工领导为成员的领导小组，领导小组办公室设在法制支队。同时，分局研究制定了法治政府建设的工作目标、考核标准，确保行政执法责任制层层分解，步步落实。严格落实《北京市行政机关领导干部学法办法》，制定年度领导干部学法计划，充分利用分局党委会、局长办公会等，定期开展会前学法和法治培训，形成崇尚法律、学习法律、遵守法律的风尚，营造良好的学法环境。

（二）加强行政规范性文件的审核管理

2019 年以来，北京市公安局怀柔分局对于拟以区政府名义出台的行政规范性文件，强化层级审核，严格落实重大执法决定法制审核制度，并按要求及时报送相关部门进行合法性审查，确保行政规范性文件出台的程序规范。为切实保障行政规范性文件的合法有效，充分发挥对全局行政执法工作的规范和保障作用，及时按要求对行政规范性文件开展清理工作。

（三）严格落实法律顾问制度，提升执法公信力

北京市公安局怀柔分局及时聘请专业的律师作为分局的法律顾问，围绕公安执法工作，为分局提供全方位的法律服务，维护公安机关及民警的合法权益，对重大法律事务提出合理的法律意见和建议，参与草拟、修改、审查规范性文件，以便正确决策，防止"法律漏洞"。加强维权案件、疑难问题研究，精细化管理，参与公安法治宣传及执法培训教育，切实防范执法风险。

（四）深入推进政务服务和放管服改革，提高依法行政效率

北京市公安局怀柔分局结合职责任务，对于行政执法、行政许可等领域的职权事项进行全面梳理，实现职权清晰。2019 年 1 月 10 日，分局成立怀柔区政务服务公安分中心，将交通、人口、出入境的审批业务纳入一个服务大厅。同时，推出简化办证手续、专人咨询指导、网上提前预约等 20 项便民措施，大大提升了服务效率和水平。

（五）健全纠纷化解机制，加强行政复议、应诉工作

北京市公安局怀柔分局依法规范办理复议诉讼案件，按要求填报各种统计报表和分析报告，规范履行复议诉讼过程中各个环节的工作要求。在办理行政复议诉讼案件中，分局有效化解行政争议，不断规范行政执法行为。切实贯彻落实民警旁听庭审制度和主要领导出庭应诉制度，开辟执法练兵第二课堂，增强民警的程序意识、证据意识和诉讼意识。

（六）加强法治宣传，营造良好的执法环境

北京市公安局怀柔分局扎实开展主题宣传活动，不断丰富宣传内容。充分利用"12·4"宪法宣传日、"4·15"国家安全日、"1·10"主题宣传日、"6·26"国际禁毒日，创新宣传方式，开展了形式多样的法治宣传活动，积极开展法律宣传进社区，进一步深化了"平安怀柔"建设。

七、法治建设特色和亮点工作

夯实三大支撑。一是夯实思想支撑。围绕服务怀柔科学城，召开"摒弃远郊思维，以'三最标准'做好各项工作"座谈会，凝心聚力，推动区委全会精神入脑入心。二是夯实制度支撑。制定《关于为以怀柔科学城为统领的"1+3"融合发展新格局提供司法保障的实施细则》，各项保障举措更实、更到位。三是夯实业务支撑。狠抓执法办案，压实办案责任，持续提升审判质效，司法服务保障水平稳步提高。

完善三个机制。一是完善沟通协调机制。积极争取区委区政府的支持，加强与职能部门的沟通，依法保障重点工作顺利推进。在职能部门支持配合下，区人民法院顺利执结龙泽湖庄园违法建设案。二是完善风险防范机制。把维护政治安全、社会稳定放在首位，排查案件背后的敏感复杂因素，以《怀法信息》等形式向区委区政府提出化解建议，坚决防止小案件演变成大事件。三是完善快审快执机制。审执结"疏整促"专项行动、泥石流搬迁工程、03街区改造等重点工作涉诉案件317件。

实施三项工程。一是实施示范引导工程。发布行政审判白皮书、推送典型案例、开展国家宪法日法律赶大集等普法宣传活动，弘扬法治精神，倡导"无讼"理念。二是实施多元化解工程。开展"分调裁审"改革，健全"调解—立案—速裁—精审"体系化链条，审判工作提档加速。多元化解机制解决各类纠纷5717件，61.65%的民商事案件在诉讼前端解决，其中67.34%的案件在30日内审结。三是实施资源下沉工程。在9个镇乡设立"巡回审判点"，开展"一村一法官""法律十进"活动，现场答疑解惑、调解纠纷、巡回审判730次，参与群众1546人次。

破解人案矛盾，发挥系统集成作用。一是推进智能化辅助办案工作。扩大电

子送达主体范围，升级语音识别系统，引入裁判文书自动生成系统和类案智能推送系统，审判工作转型升级。案卷电子扫描率100%、电子送达使用率37%，裁判文书自动生成923件。二是审判辅助事务集约改革。成立集约送达中心，集中办理文书送达、委托鉴定等事务性工作12万余件，审判工作减负增效。

# 密云区法治建设报告

2019年，密云区全面学习贯彻党的十九大和十九届二中、三中、四中全会精神，以习近平新时代中国特色社会主义思想为指导，在区委区政府的坚强领导下，全面贯彻落实法治建设各项工作，其中人大法治保障和监督工作、法治政府建设工作、审判工作、检察工作、司法行政工作和公安工作均取得了良好效果。

一、人大法治保障和监督工作

2019年，密云区人大及其常委会全年共筹备召开2次人民代表大会会议，召开8次常委会会议，13次主任会议，听取和审议"一府两院"工作报告16项，开展视察检查21次、专题询问3次，作出决议决定30项，依法任免国家机关工作人员57人次。

（一）着力推动构建基层社会治理新格局

突出在党委领导下，形成政府负责、民主协商、社会协同、公众参与、法制保障、科技支撑的社会治理体系。紧盯城乡精细化管理"十大行动"，与市人大同步开展"两条例一决定"执法检查，就道路交通秩序治理、住宅小区停车管理、路侧停车开展多个专题调研，组织代表、居民、物业、镇街、相关部门共同梳理分析13项问题，推动区政府以法治手段破解动静态交通秩序难题。区政府科学推进、社会各方共同参与，交通"堵点"得到有效缓解。在开展消防安全"一法一条例"执法检查基础上，围绕规划落实、设施更新、消防通道整治等8个方面12个问题开展专题询问，邀请居民代表列席，有序扩大群众参与。区政府积极回应群众呼声，加大财政投入力度，安装物联网消防系统，改造小区消防设施，增设电动自行车集中充电装置，赢得群众好评。此外，区人大常委会还就农村污水治理、《北京市养犬管理规定》贯彻执行情况深入调研，助力提升城乡治理能力。

（二）不断增强全民法治观念

开展以宪法为核心的民主法治宣传，邀请中小学思政课教师旁听区人大常委

会会议，观摩宪法宣誓，参加宪法培训。积极推动宪法宣传进高校进党校进社区，增强宪法意识，维护宪法权威。将人大制度理论纳入行政干部培训课程，推动国家根本政治制度深入人心。按照"有件必备、有备必审、有错必纠"的要求，修订《常委会规范性文件备案审查工作规程》，加强对区政府规范性文件的备案审查，确保国家法制统一。

（三）支持和保障市人大密云团代表依法履职

组织年中和会前分团活动，围绕国有资产管理、郊区道路建设征地补偿、长城文化带建设等内容，协同开展调研。围绕"垃圾处理条例修订征求意见"，市、区、镇三级人大代表参加1100人次，广泛开展宣讲，并向市人大常委会提出6类46条建议。组织人大代表对机动车尾气排放治理开展专题视察，所提议案被市人大纳入立法议题，积极发挥立良法、促善治的作用。市郊铁路怀密线开通、实施农村峰谷电价、调整退耕还林政策、培养补充乡村医生等一批建议得到落实和推进，增强了群众需求有回应、生活有改善的获得感和幸福感。

二、法治政府建设

（一）保水工作向纵深推进

围绕"执法盲区清零、污染隐患清零、监管盲点清零"开展密云水库百日整治行动，形成了强大的震慑效应。水库300公里围网和智能监控系统一期建设任务全面完成，一二级保护区内工业企业全部退出，98家规模化养殖场全部关闭，二级保护区内3家矿山企业全部关停。推进一级保护区内41个村污水设施改造升级，建设生态清洁小流域11条，治理水土流失面积115平方公里。"河长制"工作深入落实，镇级河长巡河率达100%。与怀柔区、承德市签订《潮河流域生态环境联建联防联治合作协议》，建立"责任共担、问题共商、目标共治、信息共享"机制。密云水库和潮河、白河断面水质保持国家地表水二类标准以上，年内水库最大蓄水量达26.8亿立方米。

（二）依法行政更加严格

认真落实重大行政决策程序规定，推进行政执法规范化建设。主动接受区人大及其常委会的法律监督、工作监督和区政协的民主监督，认真办理人大代表议案、建议和政协委员提案，全年共办理人大代表议案2件、建议83件和政协委员提案118件，办复率达100%。

（三）群众诉求得到积极回应

坚持"民有所呼、我有所应，闻风而动、接诉即办"，组建区城市管理指挥中心，加大协调督办力度，12345市民服务热线群众诉求解决率从36.8%上升到77.6%、满意率从57.8%上升到87.9%。针对16个小区3200余户居民长期办不了房本的问题，坚持把处理开发建设存在问题与办理不动产登记区分开来，已完成阳光苑、梧桐苑、唐源云居 3 个项目的不动产初始登记工作，惠及 930 余户居民。推动问题源头治理，鼓楼街道创新研发综合治理数据调度指挥平台，心连心物业及时开设供热服务专线，力促"被动应答"向"主动治理""未诉先办"转变。

（四）平安密云治理体系更加健全

防范化解金融、社会等领域风险。高度重视安全生产、防灾减灾等工作，加强森林防火及各类安全隐患排查整治，安全生产死亡事故起数、死亡人数均大幅下降，"8·9"强降雨灾害无人员伤亡，人民群众生命财产安全得到更好保障。

三、审判工作

2019 年，密云区人民法院受理各类案件 22 016 件，审执结 22 021 件。其中审结国家赔偿和司法救助案件 61 件；审结破产案件 30 件。

（一）严厉打击刑事犯罪，切实提升群众安全感

充分发挥刑事审判职能，共审结刑事案件 383 件，判处犯罪分子 513 人。对破坏社会管理秩序犯罪重点打击，审结涉及 100 余人的聚众扰乱社会秩序案。依法严惩非法吸收公众存款、组织领导传销活动、销售有毒有害食品及假药犯罪。严厉打击破坏环境行为，审结全区首例因非法捕捞水产品引发的刑事附带民事公益诉讼案件，切实维护库区生态环境安全。贯彻落实宽严相济的刑事政策，适用认罪认罚从宽制度结案 244 件，占刑事案件结案总数的 63.7%。深化刑事案件律师辩护全覆盖工作，共为被告人提供法律援助 394 人次。

（二）加强府院联动，助推法治政府建设

依法做好行政审判工作，共审结行政诉讼案件 168 件，审查行政非诉执行案件 63 件。加强行政审判与行政执法的良性互动，围绕疏整促、重大项目征收拆迁、环境保护等重点工作，及时回应辖区党委政府的司法需求，做到"未诉先办"，共为区住房城乡建设委、北京市规自委密云分局、生态环境局等 20 个行政单位提供法律指导、风险研判、专题培训等司法服务 38 次。对非法占地案件高发情况专题调研，并以行政审判白皮书、新闻通报会等形式进行发布，主动为区域治理建言献策，促进依法行政能力水平提升。

（三）加快民商事审判，快速化解矛盾

充分发挥商事审判职能，共审结涉及公司企业、金融借贷等各类商事案件 5676 件。推进"多元调解+速裁"工作，深化案件繁简分流，全年共调解速裁结案 9509 件，占同期民商事案件结案总数的 66.3%，调解成功率在全市法院排名第一。

（四）注重长效机制建设，推进切实解决执行难

巩固基本解决执行难阶段性成果，持续加大执行攻坚力度，共执结案件 7252

件，执行到位金额 12.6 亿元。推进执行难综合治理，依托执行联动机制加大失信惩戒威慑力度，向区经信局等单位推送失信被执行人信息 1943 人次。创新拓展执行措施，对涉村委会、房屋腾退等"骨头案"集中攻关，用足用活法律措施，共强制清退土地、拆除违法建筑 6345 平方米。着力破解财产处置难题，成立财产处置团队，制定《已查控财产处置规范》，集中开展网络拍卖等工作，提升财产处置效率。全年网络拍卖成交率为 88.5%，成交金额达 3.1 亿元。

四、检察工作

（一）精准发力提升群众安全感

深化平安密云建设，全年批准逮捕刑事犯罪案件 262 件 371 人、提起公诉 381 件 516 人。突出加大对影响社会稳定、破坏群众安全感犯罪的打击力度，起诉邪教组织活动犯罪案件 3 件 3 人，起诉故意伤害、强奸、放火等暴力犯罪 39 件 42 人，起诉抢劫、抢夺、盗窃、诈骗等多发性侵财犯罪 72 件 96 人，起诉"黄赌毒"犯罪 7 件 12 人。严惩抢夺公交车司机方向盘等妨害安全驾驶的违法犯罪行为，依法维护公共交通秩序和公共安全。开展危害食品药品安全犯罪专项立案监督，起诉危害食品药品安全犯罪案件 6 件 7 人，保障人民群众"舌尖上的安全"。

（二）加强诉讼监督守护司法公正

做优刑事诉讼检察监督，办理侦查活动监督案件 10 件，追加批捕 15 人，就侦查活动违法情形及时发出纠正违法通知书，对不应当立案而立案的依法监督撤案 5 件。做实刑事执行检察监督，开展维护在押人员合法权益专项监督活动，提高执法公信力，保障监管场所安全稳定；开展羁押必要性审查 34 人次，对 21 名没有继续羁押必要的犯罪嫌疑人提出变更强制措施建议，孙某某羁押必要性审查案被评为全市刑事执行检察精品案件；认真开展社区矫正检察监督，审查减刑、假释、暂予监外执行案件 4 件，及时发现并纠正漏管 2 人；针对部分罪犯财产刑"空判"现象，开展刑事执行专项检察活动，支持并监督法院依法执行 234 件；依法对实施特赦进行全程同步监督，促进特赦实施工作严格依法规范开展。做强民事诉讼检察监督，统筹推进生效裁判监督、审判程序监督和执行活动监督，共受理民事诉讼监督案件 36 件，同比上升 157%，依法提出审判活动违法监督检察建议；开展虚假诉讼专项检察监督活动，积极摸排线索，深入调查核实，监督查办民事虚假诉讼案 7 件，督促公安机关立案侦查 8 人，有效维护诉讼秩序和司法权威，为全市办理虚假诉讼案件提供了"密云经验"，得到区人大常委会主要领导充分肯定。

（三）助力依法行政促进严格执法

推动区委将公益诉讼检察、行刑衔接工作纳入《区委全面依法治区委员会

2019年工作要点》单列条目。全年立案审查公益诉讼案件线索14件，履行诉前程序、发出检察建议10件，协同行政机关合力破解治理难题，共同推动长城文化带重点文物保护等一批公益损害问题得到有效解决，实现双赢多赢共赢。其中办理了涉及60余个工程、总金额达7400余万元的违规减免人防易地建设费案，行政机关积极落实检察建议，努力以个案办理推动人防工程领域相关问题的集中整治。在行刑衔接中充分发挥牵头作用，持续健全联席会议、信息共享、案情通报、案件移送、案件咨询和监督考核制度，通过信息共享平台审查行政处罚案件313件，建议行政执法机关移送涉嫌犯罪案件10件，公安机关全部立案侦查，防止有案不移、以罚代刑。

（四）全力保障创建国家生态文明建设示范区

健全生态检察工作体系，发挥全市首个生态环境案件检察专业化办案组职能，专案专办，持续提升办案质量和惩治力度。强化对破坏环境资源犯罪案件的精准打击，审查起诉盗采砂石、非法捕捞类案件4件6人。

五、司法行政工作

（一）全面推进依法治区工作

一是完善机构设置。成立由密云区委全面依法治区委员会、区委依法治区办及推进依法行政、执法、司法、守法普法4个协调小组组成的全面依法治区机构体系。4个协调小组作为推进本领域依法治区的责任主体，推动委员会决定事项、工作部署和要求在本领域的落实。二是加强制度建设。结合密云区实际，起草了工作细则。围绕充分发挥委员会及相关机构的职能作用，初步构建了全面依法治区工作制度体系。三是抓好组织落实。组织召开区委全面依法治区委员会第一次会议、区委全面依法治区委员会办公室第一次会议，推动依法治区工作有序开展。推进依法行政工作协调小组、守法普法协调小组分别召开小组会议，认领工作职责，协同推进各项工作落实。

（二）积极办理区政府涉法事务

充分发挥司法机关在依法行政中的参谋、助手和法律顾问作用，积极开展政府法律事务工作。一是严把区政府重大事项法律关，全年共审核19次区政府常务会共计168件上会文件，研提意见80余条，协助审查的各类协议、合同23份。二是加大重大疑难涉法问题的研究力度。对城后街开发项目举报信等9个重大疑难问题进行仔细研究，提出合法性意见和建议供区领导决策参考，协助办理涉及机动车限行、密云镇兴苑永利经济合作社成立等12345热线工单5件。

（三）不断强化行政执法监督及行政复议应诉工作

一是全面加强规范性文件合法性审核、备案和清理工作，全年共对46件政府文件草案进行了合法性审核、向市政府备案区政府规范性文件5件、报请区政府向区人大常委会备案规范性文件 5 件、清理涉及军民融合发展规范性文件 153 件。二是加强与完善行政复议及行政应诉工作，全年共接待来访当事人 124 批次 130 余人、接待法律咨询 110 次；立案受理行政复议案件 30 件，已审结 14 件；代理向市政府提起行政复议案件 7 件；代理区政府行政诉讼案件 30 件，已审结 14 件；办理区政府行政应诉案件 25 件，已审结 11 件；行政机关负责人出庭案件 2 件。

（四）切实增强依法履职的能力，监督行政执法行为

一是做好 12345 接诉即办执法监督工作。对《密云区"街乡吹哨，部门报到"工作考评细则（试行）》进行了审查。二是全力做好机构改革期间行政执法衔接工作。印发了《机构改革期间行政执法工作衔接规则》，及时在全市率先组织了培训会，全力保障了改革期间全区 32 个单位执法工作变而不乱、转而不散、继续依法、有序、高效开展。三是加强全区行政执法资格管理。指导督促各执法部门在全市执法平台及时、完整录入执法数据，报名执法证考试，执法考试通过率64%达到合格标准，在生态涵养区排名前列。

（五）高质量完成法律援助"两个全覆盖"实事任务[1]

全年区法援中心共受理法律援助案件738件，其中刑事案件146件、民事案件 592 件、中彩金法律援助案件 60 件，为群众挽回经济损失949.75万元。一是建成区、镇、村三级法律援助组织网络，整合律师、司法助理员、法律服务社会工作者，采取驻站服务、巡回服务、值班接待等多种形式开展法律援助服务。2019 年镇街法律援助工作站办理初审案件 13 件，村居法律援助联系点律师办理初审案件 375 件，真正实现让困难群众获得法律援助服务少跑腿、更便捷。不断扩大法律援助覆盖面，建立重度残疾、最低生活保障人群信息库，免经济困难审查，实现符合条件的群体全覆盖，全面推进刑事案件律师辩护全覆盖试点工作和认罪认罚从宽试点工作，建立法律援助值班律师名录，实现刑事案件的侦查阶段、审查起诉阶段法律援助全覆盖，审判阶段法律援助全覆盖。二是开展法律援助案件质量同行评估，进一步提高办案质量。加强法律援助律师队伍建设，升级更新本区法律援助律师库，充分利用法律援助信息管理系统开展全市法律援助案件同行评估互查工作，评估本区的法律援助案件全部达到了优良的水平。三是强化对重点人群的维权服务，扩大法律援助的知晓率。累计开展各类宣传活动 150 余次，发放各类宣传资料 3 万余份，解答群众法律咨询 8000 人次，努力营造社会各界和广大群众关心支持法律援助工作的良好社会氛围。

（六）强化公证律师行业管理

全区律师共代理各类案件 770 件，担任法律顾问 181 家；北京市渔阳公证处

---

[1] 法律援助组织全覆盖，对经济困难、符合法定条件的人员给予法律援助全覆盖。

办理各类公证 1250 件；村居顾问律师深入村居 2009 次、协助村居修订村规民约 32 件、提出法律意见 125 条、开展法治培训 126 场、现场法律咨询 1978 人次、免费代写法律文书 275 件，协助调解民间纠纷 128 件。

六、公安工作

2019 年，密云区深化"保卫水库安全、筑牢东北屏障、建设平安密云、打造过硬队伍"工作思路，坚持"细致、精致、极致"工作作风，扎实推进打防管控建各项措施，确保了社会大局持续稳定。今年以来，北京市公安局密云分局接 110 有效报警总量、8 类危害严重案件、侵财案件分别同比下降 4.8%、20.6%、7.3%，破当年现案、刑拘、治拘总量分别同比上升 1.3%、36.7%、16.6%。

（一）聚焦中心任务，强化整体统筹，圆满完成系列安保任务

始终以国庆 70 周年安保为主线统领全年"五大安保"工作，相继圆满完成了"两节两会"、第二届"一带一路"国际合作高峰论坛和 2019 年中国北京世界园艺博览会开幕、亚洲文明对话大会、国庆 70 周年、十九届四中全会等系列安保任务。一是加强统筹抓推进。按照"以国庆 70 周年安保为主线，"五大安保"一体化谋划、常态化推动、精细化落实"的安保思路，提前成立分局国庆安保领导小组，自年初即搭建"两办十七组"指挥架构，启动安保专题研究、基础动态摸排、账单阶段推进、情况汇总通报等机制，制定安保总体方案 12 个和各类分方案 49 个，召开领导小组和专题会议 25 次、拉列安保任务账单 365 项、编发安保动态信息 45 期，滚动更新安保基础台账 4 期，切实将各项工作做到位、各项措施落到位。二是把握重点抓落实。坚持"五大安保"统筹推进、统筹研究，超常规落实"点线面"各项安保维稳措施，特别是在国庆 70 周年安保期间，分局立足"以面保点""以外圈保内圈"职责定位，认真履行"筑东北屏障、保一方平安"的政治责任，全警动员、全力以赴，以优质的支援勤务工作、坚实的东北安全屏障、持续的地区安全稳定，确保了新中国成立 70 周年庆祝活动安全顺利，实现了市局"五个严防、四个确保"总体工作目标和分局"八个不发生、八个确保"具体目标，国庆期间全区 110 接报刑事、治安、秩序警情同比分别下降 81.2%、83.6% 和 71.4%，10 月 1、2 日三类警情实现零接报。三是科学用警抓实效。针对 2019 年密云公安史上抽调人数最多和担负任务最重的一次，期间各项安保任务共投入警力 2500 人次，逐人签订安保责任书，从思想认识、履职尽责、队伍管理等方面向全体参战民警进行战前思想发动。全体参战民警团结协作、密切配合、连续作战、一鼓作气，克服安保任务重、持续时间长、勤务互相交织、警力投入大等困难，确保了国庆 70 周年安保任务万无一失，赢得了市局和局属各受援单位的一致好评。

（二）聚焦公安主业，强化打防管控，有力掌控社会治安局势

以"使命·2019平安行动"为牵动，深入推进"三重大排查""三清三个一批"等专项，全力"保稳定、保秩序、保安全"。一是强力攻坚大案要案。瞄准严重影响群众安全感的各类违法犯罪活动，健全完善大案要案侦破攻坚机制，坚持资源合成、力量合成、手段合成，提升打击破案效能，8起命案全部告破。严整突出治安问题，针对黄赌毒、黑车、流浪乞讨等治安秩序问题以及1处市级挂账社会治安重点地区，依托"并肩治乱""6+N"常态化打防管控机制措施，强化"滚动式整治、地毯式清查"，共打击处理黄赌毒违法人员299名，同比上升67.9%，其中打掉涉黄涉赌窝点31个，收缴各类毒品201.2克。狠抓"两抢一盗"等多发性侵财案件和系列性、团伙性侵财案件打击，坚持"打团伙、打系列、打规模"，全年共破获当年侵财案件355起。二是严查生态环境违法犯罪。聚焦环食药领域突出违法犯罪，加强生态警务建设，突出分局环安专业队伍攻坚示范、震慑犯罪作用，持续加大涉生态案件线索查处工作力度，共破获环食药领域各类案件38起，铲除"八黑"窝点24个，收缴地沟油约25吨、各类违法有害药品320余盒，两拘32人。成功侦破了水库上游偷采金矿污染环境案、非法生产地沟油案等一批典型案件，开创了本区打击环食药领域违法犯罪的多个首例，得到了《新京报》《今日头条》等多家新闻媒体的报道。

（三）聚焦进京关口，严密防控网络，全力挤压犯罪空间

按照"以外圈保内圈"的职责要求，扎实做好"压发案、防反弹、保秩序"各项工作，确保社会面治安局势持续平稳。今年以来，刑事立案、8类案件同比分别下降2.2%和13.6%。一是全面深化区域警务合作。按照公安部环京"护城河"和市公安局区域警务合作部署要求，发挥小区域警务合作优势，在重大安保期间，启动京津冀8区县联勤指挥部，每日互通情况，开展集中清查统一行动，加大对重点人员、物品和行业场所的联管联控、协同稳控，将隐患消除在远端、控制在源头。期间，牵头召开国庆安保密承区域警务合作视频会商会4次，通报流转线索407条，开展社会面联合清理整治69次，刊发《京津冀东北部片区八地公安机关区域警务合作专刊》65期。二是全面强化外围防线封控。坚持从实战出发，依托检查站智慧化管控系统，强化对可疑车辆、人员、物品的提前发现和预警。组织开展反恐处突演练，提升突发案事件处置能力。比照检查站工作模式，同步组织民警、民兵和社会辅助力量，全面加强3条进京乡村小路查控。三是全面加强街面社区巡控。坚持警力跟着警情走，突出街面巡控的针对性和导向性，进一步固化完善校园早晚高峰勤务机制，强化与武警联勤联动，结合日常警情研判和安保任务部署，适时启动夜间设卡盘查197处次，街头案件同比下降23.75%，街头两抢案件实现零发案。充分发挥"7×24小时"社区警务和社区民

警兼任社区党组织副书记优势，全面加强社区基础防控，全面加大流动人口、出租房屋走访检查登记力度，统筹推进矛盾风险排查化解管控，共登记出租房屋2.5万户，流动人口7.1万人，累计排查化解各类矛盾纠纷53件，社区可防性案件同比下降23.8%，入室盗窃案件同比下降6.4%。加强医院、学校、金融单位等内部安全管理，共检查内部单位1069家，发现整改各类隐患35处，组织防恐防爆演练130次。落实132所中小幼学校高峰勤务工作，有效提升内部单位防范能力。

七、2019年法治建设特色和亮点工作

（一）立法和法律监督工作特色和亮点

坚持依法履职、正确监督、有效监督，是人民代表大会制度的重要原则和制度设计的基本要求。密云区人大及其常委会以最广大人民根本利益为工作的根本出发点和落脚点，充分发挥人大聚民心、议大事、保落实、促善治的重要作用，将监督"一府一委两院"工作同支持其依法履职有机统一，使监督压力真正转化为助推地区经济社会发展的动力，顺应民心、尊重民意、关注民情、致力民生。

1. 以依法行使监督权、重大事项决定权为突破口，突出监督重点，精选监督议题。完善专门委员会预算初审制度，提前介入预算编制，将人民意愿提前纳入预算审查工作中，使支出预算和政策更好落实区委决策部署和体现人民意志。对区327个村公共浴室、公厕的建设、使用情况开展财政资金使用效益情况调研，确保财政资金发挥实际效益。在开展依法行政、优化营商环境情况专题询问的基础上，委室联动开展优化营商环境的视察，推进优化营商环境各项政策措施的有效落地。围绕贯彻落实新版北京城市总体规划，加强对密云城市规划实施、"疏解整治促提升"专项行动审议意见的跟踪督办，助力推动"街乡吹哨、部门报道"机制落实，提高城市精细化管理水平。

2. 紧扣党中央决策部署，紧扣地区中心工作，紧扣人民群众重大关切，紧扣全面推进依法治区，推动高质量发展成果惠及人民群众。以传统村落为切入点，通过专题调研、组织视察、听取报告、议案督办，连续四年持续关注保护、利用与发展议题，在督办传统村落保护与发展议案的同时，抓好调研成果的转化，促进文旅融合，助推传统村落发展提质增效。紧盯美丽乡村、"两田一园"、农业"十百千万"、旅游"十百千"工程建设，助力特色文化旅游发展、改善农村人居环境、转变发展方式，持续推动农民增收，助力打好脱低增收攻坚战。加强对人民法庭工作情况的监督，区、镇人大代表和村民代表进行现场视察，旁听案件审理、查阅判决和调解案卷，推动司法为民。

3. 围绕"七有""五性"需求，坚持在发展中保障和改善民生。持续深入推动解决群众身边操心事、烦心事、揪心事，针对人民反映的上学难、看病难、行路难等问题，聚焦学前教育、医养结合、动静态交通秩序、垃圾分类、农村饮水、住宅电梯"维修难"等民生重点问题，持续发力，综合运用专题调研、视察检查、听取报告、专题询问等方式，深入细致、扎实有效地开展法律监督和工作监督，切实助推民生难点得到解决，确保人民共享发展成果。

4. 运用法治思维、法治方式，推动政府以法治手段破解动静态交通秩序难题。与市人大同步开展"两条例一决定"执法检查，市、区、镇三级人大联动，就道路交通秩序治理、住宅小区停车管理、"路侧停车"方案制定开展多个专题调研，深入查找影响法律法规实施、制约工作推进、损害群众利益的问题，强化共建共治共享理念，代表、居民、物业、镇街、相关部门共同对梳理分析出的13 项问题进行研讨，逐项推动解决。

（二）审判工作特色和亮点

1. 强化综合治理，构建长效机制。围绕水库生态环境保护、农村基层组织建设等，建立联动机制，形成齐抓共管合力。加大司法建议工作力度，针对建筑行业违法分包、赌场放贷、校园索财等问题，发送司法建议 37 份，推动社会管理漏洞和行业乱象的深层治理。

2. 构建"未诉先办"行政诉讼审判模式，为从源头上减少行政争议诉讼增量。在行政庭设立法官联系点，对涉土地类行政诉讼案件，在正式诉至法院前，对相关诉讼材料进行"预先审查"，并联合相关部门开展属地化解工作，同时采取"送法进机关"等"订单式"普法形式，强化对行政机关法律指导和风险研判，将行政争议纠纷化解在诉前。全年共受理行政非诉审查执行案件 63 件，同比下降 11%，其中违法占地类行政非诉审查执行案件仅为 6 件，同比下降 83%。

3. 严厉打击侵害企业利益的虚假诉讼行为。依法加大惩处力度，共对 4 名虚假诉讼参与人罚款 8.5 万元，着力为企业经营发展营造公平诚信的法治环境。

4. 围绕乡村振兴战略实施，充分发挥人民法庭参与基层治理的优势作用。推行"圈层结构"工作法，引导农村干部群众以法治思维和法治方式处理矛盾纠纷。聚焦"三农"需求圈，开展订制式精准普法，举办"京法巡回讲堂""法律十进"等普法宣传活动 20 场，受众达 3000 余人。联合镇政府、司法所、派出所等单位，构建纠纷预警联动协调机制，对涉及重点工程等重大敏感纠纷及时沟通并做好稳控化解工作，避免矛盾纠纷扩大升级。全年共妥善化解各类涉农纠纷2452 件，其中诉前化解纠纷 2000 余件。

5. 关心帮助弱势群体，彰显司法关怀与温暖。注重青少年权益保护，妥善审理涉未成年人案件，围绕校园欺凌、禁毒等主题，共开展"送法进校园"活动 15 场，受教中小学生达 9000 余人。坚持判后观护进家庭，对家庭困难的 4 名涉案未成年人定期走访慰问，及时了解生活状况，帮助其健康成长。开展涉民生案件保险救助工作，对因犯罪侵害生活困难的申请人，以向保险公司投保方式进行救助，促进司法救助与社会救助的衔接。全年共救助申请人 20 人，发放救助款 128 万元。

（三）治安工作特色和亮点

1. 紧紧围绕国庆 70 周年安保工作，发挥法制职能作用，加大打击力度，严格收案审批，严把案件审核关，全面掌握审查处理工作进展情况确保案件质量。

2. 紧盯实战需求，对重大、复杂、敏感个案加大提前介入力度，充分发挥法制专业优势。2019 年以来，法制部门案审中队提前介入恶势力团伙等重点、敏感案件共 20 余件，专人盯办、跟进指导、派员参与讯问重点案件 30 余件，保障了诉讼顺利进行，为一线执法办案提供了坚实的执法保障。

3. 高度重视公安外部执法资源整合工作。不断完善、深化公安机关与检法的联席会议机制，做好线索移交转递工作，加强公检法三方面的刑事司法资源协调配合。2019 年，分局共与区人民检察院、人民法院召开案件联席会 15 次，研究重点案件 30 余件。

4. 着力推进执法办案信息化工作。在高标准、高质量完成硬件建设的基础上，严格落实市公安局推广的语音笔录、电子卷宗、工商档案查询、政法智能办案系统等执法办案信息化建设的要求。坚持每月在执法监督例会上，针对各单位应用情况进行全面通报，并纳入执法质量考评。通过分局主管局领导对应用不到位的单位进行约谈等方式，强力督导整改落实，确保各项工作有序推进。

延庆区法治建设报告

    2019年，延庆区深入学习贯彻党的十九大、十九届四中全会精神和习近平新时代中国特色社会主义思想，聚焦赛会服务保障和高质量绿色发展两张答卷，把地区法治建设与抓好"三件大事"、打好"三大攻坚战"结合起来，有序开展执法、司法、守法普法等各项工作，全面提升法治服务能力，为地区发展稳定提供强有力的法治保障。

一、人大法治保障和监督工作

    2019年，延庆区人大召开常委会会议13次，听取和审议专项工作报告19件，开展执法检查、工作监督34项，开展视察、调研151次，向区委提出意见建议19条，发现并推动解决问题20件，保证区委重大决策部署落实到位。

    （一）依法履行监督职责，加强对"一府一委两院"的监督

    1. 把法律监督摆在监督工作突出位置。区人大常委会指导各专门委员会有计划地对《中华人民共和国旅游法》《中华人民共和国未成年人保护法》《中华人民共和国药品管理法》等13部法律法规的实施情况进行执法检查和工作调研，坚持对照法条详查细抠，发现问题查明原因，对症下药提出建议，保障法律法规在本区全面、正确、有效实施。

    2. 强化依法行政工作督查力度。听取区政府依法行政工作情况报告，对行政执法工作进行持续跟踪监督，提高行政机关工作人员依法行政的意识和能力。落实深化国家监察体制改革的要求，探索人大监督的方式方法，以主任专题会议形式听取区监察委员会工作情况。围绕司法工作中的重点难点问题，听取区人民法院案件执行情况的报告，听取和审议区人民检察院行政执法与刑事司法衔接专项工作报告。

    3. 加强计划预决算和国资审查监督。区人大常委会听取和审议区政府2019年上半年国民经济和社会发展计划执行情况的报告、2019年上半年财政预算执行情况的报告。审查和批准了区政府关于2018年财政决算的报告、关于2019年

地方政府债务限额及预算调整方案的报告。首次听取和审议了区政府关于 2018 年度行政事业单位国有资产管理情况的报告；书面审议区政府关于 2018 年度国有资产管理情况的报告。

4. 严格落实规范性文件备案审查。根据《北京市延庆区人大常委会规范性文件备案审查办法（试行）》的规定，坚持有件必备、有备必查、有错必纠，对区政府报送的 4 件规范性文件进行备案审查。

（二）围绕区委中心工作，加强重点工作督办力度

1. 保证区委重大决策部署落实到位。按照延庆区委二届七次、八次和九次全会确定的目标任务，研究确定人大常委会监督议题，依法开展监督工作。全年围绕赛会筹办举办、生态建设、居家养老、卫生服务和美丽乡村建设等方面工作开展视察、调研 151 次；召开人大常委会会议 13 次；听取和审议专项工作报告 19 件；开展执法检查、工作监督 34 项。认真做好"一学习、两整改、四落实"的督促协调，与基层干部、人大代表和普通群众交流座谈，发现并推动解决问题 20 个，向区委提出意见建议 19 条。

2. 促进服务保障冬奥会世园会筹办举办工作。区人大常委会立足自身法定职权，围绕冬奥会世园会筹办举办的重点工作和关键环节，就赛会配套工程进展、重点区域环境质量等开展监督。听取区政府关于冬奥会世园会周边环境建设及整治提升工作开展情况的报告，对冬奥会世园会周边基础设施及环境建设情况进行专题视察，围绕打击非法客运、拆除违法建设、加强世园会园区食品安全等重点领域，促进政府相关部门严格执法，以法治的力量为成功举办世园会保驾护航。

3. 推动高质量绿色发展和民生领域重点问题的解决。听取和审议区政府关于重点工作折子工程和为群众拟办重要实事工程的专项工作报告，促进区政府将折子工程、民生实事与抓好"三件大事"、交出"两张答卷"有机结合起来，真正把实事办好、办实。立足全区功能定位，听取和审议区政府关于蓝天保卫战实施情况报告、农村人居环境整治工作报告、美丽乡村建设情况报告，同时对垃圾分类工作、海川路两侧环境整治和改造提升工作进行了跟踪监督。

（三）充分发挥主体作用，提升监督工作整体实效

1. 拓宽人大代表参与的深度和广度。一年来，有 20 人次人大代表受邀列席人大常委会会议，审议相关议题并作会议发言；有 110 人次人大代表列席区政府常务会议。组织全区人大代表开展年中视察活动，集中视察了中科院延庆太阳能发电基地、区中医医院一期工程施工建设；有 460 人次人大代表参加了各专门委员会组织的调研、视察和执法检查，并提出意见建议，为人大常委会和各专门委员会提高履职水平提供了有力支撑。围绕《北京市生活垃圾管理条例》修订工

作，深入基层，与近 3.7 万名群众和 169 个单位的人大代表进行了面对面交流，听取意见建议。

2. 协助市人大做好相关工作。受市人大委托，协助全国人大就《中华人民共和国种子法》《中华人民共和国土地管理法》和《中华人民共和国房地产建设用地管理法》的修订，征求政府相关部门、人大代表和群众的意见建议。协助市人大就北京市机动车停车条例、非机动车管理条例等"两条例一决定"的实施情况，开展执法检查；就《北京市水土保持条例》的修订，开展调研并提出意见建议。组织 170 多名区人大代表、700 多名乡镇人大代表参与了《北京市促进文明行为调查问卷》。

3. 增强人大代表建议办理实效。区二届人大五次会议期间，共收到人大代表团、人大代表提出的议案、建议 78 件，内容涵盖绿色大事、生态建设、道路交通等各个方面，全部交区政府办理。年内解决的建议 42 件；列入工作计划，预计三年内可以解决的建议 25 件；受当前条件限制暂时无法解决，需要继续研究的建议 11 件，已向人大代表做了解释说明。在建议办理过程中，区人大常委会、区政府加强联系协调和督促检查，突出抓好重点、热点和难点问题，增强了办理实效。

二、法治政府建设

2019 年，延庆区以服务保障新中国成立 70 周年庆祝活动为主线，聚焦冬奥会世园会筹办举办和地区高质量绿色发展等重点工作，全面推进依法行政，建设法治政府。

（一）政府职能转变深入推进

一是全面深化行政体制和"放管服"改革。完成机构改革各项工作，制定印发 43 个部门和 3 个街道"三定"规定，推动经营类事业单位转企改革，调整优化部分事业单位机构设置，组建市场监管等 6 支综合执法大队。公开部门 1242 项行政权力清单（2019 年版），制定《关于贯彻落实〈北京市新增产业的禁止和限制目录（2018 年版）〉的若干措施》。设立北京市延庆区公共资源交易中心，共 1273 家机关单位、机构和企业通过注册资质审核，实现入场交易项目 260 个，交易额 17.68 亿元。二是持续改善营商环境，推进政务服务便民化。落实优化营商环境三年行动计划，"一网"办理率超过 90%，"一门"进驻区政务服务中心 1338 项，进驻比例 82.19%，"一窗"受理率 97.38%，"一次"实现 297 项高频事项最多跑一次。三是不断加强社会信用体系建设。发布延庆区 2019 年第一期诚信红黑名单，启动区级公共信用信息服务平台建设项目，推进信用信息归集共享和应用。

（二）依法科学民主决策水平逐步提升

一是严格落实重大行政决策程序，强化合法性审核。坚持司法行政部门列席区政府会议，共审查区政府重大行政决策、行政规范性文件和协议等 280 余项，报备行政规范性文件 4 件。二是深入推进政府法律顾问制度。继续为各街乡镇聘请法律顾问，采取"法律顾问+法律专家库"的方式，整合吸收北京市各领域 30 名知名法学专家和律师，组建区委区政府法律顾问团。

（三）行政执法改革和效能建设持续加强

一是扎实推进行政执法改革。区级机构改革 31 个部门涉及的 41 组行政执法事项全部完成交接，实现 6 支综合执法队"边组建、边执法"的目标。二是严格规范行政执法行为。建立行政执法"月统计、季分析、半年报告"制度，加大执法绩效考核力度，稳步推进"三项制度"落实。三是聚焦冬奥会世园会等重点领域，全面加大执法力度，2019 年，全区行政处罚 20 510 件，人均处罚 32.15 件，行政检查 192 509 件，人均检查 301.74 件，均居生态涵养区前列。

（四）行政权力制约和监督不断完善

一是全面推进政务公开。主动公开政府信息 11 918 条，协调区内各单位依申请公开 425 件（其中区政府 136 件），召开研讨会 25 次。二是主动接受人大监督，自觉接受司法监督。向区人大常委会报告工作 26 项，将行政机关负责人出庭应诉、履行法院生效判决和裁定、落实司法建议书等情况纳入对各部门和街乡镇考评内容。三是加强财政监管，强化审计监督。严格控制政府债务风险，依法规范各预算单位采购行为，加强全过程监管。探索政府审计先行、内部审计跟进路径，对 13 个部门所属 64 个基层单位进行延伸审计，建立协调联动工作机制，强化审计结果运用。

（五）行政复议、应诉工作有序开展

一是认真做好行政复议、应诉案件办理。2019 年，共办理行政复议案件 50 件，调解成功率 31.8%，纠错率 25%，无复议败诉案件。办理区政府行政应诉案件 92 件，民事案件 28 件，以区政府为被申请人的行政复议案件 6 件，案件总量 126 件，同比增长 51.8%，败诉率 5.6%。二是积极推进行政机关负责人出庭应诉。与区人民法院建立信息共享制度，对行政机关负责人出庭应诉情况进行通报。2019 年，区政府负责人出庭 2 次，参加案件谈话 2 次。

（六）社会矛盾纠纷实现有效化解

一是加强行政调解和人民调解。完善工作机制，成立延庆区乡镇（街道）人民调解参与治安行政调解工作协调小组，全面深化诉前人民调解。2019 年，全区各街乡镇、各村居两级调解委员会共调解民间纠纷 461 件，成功 398 件。参与治安联合调解 21 件，配合乡镇街道调解接诉即办纠纷 147 件。二是加强和改进信访工作。全面落实诉讼与信访分离制度，坚持"复查前置"，审核把关处理意见书 120 余件。三是扎实推进公共法律服务体系建设。创新性开展"法律门诊我来选"村居法律顾问坐班机制，已服务 3 万余人次，该机制受到市委政法委主要领导的高度肯定，《法制日报》和北京电视台《法治进行时》栏目分别进行了专题报道。

（七）政府工作人员依法行政的观念和能力不断提升

一是加强领导干部法治培训。在处级领导干部研修班、年轻干部培训班等主体班次中，增设法治专题模块，举办 2 期全区领导干部依法行政专题培训研讨班，组织区政府常务会议会前学法 4 次。二是加大法治宣传教育力度。深入推进"谁执法谁普法"普法责任制落实，推动宪法学习宣传教育向基层延伸，深入开展"服务世园、迎接冬奥、法治宣传在行动"等大型主题宣传活动，组织延庆区首届十佳"法律明白人"、十佳"法治带头人"评选，被全国普法办评为"七五"普法中期法治宣传教育先进区（县）。

（八）政府主要负责人履行推进法治政府建设第一责任人职责持续强化

一是强化组织领导。进一步加强党对法治政府建设的集中统一领导，在中共北京市延庆区委全面依法治区委员会下设立推进依法行政工作领导小组。二是强化学习引领。邀请市司法局领导专题讲解《党政主要负责人履行推进法治政府建设第一责任人职责规定》，编印《领导干部学法用法手册》下发学习，督促各级领导干部带头尊法学法守法用法。三是强化统筹协调。组织区政府常务会、专题会专题部署推动法治政府建设工作，区政府主要领导对法治政府建设重要工作亲自部署、重要问题亲自过问、重点环节亲自督办，切实履行好推进法治政府建设第一责任人职责。

三、审判工作

2019 年，延庆区人民法院认真履行宪法和法律赋予的职责，依法公正高效审理各类案件，积极推进切实解决执行难，深入开展扫黑除恶专项斗争，持续推进司法体制改革，全面服务区域经济社会发展大局，各项工作均取得新的进步。全年受理案件 17 419 件，同比上升 10.56%，审结 15 615 件，同比上升 11.06%，结收比 93.09%，同比上升 0.45%，法定审限内结案率 99.60%。

（一）依法惩罚犯罪、保护人民，坚决维护社会稳定

全年审结刑事案件 362 件。依法审结销售假药罪案件，让药品安全成为不可触碰的"高压线"。依法妥善审结延庆区首例污染环境罪案件，为辖区生态环境保护提供有力的司法保障。坚持以审判为中心，落实疑罪从无原则和证据裁判制度，完善庭前会议程序，规范法庭调查规则，推动刑事案件律师辩护全覆盖。持续推进认罪认罚从宽处罚机制改革，全年适用认罪认罚从宽处罚程序审结案件 196 件，占刑事案件总数的 54.14%，实现了法律效果和社会效果的统一。

（二）依法公正审理民商事案件，优化良好的营商法治环境

围绕优化营商环境重点工作，多次举办专项培训会、征求意见会，优化窗口

服务环境，严格规范司法审判行为，切实提升审判质效；主动对接辖区内重点民营企业，依法保障企业合法经营，积极营造法治化、便利化营商环境。为服务保障世园会出台专门意见，开通立案绿色通道，对涉世园会的简易民商事案件快速立案、快速审理、快速执行，妥善化解涉世园会矛盾纠纷；防范化解金融风险，加强涉银行、小贷公司、融资租赁公司的金融债权类案件审理，审慎处理金融纠纷，妥善应对可能带来的群体性问题；积极推进诉源治理，全区15个乡镇、3个街道实现法官工作站全覆盖，在乡镇部分村、重点企业、市场等地设立法官联系点32个，构建横到底、纵到边的网格化诉源治理格局。

（三）依法公正审理行政案件，促进行政机关依法行政

依法保护行政相对人合法权益，监督行政机关依法行使职权，全年审结行政案件136件。进一步规范行政机关负责人出庭应诉工作，有力促进行政纠纷实质化解，全年行政机关负责人出庭应诉案件21件，同比增长46.67%，发布行政审判白皮书，全面梳理行政案件审理情况，助推辖区法治政府建设。走进行政机关开展座谈培训，组织领导干部和执法人员观摩庭审100余人次，向相关行政机关发出司法建议，促进行政机关提升依法行政水平。

（四）强化精准攻坚，着力推进"切实解决执行难"

巩固"基本解决执行难"工作成果，保持执行工作高位运行，向着"切实解决执行难"目标继续迈进。全年受理执行案件2978件，执结2799件，执结率为94%。一是健全完善涵盖全区67家单位、主流媒体、金融机构的执行联席机制，强化执行联动，形成"拳头效应"；二是强化执行规范化管理，建立终本案件双轨动态跟踪机制，确保终本案件真正满足经线上线下调查后确无财产可供执行的硬条件，终本案件合格率100%；三是加大失信惩戒力度。发布失信被执行人名单970人次，限制乘飞机、高铁等高消费1098人次。司法拘留8人，罚款2人。126人迫于压力履行了义务；四是聚焦民生问题，加大救助力度。年内对生活困难的申请执行人发放司法救助金230万元，着力执行涉及人民群众切身利益的案件，年内共执行到位涉民生案款265万元。

（五）司法体制改革工作

深入推进司法体制改革，健全完善审判管理机制。一是全面完成内设机构改革任务。原有的13个审判业务机构精简为7个，非审判业务机构由原来的5个精简为3个，圆满完成了内设机构改革任务。二是构建规范有序的审判监督管理体系。制定《案件审限管理办法》，加强对案件审限的全流程监管，严格延审、扣审审批程序。长期未结案清零工作位居全市法院前列。强化案件评查结果运用，将评查结果与业绩考核和评优评先挂钩，倒逼法官提升案件质量。三是全面推进司法体制综合配套改革。推进员额法官动态管理制度化、规范化，2019年

遴选第四批员额法官 4 人，推行院庭长办案常态化，院庭长全年办案 5044 件，占全院办案量 32.3%。强化员额法官责任制，人均办案 290 件，司法责任制得到全面落实。

（六）自觉接受监督，促进公正司法

自觉接受人大、政协、检察机关及社会各界的监督，加强和改进各项工作。加强与人大代表的沟通联络，邀请人大代表旁听案件、视察法院、参加新闻通报会、法官工作站揭牌等活动 10 余次，主动征求代表的意见建议。依法接受检察机关法律监督，认真对待检察建议并改进相关工作。主动接受社会监督，年内新增人民陪审员 132 人，陪审率达 95.7%。

四、检察工作

2019 年，区人民检察院坚决贯彻区委和市人民检察院的决策部署，把服务保障世园会成功举办作为首要任务。积极发挥检察职能保安全护稳定，围绕平安延庆建设，批准逮捕 335 人，提起公诉 405 人，同比上升 26.1% 和 22.95%，为国庆 70 周年庆祝活动和世园会的举办营造安全稳定的社会环境。

（一）牢牢抓好国庆 70 周年庆祝活动和世园会举办服务保障工作，坚决维护延庆和谐稳定

1. 严惩危害国家安全和人民生命财产安全的犯罪。积极参与反分裂、反恐怖、反邪教斗争，坚决打击煽动颠覆国家政权、暴力恐怖等犯罪。严厉打击故意伤害、制毒贩毒、盗窃等严重暴力及易发多发犯罪，严惩电信网络诈骗、制售假药、集资传销等骗"血汗钱"、赚"黑心钱"的犯罪分子；依法办理了寻衅滋事案、系列销售假药有害食品案、涉案金额 2800 余万元集资诈骗案等一批社会关注案件。

2. 用法治呵护未成年人健康成长。依法从严从快惩治虐待、拐卖、性侵儿童等犯罪，共批准逮捕 15 人，提起公诉 17 人；对涉嫌轻微犯罪并有悔罪表现的未成年人，不批捕 3 人、不起诉 2 人。对被性侵的未成年被害人开展专业心理疏导和司法救济；领导干部带头兼任法治副校长，7 名检察官深入到 11 所中小学开设防性侵、防校园欺凌的"检察官课堂"，助推完善未成年人保护机制。

3. 立足办案积极参与社会治理。聚焦延庆绿色发展大事，对案件背后的深层社会问题加强分析研究，有针对性制发检查建议书，将打击犯罪与堵漏建制相结合。践行新时代"枫桥经验"，落实检察长接待日，共接待来访群众 675 批次 746 人次；落实"接诉即办"，运用检察业务平台引导群众通过互联网自助查询案件。落实"谁执法谁普法"，广泛开展"十进百家、千人普法"活动，让群众更加了解、支持检察工作。

（二）紧扣人民群众对公正司法的重大关切，扎实履行法律监督职能，服务延庆高质量绿色发展

1. 持续深化刑事诉讼监督。办理立案、侦查、审判、执行等刑事诉讼各环节监督案件 87 件。落实以审判为中心的刑事诉讼制度改革，加大引导侦查、审前过滤、诉讼监督力度，依法监督公安机关立案 7 件 10 人、撤案 8 件 22 人；开展"经济犯罪领域撤案监督专项行动"，维护民营企业合法利益。综合运用刑事抗诉、检察建议、联席会议等方式开展监督，强化刑事审判活动监督。加强刑事执行检察，依法对 13 人变更强制措施，对司法局报请的 4 名罪犯作出同意予以特赦意见；开展维护在押人员合法权益专项检察，监督纠正监管活动中的违法情形 6 次。

2. 提升民事、行政诉讼监督质效。探索与法院民商事法庭建立培训共享机制，围绕民间借贷、离婚案件财产分割、房地产买卖、拆迁等群众关切领域开展重点监督。聚焦虚假诉讼、刑事案件牵连产权保护等领域，监督纠正民事、行政审判和执行中的违法情形 7 件，对 5 件虚假诉讼监督案件进行立案办理，首次制发再审检察建议 1 份，首次针对执行案件制发书面问询函 3 份，均收到回函。

3. 当好公共利益的代表，促进依法行政。制定《关于检察公益诉讼助力服务保障冬奥会世园会筹办举办推动美丽延庆建设工作方案》，加强公益诉讼，共办理环境资源、食品药品等领域公益诉讼案件 12 件。通过办案，促使百余名管水员体检获得健康证，7 个村进行井房改造购置消毒设备，让百姓喝上了"放心水"；彻底解决了三里河地区 60 户村民的污水排放问题；推动区政府投入 949 余万元将延庆镇西北片 18 个村接入市政管网，投入 5367 余万元对全区农村水源井进行全面升级改造。

（三）深化司法改革，提升检察办案质效

1. 推动内设机构改革，压实权力清单。优化机构设置、整合检力资源，原有 15 个部门精简为 10 个部门，组建以检察官为核心的普通刑事犯罪检察、职务犯罪检察等 20 个办案组，为依法履职提供组织保障。修改完善检察官履职清单、权限清单，严格落实领导干部办案，入额院领导亲自阅卷、询问讯问、出庭支持公诉，办案数占案件总量的 26%。

2. 深化捕诉一体改革。做实审查引导侦查，针对疑难复杂案件，研判侦查方向，收集固定完善证据，综合运用讯问、核实、自行补充侦查等方式，全面把控案件质量。以构建新型检警关系为切入点，利用书面引导与动态引导相结合、个案引导与类案引导相结合、批捕阶段引导与起诉阶段引导相结合，不断向前传导庭审证据标准。捕诉一体改革以来，诉判一致率达到 90% 以上，捕后不诉案件下降 36.3%。

3. 积极推动认罪认罚、量刑建议、繁简分流工作规范开展。一审公诉案件205 件，适用认罪认罚案件共 154 件，适用比例为 71.6%。开展 4 场不起诉公开审查；办理了北京市首例污染环境案，加强对犯罪嫌疑人认罪服法的教育，促其积极赔偿经济损失 79 万余元。着力提高检察官量刑精准化水平，全年提出量刑建议 169 件，法院采纳 126 件，采纳率 80%。促进简案快办、繁案精办、繁简分流、快慢分道，对 38% 的轻罪案件建议适用速裁程序，办案全程大幅提速。

（四）主动接受外部监督，不断强化内部监督，扬正气、促公信、树权威

1. 自觉接受人大监督。8 次就公益诉讼、法律监督、行刑衔接工作，向区人大常委会报告工作情况，得到高度认可；全面梳理人大代表、政协委员提出的意见建议，有针对性地改进检察工作。加强与代表委员的经常性联系，积极运用实地视察、专题座谈、日常走访、重点案件公开审查、庭审观摩等多种形式，进一步畅通接受民主监督的渠道。

2. 不断强化内部监督制约。大力加强"检察管理监督制约"建设，依托业务系统对办理案件同步监控，全程留痕；每季度进行流程监控专项报告和检察官办案数据专项分析；加强对结案法律文书的审查力度，确保出口文书无瑕疵；宏观管控办案结果，要求不捕不诉案件向检委会办公室报备；对全院 118 件案件进行质量评查，进一步加强内部监督制约，"倒逼"严格规范司法。

3. 用"阳光检务"促司法公正。完成了"两中心"建设，新设律师专用通道、律师阅卷室、值班律师工作站，保障律师权利，接受当事人及律师监督。公开案件程序性信息 434 件，公开法律文书 144 份。"检察开放日"常态化，近5000 名各界人士走进检察院、走近检察官。公益诉讼广告植入城区主干道公交站，服务世园会冬奥会报道登上《检察日报》头版头条，积极利用微博、微信、抖音等多媒体平台宣传检察职能、普及法律知识，获全国检察机关宣传先进单位。

五、公安工作

2019 年，北京市公安局延庆分局坚持以"法治延庆"建设为主线，全面强化法律培训、深入开展法治宣传，有效落实各项措施，进一步提升执法规范化建设水平，努力开创延庆公安法治建设新局面。

（一）多措并举、强化培训，提升执法主体能力建设

1. 紧贴实战需求，确保培训实际成效。坚持问题导向、面向基层、面向实战的工作思路，紧贴基层办案实际，结合典型突出案例，夯实执法基础、提高办案技能。突出执法信息化、执法办案管理中心+案管组、侦审一体化等重点，结合具体执法实际，组织开展了案管组专项培训、受立案 20 问答等集中培训，取得了良好培训成效。

2. 开展送教到岗，提升民警业务技能。结合"两会""世园"安保实战，成立"战时送教到岗"小分队，到各检查站开展模拟"警犬处置涉爆"战时培训。分局教官刑侦二中队民警刘业平就科学训练、规范使用防爆犬等内容进行细致讲解，并携带警犬现场演练，进一步提高了检查站搜爆安检技能水平，为全国"两会"绝对安全奠定了坚实基础。

3. 结合执法办案工作，切实落实三级培训。结合世园安保实战需要，各派出所组织民警开展"世园安保规范着装和执法执勤"主题微课堂活动；针对支援学警组织开展警务实战、巡逻盘查等专项培训，各项培训落地见效，有效提升一线民警规范执法水平。

（二）丰富载体、突出特色，营造良好社会法治环境

1. 加强宣传日主题宣传。结合"3·15"消费者权益保护日、"1·10"主题宣传日、"6·26"禁毒日等宣传日，联合各职能部门开展主题日宣传活动，把法治宣传教育与社会稳定宣传相结合，广泛开展法律法规的宣传和咨询服务活动。

2. 加强法律服务日常宣传。坚持宣传教育与法律服务相结合，深入开展法律服务活动，做到主题鲜明、贴近群众、贴近生活、长年不断。紧紧围绕查禁"黄、赌、毒"、清理整治特种行业、学校周边环境治理等专项整治行动，全面推进宣传教育活动，使法治宣传教育融入基层公安工作。共发放各类宣传资料4万余份、法律知识手册3万余册，解答咨询5000余人，受教育群众达10万人次。

3. 深入开展特色普法宣传。积极推行"兼职法治副校长"制度，为全区中小学校全部配备法治副校长，定期举办预防青少年违法犯罪讲座，将普法宣传与预防青少年违法犯罪有机结合，形成学校、社会、家庭"三位一体"的青少年法治宣传教育格局。

4. 深入开展新闻媒体宣传。依托在延庆电视台播出的《金盾之光》《一路平安》栏目，定期开展法治宣传教育。充分利用"延庆警方"微博、微信平台，实时发布突出警情，向群众宣传防火、防盗、防诈骗、交通安全等相关法律知识和安全知识。宣传报道多次被《人民公安报》《首都公安报》《法制晚报》等媒体刊发转载。

（三）严把关口、源头监督，全面做好执法管理

1. 坚持实时动态监督、开展受立案监督。为加强对基层单位执法监督管理，成立执法办案管理中心，从源头对执法工作进行监督指导。执法办案管理中心设置2名民警2名辅警，24小时审查勤务指挥处接报的110警情，网上巡检推送案件受立案情况并及时通报，做到一案一回访、一案一叮问，集中调卷评查与不定时检查相结合，对立案情况进行监督。

2. 全面落实执法监督管理委员会制度。按照市局部署，建立执法监督管理委员会，制定执法监督工作方案，每月召开一次办公室工作例会，每季度召开一次全体会议。通过召开执法监督委员会，定期通报执法质量考评、执法培训、执法问题检查及专项工作开展等情况，有力推进了各项工作深入开展。

3. 健全完善执法质量考评工作。结合执法办案实际，采取日常积累、按月公布、年终考评、自动生成的方法，实行分局、职能部门、派出所三级考评工作机制。制定《2019年执法质量考核评议实施细则》，明确考核评议标准，细化考评范围，加大考评力度，真正做到了每个环节有制度可循，切实达到了"考评无死角"的要求。通过调整完善执法质量考评制度，科学引导全局执法工作，有效提升了执法水平。

六、司法行政工作

2019年，延庆区以服务保障新中国成立70周年庆祝活动为主线，聚焦冬奥会世园会筹办举办、生态文明战略实施和地区高质量绿色发展等重点工作，全面履行"一个统筹四项职能"，司法行政工作强基固本，创新发展。

（一）强化统筹协调，依法治区工作有序开展

1. 深入学习习近平总书记全面依法治国新理念新思想新战略。全面学习贯彻中央全面依法治国和市委全面依法治市会议精神，并编印《领导干部学法用法手册》下发学习。组织区委理论中心组集中学法4次，区委常委会会前学习党内法规12次，区政府常务会会前学法4次。

2. 不断完善各项工作机制。制定完善委员会工作规则、协调小组工作规则、请示报告和专家决策咨询等7项制度，进一步完善制度机制，全面推进依法治区工作。

3. 认真抓好工作推动落实。组织召开区委全面依法治区委员会第二次会议，听取了2019年工作报告并对法治政府示范创建和公共法律服务体系建设2项重点任务进行研究。各协调小组结合实际制定年度工作要点并逐项贯彻落实。全年制发委员会专报4期，2条工作信息被市委依法治市办刊发。

（二）坚持法治思维，依法行政水平显著提升

1. 严格合法性审查，全方位服务好区委政府中心大局。持续跟进冬奥会世园会征拆项目的监督服务，与组委会建立对接服务机制，邀请律师介入，审查赛会合同协议28次。全年落实区领导批示出具分析意见10份，审查区政府文件事项241件，合同协议72件，招标方案38件，整理区政府常务会等会议议题意见40余份，提出意见建议近千条。

2. 多角度加强执法监督指导和协调。加强机构改革和六领域综合执法改革的衔接督导，两轮改革涉及42组执法交接工作全部顺利完成。全面推进行政执

法公示、执法全过程记录、重大执法决定法制审核"三项制度"，开展专题培训2次，全区48家执法单位的208条执法信息主动公开。建立行政执法定期通报工作机制，3次向政府常务会专题汇报。2019年，全区人均处罚量32.15，处罚职权履行率8.89%，人均检查量301.74，位列生态涵养区第一、第二位。

（三）突出普法重点，"七五"普法工作扎实推进

1. 全力以赴服务世园会举办、冬奥会筹办。圆满完成"服务世园、迎接冬奥，法治宣传在行动"系列活动，组建6支普法志愿服务团队，推出"十个一"工作举措。开展"争做守法好市民万人大签名""万步有约健步走"等主题宣传89场次。制作宣讲课件45个，录制普法视频25个，开展专题讲座51场、法律咨询22场、知识竞赛8场。

2. 扎实开展以宪法为主题的各类普法活动。积极开展"宪法"宣传，在全区征集宪法微视频动漫作品68个，司法局制作普法抖音16个，以案释法视频课件19个。开展扫黑除恶法治宣传248场，实现了法治宣传"七个全覆盖"。

3. 积极推树法治人物典型。组织延庆区首届十佳"法律明白人"和十佳"法治带头人"评选活动，投票活动参与人数达94 798人次，有效激励各单位各部门积极开展法治建设。

4. 主动融和，扩大司法行政工作的影响力。全年，新闻宣传稿件被各级各类媒体采用269篇次，其中国家级媒体采用64篇次，省市级媒体采用25篇次，区级媒体采用180篇次；通过"延庆司法"微信公众号推送稿件366篇。全年政务信息采用104篇。

（四）创新工作机制，公共法律服务体系日趋完善

1. 法律顾问作用发挥明显。制定《延庆区委区政府法律顾问工作制度》，组建由30名专家律师组成的法律顾问团，在遴选聘任、日常管理、考核评价等方面对法律顾问进行规范管理。积极推行"营商环境，法律助力"工作机制，组建由85名专业律师组成的"优化营商环境律师服务团"，2019年10月进驻区政务服务大厅为民营企业提供法律服务。

2. 创新性开展"法律门诊我来选"村居法律顾问坐班机制。自2019年6月实施以来，13家签约律师事务所85名门诊律师均已"出诊"，举办法治讲座83场次，为群众提供法律意见和建议878条，代写法律文书161件，参与调解87次，提供法律援助40件，服务人数达34 716人次。

3. 全力做好法律援助工作。全区共受理法律援助案件596件，接待来电来访法律咨询13 689人次。全年开展法律援助专项维权活动100余场，发放宣传资料8000余份，解答群众咨询700余人次，有效提高了12348公共法律服务热线和法律援助的知晓率。

4. 积极开展公益法律服务。公益法律服务中心累计为群众解答法律咨询8804次，代书3727份，代理诉讼2200件，代理非诉讼案件366件，较去年有大幅度提升。

5. 尽心尽力做好公证便民服务。全年办理公证事项260件，较去年同期增长15.6%。解答咨询2015件，其中接听电话1184件、现场接待咨询831件。全市公证行业"小额收费"指标排名中名列第一。

（五）注重落地实效，法治保障能力得到加强

1. 高要求做好社区矫正管理。创新推出"7包1+1"的管控举措，提出分类教育刚性化、本土化、国情化"三化"模式。开展社区矫正执法督察98次，排查走访社区矫正对象1565人次，确保455社区矫正对象安全稳定。

2. 高质量开展社会矛盾纠纷有效化解。成立延庆区人民调解参与治安行政调解工作协调小组，建立沟通联系机制。通过诉源治理，推进矛盾纠纷源头化解作用。全区各调解组织共调解纠纷2124件，成功1789件，调解协议涉及金额4407.9万元。2019年区司法局被司法部评为人民调解宣传工作先进集体称号。

七、法治建设特色和亮点工作

2019年6月，延庆区开始在全区推广"法律门诊我来选"村居法律顾问坐班机制，通过百姓"挂号预约"和律师"坐诊施治"，打通了公共法律服务普惠百姓的"最后一米"，实现了矛盾纠纷化解的便民化、快捷化、精准化。该机制是新形势下满足人民群众对公共法律服务多样化、个性化、多层次需求的成功创新和有效尝试，具备可复制和可推广价值，通过进一步固化和完善，有一定的示范意义。

（一）基本情况

自2014年开始，全区由政府购买服务实施村居法律顾问项目，目前已实现全区422个村（居）委会"一村一居一律师"公益法律服务网络全覆盖。近年来随着经济发展和社会进步，传统的村居法律顾问工作方式已不能满足人民群众日益增长的公共法律服务需求，为最大限度发挥村居法律顾问作用，更好地践行"以人民为中心"的公共法律服务理念，全区在总结延庆镇、康庄镇、八达岭镇3个乡镇前期村居顾问律师坐班机制经验的基础上，参照医疗系统"挂号就医"模式，创造性地提出"法律门诊我来选"机制并在全区推广。

（二）主要做法

1. 强势宣传，确保机制家喻户晓。充分发挥"互联网+宣传"的宣传优势，采用"线上+线下"方式，利用横幅、橱窗、展板、LED电子屏、普法微博、法治私厨微信公众号、艾特律师公益APP客户端、延庆司法公众号、二维码和各村的大喇叭广播等对"法律门诊我来选"服务模式进行全方位和立体式宣传，

让每一名村（居）民都知道有了法律问题如何才能找到律师帮助解决。

2. 规范流程，实现机制便民快捷。一是村（居）民"对症挂号、提前预约"。依托各街乡司法所，将顾问律师基本信息和擅长领域，通过展板、折页、微信公众号等进行宣传公示，村（居）民可以结合自身需求，选择合适的顾问律师，随时"挂号预约"。在方式上，既有适合老年人和残疾人等群体的上门预约和电话预约，也有适合青年人的互联网、微信、艾特律师公益 APP 客户端服务等网上预约。在内容上，既包括法律咨询、法律宣传和法律讲座，也包括矛盾调解。二是顾问律师"坐诊、出诊、巡诊"。各街乡司法所收集汇总村（居）民的"挂号预约"需求后，交给相应的"门诊"律师。"门诊"律师立足村居不同特点，针对村（居）民不同法律需求，结合自身专业优势，采用"线上"和"线下"服务相结合方式，简单的问题采用微信和电话方式进行"线上"解决，复杂问题和当事人要求当面咨询的问题，采取"线下"方式，根据约定日期，在当地司法所或村（居）委会"坐诊"，对老弱病残和鳏寡孤独等群体不能到场的当事人主动上门"出诊"，并不定期到村居"巡诊"，主动为村居解决相关法律问题。三是街乡司法所定期"抽查回访"。制定"抽查回访"制度，在《村居法律顾问工作宣传考评册》中增添了服务效果（回访）一栏，定期对服务对象进行抽查回访（按10%的比例抽取），及时了解村（居）民对顾问律师服务的满意度，征求汇总村（居）民对机制的意见建议，进而不断完善，确保有效落实。

3. 严格管理，保障机制顺利实施。建立健全了检查考评和奖惩机制。一是建立司法所自查和区司法局检查"双查"机制，随时掌握机制实施情况和相关问题，及时整改。二是将该机制执行纳入年度村居法律顾问工作考核，对工作成绩突出的顾问律师进行表彰，对工作存在问题的顾问律师，视情况进行相应惩戒，对工作不力的司法所，及时督导纠正。三是建立科学规范的管理台账，制定了《村居法律顾问工作宣传考评册》和《村（居）律师管理考评办法》。

（三）工作成效和意义影响

"法律门诊我来选"是通过机制创新对现有资源进行有效整合并提升效能的成功尝试。自推广以来，本区村居法律顾问 13 家签约律师事务所 85 名门诊律师均已"出诊"，服务人数达 12 619 人次。在服务冬奥会世园会重大项目方面，为乡镇出具重点工程征拆等法律意见 16 条，为百姓提供法律建议 127 条。京张高铁八达岭长城站作为冬奥会重点工程，涉及数十户承租商户的征拆，北京金栋律师事务所两名律师"坐诊"八达岭司法所主持调解工作，共同解决产权人和各承租户之间的析产问题，有效保障了工程顺利推进和地区和谐稳定。在解决邻里纠纷方面，本区珍珠泉乡 2 个行政村因相邻排水和通行问题发生纠纷，北京常鸿律师事务所律师及时"出诊"，针对相邻间的排水和通行等问题分别出具法律建议，使多年调解未成的矛盾得以化解。

"法律门诊我来选"获市委政法委高度肯定。2019 年 7 月 29 日，北京电视台《法治进行时》栏目对本区"法律门诊我来选"先进经验进行了专题推广。2019 年 8 月 7 日，延庆电视台《聚焦时分》对坐班机制典型经验进行了全方位的报道。2019 年 8 月 9 日，《法制日报》记者就"法律门诊我来选"进行了实地采访和专题刊载。

调查报告

《2019 年北京市法治建设满意度调查报告》解读

北京市法学会[*]

一、概述

2019 年是经北京市委批准，由北京市法学会委托北京市精诚兴信息有限责任公司实施北京市法治建设满意度调查的第五年，旨在通过调查报告客观展示北京市公众对 2019 年北京市法治建设状况的主观满意程度，为评价本市法治建设状况提供有益参考。

（一）关于调查样本的选取

本次调查采用随机抽样、计算机辅助电话调查（CATI）方式开展，调查样本 6400 份，涵盖北京市 16 个区，平均每区样本 400 份，并根据各区常住人口占全市人口的比例略作调整。调查对象为年龄在 18～75 岁之间，在北京现住地居住半年及以上的居民，包括政府公务人员、人大代表、政协委员、各类企事业单位工作人员、专家学者、高校师生、农村人口等。同时，为解决样本中法律工作者样本量过少的问题，从市法学会会员库中随机抽取部分法律工作者进行补充，但对法律工作者的数据进行单独分析。

（二）关于调查问卷及指标设计

调查问卷以习近平新时代中国特色社会主义思想为指导，遵循"科学立法、严格执法、公正司法、全民守法"十六字方针，突出体现北京市贯彻落实党的十九大法治建设新要求。内容包括公众对党的十九大全面依法治国方略的了解程度，对北京市立法、执法、司法和公民守法等领域的主观评价，其中满意度指标 14 项，分析判断指标 5 项（见表 1）。

* 执笔人：李慧敏，中国政法大学副教授；王志勇，河南财经政法大学讲师。

表1 具体调查指标

满意度指标	1	立法工作的科学程度
	2	立法工作的民主程度
	3	依法立法工作
	4	行政机关的执法行为
	5	行政机关执法的实际效果
	6	司法机关处理案件的公正程度
	7	司法裁决的实际履行效果
	8	律师的法律服务工作
	9	党政领导干部守法表现
	10	公众的守法情况
	11	政府信息公开状况
	12	社会治安状况
	13	反腐败工作
	14	法治建设状况的满意程度
分析判断指标	1	是否知道党的十九大明确的全面依法治国方略的内容？
	2	党的十九大明确的全面依法治国方略的具体内容？
	3	对北京市2019年落实党的十九大全面依法治国新要求，印象深刻的有哪些？
	4	现阶段法治建设的重点是什么？
	5	居民了解本市（本地区）法治信息的主要渠道是什么？

二、2019年北京市法治建设满意度评价情况

调查显示，2019年北京市法治建设满意度为84.1分[1]，较去年（79.6分）提高4.5分，法治建设状态大幅提升。

---

[1] 本报告的满意度得分是通过因子分析法加权计算得出。

图 1　2015—2019 年法治建设状况总体满意度

通过统计软件对调查数据进行分析，结果显示：民众对北京市总体法治环境满意度评价较高，对行政机关执法的实际效果满意度较低。具体来看，在 13 项指标中，本市社会治安状况满意度得分排在首位，为 89.7 分；其次分别是依法立法工作、反腐败工作、立法工作的科学程度和政府信息公开状况，得分均在84.0 分以上。与去年相比，所有指标满意度得分均提高了 3.0 分以上；其中，行政机关的执法行为、党政领导干部守法表现和行政机关执法的实际效果 3 项指标分别提高了 5.1 分、5.0 分和 5.0 分。对 2019 年法治建设满意度分值提升贡献率较大的分项指标有党政领导干部守法表现、司法机关处理案件的公正程度、立法工作的民主程度和司法裁决的实际履行效果，贡献率均在 10.0%以上；而贡献率较小的指标主要为公众的守法情况和律师的法律服务工作，均低于 5.0%。在所有指标中，法律工作者的评价得分均接近或高于平均分；其中，对司法机关处理案件的公正程度和反腐败工作的评价高出平均分 1.6 分及以上，而对立法工作的科学程度、司法裁决的实际履行效果和公众的守法情况的评价略低于平均分。

表 2　2015—2019 年法治建设状况满意度各项指标测评结果　　　单位：分

各项指标	2019 年	2018 年	2017 年	2016 年	2015 年
全市总体满意度	84.1	79.6	77.7	74.9	75.2
社会治安状况	89.7	86.3	84.0	79.0	78.1
依法立法工作	86.5	83.1	80.4	——	——

续表

各项指标	2019 年	2018 年	2017 年	2016 年	2015 年
反腐败工作	84.8	80.2	78.4	72.8	71.6
立法工作的科学程度	84.7	81.3	79.1	——	——
政府信息公开状况	84.7	80.7	78.7	75.8	74.1
公众的守法情况	83.5	80.4	78.0	78.3	80.3
司法机关处理案件的公正程度	83.4	78.5	77.9	——	——
行政机关的执法行为	83.4	78.3	76.0	71.9	72.0
立法工作的民主程度	83.3	78.8	75.9	——	——
司法裁决的实际履行效果	82.5	77.8	76.8	——	——
党政领导干部守法表现	82.4	77.4	74.6	73.3	74.2
律师的法律服务工作	82.1	78.4	77.2	75.8	76.1
行政机关执法的实际效果	82.0	77.0	74.8	——	——

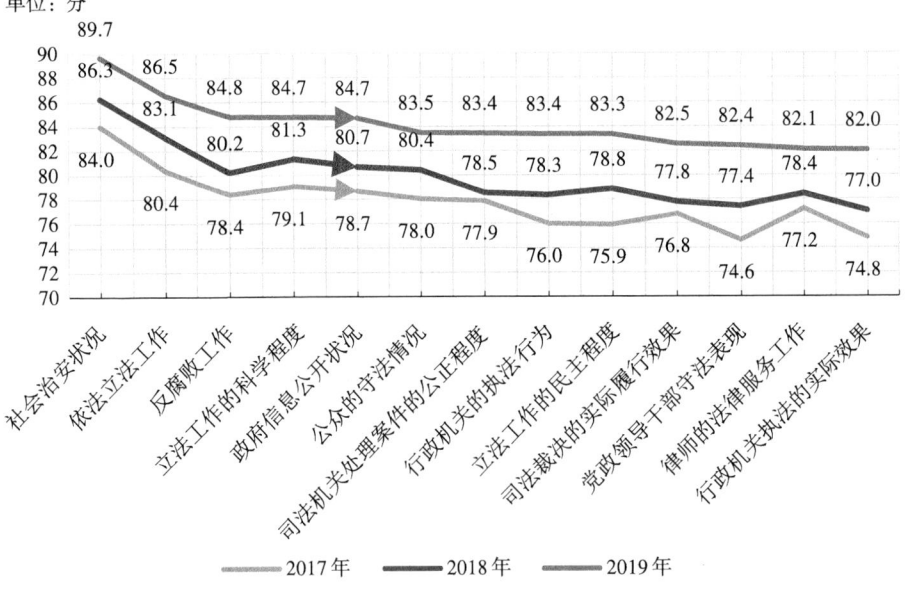

图 2 2017—2019 年法治建设状况满意度各项指标测评结果

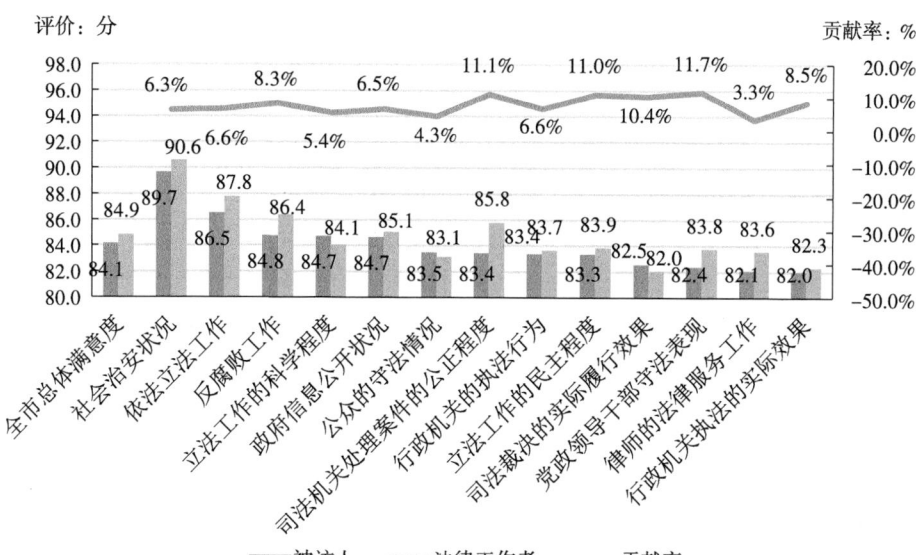

图 3　2019 年法治建设状况满意度各项指标贡献率及法律工作者评价[1]

（一）对党的十九大全面依法治国方略的了解情况

"对党的十九大全面依法治国方略的了解情况"在问卷中涉及是否知道党的十九大明确的全面依法治国方略的内容、对北京市 2019 年落实党的十九大全面依法治国方略的哪些新要求印象深刻 2 项指标。调查显示，5 成以上被访人知晓全面依法治国方略的内容；8 成以上被访人对落实党的十九大全面依法治国方略中的守法方面新要求印象最为深刻。

1. 一半以上被访人知晓全面依法治国方略的内容，知晓率较去年大幅增长。调查显示，55.6%的被访人表示知道党的十九大明确的全面依法治国方略内容，较去年增长了 6.8 个百分点。党的十九大明确的全面依法治国方略的具体内容中，表示知道"坚持依法治国、依法执政、依法行政共同推进"和"完善以宪法为核心的中国特色社会主义法律体系"的被访人比例分别为 97.5%和 96.5%；知道"把党的领导贯彻落实到依法治国全过程和各方面"和"坚持法治国家、法治政府、法治社会一体建设"的比例分别为 95.4%和 94.3%；此外，超 8 成被访人表示知晓"依法治国和依规治党有机统一"。与去年相比，除"依法治国和依规治党有机统一"和"坚持法治国家、法治政府、法治社会一体建设"分别

[1]　本报告中的被访人包括普通民众和法律工作者。因普通民众样本占比较大而法律工作者样本占比较小，被访人的各项满意度评分与普通民众的评分一致，因此报告中采用所有被访人的评分数据与法律工作者的评分数据来代表普通民众与法律工作者的评分情况。

增长 5.9 个和 2.7 个百分点外，其他方面的知晓率均增长了 2.0 个百分点左右。

85.3% 的法律工作者表示知道党的十九大明确的全面依法治国方略内容，知晓率较去年增长了 5.0 个百分点。法律工作者对党的十九大明确的全面依法治国方略各项具体内容的知晓率均较高，比例在 8 成以上；其中，选择"坚持依法治国、依法执政、依法行政共同推进"的法律工作者比例最高，知晓率为 98.9%。与去年相比，法律工作者对党的十九大明确的全面依法治国方略各项具体内容的知晓率均增长了 2.0 个百分点及以上；其中，"依法治国和依规治党有机统一"增幅最大，为 4.5 个百分点。

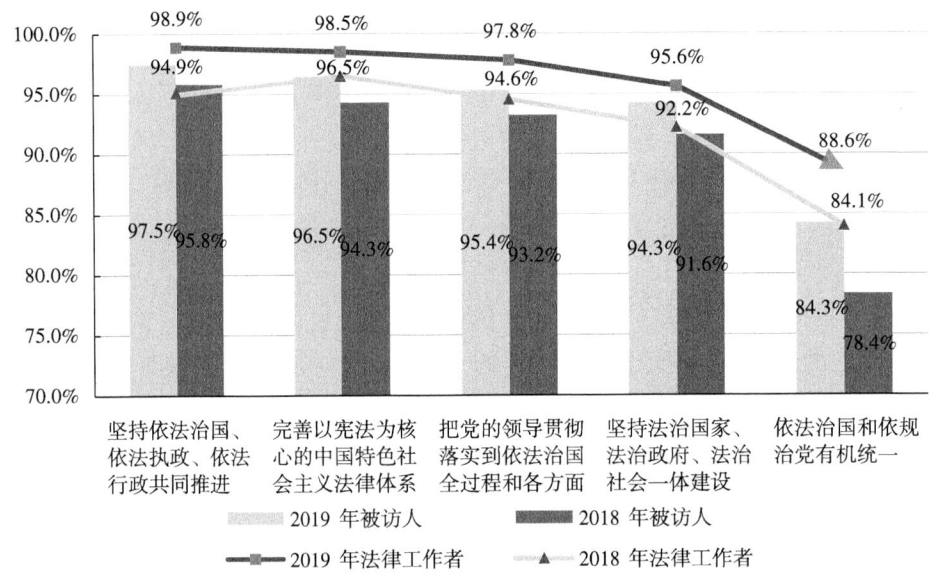

图 4　对党的十九大明确的全面依法治国方略内容知晓情况（多选）

2. 被访人对守法方面新要求的印象明显较为深刻，与去年一致。在全面依法治国新要求的 4 个方面中，8 成以上的被访人表示对守法方面（如党员干部带头遵纪守法）的新要求印象深刻；执法方面、立法方面和司法方面的比例分别为 50.8%、44.1% 和 39.8%。但仍有 11.7% 被访人表示对以上内容均无印象。与去年相比，被访人对守法方面表示印象深刻的比例增长了 3.6 个百分点；执法方面与去年基本持平；司法方面和立法方面分别下降了 7.0 个和 6.6 个百分点。

法律工作者的调查结果与总体一致。其中对守法方面印象最为深刻，与去年一致，占比 88.1%；其次是执法方面和司法方面，比例均为 71.9%；对立法方面印象深刻的法律工作者比例为 64.7%。与去年相比，守法方面增长了 1.8 个百分点，司法方面下降了 1.9 个百分点。

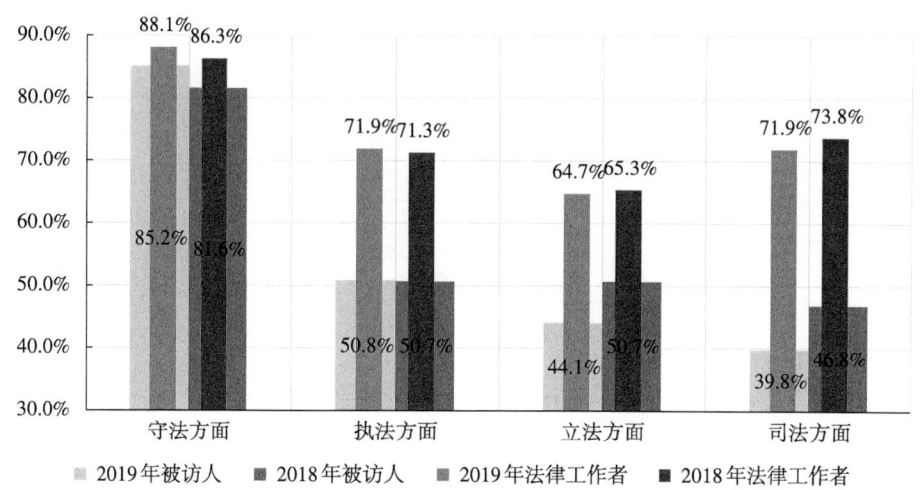

图 5 被访人印象深刻的全面依法治国新要求（多选）

（二）对科学立法工作的评价

"科学立法"涉及立法工作的科学程度、立法工作的民主程度和依法立法工作 3 项指标。调查显示，依法立法工作和立法工作的科学程度两个指标得分与排名均靠前。立法工作的民主程度得分虽比去年提高，但排名却较去年下降。

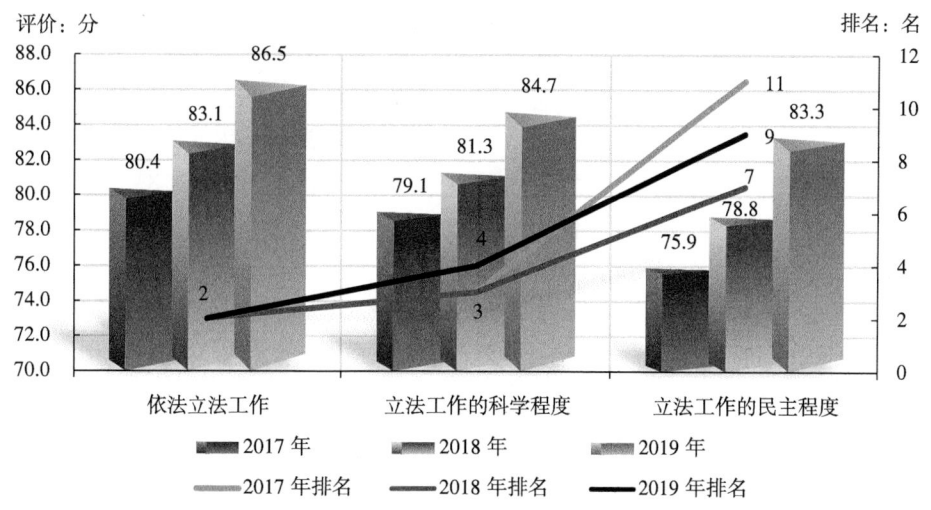

图 6 2017—2019 年科学立法工作指标的民众评价及排名

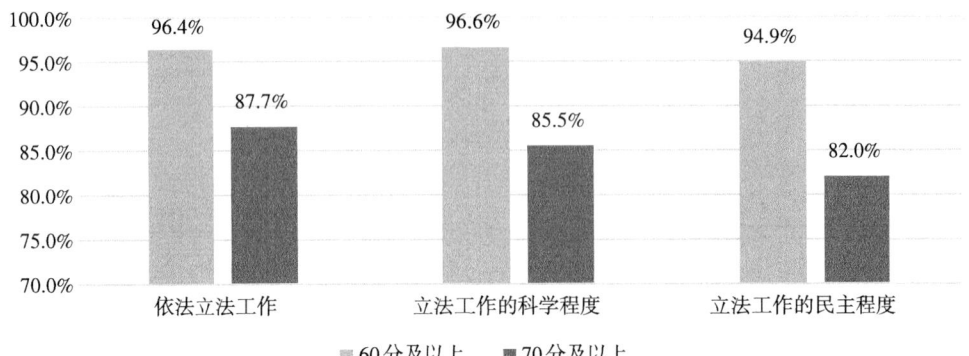

图7　被访人对科学立法各项指标的打分情况

1. 依法立法工作获好评。调查显示，2019年依法立法工作的满意度得分为86.5分，较去年（83.1分）提高了3.4分，在13项指标中排名第2位，近三年排名无变化；其中评分在60分及以上的被访人占96.4%，70分及以上的占87.7%。法律工作者对依法立法工作的满意度评分为87.8分，居中位。

2. 被访人对立法工作的科学程度认可度相对较高。调查显示，立法工作的科学程度的满意度得分为84.7分，较去年（81.3分）提高了3.4分，在13项指标中排名第4，较去年下降1位；其中96.6%的被访人该项评分在60分及以上，85.5%在70分及以上。法律工作者对立法工作的科学程度的满意度评分为84.1分，居中位。

3. 被访人对立法工作的民主程度评价一般。调查显示，立法工作的民主程度的满意度得分为83.3分，虽较去年（78.8分）提高了4.5分，但在13项指标中排名第9，比去年下降2位；其中评分在60分及以上的占94.9%，70分及以上的占82.0%。法律工作者对立法工作民主程度的满意度评分为83.9分，较去年（79.5分）有所提升，居中位。

（三）对严格执法工作的评价

"严格执法"涉及行政机关的执法行为和行政机关执法的实际效果2项指标。从调查结果看，民众对"严格执法"的总体评价较去年有所提高，但分项指标满意度排名仍较靠后。

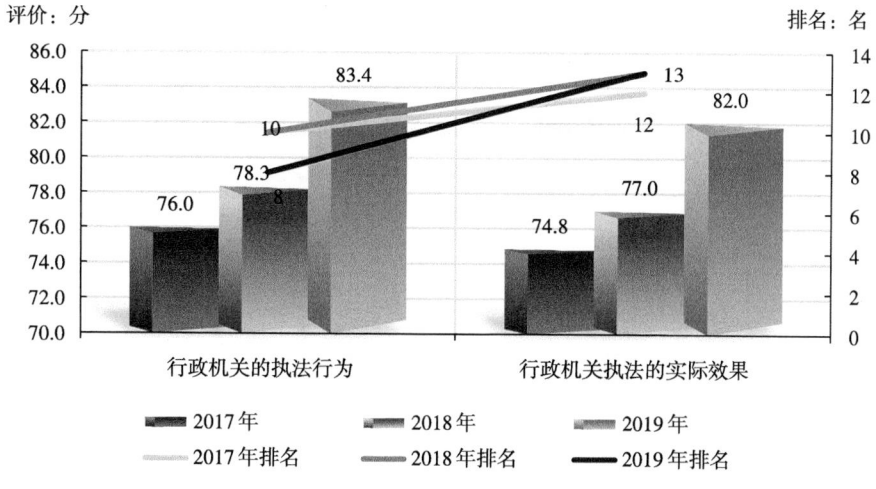

图 8　2017—2019 年严格执法工作指标的民众评价及排名

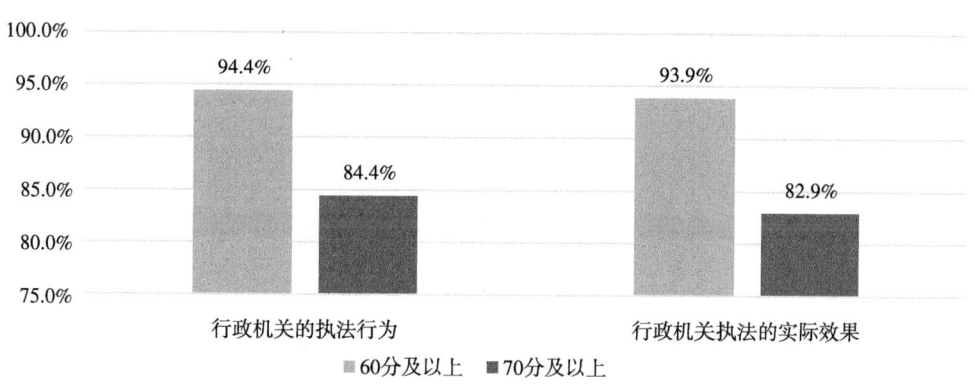

图 9　被访人对严格执法各项指标打分情况

1. 被访人对行政机关的执法行为满意度较去年明显提升。调查显示，被访人对本市行政机关的执法行为评分为 83.4 分，与去年（78.3 分）相比提高 5.1 分，在 13 项指标中排名第 8，较去年上升 2 位；其中评分在 60 分及以上的被访人占 94.4%，70 分及以上的占 84.4%。法律工作者对本市行政机关的执法行为评分为 83.7 分，居中位。

2. 被访人对行政机关执法的实际效果评价有所好转，但仍较低。调查显示，被访人对行政机关执法的实际效果评分为 82 分，较去年（77 分）提高了 5 分，提升相对显著，但排名与去年一致，均居末位；其中评分在 60 分及以上的被访人占 93.9%，70 分及以上的占 82.9%。法律工作者对行政机关执法的实际效果评分为 82.3 分，居中位。

（四）对公正司法工作的评价

"公正司法"涉及司法机关处理案件的公正程度、司法裁决的实际履行效果和律师的法律服务工作 3 项指标。从调查结果看，民众对"公正司法"总体满意。

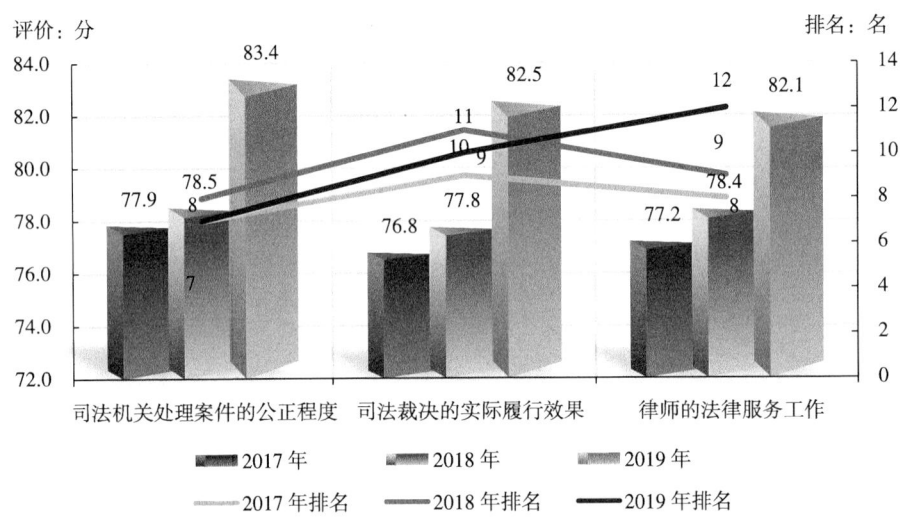

图 10　2017—2019 年公正司法工作指标的民众评价及排名

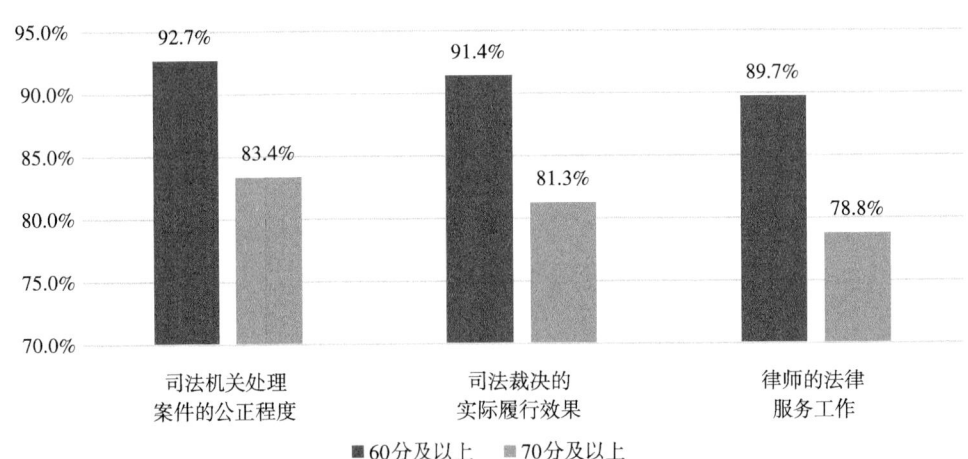

图 11　被访人对公正司法各项指标的打分情况

1. 被访人对司法机关处理案件的公正程度满意度明显提升。调查显示，被访人对司法机关处理案件的公正程度评分为 83.4 分，较去年（78.5 分）提高了 4.9 分，在 13 项指标中位列第 7，较去年上升 1 位；其中 92.7% 的被访人对该项评分在 60 分及以上，超 8 成在 70 分及以上。法律工作者对司法机关处理案件的公正程度评分为 85.8 分，居中位。

2. 被访人对司法裁决的实际履行效果满意度有所提升。调查显示，被访人对司法裁决的实际履行效果评分为 82.5 分，较去年（77.8 分）提高了 4.7 分，在 13 项指标中排名第 10，较去年上升 1 位；其中 91.4% 的被访人该项评分在 60 分及以上，81.3% 在 70 分及以上。法律工作者的评价为 82.0 分，较去年（75.0 分）提高了 7.0 分，增幅显著。

3. 律师的法律服务工作需继续提升。调查显示，被访人对律师的法律服务工作评分为 82.1 分，较去年（78.4 分）提高 3.7 分，在 13 项指标中排名第 12，较去年下降 3 位；其中近 9 成被访人该项评分在 60 分及以上，78.8% 在 70 分及以上。法律工作者对律师的法律服务工作评分为 83.6 分，居中上位，较去年（80.2 分）增长了 3.4 分。

（五）对全民守法工作的评价

"公民守法"涉及党政领导干部守法表现、公众的守法情况和社会治安状况 3 项指标。从调查结果看，被访人对社会治安状况和公众的守法情况评价较高，对党政领导干部守法表现情况评价较低。

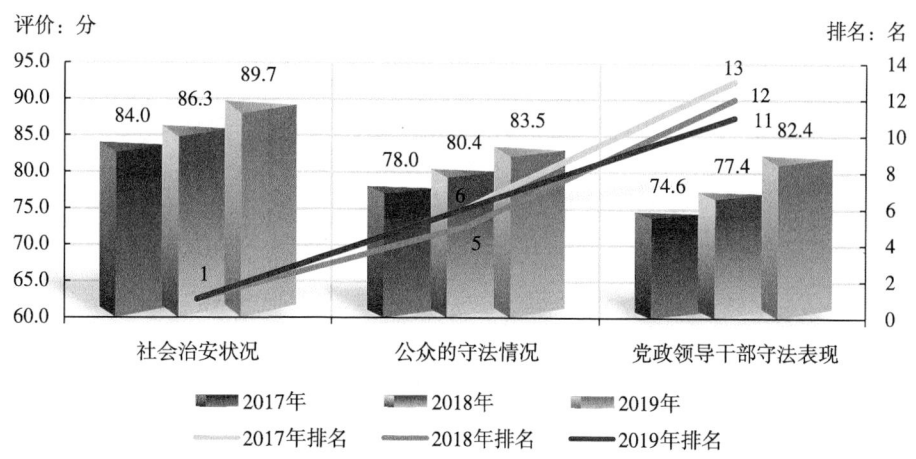

图 12　2017—2019 年全民守法工作指标的民众评价及排名

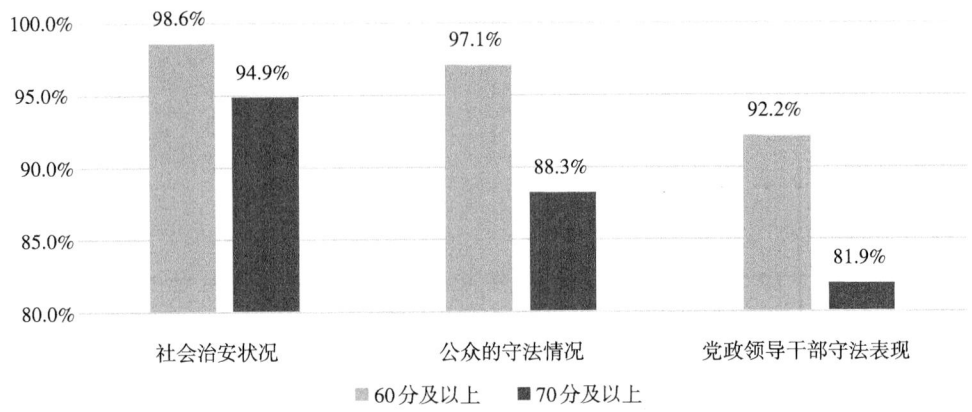

图 13 被访人对全民守法各项指标的打分情况

1. 公众对社会治安状况的满意度最高。调查显示，被访人对北京市社会治安状况评分为 89.7 分，较去年（86.3 分）提高了 3.4 分，且高出总体平均分 5.6 分，在 13 项指标中稳居首位；其中 98.6% 的被访人该项评分在 60 分及以上，94.9% 在 70 分及以上。法律工作者对社会治安状况的评分为 90.6 分，较去年高出 4.1 分，居中位。

2. 公众守法情况的民众评价较高且排名浮动小。调查显示，被访人对公众的守法情况评分为 83.5 分，比去年（80.4 分）高出 3.1 分，在 13 项指标中排名第 6，较去年下降 1 位；其中评分在 60 分及以上的被访人比例为 97.1%，70 分及以上的为 88.3%。法律工作者对公众的守法情况评分为 83.1 分，较去年（78.7 分）提升 4.4 分，居中位。

3. 公众对党政领导干部守法表现的满意度有所提升。调查显示，被访人对党政领导干部遵守法律、带头依法办事的表现满意度评分为 82.4 分，较去年（77.4 分）提高了 5.0 分，在 13 项指标中排第 11，较去年上升 1 位；其中，92.2% 的被访人该项评分在 60 分及以上，81.9% 在 70 分及以上。法律工作者的评分为 83.8 分，较去年（78.7 分）明显提升，增长了 5.1 分，居中位。

（六）对政府信息公开工作的评价

1. 民众对政府信息公开工作整体较肯定。调查显示，被访人对政府信息公开工作评分为 84.7 分，较去年（80.7 分）提高了 4.0 分，在 13 项指标中位列第 5，较去年下降 1 位；其中 94.2% 被访人对该项的评分在 60 分及以上，85.8% 在 70 分及以上。法律工作者的评分为 85.1 分，较去年提高 4.8 分，居中位。

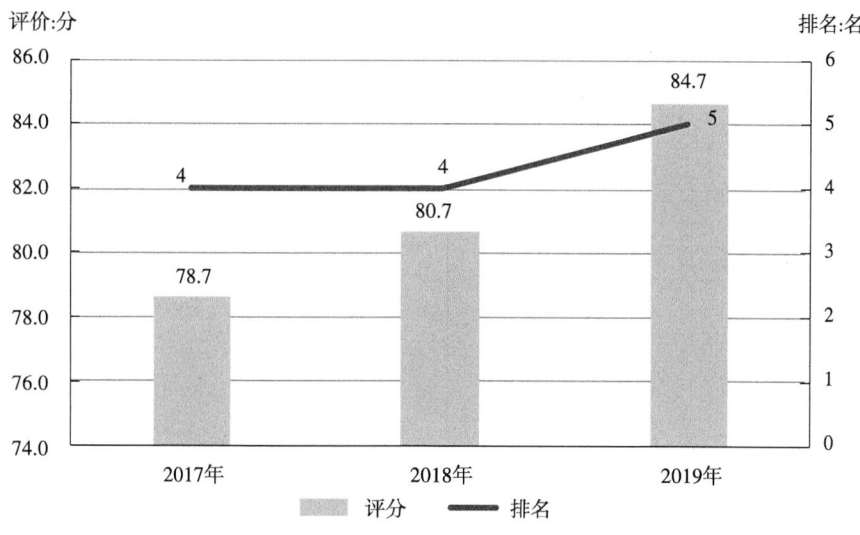

图 14 2017—2019 年对政府信息公开工作指标的民众评价及排名

2. "网络"是公众了解本市法治信息的主要渠道。调查显示，2019 年，有 44.3%的被访人表示其了解本市法治信息的主要渠道是"网络"。但通过传统媒体平台包括"广播、电视新闻、报纸"了解信息的占 43%。以"普法活动"和"工作接触"为主要渠道的比例均为 5.0%左右。可见，网络成为公众了解本市法治信息的一大主要渠道，但传统的广播、电视新闻、报纸等平台在所有公众获取信息方式中仍占据重要位置。

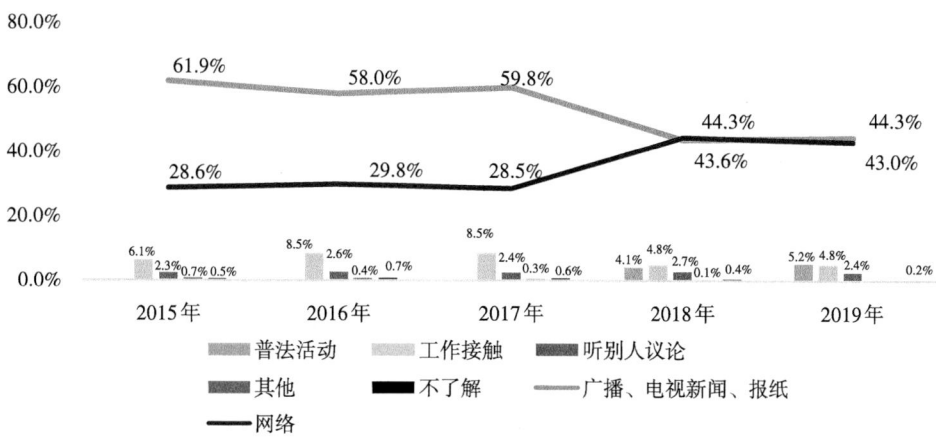

图 15 被访人了解法治信息的主要渠道

（七）对反腐败工作的评价

公众对2019年反腐败工作满意度大幅提高。调查显示，被访人对反腐败工作评分为84.8分，较去年（80.2分）提升4.6分，在13项指标中排名第3，较去年上升3位；其中，评分在60分及以上的被访人比例为93.3%，70分及以上的有85.4%。法律工作者对反腐工作的评分为86.4分，比去年（80.1分）高出6.3分，居中位。

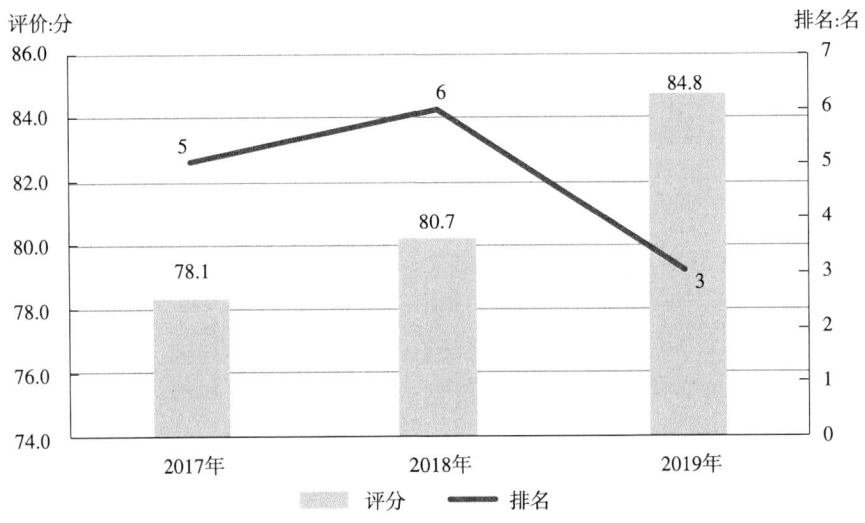

图16　2017—2019年对反腐败工作指标的民众评价及排名

（八）法治建设的重点领域

2019年，"全民守法"取代去年的"科学立法工作"，成为北京市现阶段法治建设的重点。调查显示，在全部被访人中，28.5%认为北京市现阶段法治建设的重点是"全民守法"；其次是"司法公开公正"和"科学立法、民主立法、依法立法"，比例分别为26.4%和25.1%；选择"政府依法行政"的不足2成。近五年来，公众对北京市完善"全民守法"和"司法公开公正"建设的关注度及重视程度相对稳定，两项比例持续大于25.0%，居于高位；2016年起，"科学立法、民主立法、依法立法"逐渐走高，2018年达到峰值，2019年略有回落；公众对"政府依法行政"重视程度相对不高且平稳，比例均在2成左右。

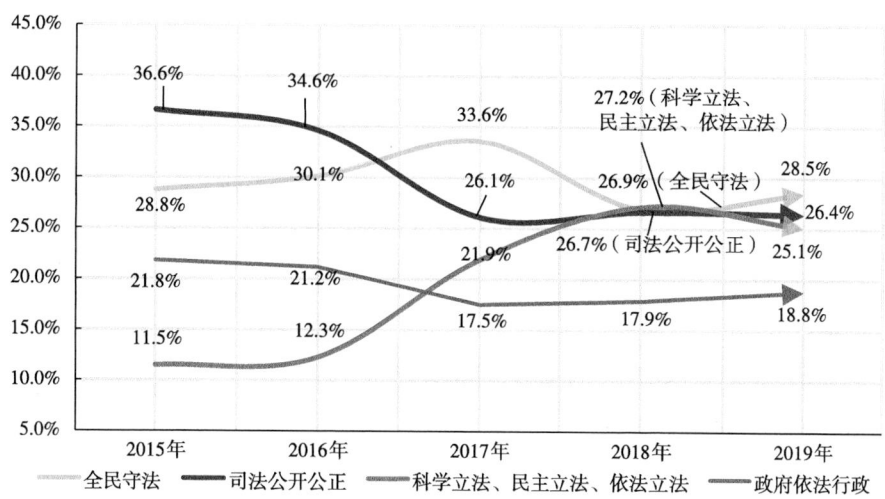

图 17　2015—2019 年被访人对北京市现阶段法治建设重点的认识[1]

　　320 位法律工作者中，与去年一致，认为"政府依法行政"是北京市现阶段法治建设重点的比例最高，为 36.6%；其次是"司法公开公正"，为 21.9%。因此，专业法律工作者与普通民众对北京市现阶段法治建设重点的认知存在显著差异。近五年，法律工作者对"政府依法行政"建设的关注度和重视程度持续居

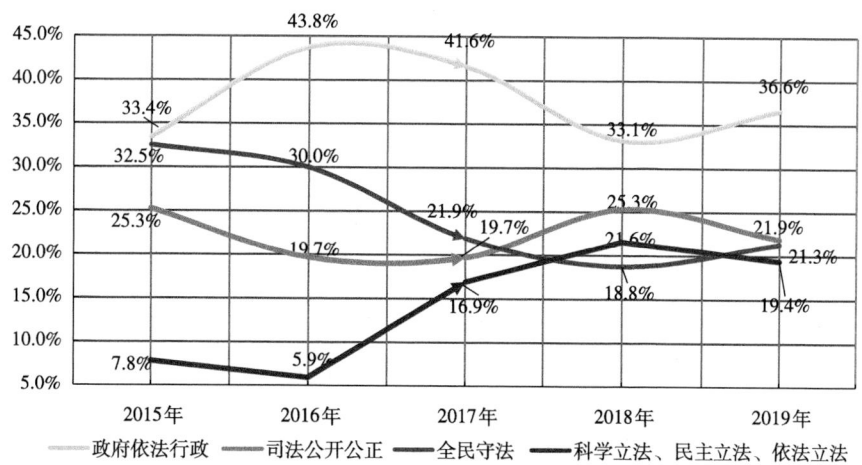

图 18　2015—2019 年法律工作者对北京市现阶段法治建设重点的认识

〔1〕　具体选项中还有"其他"和"不了解/说不好"，因此图中每个年度内被访人和法律工作者选项比例之和不全等于 100.0%。

于高位，比例未低于过 3 成；近三年对"司法公开公正""科学立法、民主立法、依法立法"和"全民守法"建设的重视程度浮动渐小，比例均为 2 成左右。

三、对满意度评价高低分布趋势的认识

（一）分类统计得出的分布趋势

本次调查通过对被访人的基本信息包括户籍、受教育程度、收入、年龄以及相关经历等进行分类测算统计，得出满意度评价的高低分布趋势。

第一，城镇居民评价高于农村居民，外地人口评价高于本地人口。

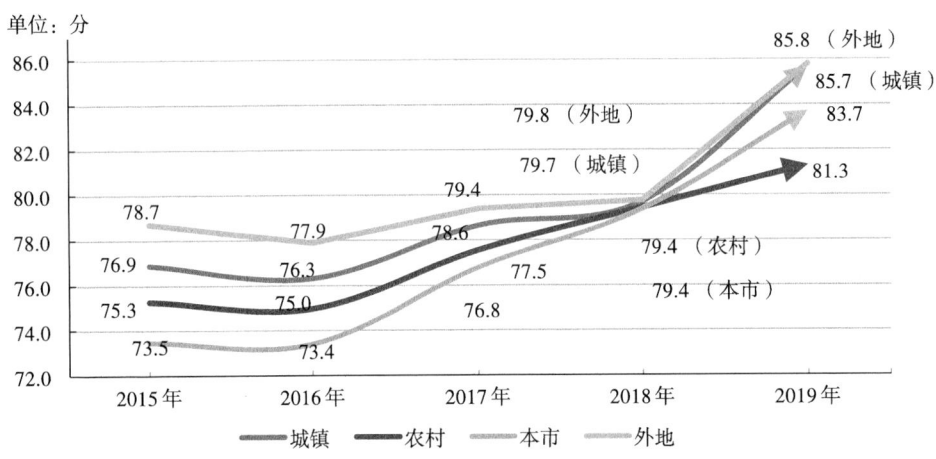

图 19　不同户籍被访人对本市法治建设状况满意度

第二，居住时间短的人对法治建设满意度评价高于居住时间长的人。

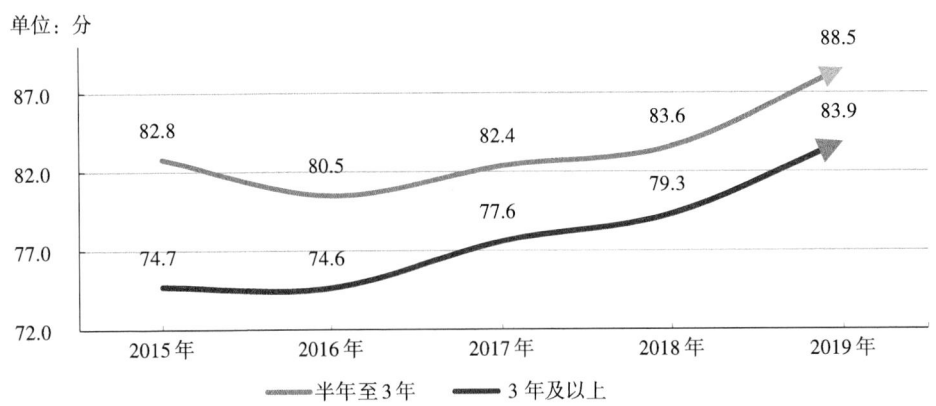

图 20　不同居住时长被访人对本市法治建设状况满意度

第三，法治建设满意度评价大致随学历而走高。

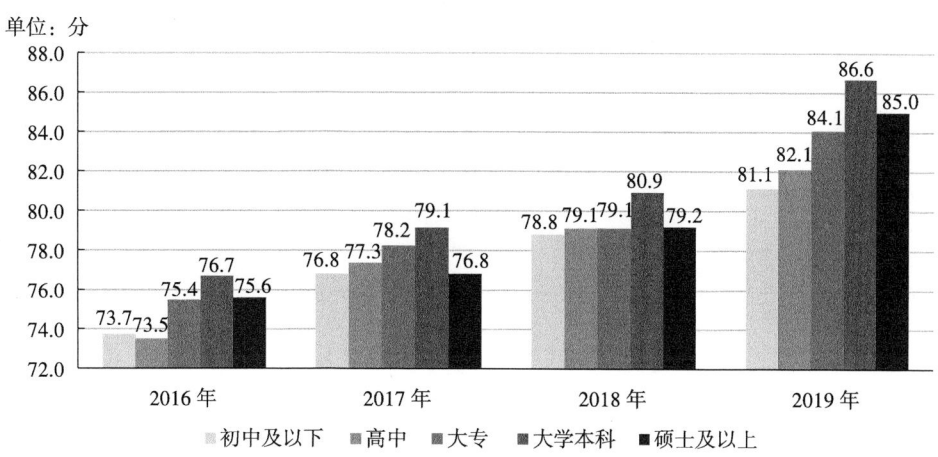

单位：分

图 21　不同学历被访人对本市法治建设状况满意度

第四，不同收入阶层对法治建设状况的满意度评价呈现"两头低、中间高"的趋势，月收入在 5001~10 000 元之间的被访人评价最高。

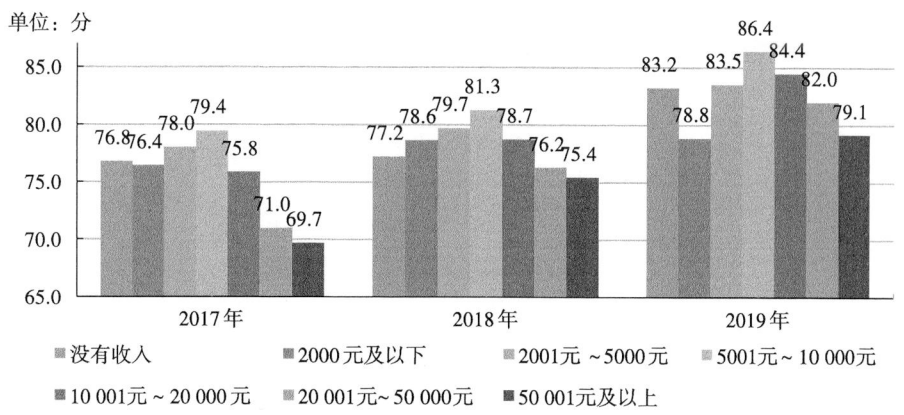

单位：分

图 22　不同收入被访人对本市法治建设状况满意度

第五，法治建设满意度随年龄段的增加而走低。其中，"95 后"评价较高，"55 后"评价较低。

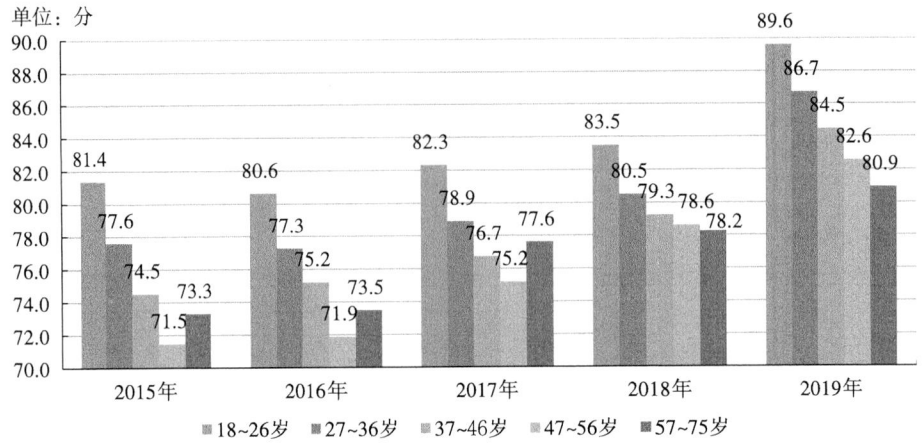

图23　不同年龄层次的被访人对本市法治建设状况满意度

第六，法治建设满意度高低与被访人对法治相关事项的接触程度有一定的关系。除参加过立法听证会的被访人评价高于没参与过的外，其他几项经历的被访人均是未接触的一方评价较高或两方基本一致。

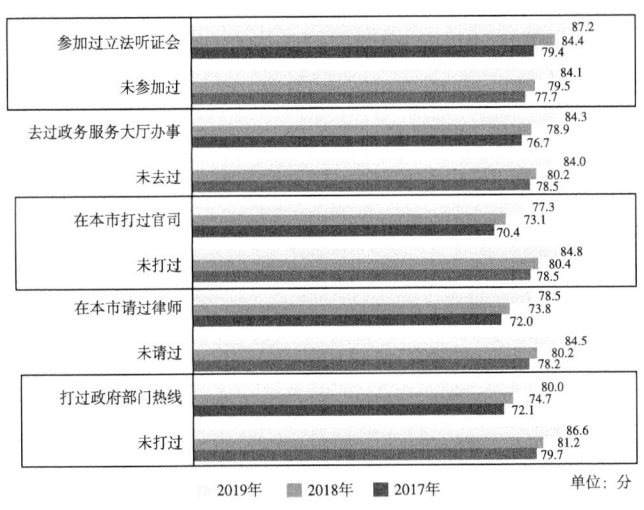

图24　近三年不同经历被访人对本市法治建设状况满意度

（二）对上述趋势的认识

综合起来看，上述这些趋势与 2018 年度总体一致，简述如下。

第一，法治评价高低与经济收入并非正相关关系。

第二，法治评价高低与居住时间长短呈负相关关系。

第三，法治评价高低与学历并非正相关关系。

第四，法治评价高低与对法治建设接触的多少并非明显的相关关系。

第五，法治国家建设在经济社会建设中地位的提升及法治宣传教育的成果在年轻人中起到了显著效果。

第六，低收入群体的社会获得感不强，法治评价低。

四、进一步提高法治建设满意度的建议

北京市以习近平新时代中国特色社会主义思想为指导，深入贯彻党的十九大和十九届二中、三中全会精神，以建设法治中国首善之区为目标，不断推进科学立法、严格执法、公正司法、全民守法，法治建设全面提档增速，公众法治建设满意度逐年上升、法治观念明显增强，但与公众需求仍存在一定差距。为进一步提升人民群众对法治建设的满意度，结合北京市 2019 年法治建设满意度调查结果，提出以下建议。

（一）宣传落实党的十九大法治建设新要求的建议

党的十九大报告对全面依法治国作出重要部署，开启了法治建设的新征程。党的十九大之后，法治在国家治理体系和治理能力现代化中，扮演了更加重要的角色，发挥着更加基础性的作用。调查显示，逾 5 成被访人表示知晓全面依法治国方略的内容，知晓率较去年大幅增长；80% 以上公众对落实党的十九大全面依法治国方略中的守法方面新要求印象最为深刻，与去年一致。专业法律工作者相比普通民众更了解党的十九大法治建设新要求。公众熟悉并理解党的十九大全面依法治国方略，对法治建设实效有重要促进作用，因此不断加强党的十九大全面依法治国方略的宣传力度，推动各方面新要求与公众日常生活融合度，提升公众知晓率，成为接下来法治建设工作关键。对此，我们建议：

第一，要注意宣传渠道和宣传方式。现今传统媒体平台与"网络"是公众了解本市法治信息的主要渠道，面向公众的宣传手段也应适应媒体平台的多样性发展，以人民群众喜闻乐见、创新活泼的方式进行推广宣传，如借助重要的活动节日，在人流集中地段设置宣传阵地，将宣传点位、手册、宣传栏、横幅等传统线下方式和广播、电视、网站、新媒体等线上方式相结合，并且充分发挥网络传播速度快、及时性好等优势，营造良好的宣传氛围。

第二，重视宣传的广度与深度。党的十九大全面依法治国新要求内涵丰富、意义重大，在宣传时，所宣传内容应准确具体、生动易懂、入脑入心，兼顾广度和深度，在宣传公众关注度高、印象深刻的守法方面新内容同时也要积极推进执法、司法和立法方面新要求内容的宣传工作，增进公众对各方面新要求的理解力、参与感和落实度，有效扩大学习宣传的覆盖面和影响力。

第三，注重宣传的计划性和针对性。针对不同群体和不同年龄段的人群要有不同的宣传方案。如针对老年人，要以防诈骗宣传为主，可以采取短信方式。针对学生群体，要以防霸凌、防社会诈骗等为主。最关键的是要持之以恒地对未成年人加强法治宣传教育，因为未成年人的三观正在形成，唯有不间断地进行法治教育才能见成效。要着重关注学校里的法治氛围，可举办法治讲座。针对年轻人，要从当代新媒体工具入手。如通过抖音、快手等视频传播软件制作宣传视频，通过创建微信公众号发布权威资料并且可以收集意见，在哔哩哔哩等年轻人聚集的网站上，采取以案说法，多采用以年轻人为受害群体的案件，实时进行网上互动，进一步提高年轻人的法治观念。

（二）立法方面的建议

科学立法是保证法规质量的重要基础和前提，是法律体系是否完善的价值判断标准之一。调查显示，民众对依法立法和科学立法较满意，对民主立法的满意度虽较往年有较大提升，但排名有所下降；法律工作者对民主立法工作的满意度也较低，但略高于平均分，对科学立法的评价低于平均分。因此，在立法方面，公众对提高立法工作民主程度的诉求迫切，法律工作者相对普通民众还对立法的科学程度表达出较高期待。对此，我们建议：

第一，直面民生焦点、热点项目，听取人民意见，坚持人民有所呼、立法有所应。人民是国家的主人，立法要倾听人民心声、真正体现民意。立法工作中要切实落实"以人民为中心"的发展思想，有针对性地采取多种方式，及时、准确、高效地收集人民群众的意见建议以及需求重点，倾听民声、凝聚民心，不断提升立法工作的群众基础，保证立法出发点和落脚点的民主性。更重要的是，要建立方便人民群众反映意见的制度渠道，让人民群众更为积极、主动地参与到立法的过程中，将自己的意见转化为有效立法的声音。所以，未来立法在如何直接面对、回应人民群众需求方面要下大力气去探索。

第二，完善立法工作沟通协调机制。要健全立法沟通协调机制，政府部门应注意与人大立法工作程序相衔接，完善市人大与市政府之间立法工作沟通协商机制。认真落实征求人大代表意见制度，充分发挥人大及其常委会的立法主导作用，发挥政协委员、民主党派、无党派人士、人民团体、社会组织等的协商作用，对立法项目确定机制进行改进，立法起草逐渐多元化，加强协调，做好沟通衔接，不断提升立法工作的协商程度。

第三，进一步规范立法工作制度和程序，切实提高立法工作质量。一是继续提升立法调研工作的科学性、全面性和针对性，推进重点领域立法工作。持续开展重大立法决策评审交流，有效推动落实"公众参与、专家论证、风险评估、合法性审查、集体讨论决定"法定程序，如通过调研、召开座谈会、考核等方式，加强立法工作指导和监督检查。立法工作中，前期应全力搜集资料、核对数据、查阅文献，全程加强组织领导、精细流程管理、强化责任落实，保证立法工作计划顺利进行以及立法工作质量不断提升。二是保持并强化立法的依法性以及与执法的互动。严格依法立法应继续认真贯彻落实《中华人民共和国立法法》《规章制定程序条例》《北京市人民政府规章制定办法》等，保证立法权限合法、程序合法、实体合法。构建立法与执法意见互动机制，加强立法与执法的问题交流，建立健全沟通商议机制，尽可能在立法过程中对执法中可能出现的各种问题做出全面研判、提出对策，有效提高立法质量，避免设计与执行分离，减少重大问题方面的分歧。

（三）执法方面的建议

法律实施是维护法律权威和法律生命的有效手段，而严格执法是法律实施的"最后一公里"，也是最有效的普法。调查显示，虽然民众对"严格执法"的总体评价较去年有所提高，但分项指标满意度均低于总体平均水平，排名相对靠后，特别是行政机关执法的实际效果满意度排名仍居末位。只有严格执法、不枉不纵，才能彰显法治权威、带动全民守法，切实增强人民群众的法治获得感。对此，我们建议：

第一，努力提升行政执法效能，实现工作效果全约束。一是要完善执法效能评估机制，采取自上而下和自下而上的效果考核和评价，转变"以案件数量论英雄"的观念，从社会与受众两个层面来评估执法效果，通过舆论评判和人的内心道德准则来确定执法工作的社会评价和社会影响，使法治与德治均发挥积极作用。二是强化执法监督力量，创新监督方式，对行为、程序和履责加强监督。积极探索运用个别走访、问卷调查、随机抽查等方式方法，拓宽意见建议反馈渠道，结合机关定期自查，将明察与暗访有效结合起来，使得执法过程得到有效监督。三是可就监督过程中发现的重大问题，对相关部门做出及时整改等处理，使行政部门在执法过程中时刻强化责任意识，遵守法律，公正地执行法律。

第二，细化执法标准，增强执行力。一是深化"放管服"改革中，行政机关需明确法定职责必须为、法无授权不可为。二是执法过程中，不断完善执法程序，改进执法方式和技术，规范责任追究制度以及着力解决权责交叉、争权诿责等问题，适当减少执法层级，合理配置执法力量，深入推进综合执法，实现行政执法和刑事司法有效衔接。三是在执法信息化方面，要建设执法信息平台，加强及时总结推广行政执法公示、执法全过程记录、重大执法决定法制审核"三项制度"工作，完善行政执法信息化建设和共享机制，不断深化行政执法体制改革，提升执法水平和效率，努力建立权责统一、权威高效的行政执法体制。

第三，针对基层执法和守法单位，可采用一定的激励措施。一是采用物质或精神奖励措施，激发基层单位的执法守法积极性，同时也要严厉监督并且打击各种违法乱纪或者是消极怠工行为。二是注重对底层群体的关注，要及时地化解矛盾，解决纠纷，保证法律能够真正地深入到民众之中。要让底层群众相信法律优于关系，形成良好的社会氛围。

（四）司法方面的建议

司法是保障法律公正的最后一道关口，也是保障法律公正的最重要和最有实效的一种手段。调查显示，民众对"公正司法"总体满意，满意度较去年有所上升，但是分项指标满意度均低于总体平均水平，排名略有浮动、相对靠后；其中，司法机关处理案件的公正程度和司法裁决的实际履行效果满意度有所增长，排名较去年上升1位，律师的法律服务工作满意度同比实现增长但排名下降3位。法律工作者认为司法裁决的实际履行效果仍需改善，对其满意度较低。对此，我们建议：

第一，深化司法体制综合配制改革、提高审判质量效率，全面落实司法责任制。一是加强审判监督力量，明确法律适用标准，推进修订相关工作规则，促使司法尺度统一、办案周期缩短，推动审判质量效率加快提升。二是明确各方监督范围和职责清单，落实"让审理者裁判、由裁判者负责"，实现动态监管、过程公开、全程留痕，促进有序放权与加强监督相统一，进一步深化司法改革，激发司法系统内生动力。

第二，要加强落实司法裁决结果，规范履行程序、完善惩处制度。一是继续规范履行程序，加强司法裁决履行制度建设和标准研究，进一步明晰"履行不能"和"履行不力"的边界，分级分类处理。二是持续加强社会信用体系建设，健全公共信用服务机制，如全市统一公共信用信息服务平台和"信用北京"网站等。三是不断完善执行联动机制和查控系统，加大信用惩戒力度，健全网络拍卖机制，努力攻克特别是财产处置类难题，实现执行难源头治理，不断提升司法效率和公信力。

第三，进一步完善公共法律服务体系建设，提高公共法律服务效能。一是大力加强法律服务队伍建设，整合优秀律师、公证、人民调解等法律服务力量，组建各类专业法律服务团，推进法律服务经费保障长期机制，为居民提供优质高效的法律服务。二是拓展法律民生服务领域，开展多形式、针对性、专业性法律服务，特别是农民工、残疾人、未成年人、军人军属等法律援助工作，以及协助进行法治宣传教育，充分发挥法治保障职能。三是进一步规范法律服务管理要求和考核评价，组织法律服务质量回访工作，全面推行法律服务评估制度，逐步实现城乡、区域法律服务资源均衡合理供给、服务质量稳定提升。

第四，切实加强和规范诉讼调解工作。一是进一步加强和规范诉讼调解工作制度，尤其对涉及农村相邻关系、彩礼纠纷、婚姻家庭纠纷案件的审理，要有具体措施。在坚持依法调解的基础上，不能调解的，"当判则判"，不能久调不判，增加当事人讼累。二是要下大力气解决涉诉信访问题。对法院判决正确、上访无理的当事人，在做好耐心细致的思想工作和法律宣传的同时，要敢于维护生效裁判既判力，维护司法权威，对于长期无理缠访的，该打击的一定打击，减轻各级党委、政府压力。

（五）守法方面的建议

法治的真谛，在于全体人民的真诚信仰和忠实践行。调查结果显示，公众对社会治安状况给予最高评价，对公众守法和党政领导干部遵守法律、带头依法办事表现的评价均有所上升，但低于平均水平，尤其后一指标的排名较靠后。对此，我们建议：

第一，继续加强党内法规制度建设，完善国家工作人员学法用法制度。一是积极组织多层次法治教育培训活动，坚持会前学法，认真落实《北京市行政机关领导干部学法办法》，举办专题研讨班和骨干示范培训班，开设领导干部法治思维培养课程，鼓励体验式教学，开展系列法治实践教育活动，如组织领导干部参加法院庭审旁听等。二是树立重视法治素养和依法行政能力的用人导向，完善考核标准，优化考核方式，在相同条件下优先提拔使用法治素养好、依法办事能力强的干部，不断激发广大党员干部的积极主动性和创造性，引导党员干部做尊法学法守法用法的模范。

第二，加强基层法治教育，营造优良法治氛围。一是加大法治宣传教育力度，丰富宣传形式和载体，拓展宣传渠道，加强新媒体技术在普法中的运用，强化宣传效果，深入开展普法工作。借助"12·4"国家宪法日等重要节日、时点开展宣传教育活动，将普法主动融入党建引领"街乡吹哨、部门报到"等基层工作中，大力建设普法教育基地，创新普法形式，弘扬法治精神，引导群众依法理性表达诉求、按照法定途径和程序解决矛盾纠纷，促进全民守法。二是从机关制度层面促进法治宣传教育实践，如借助时事案例广泛开展宣讲活动，强化"谁执法谁普法"责任落实，明确机关普法依法治理的主体责任和具体任务，建立健全媒体公益普法制度，积极整合普法资源，不断提高普法工作质量和效果。

第三，从制度层面落实"守法正义"。一是从消极层面防止违法行为的发生。严格各项法律规范的落实，真正做到"违法必究"，从动机层面威慑试图违法乱纪者。二是从积极层面保障守法者的合法权益，使守法者不用担心由于守法而带来的一些不利后果，从而大胆勇敢地守法甚至与违法行为做斗争。邪不压正，正立邪倒。唯有形成"全面守法"的局面，才能真正遏制违法乱纪行为的发生。

（六）其他方面的建议

为保持调查的一致性和连续性，本次调查指标继续囊括了公众对信息公开、反腐败的满意度以及对法治建设重点领域的看法。调查显示，反腐败工作获得公众认可，满意度与排名均明显提升，政府信息公开也较受肯定，满意度同比有所增长。近五年来，公众对北京市完善"全民守法"和"司法公开公正"建设的关注度及重视程度相对稳定，均居高位；法律工作者则始终认为"政府依法行政"是北京市现阶段法治建设重点领域。另外，公众对北京市法治建设满意度在各个分组内存在差异，如城乡、居住时长、学历、职业等。对此，我们建议：

第一，扎实推进政府信息和政务公开。一是规范开展政务公开工作，优化政务公开平台建设，建立完善会议或政策解读机制，创新决策公开、公众参与等方式，如制订指定政务公开清单、开展市民参政议政活动，为信息公开奠定坚实的平台媒介与规则行为基础。二是加大重点领域信息公开力度，如优化营商环境、公益事业建设等，并保证政府信息公开工作相关报告发布的及时性，积极受理公众向市政府提出的政府信息公开申请、咨询、举报等诉求，增加决策透明度和群众知晓率；强化依申请公开促进依法行政机制，及时总结依申请公开发现的依法行政方面问题，不断提升各政府信息公开平台的公信力。

第二，加强反腐倡廉建设，推动反腐败斗争向纵深发展。一是推进全面从严治党，加强纪律作风建设，强化内部监督的同时完善覆盖纪检监察系统的检举举报平台，扎紧制度篱笆，提高制度执行力，确保廉洁从政。二是坚决落实中央反腐败斗争决策部署，深入开展反腐败斗争，依法严惩职务犯罪，完善刑事诉讼与监察程序衔接机制，以零容忍态度严惩腐败行为。三是加强反腐倡廉宣传教育，结合典型案例开展警示宣讲，增强党风廉政教育的针对性和实效性。

第三，提升法治建设发展的均衡性，对标找差，继续提高整体满意度。近年来的调查数据显示，私营企业主（经理）或个体户、自由职业者、无业/失业人员、离退休人员和务农农民等群体对全市法治建设的总体满意度较低；中老年被访者对本市法治建设的期待更高，满意度相对较低；本地居民尤其是农村地区，希望本市法治建设能够高效发展；而处于收入水平两端的群体对本市法治建设的满意度相对不高。因此，本市法律服务体系建设过程中需兼顾这些群体、区域或地区间的差异，以问题和需求为导向，寻找、反思当前供需对接不足之处，补齐发展短板，促进全市法治建设水平和公众满意度进一步提升。

专题报告

北京市人民检察院关于公益诉讼检察工作情况报告

北京市人民检察院

探索建立检察机关提起公益诉讼制度，是党中央作出的重大决策部署。2015年7月1日，全国人大常委会授权开展试点；2017年6月27日，同步修改《中华人民共和国民事诉讼法》和《中华人民共和国行政诉讼法》，确立了检察机关提起公益诉讼制度。北京市检察机关深刻领会公益诉讼检察的政治意义，牢记人民嘱托，将公益诉讼检察工作置于首都社会治理体系和治理能力现代化大格局中谋划和推进，积极试点、忠实履职，紧紧抓住公益诉讼检察制度促进公益保护、促进社会治理、促进依法行政3个核心内容，努力为解决超大城市治理难题、服务保障首都城市建设发展做出贡献。

一、紧紧围绕满足人民对美好生活的向往，全面做实公益诉讼检察

深入学习贯彻习近平总书记关于"检察官作为社会公共利益的代表"的指示精神，践行"为公益服务的检察"，将公益诉讼检察做到人民的心坎上，做到民有所呼、我有所应。

加强公益保护，防止发生"公地悲剧"。生态环境和资源保护、食品药品安全等领域，涉及公共福祉，发生侵害往往涉及不特定多数人，个体既没有动力、也没有能力提起诉讼、排除侵害。全市检察机关担当公益代表，填补主体缺位，聚焦空气污染、水污染、土壤污染、食品药品安全等人民群众反映强烈的突出问题，部署10余个专项活动，分领域促进集中整治，守护碧水蓝天净土，保障舌尖上的安全。2015年7月以来，共发现民事、行政公益诉讼线索912件，办理诉前程序案件379件，提起行政公益诉讼11件，提起民事公益诉讼8件，提起刑事附带民事公益诉讼5件。挽回被损毁的耕地、林地、湿地540亩，清理污染和非法占用河道10余公里，清除违法堆放的生活垃圾和固体废物7.5万吨、15万立方米，督促治理恢复被污染的饮用水水源地5.3亩。促使网络餐饮服务第三方平台集中下线2万余家店铺，督促立案调查不法网络餐饮商户1903家。海淀区人民检察院办理的网络餐饮服务第三方平台食品安全公益诉讼案，入选全国检察公益诉讼十大典型案例。

完善社会治理，形成共治精治格局。主动融入、精准对接国家重大战略实施，创新"检察+"工作模式，参与整治重点领域、行业乱象，促进形成首都综合治理"大合唱"。市人民检察院制定《服务保障"疏解整治促提升"专项行动实施方案》《服务保障首都打好污染防治攻坚战促进生态文明建设的实施方案》等文件，促进拆除耕地、基本农田以及河道上的违法建筑5.7万平方米，关停和整治企业73家。与市水务局会签《关于协同推进水环境水生态水资源保护工作机制的意见》，为全国省级层面首份协同推进河长制的文件。与市园林绿化、环保、食药监部门签署文件，建立"检察+园林""检察+环保""检察+食药"等协同推进机制，就线索移送、调查协作、卷宗调阅形成双向衔接，强化了履职合力。近两年的《北京市总河长令》均将检察机关纳入其中，要求发挥检察职能作用，协同推进清河行动。市委及各区委高度重视公益诉讼检察工作，多次听取汇报、作出批示。市委将出台深入推进检察公益诉讼的意见纳入议事日程。丰台、石景山、大兴、房山、延庆区委先后出台《关于支持检察机关依法开展公益诉讼工作的意见》。发挥公益诉讼检察职能作用，完善超大城市治理体系，已经成为共识。

促进依法行政，推进法治政府建设。积极践行"通过诉前程序实现维护公益目的是司法最佳状态"的理念，将促进行政机关更好地依法履职作为公益诉讼的落脚点，及时提出检察建议推动行政机关履行监督管理职责，集中开展专项整治，使公益诉讼检察成为依法行政的助推器。共办理行政公益诉讼诉前程序362件，在行政机关依法整改、实现公益保护目的的情况下，依法撤回起诉4件。在办理与公民、法人及社会组织没有直接利害关系的国有资产保护、国有土地使用权出让等侵害国家利益和社会公共利益的案件过程中，督促保护、收回国家所有资产和权益价值8000余万元，收回未经批准或骗取批准、被非法占用的城镇国有土地69亩，没收地上建筑物面积近10000平方米。相关行政执法机关十分重视检察机关提出的建议、提供的线索，及时启动完善管理治理的专门行动，对公益诉讼检察的认识日益提升，配合调查核实的主动性显著增强。正式立法后，行政机关对诉前检察建议按期回复率及启动整改率均达到100%。

二、认真分析公益诉讼检察工作存在的问题和短板，找差距、抓症结

近四年来，在市、区两级党政机关、有关单位的重视和支持下，公益诉讼检察工作从无到有、逐步做实，取得了长足的发展。在看到成效的同时，我们也充分认识到这项工作还存在很多机制障碍、认识误区和专业能力上的不足。

一是制度机制还需要进一步完善。自立法正式确立公益诉讼检察制度以来，相关法制逐渐健全，司法实践也覆盖到各个领域，但公益诉讼检察总体上还处在发展的初始阶段，法律规定得较为原则，还缺乏操作层面上的细则，大至提起公益诉讼的"等"外领域，小至调查核实的运用，都需要协调解决。《中华人民共和国人民检察院组织法》规定检察机关在公益诉讼检察工作中可以进行调查核实，但调查核实怎么操作、对应什么义务，可以使用的手段并不明确，亟待出台司法解释、实施细则予以完善。市检四分院作为跨行政区划检察院集中管辖分院层面上的公益诉讼案件，还需要检法协同、上下贯通、形成对应。

二是办案效能还需要进一步提升。北京市检察机关的公益诉讼案件规模相对较小，缺乏典型性、代表性和社会影响力较大的案件。案件领域不够均衡，生态环境、资源保护、食药领域线索相对较多，但国有土地使用权出让、国有财产保护、英雄烈士保护等领域案件线索较少。相对行政公益诉讼，民事公益诉讼线索少、成案少、提起诉讼少，调动社会组织等力量还不够有效充分。检察机关内部还没有建立全市统一有效的线索发现、移送机制，公益诉讼案件线索存在发现难、收集难的问题。检察一体化办案机制还不够健全完善，在线索研判、调配人员、指挥办案等方面统筹不够有力，三级院区域特色和职能定位有待充分展现。

三是配套支持还需要进一步健全。随着人民在民主、法治、公平、正义、安全、环境等方面的需求不断增长，公益诉讼检察工作的社会期待越来越高，与此同时，公益诉讼检察工作自身也在深入发展，导致外部环境和配套保障已经不能完全适应实际需要。一些部门和单位没有充分认识公益诉讼检察制度的重要意义，对于检察机关调查收集证据材料配合支持力度有待加强。部分公益损害需要进行司法鉴定，但存在环境专业鉴定机构少、鉴定成本高、鉴定周期长、委托鉴定主体不明确等问题，影响了公益诉讼工作的开展。公益诉讼庭审程序、裁判执行、生态损害赔偿衔接、与社会组织的沟通联系等方面还存在工作机制上的盲点，已搭建的机制运行实效性有待进一步提升。统筹各社会主体共同参与公益诉讼、依法履职、良性互动的格局还未形成。

四是专业能力还需要进一步增强。公益诉讼检察属于检察机关的新增职能，也是一项全新的业务领域，涉及范围宽广，并且还在通过单行立法不断拓展范围，这对检察人员的素质能力提出了全新的挑战。办理公益诉讼检察案件不仅需要传统民事检察、行政检察的专业积累，还需要具备一定的调查核实、出庭诉讼等业务能力以及环境、食药、国土等知识储备，其综合性超出了传统检察人员的训练和要求。随着检察专业化建设向纵深推进，各检察专业分类日益细化，一专与多能之间的矛盾在公益诉讼检察领域尤为突出。检察机关内设机构改革后，市人民检察院单独设立第八检察部负责公益诉讼检察业务，市检四分院集中管辖分院层级的公益诉讼案件，区院行政诉讼监督和公益诉讼检察集中在一个部门，一方面，新机构新业务需要进一步整合，提高适应性；另一方面，检察人员本领恐慌、专业知识不足、专业能力跟不上的问题显现。此外，也需要加强科技强检建设，提升借助技术手段自主开展调查核实、勘验鉴定的能力和水平。

三、强化统筹，凝心聚力，在新的起点上推动公益诉讼检察创新发展

当前，公益诉讼检察工作面临着难得的发展机遇。党中央高度重视，直接予以推动。市委强力统筹，各级人大、政府、政协、行政机关和社会各方面鼎力支持，外部环境越来越好。但是，与首都首善的要求相比，与人民日益增长的需求和期待相比，公益诉讼检察工作还有很大的提升空间。我们唯有勇于担当、积极作为，推动公益诉讼检察持续、规范、优化、均衡发展，才不会辜负党和人民的重托。

一是更加自觉地在大局中深化公益诉讼检察工作。严格按照中央、市委、最高人民检察院的部署要求，深入落实市人大常委会专题审议意见，推动形成党委领导、各负其责、社会协同、广泛参与的公益诉讼共建共治共享大格局。聚焦服务保障京津冀协同发展、"疏解整治促提升"专项行动、污染防治攻坚战等重大部署，紧紧抓住"公益"这个核心，发挥公益诉讼在促进绿色发展、服务保障民生、建设法治政府等方面的重要作用，实现促进科学发展与实现自身科学发展相统一。

二是推动公益诉讼检察协调发展。不折不扣落实中央部署要求，按照法定领域授权依法开展工作，推动制度机制不断健全完善，切实将工作做扎实、做到位，更好地实现法律效果与政治效果、社会效果的有机统一。立足首都重点工作和区位特点，以专项活动带动一般工作，以典型案件引领办案工作，充分履行国有财产保护、国有土地使用权出让、英雄烈士保护等各法定领域的保护职责。坚持把办案质效摆在更加突出的位置，稳步提升案件数量。

三是健全完善公益诉讼检察办案机制。统筹运用行政公益诉讼、民事公益诉讼、刑事附带民事公益诉讼等手段，统筹发挥检察机关自行提起公益诉讼、支持社会组织提起公益诉讼两方面作用，结合具体情况，实现最好办案效果。探索检察一体化办案模式，强化市检察院的牵头抓总，分院、区院按照统一安排开展工作，实现监督点位集中、监督时间同步、监督效果叠加，着力推出一批具有典型性、代表性、社会影响大的案件。以市检四分院和铁检基层院为基础，深化公益诉讼集中管辖机制，打造具有首都特色的跨行政区划公益诉讼格局。进一步强化现代科技在公益诉讼案件线索收集、调查取证、损害鉴定等方面的运用，提升公益诉讼检察工作的科技化、专业化水平。

四是健全完善公益诉讼检察外部机制。探索与有关机关、社会组织建立系统化、常态化的长效协调工作机制。推动建立行政执法与公益诉讼起诉及审理工作衔接平台，加强与纪检监察机关、行政执法机关、社会组织协作配合，建立健全线索双向移送机制，不断扩大案件规模。健全"检察+"协同工作机制，促进与行政机关顺畅衔接、良性互动。加强与审判机关公益保护司法协作，共同探索涉互联网公益诉讼案件相关实践。加强与司法行政机关的沟通，推动充实在京的环境损害司法鉴定机构，落实好环境公益诉讼先鉴定后收费机制。引导社会组织进一步关注、支持和参与公益诉讼，形成齐心协力开展公益保护的生动局面。

五是着力提升公益诉讼检察专业能力。坚持优化职能配置、优化机构设置、优化人员编制，推进专门机构、办案团队、办案组织专业化建设，深化公益诉讼检察专业分类，专案专办，以案代训、以专育才，提升整体专业化水平。探索与规划自然资源、市场监督管理等行政部门建立协作机制，开展交流锻炼、联合培训。邀请专家学者、专职律师、人大代表、政协委员等参与监督、参与论证，借力"外脑"和"智库"让公益诉讼提质增效。

附件：有关用语说明

1. 公共利益的代表：2017 年 9 月 11 日至 14 日，由最高人民检察院主办、北京市人民检察院承办的第二十二届国际检察官联合会年会暨会员代表大会在中国北京举办，来自 98 个国家及地区的总检察长、高级检察官等 500 多名代表参会。国家主席习近平向大会致贺信，指出"检察官作为社会公共利益的代表，肩负着重要责任""检察机关是保护国家利益和社会公共利益的一支重要力量"。

2. 为公益服务的检察："为公益服务的检察"是第二十二届国际检察官联合会年会暨会员代表大会的主题。检察官既是国际法治秩序的建设者，又是公共利益的维护者。特别是随着世界多极化、经济全球化、文化多样化、社会信息化深入发展，公益利益所涵盖的范围不断拓展，如何更好地发挥检察机关在法治建设进程中的独特作用，更加高效迅速地回应公众需求、服务公共利益，同心打造人类命运共同体，已成为各国检察机关需要共同面对的重大课题。

3. 公地悲剧："公地悲剧"是经济学上的专门术语。1968 年，美国加勒特·哈丁教授首先提出了"公地悲剧"理论模型。公地作为一项资源或财产有许多拥有者，他们中的每一个人都有使用权，但没有权利阻止其他人使用，从而造成资源过度使用和枯竭。过度砍伐的森林、过度捕捞的渔业资源及污染严重的河流和空气，都是"公地悲剧"的典型例子。"公地悲剧"的发生，人性的自私或不足只是一个必要条件，而公产缺乏严格而有效的监管是另一个必要条件。

4. 行政公益诉讼：2017 年 7 月 1 日起施行的修改后《中华人民共和国行政诉讼法》第 25 条第 4 款规定："人民检察院在履行职责中发现生态环境和资源保护、食品药品安全、国有财产保护、国有土地使用权出让等领域负有监督管理职责的行政机关违法行使职权或者不作为，致使国家利益或者社会公共利益受到侵害的，应当向行政机关提出检察建议，督促其依法履行职责。行政机关不依法履行职责的，人民检察院依法向人民法院提起诉讼。"

5. 民事公益诉讼：2017年7月1日起施行的修改后《中华人民共和国民事诉讼法》第55条规定："对污染环境、侵害众多消费者合法权益等损害社会公共利益的行为，法律规定的机关和有关组织可以向人民法院提起诉讼。人民检察院在履行职责中发现破坏生态环境和资源保护、食品药品安全领域侵害众多消费者合法权益等损害社会公共利益的行为，在没有前款规定的机关和组织或者前款规定的机关和组织不提起诉讼的情况下，可以向人民法院提起诉讼。前款规定的机关或者组织提起诉讼的，人民检察院可以支持起诉。"

6. 网络餐饮服务第三方平台食品安全公益诉讼案：根据市人民检察院部署的"保障千家万户舌尖上的安全"公益诉讼检察专项监督活动，海淀区人民检察院以网络餐饮服务行业为切入点，经过调查取证，认定"到家美食会""回家吃饭"等网络餐饮服务第三方平台存在食品安全违法行为，区食药监局未依法履行监管职责，可能损害社会公共利益，依法向区食药监局制发诉前检察建议，要求其依法履行监督职责，督促违法平台及商家尽快整改。区食药监局高度重视，开展网络餐饮服务领域专项治理行动，共下线网络餐饮问题商户3000余家、规范各种信息公示问题5000余家、立案14件。

7. 通过诉前程序实现维护公益目的是司法最佳状态：2019年1月17日，最高人民检察院张军检察长在全国检察长会议上正式提出"通过诉前程序实现维护公益目的是司法最佳状态"的理念。3月12日，张军检察长在十三届全国人大二次会议上作最高人民检察院工作报告时又重申"把诉前实现维护公益目的作为最佳状态"。检察机关在诉前发出公告或检察建议，促使有关主体提起诉讼、行政机关依法履职，不仅有利于及时保护公益，而且可以用最小的司法投入获得最佳的社会效果。诉前建议得不到有效落实的，检察机关再以提起公益诉讼的方式接力推动问题解决。

8. "等"外领域：根据《中华人民共和国民事诉讼法》《中华人民共和国行政诉讼法》《中华人民共和国英雄烈士保护法》等规定，检察机关提起公益诉讼的范围已经明确包括五大类，分别为生态环境和资源保护，食品药品安全，国有财产保护，国有土地使用权出让，英雄烈士姓名、肖像、名誉、荣誉保护。除此之外，《中华人民共和国民事诉讼法》《中华人民共和国行政诉讼法》还使用了"等"的概括性表述。对于在以上五个领域之外，还具体包括什么内容，统称"等"外领域。最高人民检察院要求各省级人民检察院对"等"外领域进行探索研究，积极、稳妥地尝试，必要时省级院可以向最高人民检察院请示。

# 对标国际先进优化营商环境执行合同指标的调研报告（节选）

北京市高级人民法院民二庭课题组

世界银行营商环境评价体系涉及的 10 个指标，包括开办企业、办理施工许可、获得电力、登记财产、获得信贷、保护中小投资者、纳税、跨境贸易、执行合同和办理破产。其中，直接评价法院工作的指标为执行合同和办理破产，与法院紧密相关的是获得信贷和保护中小投资者。

执行合同指标是以参评城市当地一家基层法院为例来衡量解决一起商业纠纷所耗费的时间和成本及司法程序质量指数，从而评估各个经济体是否采用了一系列可提升法院系统质量和效率的好的操作，是对法院从立案、审判、诉讼服务、执行等全方面工作的综合性评价。执行合同指标下分 3 个分项指标，即时间指标、成本指标和司法程序质量指数指标。每个指标在执行合同总评分的占比为33.3%。其中，司法程序质量指数不仅考察司法制度，还考察司法工作机制，这些制度机制的成效也体现在时间和成本中。同时，在时间和成本 2 个二级指标下，涵盖了多个程序（环节）是否存在，以及所需的成本。

一、整体评价情况

在 2020 年世界银行营商环境报告中，中国执行合同指标得分为 80.9，较去年提高 1.93，指标排名第五位，继续保持全球领先水平，也是中国 10 个指标中排名最靠前的指标，连续五年保持在全球前 10 位。国家的得分为 80.9，北京的得分为 80.0，与国家的得分基本持平，在全球保持领先水平。

表 1　中国执行合同指标两年情况对比

	得　分	排　名
2019 营商环境报告	78.97	6
2020 营商环境报告	80.9	5
对　比	+1.93	提升 1 位

表2 中国执行合同指标六年得分情况对比

	排 名	得分/分	时间/天	成本/占索赔金额百分比	司法程序质量指数
2015 年	35	68.21	452.8	16.2	37 个环节
2016 年	7	64.46	452.8	16.2	14.1
2017 年	5	77.98	452.8	16.2	14.3
2018 年	5	78.23	496.0	16.2	15.1
2019 年	6	78.97	496.3	16.2	15.5
2020 年	5	80.9	496.3	16.2	16.5

表3 2020 年营商环境报告中北京执行合同指标得分

指 标	北 京
总 分	80.0 分
时间/天数	510 （68.0 分）
立案申请和送达审理时间	30
判决时间	240
执行时间	240
成本/占索赔金额百分比	17.5 （80.4 分）
律师费	10
诉讼费	5
执行费	2.5
司法程序质量指数 （0~18）	16.5 （91.7 分）
法院结构和诉讼程序 （-1~5）	5.0
案件管理 （0~6）	5.5
法院自动化 （0~4）	3.0
替代性纠纷解决 （0~3）	3.0

二、北京法院采取的措施和效果

（一）时间指标

时间指标细分为立案申请和送达时间、案件审理和获取判决时间、执行判决时间。其考察的是法院获得合同执行的耗时（以日历天数计），从原告决定向法院起诉起，至收到赔偿款为止的时间，涵盖了诉讼程序的所有流程，时间越短，效率越高，得分越高。

1. 立案和送达时间。一是推进集约送达，推广电子送达。送达难一直以来都是困扰民商事审判的难点问题，北京法院也一直在努力。2018 年 2 月 11 日，北京市高级人民法院印发《北京市高级人民法院关于推进集约送达工作的规定（试行）》。在全市 23 家法院统一成立集约送达中心，一体推进集约送达中心实体化建设。指导全市多家法院成立"一站式"送达中心，探索购买社会服务，引入外包团队。全面上线运行"北京法院集约送达一体化平台"，送达工作中在全国率先实现法院内网与互联网互通互联。集约送达工作推行以来，外出送达团队平均用时 3 天，有效送达率平均达到 80% 以上；法院专递送达邮件妥投率由之前的 60.03% 提升至 80%；公告送达办理更加便捷、规范。北京全市法院推行微信、传真、邮箱、网站多渠道全覆盖电子送达，积极推介当事人使用电子送达方式。2019 年，全市法院通过北京法院集约送达一体化平台发送电子送达 500 657 件，电子送达平均使用率达到 50.9%。2019 年，全市法院商事案件共发送电子送达 203 632 件，商事案件电子送达平均使用率达 73%。二是加强网上立案工作，构建立体化线上立案系统。为便利当事人行使诉权，提升立案工作质效，北京法院除传统的窗口立案外，构建了包括网上预约立案、微信预约立案、京津冀跨域立案、微信快速立案 4 项主要内容的"立体化线上立案系统"。2018 年 5 月起，买卖合同纠纷、金融借款合同纠纷、承揽合同纠纷、委托合同纠纷等商事案件在全市范围内推行网上直接立案。2019 年 2 月起，网上直接立案的案件，当事人在立案、审判、归档等阶段不需向法院提交纸质版起诉材料。2019 年 1—12 月，全市法院网上立案数 159 409 件，占一审民事立案数的 29.17%。

2. 审理时间。一是"多元调解+速裁"推进诉源治理。推动将"多元调解+速裁"工作纳入《北京市矛盾纠纷多元化解工作三年规划（2018—2020 年）》，统一调解资源，形成全方位立体式多元调解体系，立足立案关口，整合法院外部调解力量与内部审判资源，实现诉讼案件分流、调解、速裁、精审程序高效转换对接，形成起诉前纠纷多元调解、普通案件前端快调速裁、疑难复杂案件后端细审精判的新审判格局。2019 年，全市基层法院多元调解导出案件量 511 219 件，同比增长 26.7%，占同期民商事收案量的 92.2%；调解成功案件与速裁结案共 357 528 件，同比增长 40.6%，占同期民事结案量的 65.43%。其中，多元调解成功案件量为 93 096 件，同比增长 5.5%，占同期民事结案量的 17%；速裁结案量为 264 432 件，同比增长 59.3%，占同期民事结案量的 48.4%。前端速裁案件平均审理天数为 48 天，比后端平均审理时间缩短 21 天。二是全面升级"互联网+鉴定评估"工作智能化运用。2019 年 1 月，北京市高级人民法院制定出台《北京市高级人民法院关于对外委托鉴定评估工作的规范》，明确了对外委托工作流程和工作机制，针对办理委托、机构审查、当事人交费、法院补充或者重新提交鉴定评估材料等重点环节，设置严格的程序和期限，以进一步缩短鉴定评估周期。从启动委托程序到机构出具鉴定意见、评估报告，一般案件的鉴定评估周期将严格控制在 42 个工作日内。2019 年上线的对外委托一体化平台，实现对外委托工作从"线下"走到"线上"，从独立运行到与整体工作深度融合，从委托后工作存在"盲区"到"全业务网上办理、全过程信息留痕、全方位智能服务、全流程依法公开"，极大提升了工作质效。推进一般案件平均鉴定评估周期有效控制在 40 天内，缩短约 60 天。三是严格商事案件审限管理。2019 年 12 月发布《北京市高级人民法院关于加强商事案件全流程管理 推进法治化营商环境建设的意见》，将"加强审判管理，压缩商事案件审理期限"作为单独一章，从 7 个方面严格规范，以提高效率，包括树立严格的审限意识，严格管理扣除审限事项审批，严格规范审限变更案件的卷宗整理和信息录入，加大对审限的监督检查和考核力度等。

3. 执行阶段。一是深化"基本解决执行难"联动格局。北京法院通过与车管所、工商局、民政局、各商业银行等单位的信息共享，已经实现了对车辆、房产、工商底档、婚姻登记等 9 类政务信息的网络查询等。2019 年，全市法院公布失信被执行人信息 6.66 万例，限制高消费 18.7 万人次，限制 93 万人次购买飞机票，限制 2.8 万人次购买动车、高铁票，限制 3.2 万人次参加小客车指标摇号；2.5 万名失信被执行人迫于信用惩戒压力自动履行了义务。二是强力攻坚财产处置难题。北京法院执行案件中 100% 的财产均通过网络平台公开拍卖。2019 年，全市法院平均案拍比达 3.09%（不含京牌小客车），同比增长 1.62 个百分点，居全国第七名（提高 22 个名次），位列各直辖市首位。全市执行财产网拍成交额达 278.79 亿元，涉及案件 7528 件，拍卖财产 13 311 件，同比分别增长 86.4%、147.3%、123.4%。通过"一案一账号"系统加强执行案款监管，2019 年全市法院通过该系统收款 503.7 亿元，发款 493.3 亿元，案款收发平均用时低于法定期限。三是加大财产调查力度。协调北京住房公积金管理中心，会签关于共享住房公积金信息的合作备忘录，实现对被执行人公积金账户和交易明细等信息的在线查询。截至 2019 年底，查询公积金信息 15.3 万人次。联合市规划和自然资源委，先行在朝阳区人民法院试点不动产在线查控系统，最快 10 分钟就能实现对被执行人房产的在线查封。与红盾大数据（北京）有限公司就共享被执行人企业数据信息等相关事宜达成一致并正式签订合作协议，为查找被执行人的实际控制人、关联公司提供技术支持。加快推进委托审计调查、公证取证、悬赏举报等制度，拓宽财产发现渠道。

（二）成本指标

成本指标包含律师费（本报告略）、诉讼费、执行费，反映的是合同执行过程中用于解决商业纠纷的综合成本，成本越低，得分越高。

1. 诉讼费和鉴定费用。法庭费用包括卖方（原告方）必须预先支付法院的所有法庭费用，还包括双方支付给专家以获取意见的费用。违法成本，如贿赂不予记录。这部分费用世界银行分为案件登记费、判决书费用、原告需要垫付的其他诉讼费用、鉴定费用（假设工作 10 小时才能对货物的质量发表意见，收费标准要求提供网站链接）。这部分的费用，判决书费用和其他费用在中国是没有的，案件受理费由《诉讼费用交纳办法》规定。鉴定机构收费已经实现市场化收费。《2018 年营商环境报告》假设案例的索赔金额为 98 154 元，则案件受理费 2253.85 元，占比 2.30%。《2019 年营商环境报告》假设案例的索赔金额为 107 637 元，案件受理费为 2452.74 元，占比 2.28%。《2020 年营商环境报告》假设案例的索赔金额为 119 064 元，案件受理费 2681.28 元，占比 2.25%。原告预支费用与索赔金额的占比逐渐下降。

2. 执行费。世界银行评估的执行费是指原告在假设案例情境下需要垫付的平均费用，包括判决书登记费、庭前扣押费用（保全费）、拍卖费、举办公开拍卖的费用（宣传、税务、执法人员等的费用）、原告需垫付的其他执行费用（扣押货物、广告、仓储）。判决书登记费，虽然律师填写的是存在该项费用，但在实践中是不会收取的，法律也对此有明确的规定。根据《诉讼费用交纳办法》第 10 条第 1 项、第 20 条、第 38 条，申请执行费不需要原告预交，执行完毕后由被告（被执行人）负担。因此这部分费用为 0。庭前扣押费用（保全费），这部分费用根据《诉讼费用交纳办法》第 14 条第 2 项，该费用低于索赔金额的 1%。以《2020 年营商环境报告》索赔金额 119 064 元为例，保全费仅为 1115.32 元，占索赔金额 0.94%。这部分费用与上述提到的案件受理费一样，随着索赔金额的不断提升，占比也将逐渐降低。

拍卖费、举办公开拍卖的费用（宣传、税务、执法人员等的费用）、原告需垫付的其他执行费用（扣押货物、广告、仓储），北京法院从 2017 年开始推行 100%网拍，所以拍卖费用为 0。网拍辅助环节，包括现场勘样等，部分工作外包，但至今在北京地区均未收取任何费用。

（三）司法程序质量指数

司法程序质量指数满分 18 分，分值越高，表示更好和更高效的司法程序，衡量的是每个经济体是否在其司法体系的以下 4 个领域中采取了一系列的良好实践：法院结构和诉讼程序（-1~5）、案件管理（0~6）、法院自动化（0~4）和替代性纠纷解决（0~3）。

1. 法院结构和诉讼程序指数。法院结构和诉讼程序指数有 5 个组成部分，该指数的范围在-1 到 5 之间，分值越高，表示具有更为精密和精简的法院结构。具体考察：①是否有专门审理商业案件的专门的商事法院或者部门。②是否存在小额诉讼法院或快速通道程序处理小额纠纷案件。③如果原告担心被告的动产可能被转移到司法管辖区之外或者被挥霍掉，原告能否获得对被告的动产的审判前的财产扣押。④案件是否会被随机地和自动地分配给管辖法院中的法官。⑤女性的证词与男性的证词是否在法庭上有同等的效力。北京法院在法院结构和诉讼程序这一部分，得到了满分 5 分。

2. 案件管理指数。案件管理指数有 6 个组成部分，该指数的范围在 0 到 6 之间，分值越高，表示更为高质量和高效率的案件管理系统。具体考察：①有关民事诉讼的任何适用的法律或法规是否包含关键法院事件中的至少 3 个事件的时间标准：（a）送达法律文件；（b）首次庭审；（c）提交答辩书，（d）举证期结束；（e）提交专家证词；以及（f）提交最终判决。②是否有任何法律来规范可以被允许的休庭或诉讼延期的最大次数，法律是否将休庭限定在意外的和异常的情况下，以及这些规则是否在超过 50%的案件中得到了遵守。③是否存在公开的针对管辖法院表现的评估报告，以监督该法院的表现、跟进案件在法院的进展以及确保既定的时间标准被遵守。④主管法院是否在案件管理技巧中运用了审前会议，以及在审前会议中是否探讨了如下问题中的至少 3 个问题：（a）日程安排（包括向法院提交动议和其他文件的时间流程）；（b）案件复杂性和预计的审理时时长；（c）和解或替代性的纠纷解决的可能性；（d）交换证人名单；（e）证据；（f）管辖权和其他程序性问题；以及（g）缩小有争议的问题的范围。⑤管辖法院中的法官是否能够为如下目的中的至少四种目的运用电子案件管理系统：（a）获取法律、法规和判例法；（b）为其诉讼事件表中的所有的案件自动生成一个审理时间表；（c）向律师发送通知（例如，电子邮件）；（d）追踪其诉讼事件表中的案件的状况；（e）查看和管理案件文件（法律文书、动议）；（f）协助撰写判决书；（g）半自动地生成法院判令；以及（h）查看特定的案件的法院判令和判决。⑥律师是否能够为如下目的中的至少四种目的运用电子案件管理系统：（a）获取法律、法规和判例法；（b）获取将被提交给法院的表格；（c）接受通知（例如，电子邮件）；（d）追踪案件的状况；（e）查看和管理案件文件（法律文书、动议）；（f）向法院提交法律文书和文件；以及（g）查看特定的案件的法院判令和判决。北京法院在案件管理指数的 6 分中，得分为 5.5 分。

3. 法院自动化指数。法院自动化指数有 4 个组成部分，该指数的范围在 0 到 4 之间，分值越高，表示更自动化的、更高效的和更透明的司法体系。具体考察：①能否通过管辖法院内的一个专用平台（不是电子邮件或传真）以电子的方式提交最初的诉状。②对于在管辖法院提交的案件，能否通过一个专用的系统或者通过电子邮件、传真或短消息服务（SMS）将最初的诉状以电子的方式送达被告人。③对于在管辖法院提交的案件，能否通过一个专门的平台或者通过网上银行以电子的方式支付诉讼费。④地方法院作出的判决是否通过在官方公报、报纸或互联网上的发布提供给公众。北京法院在自动化指数的 4 分中，得分为 3 分。

4. 替代性纠纷解决指数。替代性纠纷解决指数有 6 个组成部分，该指数的范围在 0 到 3 之间，分值越高，表示更能提供替代性的纠纷解决机制。具体考察：①国内商业仲裁是否由一部涵盖所有方面的完整的法律或者适用的民事诉讼法的完整的章节所管辖。②是否所有的商业纠纷——除了那些涉及公共秩序、公共政策、破产、消费者权利、雇佣或知识产权的纠纷以外——均可以提交仲裁。③地方法院是否在超过 50% 的案件中执行了有效的仲裁条款或协议。④自愿调停或者调解是否是被认可的解决商业纠纷的方式。⑤自愿调停或者调解是否由一部涵盖所有方面的完整的法律或者适用的民事诉讼法的完整的章节所管辖。⑥是否有任何的财务激励促使当事方尝试调停或调解。北京法院在替代性纠纷解决这一部分，得到了满分 3 分。

随着国家营商环境评价在越来越多的城市推进，北京法院在优化营商环境方面都做了很多的尝试和努力。就执行合同指标而言，法院出台的各项政策，不仅仅是为了指标的提升，更是为了改善法治环境，提升司法为民的能力与水平。

北京市司法局加强法治体系建设
为打造国际化营商环境新高地保驾护航

北京市司法局

法治是最好的营商环境。营商环境的全面提升离不开法治的有力支撑和长远保障。北京市司法局作为法治保障主力军，把服务市委市政府中心工作作为司法行政首要职责和重要政治任务，以法治化、国际化、便利化为导向，全力推进法治体系建设，为打造国际化营商环境新高地发挥了固根本、稳预期、利长远的保障作用。

一、积极推进营商规则法治化，全力打造北京标准

北京市司法局把制度化建设作为优化营商环境的源头活水和根本保障，从顶层设计、重点领域、协同共治等3个关键环节入手推进营商规则法治化，全力打造北京标准。

一是加强立法顶层设计。充分发挥行政立法的统筹谋划和顶层设计作用，围绕简政放权、"放管服"改革、优化服务、营商环境评价等专题，指导各相关委办局研究推动国家层面和市级层面相关法律、法规和规章修改完善，先后向中央层面提出修法建议78条，推动制定《北京市促进科技成果转化条例》《北京市城乡规划条例》《北京市实施〈中华人民共和国残疾人保障法〉办法》等地方性法规，切实打造了符合首都功能定位、可复制、可推广的经验做法。

二是建立健全重点领域工作机制。在加强顶层设计、整体规范的同时，围绕开办企业、办理建筑许可、获得电力、登记财产、纳税、跨境贸易等重点领域，针对企业和群众反映强烈的问题，建立推动营商环境法律法规落地的相关工作机制。指导北京市各相关责任部门先后建立了多规合一协同平台、知识产权纠纷化解、建设工程竣工联合验收等多项机制，保障民营企业依法平等享受政府支持保障政策，促进公平竞争；为服务跨境贸易，制定律师专业水平评价工作实施办法、评价体系和配套措施，建立评选专家评选机制和动态管理机制，会同市商务局、国资委、贸促会印发《关于支持北京律师为重大涉外经贸活动提供法律服务的实施意见》，向市政府报送了《关于推进我市律师行业税收征管方式和纳税相关工作的报告》，陈吉宁市长批示："这份报告很好，工作安排可再提前"。

三是搭建协同高效共治体制。充分发挥市委全面依法治市委员会的统筹协调作用，研究制定《关于建立北京市优化营商环境法治保障联席会议制度的意见》，由北京市委全面依法治市委员会办公室发起，组织市人大机关、政协机关、相关政府部门、司法机关，相关法学院校、研究机构、学会协会、仲裁机构、律师事务所以及相关企业代表等参与，探索建立优化营商环境法治保障联席会议制度，围绕推进营商环境法治保障重大工作，协同开展问题研究、政策建议、宣传培训、评估优化等工作，构建了部门协同、市区联动、市场支撑、专门机构配合、社会组织广泛参与的优化营商环境法治保障体系。

四是开展保护民营企业发展专项督察。市委依法治市办结合本市实际，集中开展营造法治化营商环境、保护民营企业发展专项督察。组成以市推进依法行政工作领导小组、市委依法治市委立法、执法、司法、守法普法 4 个协调小组的相关局级领导为组长，市高级人民法院、市人民检察院、市公安局等 10 部门干部为组员的督查小组，分别到 5 个重点区开展督察，听取有关单位工作汇报 5 次，到 5 家民营企业实地走访，到 6 个基层执法司法单位专门听取意见建议 6 次，并与民营企业家、企业高管、相关工作人员及属地律师和基层执法司法部门工作人员进行交流座谈，参与人数近 200 人次，在政务服务、行政执法、营商环境改革等方面提出整改意见，推动优化营商环境各项政策落地见效。

二、积极推进行政审批便利化，全力创造北京效率

北京市司法局从便利企业、降低成本出发，积极推进行政审批便利化，提供态度上暖心、渠道上集成、方式上便利、技术上智能的优质政务服务，全力创造北京效率。一是减事项，增实效，让企业交更少的材料。深入开展证明事项清理工作，进一步压减行政许可、整治变相审批等事项，精简司法行政政务服务事项申报材料达到 62%，清理市司法局在《北京市保留证明事项清单目录》中的 6 项证明事项，拟再取消 2 项，深入推进"放管服"改革领域审批制度改革；推行告知承诺机制，研究制定九大类承诺书样本，取消"三清"证明、无"二十一条"情形证明、无投诉案件证明等材料，变更为由申请人提交个人承诺和司法行政机关核查。自减证以来，申请人就此减少出具无犯罪记录证明 2100 余件、"三清"证明 3200 余件、"无二十一条"证明 3200 余件、律师协会无投诉记录 3200余件，合计减少证明 12 000 余件，为申请人减负成效显著。

二是减环节，增速度，让企业跑更少的路。聚焦减少审批环节，整合律师、公证、司法鉴定等审批事项，建立审批工作平台，推进"一网通办"；将律师、司法鉴定、公证 3 个领域的审批系统与全市电子证照数据库进行系统对接、数据交流，完成司法行政系统"电子证照信息"的基础数据梳理和系统填报，配合做好北京市"电子政务+监管"系统建设，率先在全国司法行政系统探索应用电子印章技术，实现律师机构类审批事项结果无纸化发放和推送，原本在现场办理的许多事项都可以通过网络来解决；在前期52项公证事项"最多跑一次"的基础上，组织第二批60项"最多跑一次"公证事项，"最多跑一次"公证事项已增至112项，最大限度地减轻申请人的办事环节，大大提升了办事速度和效率。

三是减负担，增红利，让企业成本大幅压缩。围绕工程建设项目审批、开办企业、注册商标、登记财产、获得电力、跨境贸易等事项，进一步压缩办理环节和成本。先后废止《北京市工业产品企业标准备案规定》《北京市工程建设项目招标范围和规模标准规定》《北京市征收防洪工程建设维护费暂行规定》等3项政府规章，进一步降低企业制度成本；废止《北京市人才招聘管理办法》《北京市人才市场中介机构管理办法》《北京市人才招聘洽谈会管理办法》《北京市职业介绍管理规定》等4项政府规章，进一步提升市场在促进就业中发挥的主导作用，有效落实就业优先战略和积极就业政策，切实推动人力资源统一市场体系形成。进一步完善公证服务收费政策。除下调部分公证服务收费标准外，还取消和放开多项收费，预计减轻社会负担1.31亿元，切实让广大企业和市民从"放管服"改革中享受到首都营商环境优化带来的红利。

三、积极推进法律服务体系化，全力打造北京服务金品牌

北京市司法局坚持从企业法律需求出发，全面覆盖企业经营各领域，积极打造全方位、全天候、全链条的法律服务体系，形成了北京服务金品牌。

一是加快推动诚信体系建设。为优化企业发展环境，着力构建以企业信用为核心的市场监管机制，完善让失信主体"一处失信、处处受限、寸步难行"的信用惩戒格局，引导企业和个人以诚信立身兴业。协同推进"告知承诺+核查核验"制度，在律师类审批和监管两大领域，探索建立以律师行业个体信用建设为基础的告知承诺制度。市、区两级司法行政机关根据分工分别向有关部门核查核验承诺书中的关键信息要素，通过政务外网OA办公平台、电话、核查信息专用微信群等方式，对申请人提供的承诺书等材料开展核查核验，至今已发现疑似虚假承诺30余起，均采取了中止办理、责令补正的措施，切实净化了营商环境。

二是促进发挥司法保障职能。进一步加强与北京知识产权法院及各基层法院合作，与丰台法院、海淀法院签订诉调对接合作协议，5家行业性专业人民调解组织分别进驻北京知识产权法院、北京互联网法院、朝阳区人民法院、海淀区人民法院、丰台区人民法院，实现了诉前委派、诉中委托调解"全覆盖"；会同市高级人民法院、市律师协会共同建设北京法院"微诉讼"平台建设，推行"互联网+电子诉讼"新模式，为律师和当事人提供包括自助查询、网上提交立案、旁听、查档、在线递交各类材料、证据等功能在内的一站式诉讼服务；成立北京

市破产管理人协会等组织，进一步推动保护中小投资者、执行合同、办理破产等工作，提升了涉法指标的法治化水平。北京仲裁委员会充分吸收国际先进经验，切实发挥仲裁对于源头化解社会矛盾的重要作用，研究推进行政裁决制度改革、行政复议体制改革，构建行政应诉新格局体系。截至 2019 年底，北京仲裁委员会共立案 45187 件，涉案标的额高达 4002.3 亿元，解决了一批重大、疑难的商事争议，为北京乃至全国改善营商环境起到了良好的作用。

三是不断创新公共法律服务供给。切实把优化提升企业服务体验贯穿始终，紧贴企业实际需求，充分整合法治宣传、律师、公证、司法鉴定、法律援助、多元调解、仲裁等法律服务资源，为企业量身定制"法律体检服务包"，形成了首都公共法律服务特色供给模式。市、区两级司法行政机关和律师协会组建市、区两级律师服务团队 17 个、参与律师 1369 人，组建"一对一"律师服务团 219 个，共确定重点民营企业 1300 余家，为企业提供宣讲政策法律、开展法律咨询、调解矛盾纠纷、防范法律风险等服务；以滴滴出行、今日头条、汉能集团等社会关注度高、社会影响力大、法律需求量多、法律关系复杂的民营企业为重点，配备专业服务团队进驻企业"量体裁衣"开展法治体检。活动开展以来，召开座谈会 366 场次，举办法制讲座 324 场，审查企业文件 1699 份，开展法律咨询 658 个，提供法律意见建议 789 个，防范法律风险 156 个，切实维护了企业利益；市、区律师协会与企业签订法律服务合作协议 97 份，企业送来表扬信 69 封，受到民营企业一致好评，充分展示了"亲""清"新型政商关系。

四是构建"预防+调解"工作体系。组建北京市知识产权纠纷多元调解协调指导委员会，推动金融业、知识产权行业性、专业性人民调解组织建设。目前，全市已建立 14 家知识产权纠纷人民调解委员会，已覆盖首都十大高精尖产业领域。2019 年，知识产权纠纷人民调解组织接收案件 5655 件，是去年同期的 2.71 倍。以司法行政部门指导、知识产权部门牵头推动、社会组织为主体、司法部门确认保障的知识产权纠纷多元调解机制基本形成。年内，北京市金融消费纠纷人民调解委员会暨北京市金融业公共法律服务中心正式揭牌，充分发挥其金融专业优势和行业自治作用，全力化解首都金融消费领域基层社会矛盾，以行业风险管理及服务标准的提高，切实推动首都营商环境持续优化。

五是坚持"走出去""请进来"优化首都法律服务生态圈。坚持以"请进来""走出去"双擎驱动，作为优化首都法律服务资源、支持保障我国涉外经济活动的重要举措。坚持"开门服务"，研究制定港澳律师事务所与内地律师事务所合伙联营管理制度，为来京开展业务的法律服务机构提供便利，外国律师事务所驻京代表机构审批时限压缩 50%，代表处雇员审批完全实现全程网办。目前，北京现有外国、香港地区律师事务所代表处 94 家，代表 195 人、雇员 1180 人。

推动内地法律服务行业走向世界，组织引导和支持首都律师服务国家重大发展战略。目前，全市有涉外律师 2200 余人，开展涉外业务的律师事务所近 900 家，港澳台居民在北京律师事务所担任执业律师 71 人。涉外律师人才位居全国前列，全国律协"一带一路"跨境律师人才库中，有北京律师 21 人，占中方 84 名律师的 25%；涉外律师领军人才库中，有北京律师 45 人，占总数（633 人）的 7.1%。北京律师事务所在美国、英国、法国、俄罗斯、日本、澳大利亚等 30 多个国家设有分支机构 51 家；涉外业务已经覆盖国际贸易、跨境争议解决、海外投资、海商海事、海外证券业务、跨境并购等多个领域。

2019 年北京市律师行业十大亮点工作

北京市律师协会

一、深入开展"不忘初心、牢记使命"主题教育

2019 年，北京市律师行业党委坚决贯彻落实中央、司法部和市委要求，加强党对律师工作的全面领导，深入开展律师行业"不忘初心、牢记使命"主题教育，扎实推进律师行业党建工作全规范。制定主题教育指导意见、指导方案、任务清单，推出分组督导等 20 项具体措施。全行业聚焦思想根源强化学习教育，聚焦爱党爱国主题凝聚律师队伍，聚焦上级指示批示补短板强弱项，聚焦服务行业发展开展调查研究，聚焦重点难点问题进行检视整改，开展集中学习 1570 余次，上报专刊 41 期，800 余名党组织书记走上讲台讲党课，举办学习交流研讨活动 1180 余次，检视整改问题 142 个，党员律师全部签署《依法规范执业承诺书》，实现了理论学习有收获、思想政治受洗礼、干事创业敢担当、为民服务解难题、清正廉洁作表率的具体目标。中央和全国律协督导组对北京律师行业主题教育给予充分肯定。坚持党建引领统战、统战服务党建，成立律师行业党建工作委员会和律师行业新的社会阶层人士联谊会。梳理律师事务所党组织 806 个，调整联合党支部 130 个，对 642 名律所党支部书记全部进行轮训。加强党建工作力量配备，推进"双向进入、交叉任职"，481 家律师事务所由律所主要负责人担任党组织负责人，83 家律师事务所由高级管理人员中的党员担任党组织负责人，1725 家律师事务所明确党组织在律所发展管理中发挥政治把关作用。

二、凝聚爱国情 礼赞新时代

2019 年，北京市律师行业以最饱满的爱国热情、最昂扬的精神风貌，积极服务和参与新中国成立 70 周年系列庆祝活动。100 余名北京律师在国庆庆典当天参加了广场阅兵、群众游行和现场观礼。市律师协会通过拍摄《我和我的祖国》MV、开展"我和国旗同框"活动、组织"我和我的祖国"征文活动、举办"祖国颂·翰墨情"律师书画展、发布国庆献礼片《祝福您 我的祖国》等丰富多彩的活动，激发首都律师爱党爱国情怀；与北京电视台《法治进行时》栏目制作推出 18 部"与法同行保家护航 庆祝新中国华诞 70 周年普法宣传活动"系列报道。举办"最心灵——首都律媛情动'三八'"活动、青年律师与两会代表"面对面"座谈会、"城市人文和北京秋意"老律师摄影外拍活动、京剧党课——红色经典文化主题等系列活动，与民众同庆祖国 70 华诞。高子程会长荣获全国司法行政系统国庆 70 周年安保维稳工作成绩突出个人，5 家律所及 13 名律师受到市司法局表彰，64 个先进集体、145 名先进个人受到北京市律师行业党委表彰。

三、凝心聚力行业发展

精心筹备、精准推进、精诚协作、精致工作，北京市第十一次律师代表大会于 2019 年 5 月 19 日至 20 日胜利召开，顺利选举产生新一届市律师协会领导班子和理事会、监事会。司法部副部长熊选国，市领导张延昆、寇昉、敬大力，全国律师协会会长王俊峰，市司法局党委书记苗林等出席开幕式。代表出勤率、报告通过率和代表提案率均创历史新高。争取市委组织部、市律师行业党委支持，将市律师行业党委委员由 11 人增加至 13 人，实现律师行业党委与协会领导班子高度融合。立足行业、适应需求、服务发展，组建 20 个专门委员会、3 个联谊会和 70 个专业委员会（研究会）、4 个律师专家组，近 3000 名律师参加。全面构建起市律师行业党委领导、市律师协会组织、委员会落实的三级工作新格局，开启了首都律师工作新征程。

四、隆重纪念律师制度恢复重建 40 年

2019 年是我国律师制度恢复重建 40 周年。北京市律师协会举办纪念律师制度恢复重建 40 年座谈会，发布纪念文集《40 年 40 人 讲述律师故事》和影集《100 场 1000 人 凝固经典瞬间》，举行"光荣执业三十年老律师授牌仪式"，颁发"北京律师博物馆收藏证书"，5 位优秀历任会长和 15 位律师从专业、公益、行业发展、参政议政等领域回顾了首都律师 40 年波澜壮阔的发展变迁历程：律师人数从 1979 年的 41 人发展到 2019 年的 34 755 人，律师事务所从最初的（法律顾问处）1 家发展到现在的 2732 家，律师由主要从事刑事辩护、民事代理、法律顾问、咨询代书等传统业务拓展到诉讼案件、非诉讼法律事务、法律顾问等各个方面；成就了诸多第一：第一个建立省级律师协会，第一个实现执业律师走上行业管理舞台，第一个成立律师行业党组织，第一个在直辖市级行政区域全部建立区律师协会等，律师数量、律师业务量和收入稳居全国前列，为全国律师业发展贡献了"北京智慧"和"北京方案"。舵稳当奋楫，风劲好扬帆，北京律师将以依法治国奋斗者的新姿态，勇担新使命，谱写新篇章。

五、持续推动北京律师行业税收政策改良

2019 年，聚焦行业普遍关心的税收政策问题，勇于担当，不畏艰险，持续发力，多方推动，态势良好。与市税务局、市财政局、市司法局组成联合调研组，相继布置和研讨，并到外省市考察，对律师行业税收工作中存在的问题和诉求进行全面摸底。提出北京律师行业可以选择抵扣一定比例成本的查账征税或核定征税等措施，形成《关于对我市律师业税收和财务管理情况开展调研的报告》，并上报司法部和市委市政府。

六、维护律师执业权利和规范律师执业行为取得新进展

2019 年，坚持把律师协会和会长挺在行业管理服务的前面，"举旗"维护律师执业权利，"亮剑"规范律师执业行为。与市人民检察院召开依法保障律师执业权利座谈会，积极推进检察机关出台加强和改善律师接待工作的 10 项保障措施，依法保障律师会见权、阅卷权、申请收集调取证据权、知情权、代理权等各项权利。赴朝阳看守所实地考察座谈，推动看守所推出快速会见、定时会见和普通会见 3 种会见模式，有效缓解了看守所律师"会见难"问题。全年协调解决 12 起个案维权事件，特别是北京光勤律师事务所李光勤律师执业中被歹徒砍伤事件发生后，第一时间派人了解情况并慰问，及时与公安机关沟通协调，保障律师合法权益。加强业务指导，组织业务培训、交流研讨 101 次，累计培训律师 15 160 人次；开展涉黑涉恶案件辩护代理专题培训 13 期、2600 余名律师参加培训。加强行业监管和联动惩戒，全年接到当事人投诉 632 件（次），接到各区律师协会报送建议给予行业纪律处分的案件 134 件，立案 154 件，审结 99 件，分别对 31 名律师和 19 家律师事务所作出纪律处分，有效维护了我市律师行业的政治声誉和社会形象。

七、创新举措 减证便民 服务会员 优化律师执业环境

2019 年，市司法局、市律师协会认真贯彻落实《司法部关于取消部分规章和规范性文件设定的证明事项的决定》，率先在全国开展贯彻落实取消律师类 20 项证明事项工作，同步在首都之窗、市司法局官网和北京律师管理平台公布办事指南和材料清单，实现工作无障碍衔接。研究制定九大类承诺书样本，实现所有涉及减少证明的审批事项全覆盖，降低了申请开具证明的综合成本。比照司法部扩大取消证明范围，简化、规范本地变更执业机构、执业程序。联合对律师类行政审批、年度考核和实习律师申请中涉及的取消证明事项开展培训，统一工作尺度。全面推行电子印章，实现国内律师事务所机构类业务电子印章文书全部下载，功能全覆盖。推进律师协会信息平台建设，将律师业务工作智能平台、律师在线立案服务平台、律师大数据分析平台融于一体，与法院、检察院等司法机关对接，共享信息化建设成果，实现智能化分析、精细化管理及精准化服务。为会

员累计发放互助金 126 万元，发放力度创历年新高。满足会员差旅住宿需求争取更多优惠，相继向会员推出酒店、民航专属优惠。

八、持续参与优化营商环境指标评价工作 助力国家经济高质量发展

大力组织引导律师参与"放管服"改革和优化营商环境指标评价工作，参与政策宣传，为市场主体营造稳定、公平、透明的良好环境。积极配合相关部门做好保护少数投资者、办理破产和执行合同评价指标的文件制定、修改及完善工作。充分发挥律师职能服务优化政务环境、优化投资贸易环境和优化法治环境。与市司法局、市工商联等共同签订《组建律师团队服务北京民营企业战略合作协议》，组建公益性民营企业律师团队、民营企业法治体检、优化营商环境律师专家组，努力为民营经济健康发展提供法律服务和法治保障。在市高院和市司法局的领导下，牵头由 42 家律师事务所、6 家会计师事务所及 2 家破产清算事务所组建北京市破产管理人协会，搭建起破产管理人与法院、破产企业、政府部门之间沟通交流平台，实现破产管理人的有序管理。2019 年，世界银行发布 2020 年营商环境报告，中国在全球 190 个经济体中排名第 31 位。北京律师在履行职能、促进沟通和提升排位方面发挥了不可或缺的作用。

九、坚持首善标准，持续构筑北京涉外法律服务新高地

认真贯彻落实司法部部署，发挥首都律师资源优势，大力发展涉外法律服务业，引导扶持北京律师事务所"走出去"，主动服务"一带一路"建设。先后与 10 余家境外律师行业组织签订《合作备忘录》，积极融入国家立体外交大局；组团赴俄罗斯、白俄罗斯走访中国驻外机构、中资企业进行境外法治需求调研，完成《北京市律师协会境外法治需求调研报告——俄罗斯、白俄罗斯篇》，为进一步完善涉外法律服务相关政策提供依据。九年九报告，实现国别法律风险调研报告系列丛书全球覆盖，为中国企业海外投资进行前期预警和评估；紧扣涉外法律服务发展脉搏，启动《北京律师事务所"走出去"调研报告》项目，推动北京律师事务所积极布局"一带一路"沿线国家；编纂《北京市律师协会涉外法律服务优秀案例汇编》，总结北京律师涉外法律服务经验，推树先进典型。选派律师参加世界律师大会，积极推介北京律师，增进与国际律师组织的交流合作。目前有 32 家律师事务所在境外设立分支机构 134 家，遍布美、英、法、俄、日、澳等 30 多个国家，其中在市司法局完成备案的分支机构 64 家。采取多种培训模式，加强涉外法律服务人才梯队建设，累计培训律师 2110 人次，初步构建起具有国际视野、通晓国际规则的国际化律师队伍。

十、充分发挥职能优势，积极履行社会责任，促进提高社会治理法治化水平

2019 年，积极引导广大律师发挥自身优势，主动服务基层社会治理，在化解社会矛盾、维护和谐稳定等方面取得显著成效。依托北京多元调解发展促进会，构建起具有首都特色的律师调解工作格局，目前 60 家律师事务所成立了律师调解中心，培训认证律师调解员 700 余人。遴选 500 余名律师持续参与涉法涉诉案件化解工作和国家信访局日常值班工作，1000 余名律师在参与法律援助中心值班工作，500 余名律师及 30 名实习律师进驻法院参与诉前调解工作；7000 多名律师在参与矛盾纠纷调解，3500 余名律师在参与村居公益法律服务。开展救治扶贫，招募 11 名律师参与"1+1"中国法律援助志愿者行动、13 名律师参与援藏律师服务团，累计派遣 202 人次参与，律师数量居全国之首。持续开展"巾帼维权·送法到家"女律师以案释法宣讲活动，举办讲座 148 场，共有 295 人次律师参与宣讲，累计培训 8000 余人。佟丽华、马兰、刘凝、时福茂等 4 位律师被评为"新时代司法为民好榜样"；马兰、范新梅、金晓莲、赵一凡等 4 位律师被评为"全国维护妇女儿童权益先进个人"。